内容简介

构建一套科学、客观、适时的政府资产负债核算与报告体系来反映政府"家底",以便客观评估政府财政财务状况和运行情况,是我国经济社会高质量发展以及国家治理体系和治理能力现代化建设的基础性工作。本书立足于我国基本国情,从核报目标、核算主体、核算内容、列报四个维度深入探讨了政府资产负债核报体系的构建逻辑与优化路径;针对公共基础设施、文物资源、自然资源资产负债、政府数据资产的核报问题提供了独特的分析视角和解决方案;进一步分析和检验了政府资产负债信息的治理效应,旨在揭示政府会计服务国家治理现代化和经济高质量发展的功能作用。

A Research Outline of Government Asset-Liability
Accounting & Reporting from Governance Perspective

▲ 图1 陈志斌老师与潘俊老师合影

▲ 图2 陈志斌老师、张琦老师、刘子怡老师合影

▲ 图3 陈志斌老师、章贵桥老师、刘子怡老师等人合影

▲ 图4 陈志斌老师在年度学术交流会上发言

▲ 图5 陈志斌老师与周曙光老师合影

■ 政府会计与国家治理现代化丛书

本书得到国家自然科学基金面上项目"政府会计国家治理功能的实现机理、路径与策略研究（71672034）""政府会计与地方政府行为交互作用机理研究：基于经济发展方式转变视角（71172064）"等的资助。

政府资产负债核报与会计治理论纲

A Research Outline of Government Asset-Liability Accounting & Reporting from Governance Perspective

陈志斌　潘　俊　刘子怡　周曙光　章贵桥　等◎著

中国财经出版传媒集团
中国财政经济出版社
北京

图书在版编目（CIP）数据

政府资产负债核报与会计治理论纲 / 陈志斌等著. —— 北京：中国财政经济出版社，2024.9. —— （政府会计与国家治理现代化丛书）. —— ISBN 978-7-5223-3245-1

Ⅰ．F231.1

中国国家版本馆CIP数据核字第2024T2R943号

责任编辑：樊清玉　温彦君	责任校对：张　凡
封面设计：王　颖	责任印制：史大鹏

政府资产负债核报与会计治理论纲
ZHENGFU ZICHAN FUZHAI HEBAO YU KUAIJI ZHILI LUNGANG

中国财政经济出版社 出版

URL：http：//www.cfeph.cn
E – mail：cfeph@ cfeph.cn

（版权所有　翻印必究）

社址：北京市海淀区阜成路甲28号　邮政编码：100142
营销中心电话：010 – 88191522
天猫网店：中国财政经济出版社旗舰店
网址：https：//zgczjjcbs.tmall.com
中煤（北京）印务有限公司印刷　各地新华书店经销
成品尺寸：170mm×240mm　16开　22.5印张　414 000字
2024年9月第1版　2024年9月北京第1次印刷
定价：89.00元
ISBN 978 – 7 – 5223 – 3245 – 1
（图书出现印装问题，本社负责调换，电话：010 – 88190548）
本社质量投诉电话：010 – 88190744
打击盗版举报热线：010 – 88191661　QQ：2242791300

■ 政府会计与国家治理现代化丛书

本书得到国家自然科学基金面上项目"政府会计国家治理功能的实现机理、路径与策略研究（71672034）""政府会计与地方政府行为交互作用机理研究：基于经济发展方式转变视角（71172064）"等的资助。

政府资产负债核报与会计治理论纲

A Research Outline of Government Asset-Liability Accounting & Reporting from Governance Perspective

陈志斌　潘　俊　刘子怡　周曙光　章贵桥　等◎著

中国财经出版传媒集团
中国财政经济出版社
北京

图书在版编目（CIP）数据

政府资产负债核报与会计治理论纲 / 陈志斌等著.
北京：中国财政经济出版社，2024.9. -- （政府会计与国家治理现代化丛书）. -- ISBN 978-7-5223-3245-1

Ⅰ.F231.1

中国国家版本馆CIP数据核字第2024T2R943号

责任编辑：樊清玉　温彦君　　　责任校对：张　凡
封面设计：王　颖　　　　　　　责任印制：史大鹏

政府资产负债核报与会计治理论纲
ZHENGFU ZICHAN FUZHAI HEBAO YU KUAIJI ZHILI LUNGANG

中国财政经济出版社 出版

URL：http：//www.cfeph.cn
E-mail：cfeph@cfeph.cn

（版权所有　翻印必究）

社址：北京市海淀区阜成路甲28号　邮政编码：100142
营销中心电话：010-88191522
天猫网店：中国财政经济出版社旗舰店
网址：https：//zgczjjcbs.tmall.com
中煤（北京）印务有限公司印刷　各地新华书店经销
成品尺寸：170mm×240mm　16开　22.5印张　414 000字
2024年9月第1版　2024年9月北京第1次印刷
定价：89.00元
ISBN 978-7-5223-3245-1
（图书出现印装问题，本社负责调换，电话：010-88190548）
本社质量投诉电话：010-88190744
打击盗版举报热线：010-88191661　QQ：2242791300

序 言

《会计改革与发展"十四五"规划纲要》提出要根据政府会计改革与发展需要,继续健全完善政府会计准则制度体系并推动其全面有效实施。自2015年起,我国积极推进政府会计改革,着力构建具有中国特色的政府会计准则制度体系。至今,财政部已发布实施基本准则、具体准则、应用指南、《政府会计制度——行政事业单位会计科目和报表》和《财政总会计制度》等,建立起"双功能、双基础、双报告"的核算体系,为加强政府资产负债管理、防范财政风险等提供有效支撑。现阶段,我国应根据政府资产负债管理的目标、主体、内容等因势利导、循序渐进地构建政府资产负债核算与报告体系。在此背景下,《政府资产负债核报与会计治理论纲》针对政府资产负债核算和报告问题展开深入细致的研究并构建一套科学全面的分析框架,对深化政府会计改革具有重要意义。

陈志斌等学者所著一书,基于夯实财政管理基础和推进国家治理现代化的视角,不仅凝练了我国政府资产负债核算和报告的基础理论与规则体系,也探讨了政府资产负债核算和报告的具体实践,并针对政府资产负债信息的治理效应进行了多维分析。本书所构建的政府资产负债核算和报告体系，有助于健全政府会计准则制度体系、深化政府会计改革，更好地发挥政府会计信息在推进国家治理体系和治理能力现代化中的积极作用。

厦门大学党委原常务副书记、原副校长，会计学教授、博士生导师

国务院学位委员会第七届、第八届学科评议组（工商管理）成员

中国会计学会原副会长、政府及非营利组织会计专委会原主任委员

2024 年 5 月

前　言

党的十八届三中全会将"推进国家治理体系和治理能力现代化"作为全面深化改革的总目标。党的二十大报告进一步明确"到2035年，要基本实现国家治理体系和治理能力现代化"。政府会计作为反映政府资产负债、收入费用及预算收支的信息系统，其生成的信息不仅是构建透明政府的先决条件，也是保障社会公众知情权、参与权、监督权的重要基础。因此，建立高质量的政府会计和财务报告系统，不仅有助于解除公共受托责任，对提升政府公信力、推进国家治理体系和治理能力现代化也有重要意义。

随着国家财税体制改革的不断深入和经济社会的不断发展，政府会计准则制度体系不断完善。为完整反映政府财务状况、合理配置政府资源、提升公共财政管理水平，我国积极、稳妥、有序推进政府会计改革，确立了"双功能、双基础、双报告"的核算模式。鉴于我国政府资产负债规模庞大，政府资产负债管理与核算模式尚不完善，与建立现代财政制度，促进国有资产保值增值以及政府债务治理的现实需求存在差距，有必要构建一套科学有效的政府资产负债核算与报告体系，为开展政府信用评级、加强资产负债管理、改进政府绩效监督考核、防范财政风险等提供支持。本书首先从政府资产负债核报一般性规则出发，围绕政府资产负债核报目标、核算主体、核算内容、列报四个维度，构建了报告范围全口径、全覆盖，分类标准明确规范的政府资产负债核算和报告体系，以满足国有资产管理和政府债务治理需要。其次，对公共基础设施、文物资源、自然资源资产负债、政府数据资产的核报规则展开研究，为全面、完整地反映政府资产负债状况提供了新的分析视角和解决方案。最后，将政府资产负债信息应用于国家治理领域，探究政府会计治理效能发挥的具体路径，希冀为深化政府会计改革，推进国家治理体系和治理能力现代化提供理论参考和实践借鉴。

具体研究脉络如下：第一，进行系统性的制度梳理和文献回顾，阐述理论基础并凝练研究问题；第二，明确政府资产核报的目标、主体和内容，构建政府资产核算和报告的理论框架；第三，从政府负债核报的目标与原则出发，确立政府负债核报的会计主体，构建政府负债核算和报告的理论框架；第四，针对公共基础设施、文物资源、自然资源资产负债、政府数据资产的特点，探讨政府特殊资产负债核报规则；第五，结合宏观债务风险防范和微观企业行为决策，探讨政府会计信息的治理功能。

本书的主要研究结论如下：

（1）政府资产核算与报告体系的建立应以目标体系明确、主体责任清晰、分级分类管理为基础。政府资产核算报告体系旨在构建基于政府资产核算的价值目标、责任目标、绩效目标体系；依据"产权控制—法律认定—职能履行"的判定程序构建政府资产核算主体选择的框架；结合价值管理目标，对政府资产进行分级分类与核算范围拓展。同时，基于受托责任与决策有用双重视角，进行政府资产综合列报与政府资产专项列报。

（2）构建政府负债核算与报告体系，须兼顾内外部信息使用者需求，同时满足风险防控与债务治理目标。政府负债核报应以负债的"责任观"

为逻辑线索,将政府责任与政府负债有机连接,从责任视角剖析政府负债的本质,对不同类型政府负债进行分类核算。此外,为满足多维度的政府负债信息需求,在优化与拓展政府负债信息披露方式和内容的基础上,统筹推进政府负债综合和专项报告体系建设。

(3) 结合不同资产负债的特征,针对性剖析和设计政府特殊资产负债核算和报告体系。具体而言,公共基础设施的会计主体是负有公共基础设施资产管理维护职责的政府部门或单位,可以按照取得方式进行分类确认,分为项目列报及综合列报两个层面进行报告。文物资源核报时要进一步借助成本与资金效益的信息抓手,推动更精细化的经济价值评估。从会计角度出发构建自然资源资产负债表,其统一性和规范性有助于解决实物计量单位不统一等问题。政府数据资产应结合其管理目标进行核算与报告,从而充分释放政府数据价值,打造政府数据共治共享新格局。

(4) 政府资产负债信息的生成与应用有助于优化资源配置效率,促进高质量发展。一方面,构建契合政府资产负债核报信息供给状况的指标,运用所得信息实现资产和负债管理的统筹协调,有助于持续优化政府资产负债结构,合理归集、反映政府的运行费用和履职成本,促进公共资源的有效配置。另一方面,政府资产负债信息是地方政府债券投资者了解政府财务状况和偿债能力,评估债券信用风险的主要途径,政府资产负债核报信息披露有助于缓解地方政府与债券市场投资者之间的信息不对称,影响地方政府债券的估值定价。同时,微观企业可以借助政府会计信息把握政策导向、洞察未来的市场机遇和挑战,并通过制定前瞻性的投融资决策,为提高企业投资效率和价值创造能力提供参考。

本书不仅是团队的智慧结晶,也是众多专家和学者无私支持的成果。首先,要向在本书撰写过程中,提供宝贵意见和指导的专家学者表示最诚挚的感谢。其次，感谢参与撰写第17章的单文涛老师、参与撰写第14章的谭志东老师和收集资料、协助写作的王英、袁璐、李佳林、于昊平、沈婷芝、王朵铎、卞子咏、李亦普、常义芳、赵洵、孙昊晨、魏莱、郭王非等同学。最后，感谢中国财政经济出版社樊清玉老师及其编辑团队，他们给出专业且建设性的意见，帮助我们不断精进书稿的撰写。

由于作者水平有限，书中难免存在不足，欢迎读者批评指正。

作 者

2024年5月

目 录

第一篇 总论

第1章 导言 ……………………………………………………（3）
  1.1 研究背景与研究问题 ………………………………………（3）
  1.2 理论意义与实践意义 ………………………………………（5）
  1.3 研究内容与研究框架 ………………………………………（7）
  1.4 研究思路与研究方法 ………………………………………（12）
  1.5 研究特色与创新之处 ………………………………………（13）

第2章 政府资产负债核算与报告的制度背景和文献综述 …………（16）
  2.1 政府资产负债管理现状与核报模式演进历程 ……………（16）
  2.2 政府资产负债核算与报告的国际比较和经验借鉴 ………（23）
  2.3 政府资产负债核算与报告的相关研究 ……………………（29）
  2.4 政府资产负债信息披露与应用相关研究 …………………（37）

第3章 政府资产负债核报规则确定的理论基础与框架 ……………（40）
  3.1 政府资产核报的理论基础 …………………………………（40）
  3.2 政府负债核报的理论基础 …………………………………（43）
  3.3 政府资产负债信息治理功能发挥的理论基础 ……………（47）
  3.4 基于国家治理现代化的政府资产负债核报理论框架构建 ………（50）

第二篇 政府资产核算与报告

第4章 政府资产核报目标研究 ……………………………………（57）
  4.1 政府资产核报目标重构缘由 ………………………………（57）

4.2 政府资产核报目标体系构建 …………………………………（58）
4.3 政府资产核报目标的推进机制分析 …………………………（63）
4.4 政府资产核报目标的具体实施路径 …………………………（67）
4.5 政府资产核报目标体系再认识 ………………………………（70）

第5章 政府资产核算主体研究 ………………………………………（71）
5.1 政府资产核算主体如何确定 …………………………………（71）
5.2 政府资产核算主体选择的基础 ………………………………（72）
5.3 政府资产核算主体选择的逻辑 ………………………………（76）
5.4 政府资产核算主体选择框架的构建 …………………………（79）
5.5 政府资产核算主体的选择 ……………………………………（86）

第6章 政府资产核算内容研究 ………………………………………（87）
6.1 政府资产核算内容界定的局限与挑战 ………………………（87）
6.2 政府资产核算内容的实践进展与理论观点演进 ……………（89）
6.3 基于公共财政管理需求确定政府资产核算内容的基本逻辑 …（92）
6.4 治理目标下政府资产核算内容界定 …………………………（95）
6.5 政府资产核算内容的总结与展望 ……………………………（97）

第7章 政府资产列报研究 ……………………………………………（99）
7.1 政府资产列报现存问题与现实需求 …………………………（99）
7.2 政府资产列报目标框架的构建 ………………………………（100）
7.3 政府资产列报模式的优化与拓展 ……………………………（106）
7.4 基于功能拓展的政府资产综合报告思路与内容 ……………（108）
7.5 基于决策有用的政府资产专项报告思路与内容 ……………（110）
7.6 政府资产列报的总结与展望 …………………………………（113）

第三篇 政府负债核算与报告

第8章 政府负债核报目标研究 ………………………………………（117）
8.1 政府负债核报目标设定的理论依据 …………………………（118）
8.2 政府负债核报目标设定的基本原则 …………………………（121）
8.3 政府负债核报目标体系构建 …………………………………（124）
8.4 政府负债核报目标实现的保障机制 …………………………（126）

第9章 政府负债核算主体研究 ……………………………………… (129)
   9.1 政府负债核算主体如何确定 ……………………………… (129)
   9.2 政府负债核算主体选择的理论基础 ……………………… (131)
   9.3 政府负债核算主体选择的逻辑 …………………………… (134)
   9.4 政府负债核算主体的角色界定 …………………………… (140)

第10章 政府负债核算内容研究 …………………………………… (141)
   10.1 当前政府负债核算内容设定的局限性 ………………… (141)
   10.2 公共受托责任理论与政府责任 ………………………… (142)
   10.3 以政府责任为主线确定政府负债核算内容的基本逻辑 … (145)
   10.4 责任视角下政府负债核算内容的界定 ………………… (147)
   10.5 政府负债核算内容的总结与展望 ……………………… (151)

第11章 政府负债列报研究 ………………………………………… (153)
   11.1 当前政府负债列报的局限性 …………………………… (153)
   11.2 政府负债分层列报体系构建的理论剖析 ……………… (155)
   11.3 现有政府负债列报规则的优化与拓展 ………………… (159)
   11.4 政府负债综合报告构建的思路与内容 ………………… (161)
   11.5 政府负债专项报告构建的思路与内容 ………………… (163)
   11.6 政府负债列报的总结与展望 …………………………… (165)

第四篇 特殊资产负债核算与报告

第12章 公共基础设施核算与报告研究 …………………………… (169)
   12.1 全面核算与报告公共基础设施的必要性 ……………… (169)
   12.2 公共基础设施核算与报告的理论基础 ………………… (171)
   12.3 公共基础设施核算与报告的制度演进 ………………… (173)
   12.4 公共基础设施会计核算体系的构建 …………………… (175)
   12.5 公共基础设施报告体系的构建 ………………………… (179)
   12.6 公共基础设施核报的总结与展望 ……………………… (181)

第13章 文物保护目标下文物资源的核报研究 …………………… (182)
   13.1 文物保护目标与文物资源核报 ………………………… (182)
   13.2 我国文物资源核报的制度背景与发展脉络 …………… (185)

13.3　文物资源的核报规则构建……………………………………（188）
13.4　文物资源核报助力文物事业发展的实施路向………………（190）

第14章　自然资源资产负债核算框架构建研究……………………（193）
14.1　自然资源资产负债核算框架构建的现实需求…………………（193）
14.2　自然资源资产负债核算的国际经验借鉴………………………（194）
14.3　我国自然资源资产负债核算发展演变…………………………（198）
14.4　全民所有制下自然资源资产负债核算框架体系………………（201）
14.5　自然资源资产负债核算的总结与展望…………………………（210）

第15章　政府数据资产核报与价值实现研究…………………………（211）
15.1　政府数据要素价值释放诉求……………………………………（211）
15.2　政府数据资产的特征内涵与范围界定…………………………（213）
15.3　政府数据资产的核报体系构建…………………………………（215）
15.4　政府数据资产价值管理框架……………………………………（219）
15.5　政府数据资产价值释放的优化策略……………………………（225）

第五篇　政府资产负债信息应用与会计治理

第16章　政府资产负债结构分析指标构建研究………………………（229）
16.1　政府资产负债结构分析指标构建的缘由………………………（229）
16.2　政府资产负债结构分析与政府债务风险识别…………………（230）
16.3　政府资产负债结构分析指标构建的逻辑推导…………………（232）
16.4　政府资产负债结构分析指标的数据基础………………………（236）
16.5　政府资产负债结构分析的研究总结与政策建议………………（239）

第17章　数字技术赋能政府资产负债信息治理功能演进研究………（241）
17.1　政府资产负债信息治理功能……………………………………（241）
17.2　数字技术赋能政府资产负债信息治理功能的逻辑理路………（243）
17.3　数字技术赋能政府资产负债信息治理功能的作用机制………（246）
17.4　数字技术赋能政府资产负债信息治理功能的实践路径………（249）
17.5　数字技术赋能政府资产负债信息治理功能提升………………（252）

第 18 章　数智化时代地方政府债务的风险与治理研究 ……………… (254)
　　18.1　地方政府债务的形成原因 ……………………………………… (254)
　　18.2　地方政府债务的潜在风险与治理框架 ………………………… (257)
　　18.3　数智化时代地方政府债务风险的治理路径 …………………… (262)
　　18.4　数智化时代政府资产负债信息与地方债务风险治理 ………… (268)

第 19 章　政府财务信息公开对地方政府债券定价的影响研究 ……… (270)
　　19.1　政府财务信息公开是否影响地方政府债券定价 ……………… (270)
　　19.2　政府财务信息公开与地方政府债券定价的制度背景和文献
　　　　　综述 ………………………………………………………………… (271)
　　19.3　政府财务信息公开影响地方政府债券定价的作用机理分析 …… (275)
　　19.4　政府财务信息公开影响地方政府债券定价的经验证据 ……… (278)
　　19.5　研究结论与政策建议 …………………………………………… (288)

**第 20 章　"有为政府"与"有效市场"：政府财报制度改革对企业
　　　　　投资效率的影响研究** ………………………………………… (289)
　　20.1　政府财报制度改革是否影响企业投资效率 …………………… (289)
　　20.2　政府财报制度改革与企业投资效率的制度背景和文献综述 …… (290)
　　20.3　政府财报制度改革影响企业投资效率的作用机理分析 ……… (293)
　　20.4　政府财报制度改革影响企业投资效率的经验证据 …………… (294)
　　20.5　研究结论与政策建议 …………………………………………… (315)

参考文献 ……………………………………………………………………… (316)

后　　记 ……………………………………………………………………… (345)

第一篇 总　论

第1章

导　　言

1.1　研究背景与研究问题

2013年《中共中央关于全面深化改革若干重大问题的决定》提出建立"权责发生制的政府综合财务报告制度"的重要战略部署。2014年国务院批转的财政部《权责发生制政府综合财务报告制度改革方案》指出，以收付实现制政府会计核算为基础的决算报告制度，主要反映政府年度预算执行情况的结果，对准确反映预算收支情况、加强预算管理和监督发挥了重要作用。但随着经济社会发展，仅实行决算报告制度，无法科学、全面、准确反映政府资产负债和成本费用，不利于强化政府资产管理、降低行政成本、提升运行效率、有效防范财政风险，难以满足建立现代财政制度、促进财政长期可持续发展和推进国家治理现代化的要求。因此，必须推进政府会计改革，建立全面反映政府资产负债、收入费用、运行成本、现金流量等财务信息的权责发生制政府综合财务报告制度。2015年财政部发布的《政府会计准则——基本准则》确立了"双功能、双基础、双报告"的核算模式。随后，我国陆续出台10项具体准则及2项应用指南[①]等，初步形成了"基本准则+具体准则+应用指南"的准则体系。为了适应权责发生制政府综合财务报告制度改革需要，规范行政事业单位会计核算，提高会计信息

---

①　截至目前，财政部共发布11项具体准则和3项应用指南。根据国务院办公厅转发国家发展改革委、财政部《关于规范实施政府和社会资本合作新机制的指导意见》的通知（国办函〔2023〕115号）的相关要求，《政府会计准则第10号——政府和社会资本合作项目合同》及其应用指南已废止［详见《财政部关于公布废止和失效的财政规章和规范性文件目录（第十四批）的决定》（财政部令第114号）］。

质量，2017年财政部印发《政府会计制度——行政事业单位会计科目和报表》。党的十八大以来，中国特色社会主义进入新时代，预算管理制度不断改革完善，现代财政制度框架基本确立，财税法律法规体系进一步健全。党的二十大报告要求"健全现代预算制度"，为进一步加强财政预算管理，提升国家财政治理效能指明方向。我国自2023年开始实施《财政总会计制度》，旨在通过建立收付实现制和权责发生制核算基础，增强对会计信息质量的保证，全面反映政府财政财务状况和运行情况，促进财政管理提质增效。政府会计准则制度体系的建立健全，不仅能够完整地反映政府收支，也能够准确地反映政府"家底"，实现流量管理与存量管理有效统一。作为政府会计准则制度体系的基础环节，核算和报告各类政府资产负债，归集政府运行费用和履职成本，有助于完整反映政府财政财务状况和运行情况，提升资产管理水平和债务风险防控能力，对建立现代财政制度、提升国家治理体系和治理能力现代化具有重要意义。

杨时展（1996）"天下未乱计先乱，天下欲治计乃治"的精辟论断阐释了会计在国家治理中的重要作用。但政府会计在推进国家治理现代化过程中如何发挥其功能作用仍是一个亟待解决的重要课题。现有研究虽围绕国家资产负债表、国民统计体系等进行了探讨，但尚未明确政府资产负债的概念与范围，所得出的数据也难以支持政府治理。因此，亟须建立一个核算范围全面准确，分类标准明确规范，报告与报表相辅相成的政府资产负债核算报告体系，为提升政府资产管理的经济性、效率性和效果性，防范和化解地方政府债务风险提供借鉴。有研究表明，政府会计作为反映政府经济活动的信息系统，能够为国家治理现代化建设提供有力的信息支撑（李建发和张国清，2015），在国家治理中发挥基础性的信息支持作用。在推进国家治理现代化背景下，构建政府资产负债核算和报告理论分析框架，探索政府资产负债核算和报告的基本理论，并结合政府资产负债特点，有针对性地设计相关资产负债核算和报告规则是充分发挥政府会计治理功能的前提。与此同时，政府会计治理功能的发挥还要融入大数据和人工智能技术。一方面，数智技术推动政府会计的契约功能不断扩展范围；另一方面，嵌入数智技术的政府会计估值功能将向内深入、向下延伸，为进一步规范和加强行政事业单位资产管理、优化政务服务、提升行政效能、确保国有资产保值增值提供重要助力并借此进行地方政府债务的监控、管理与风险预防。具体而言，政府资产负债信息通过反映政府财务状况、运行绩效等，向外界传递了公共受托责任履行和公共政策落实情况，有助于发挥其宏观治理功能。同时，政府资产负债信息可以帮助政府债券市场投资者评估政府信用风险，促进地方政府债券市场化定价，进而防范化解政府债务风险。此外，实体企业也可以借助政府会计信息把握政策导向、稳定市场预期，从而优化投融资决策、提高企业价值创造能力。

针对如何构建基于国家治理现代化的政府资产负债核报理论框架，并充分发挥政府资产负债信息治理效能这一论题，本书首先以推进国家治理体系和治理能力现代化以及深化政府会计改革为背景，在梳理政府资产负债核报与会计治理国内外文献的基础上，总结我国政府资产负债的核报目标、核算主体、核算内容、列报等一般性规律，从而构建以决策有用和功能拓展为导向的分层分级的政府资产负债核报体系。其次，结合公共基础设施、文物资源、自然资源资产负债、政府数据资产的特点，有针对性地提出上述资产负债的核算和报告规则。最后，基于公共产权理论、新公共管理理论、公共受托责任理论等，对政府会计信息治理效能发挥展开分析和论证，探讨政府资产负债信息对提高政府效率、解除政府受托责任以及优化资本市场资源配置水平的作用机制。具体研究以下五个方面的问题：

①在公共管理、公共财政与会计等学科交叉融合的基础上，如何构建政府资产负债核算与报告分析框架，以不断健全政府会计准则制度体系？

②基于国有资产管理，构建何种政府资产核算与报告体系，以有效实现政府资产的分级分类核算，提高政府资产的综合治理能力？

③基于政府负债管理与债务风险防范，构建何种政府负债核报体系，以明确政府负债的核报目标、原则与主体，应对地方政府债务风险与治理挑战？

④结合不同政府资产负债特点，如何构建具有中国特色的政府资产负债核报框架，实现国际经验与本国实际的结合，以完善政府资产负债核报体系？

⑤结合数智化技术的迭代更新，如何充分发挥政府会计治理功能，提升政府会计治理效能以推进国家治理现代化？

1.2 理论意义与实践意义

习近平总书记指出："当代中国正在经历人类历史上最为宏大而独特的实践创新，改革发展稳定任务之重、矛盾风险挑战之多、治国理政考验之大都前所未有，世界百年未有之大变局深刻变化前所未有，提出了大量亟待回答的理论和实践课题"。为了顺应经济高质量发展的需要，亟须构建一套科学、准确、客观的政府资产负债核算与报告体系来反映和评估政府财政状况和运行情况，推进国家治理体系和治理能力现代化。

（1）理论意义

第一，构建了较为完整的政府资产负债核算与报告理论框架体系，丰富了政府资产负债核报的相关研究。本书基于公共产权理论、公共选择理论和新公共管理理论，分别从政府资产负债的核报目标、核算主体、核算内容、列报出发，构建政府资产负债核报的理论框架，丰富了政府资产负债的理论研究。并且，结合政府资产负债特点，重点探讨了国家治理需求下公共基础设施、文物资源、自然资源资产负债、政府数据资产的核报问题，为构建中国自主政府会计知识体系提供了理论支撑。

第二，基于政府资产负债核报理论框架，探究政府会计在助力国家治理体系和治理能力现代化以及推动社会经济发展中的作用机制。本书为政府财务信息公开影响地方政府债券发行机制提供了经验证据，构建了政府资产负债结构分析指标，探究了会计学在政府债务风险防控中发挥的作用；为政府财务信息公开影响地方政府债券定价机制提供了经验证据，验证了政府会计改革的溢出效应；揭示了政府财务信息在优化资源配置效率以及促进实体经济价值创造中的作用，为政府财务报告制度改革实施成效研究拓展了思路。本书从国家治理层面拓展了政府会计理论研究的视野，为政府会计治理功能的发挥提供了理论支持。

（2）实践意义

第一，政府资产核报体系，是健全国有资产管理体制，强化国有资产保值增值的重要基础。本书所构建的政府资产核报体系为不断规范政府资产信息的生成和使用，落实政府资产精细化管理要求，全面摸清政府资产家底，提高政府资产综合治理能力提供了实践参考。

第二，政府负债核报体系，是开展政府信用评级、加强政府债务治理、防范财政风险的基础。本书所构建的政府负债报告体系为掌握各级政府主体的负债状况，落实政府主体责任提供了新的视角和实践路径。这不仅是防范和化解政府负债风险的现实需要，更是促进财政可持续发展的前提，有助于政府把握财政经济运行中的突出问题，提高宏观经济调控政策的科学性和前瞻性。

第三，促进政府会计信息治理效能发挥，对于政府践行社会经济治理责任具有重要的实践指导意义。首先，本书制定的政府资产负债结构分析指标的计算口径，有助于深度挖掘和充分利用政府会计信息的治理作用；其次，本书阐述数字技术赋能政府资产负债信息治理的机制，有助于释放政府资产价值、提升资产保护与利用水平，为地方政府债务的风险控制与治理提供参考；最后，本书检验政府信息公开的经济影响，对于推动区域经济良性发展、现代财政体系的完善、国家治理体系和治理能力现代化的建设具有一定的实践价值。

1.3 研究内容与研究框架

本书基于新公共管理理论、公共产权理论、公共受托责任理论等，围绕政府资产与负债的核报目标、核算主体、核算内容、列报四个维度，建立了政府资产负债核算与报告的理论框架与应用规则；结合政府资产负债特点，分别论述了公共基础设施、文物资源、自然资源资产负债以及政府数据资产核报与价值实现等理论与实践的重要话题；基于国家治理体系与治理能力现代化具体实践场景，构建了政府资产负债结构分析的指标；结合数智时代背景，探讨了政府资产负债信息治理功能的演进，并且实证检验了政府财务信息公开对地方政府债券市场和企业投资效率的影响。

第一，本书进行了全面、综合的制度梳理和文献回顾，以明确本书研究内容所依托的理论基础并凝练研究问题；第二，基于全面预算绩效管理、公共管理的价值体现等要素，分别从政府资产的核报目标、核算主体、核算内容、列报四个维度构建政府资产核报框架体系；第三，基于政府受托责任要求和权责匹配逻辑，分别从政府负债核报目标、核算主体、核算内容、列报四个维度构建政府负债核报体系；第四，结合政府资产负债特点，进一步探讨公共基础设施、文物资源、自然资源资产负债的核算与报告以及政府数据资产的核报与价值实现；第五，结合不同研究场景探究政府资产负债信息治理效应：①围绕资产与负债之间的资金依存关系及结构变动，探讨政府资产负债结构的计算口径；②梳理数字技术与政府资产负债管理之间的关系，揭示数字技术赋能政府资产负债信息治理功能的内在逻辑和机制；③探究数智化在地方政府债务管理中的应用；④分析政府财务信息公开影响地方政府债券定价的路径，探讨财政分权、市场中介如何影响政府财务信息公开与地方政府债券定价之间的作用机制；⑤检验政府财务报告制度改革对企业投资效率的影响及作用机制。本书共分五篇、二十章来讨论上述问题，旨在为构建政府资产负债核报框架与强化政府会计治理提供支撑。本书的研究成果对推进政府财务报告编制、深化政府会计改革、盘活政府资产、防范地方政府债务风险等具有启示意义。具体的研究思路和内容框架如图1-1所示。

全书共分为五篇二十章。第一篇（第1章至第3章）为总论，第二篇（第4章至第7章）为政府资产核算与报告，第三篇（第8章至第11章）为政府负债核算与报告，第四篇（第12章至第15章）为特殊资产负债核算与报告，第五篇（第16章至第20章）为政府资产负债信息应用与会计治理。各部分的主要研究

```
┌─────────────────────────────────────────────────────────────────┐
│              政府资产负债核报与会计治理论纲                      │
└─────────────────────────────────────────────────────────────────┘
                    第一篇    总    论
            ┌────────────────────────────────────────┐
            │            第1章  导  言                │
            ├────────────────────────────────────────┤
            │ 第2章  政府资产负债核算与报告的制度背景和文献综述 │
            ├────────────────────────────────────────┤
            │ 第3章  政府资产负债核报规则确定的理论基础与框架  │
            └────────────────────────────────────────┘
  第二篇  政府资产核算与报告          第三篇  政府负债核算与报告
  ┌──────────────────────────┐      ┌──────────────────────────┐
  │ 第4章  政府资产核报目标研究 │      │ 第8章   政府负债核报目标研究 │
  ├──────────────────────────┤      ├──────────────────────────┤
  │ 第5章  政府资产核算主体研究 │      │ 第9章   政府负债核算主体研究 │
  ├──────────────────────────┤      ├──────────────────────────┤
  │ 第6章  政府资产核算内容研究 │      │ 第10章  政府负债核算内容研究 │
  ├──────────────────────────┤      ├──────────────────────────┤
  │ 第7章  政府资产列报研究     │      │ 第11章  政府负债列报研究     │
  └──────────────────────────┘      └──────────────────────────┘
              第四篇   特殊资产负债核算与报告
        ┌──────────────────────────────────────────┐
        │ 第12章  公共基础设施核算与报告研究          │
        ├──────────────────────────────────────────┤
        │ 第13章  文物保护目标下文物资源的核报研究    │
        ├──────────────────────────────────────────┤
        │ 第14章  自然资源资产负债核算框架构建研究    │
        ├──────────────────────────────────────────┤
        │ 第15章  政府数据资产核报与价值实现研究      │
        └──────────────────────────────────────────┘
           第五篇   政府资产负债信息应用与会计治理
      ┌────────────────────────────────────────────────┐
      │ 第16章  政府资产负债结构分析指标构建研究          │
      ├────────────────────────────────────────────────┤
      │ 第17章  数字技术赋能政府资产负债信息治理功能演进研究│
      ├────────────────────────────────────────────────┤
      │ 第18章  数智化时代地方政府债务的风险与治理研究    │
      ├────────────────────────────────────────────────┤
      │ 第19章  政府财务信息公开对地方政府债券定价的影响研究│
      ├────────────────────────────────────────────────┤
      │ 第20章  "有为政府"与"有效市场"：政府财报制度改革对企业投资效率的影响研究│
      └────────────────────────────────────────────────┘
```

图 1-1 本书内容框架

内容如下：

第一篇 总论，包括第1章、第2章与第3章，主要介绍了政府资产负债治理的现实背景、文献综述和理论基础，为后续深入研究政府资产负债核算和报告提供理论支持。

第1章 导言。本章主要阐述本书的研究背景与研究问题、理论价值与实践意义、研究内容与研究框架、研究思路与研究方法、研究特色与创新之处。

第2章 政府资产负债核算与报告的制度背景和文献综述。本章系统梳理了政府资产负债管理现状、政府资产负债核报模式以及政府资产负债核算与报告的国际经验，并结合政府资产负债核报的研究现状，回顾了政府资产负债信息披露与应用的相关研究。

第3章 政府资产负债核报规则确定的理论基础与框架。本章基于政府资产、负债核报的理论基础、政府资产负债信息治理的理论基础和国家治理现代化背景下的政府资产负债核报理论，构建了本书的分析框架。

第二篇 政府资产核算与报告，包括第4章至第7章，深入研究了政府资产的核算与报告规则，以提升政府资产管理和信息披露的科学性和规范性，为提高政府资产核算与报告水平提供理论支持和实践建议。

第4章 政府资产核报目标研究。本章基于全面预算绩效管理的现实需求，沿着"目标体系构建—推进机制设计—实现路径探索"的思路，从理论和实践两方面分析政府资产核报的目标设计及其实现逻辑，以期为进一步建设政府综合财务报告制度，推进国家治理体系和治理能力现代化提供理论解释和实践借鉴。

第5章 政府资产核算主体研究。本章沿着"产权控制—法律认定—职能履行"的判定程序，逐步确定政府资产核算主体选择框架，即依据公共产权理论，从"公共产权界定—权利和责任划分—运行规律和非正式规制"的逻辑起点出发，围绕会计"控制权"标准、主体类型、主体定位等主要内容，通过产权明晰化、法律规范化和制度合理化的具体实施路径，构建我国公共产权制度下政府资产核算主体选择的框架。

第6章 政府资产核算内容研究。本章基于政府资产的公共价值和管理需求，从资产的性质和用途出发，融入公共价值导向，将资产划分为基础性、保障性、创新性和竞争性四类，同时倡导采用多元化的计量属性，以适应不同资产的特性和价值转移需求，确保资产价值信息的准确性和实用性，并基于应计制逻辑与管理需求确定资产核算范围的下限和上限，旨在实现财政资源的有效配置，提升国家治理能力。

第7章 政府资产列报研究。本章从新公共管理理论视角出发，围绕政府资产列报的现存问题，贯穿政府资产列报全过程，对我国政府资产现存问题展开分析与讨论，为进一步推动政府资产列报在政府资产信息、管理、绩效三个层面实现功能拓展和决策有用两大目标展开讨论，从而为提高政府资产综合治理能力提供参考。

第三篇 政府负债核算与报告，包括第8章至第11章，着眼于政府负债的核算与报告规则，旨在建立科学有效的政府负债信息披露体系，以支持地方政府负债管理和风险防控。

第8章 政府负债核报目标研究。本章首先基于内外部的信息诉求以及权责匹配的逻辑，明确了政府负债核报目标设定的依据。其次，围绕精确性、透明性以及一致性原则阐述政府负债核报如何满足政府负债内部管理和外部监督的短期目标，以及责任落实及风险防范的长期目标。最后，结合政府会计功能发挥以及信息披露制度完善构建了政府负债核报目标实现的保障机制。

第9章 政府负债核算主体研究。本章从公共财政理论、公共受托责任理论与公共产权理论出发，对政府负债的执行主体、监督主体和责任主体进行了分析，针对短期负债、长期负债、或有负债和其他负债的不同特征，区分宏观和微观两个层次的负债风险，并与政府负债的两阶主体相对应，探讨如何确保负债核算的质量和效率，提升政府财务信息的透明度和可信度，以实现全面有效的政府负债管理。

第10章 政府负债核算内容研究。本章从负债的责任观视角提出针对不同类型的政府负债应采用分类核算的方法。从责任对政府的约束性强弱来看，将政府责任分为法律意义上的法定责任和道德意义上的推定责任，政府法定责任和推定责任分别决定了政府负债核算范围的下限与上限。基于政府法定责任形成的政府负债，可以分为融资活动形成的政府负债、运营活动形成的政府负债和或有事项形成的政府预计负债；基于政府推定责任形成的政府负债，可以分为应付承诺款、应付救助款、应弥补社会保障基金缺口款等。

第11章 政府负债列报研究。本章按照政府负债列报所呈现的具体内容与方式，将政府负债列报体系分为基础层次、综合层次、专项层次。基础层次列报主要体现为政府负债信息在政府资产负债表以及报表附注中反映，由于基础层次所反映的政府负债信息并不全面，需要对政府负债信息披露的方式、内容进行优化与拓展。综合层次列报的基本内容主要包括政府负债报表、报表附注、政府负债管理情况报告等。专项层次列报主要包括但不限于地方政府债券专项报告、政府或有负债专项报告、政府依法担保形成的负债专项报告、政府负债风险自我评估报告等。

第四篇 特殊资产负债核算与报告，包括第12章至第15章，主要针对公共基础设施、文物资源、自然资源资产负债以及政府数据资产等，探讨其核算与报告的规则和方法，完善政府资产负债管理体系。

第12章 公共基础设施核算与报告研究。本章基于公共基础设施的特性，结合公共产品理论、公共受托责任理论、新公共管理理论等基础理论，剖析公共基础设施资产核算与报告制度的演进历程；立足政府会计核算的整体流程，探讨公共基础设施的会计主体、会计确认、会计计量以及报告体系构建等问题，分析公共基础设施在会计核算与报告环节存在的主要难点及其原因，并尝试提出相应的解决思路。

第 13 章 文物保护目标下文物资源的核报研究。本章首先明晰文物保护目标与文物资源概念间的关联，探讨了文物保护目标下文物资源核报的必要性。其次，梳理了我国文物资源核报的制度背景，结合国际上关于文物资源核报的经验，分析了我国文物资源核报的最新进展；针对我国文物保护与利用的现状，基于文物保护目标，从文物资源核报的范围、主体和计量属性等方面，构建了文物资源的核报规则框架。最后，从压实文物资源管理责任、"活化"文物资源核报的成本信息运用以及强化文物保护的财政资金保障等方面提出助力文物事业发展的政策建议。

第 14 章 自然资源资产负债核算框架构建研究。本章在分析现实需求的基础上，参考联合国环境经济会计系统（SEEA）国际统计标准以及欧亚多国环境经济核算体系等国际经验，从目标、原则、主体、范围、内容出发，构建了自然资源资产负债核算框架，这对于保护和合理利用自然资源、推动经济发展方式转变、构建美丽中国具有重要的长远意义。

第 15 章 政府数据资产核报与价值实现研究。本章探讨了数字中国战略对释放政府数据资产价值、激活数据要素潜能提出的要求。目前在政府数据资产管理和价值实现过程中面临着家底不清、质量不高、标准有待统一、共享开放程度低、应用不足等问题，导致政府数据资产的价值尚未得到全面挖掘和充分释放。通过对政府数据资产的价值进行确认、计量、记录和报告，有助于充分释放政府数据价值，打造政府数据共治共享新格局。

第五篇 政府资产负债信息应用与会计治理，包括第 16 章至第 20 章，拓展研究了政府资产负债相关问题，重点关注政府财力的综合管理和政府会计治理能力的发挥，以推动国家治理体系的现代化建设。

第 16 章 政府资产负债结构分析指标构建研究。本章首先界定了政府资产负债结构分析的内涵，将其分为总体结构分析与内部结构分析两个层面；其次，综合考量会计学视角的政府资产负债特性与分类以及资产负债之间的结构关系，从逻辑上推导出政府资产负债结构分析的基础指标与修正指标；最后，结合政府资产负债信息的供给状况，设定了政府资产负债结构分析指标的三种计算口径。

第 17 章 数字技术赋能政府资产负债信息治理功能演进研究。本章通过系统梳理和分析数字技术与政府资产负债管理之间的关系，揭示了数字技术赋能政府资产负债信息治理功能的内在逻辑和机制，能够为政府资产负债管理的实际操作提供具体指导和技术支持，通过深入分析大数据、区块链和人工智能等数字技术在政府资产负债管理中的应用案例和效果，总结其成功经验和存在的问题，提出切实可行的改进策略和建议,帮助政府提升资产负债管理水平,提高财政资源的配置和使用效率,促进政府资产负债管理的透明化、科学化和智能化,增强政府治理能力和公信力。

第18章 数智化时代地方政府债务的风险与治理研究。本章重点探讨了数智化技术在地方政府债务管理中的应用,包括债务信息一体化平台的构建、财政重整计划的数字化管理、债务评级的区块链技术应用、债务预算绩效管理的实施等方面,展望了未来地方政府债务管理领域的研究方向,期望为地方政府债务的风险控制与治理提供新的视角和实践路径,为实现地方财政的健康稳定发展贡献力量。

第19章 政府财务信息公开对地方政府债券定价的影响研究。本章研究发现政府财务信息公开有助于缓解信息不对称,帮助投资者做出合理的价值判断,进而降低地方政府债券发行成本。当财政分权程度较低、市场信息环境较好时,政府财务信息公开质量越高,地方政府债券发行定价越低,且承销商在路径中发挥信息中介作用。结论拓展了政府财务信息公开的经济后果研究,补充了地方政府债券发行定价的影响因素,为推动政府会计准则制度建设与实施、降低地方政府债券违约风险、规范与健全债券市场提供了经验与启示。

第20章 "有为政府"与"有效市场":政府财报制度改革对企业投资效率的影响研究。本章实证检验了政府财务报告制度改革与企业投资效率之间的关系,发现政府财务报告制度改革可以通过提升政府投资效率从而提升企业投资效率,但会受到GDP增长压力、政府间竞争水平以及预算软约束程度等制度与行为因素的影响,且政府财务报告制度改革对企业投资效率的影响效应在国有企业、数字化程度较高的企业和经济发达地区的企业更显著。识别和检验政府财务报告制度改革的经济治理效应对于推动"有为政府"与"有效市场"相结合,促进政府宏观经济治理能力提升具有重要意义。

1.4 研究思路与研究方法

为适应国家治理体系与治理能力现代化的要求、契合经济高质量发展的目标,本书详细回顾了政府资产负债管理及核报现状,并结合国内外研究前沿,搭建了我国政府资产负债核算与报告的理论框架。在此基础上,将政府资产负债信息应用于政府治理、社会治理和经济治理,探究政府会计治理效能发挥的具体路径。具体而言,本书采用了以下研究方法:

①归纳演绎法。通过对我国发布的相关政策、法规细则等文件以及学者发表在学术期刊的理论成果进行整理，对现有政府资产负债核报的政策导向与实践要求进行系统的梳理和归纳，形成对现有政府资产负债核报成果的全面认识，并总结现有文献的研究成果，为本书的研究提供全面的理论支撑和有益借鉴。在此基础上，通过归纳演绎，提炼出政府资产负债核报包含的关键概念和理论基础，确保研究富有严密的逻辑性。

②比较分析法。基于我国特色国情以及我国政府在国家治理体系中的独特地位和作用，对比分析我国与其他国家和地区在政府资产负债核报领域发布的各类相关政策和进行的不同实践所存在的差异，剖析政策与实践差异背后的制约因素，解析我国特色国情对政府资产负债核报的独特要求，总结历史的经验教训与有待进一步改进的措施，参考国际统计标准和相关国家的先进经验，为构建适合我国国情的政府资产负债核报体系提供参考。

③实地调研法。立足于国家治理体系和治理能力现代化需求和对广义政府资产负债测度核算的需求，针对政府资产负债测度核算的具体现状、现有的核算机制以及广义政府资产负债表编制方法等问题，通过实地调研的方式，对有关部门的实务工作者以及专家学者进行访谈，从源头掌握政府资产负债核算的实际情况和存在问题，深入了解政府资产负债核报的需求，力争使研究扎根现实。

④实证研究法。构建计量经济学模型，采用双重差分模型、层次分析法等实证研究方法，使用手工收集整理的相关数据，对政府资产负债核报的政策实施效果进行量化评估，探究政府财务报告制度改革对政府公共服务水平和社会经济效益的影响。基于数据和模型的分析，可以提升研究的客观性和科学性，从而提高政策评估的准确性和可靠性，研究结果可以为政府资产负债核报的持续改进提供依据，提高政府财务管理的透明度和效率，增强公众对政府财务活动的信任。

通过上述方法的综合运用，本书旨在构建一个全面、科学、客观的政府资产负债核报的理论与规则体系，以提高政府资产负债管理的效率和透明度，促进政府决策的科学性和有效性，为政府资产负债核算体系的改革提供理论支撑和实践支持，为促进经济高质量发展，实现国家治理体系与治理能力现代化提供参考。

1.5 研究特色与创新之处

现有研究虽已围绕国家资产负债表、国民经济统计体系等进行了探讨，但尚未明确政府资产负债的概念与范围，且未结合数字技术发展趋势，针对政府会计领域的前沿进行深入挖掘，得出的结论难以满足政府治理的需要。基于强化政府治理能力和适应现代财税体制改革的现实需求，相较于现有关于政府资产负债核算与报告的研究，本书主要有以下五个方面的特色与创新之处。

①聚焦政府资产负债核报相关问题，为推进国家治理体系与治理能力现代化提供可参考的路径。本书解读了政府资产负债核报这一重要概念的内涵与外延，帮助读者了解政府资产与政府负债的定义，明确政府资产负债核报对于高质量发展的重要性，构建政府资产负债核报的理论体系，提出了推进国家治理体系与能力现代化的新思路。通过对政府资产负债核报理论与规则的准确把握，可以更有效地实现资产治理与负债风险管控，助推政府优化资源配置和治理决策，加强对经济运行的监测和调控，强化政府治理效能，从而保障经济高质量发展的稳定性和可持续性。

②建立具有中国特色的政府资产负债核报理论体系，为各类政府资产负债明确科学合理的核报规则。本书一方面立足新公共管理理论视角，将政府资产核报与全面预算绩效管理的要求结合，以价值管理为目标、政府资产列报全过程为链条，构建分级分类的政府资产核报框架，为盘活政府资产、摸清政府"家底"提供参考。另一方面结合政府责任类型以及政府负债的异质性特征，以负债的"责任观"为逻辑线索，将政府责任与政府负债有机连接，系统构建分层次的政府负债核报体系，为提升政府财政透明度、保障财政可持续奠定基础。

③顺应数字技术发展趋势，深入解析数智时代政府资产负债信息的治理作用。首先，通过数字技术驱动政府资产负债核报目标运行和实施；其次，提出利用数字技术赋能政府会计治理功能的内在逻辑，通过对政府资产负债信息的分析应用，加强地方政府财政预算核算与监管，促进地方经济持续健康发展；此外，通过设置政府数据资产专题，从政府数据资产的确认、计量、列报与披露等方面展开分析，明确政府数据资产共治共享的实现逻辑，从多个角度明确了数据资产管理的具体任务，为数据资产全流程管理提供参考。

④聚焦公共基础设施、文物资源、自然资源资产负债和政府数据资产相关内容，对政府会计领域的前沿、热点问题进行深入探讨。本书在实施国有资产报告制度、建立权责发生制政府综合财务报告制度、编制全国和地方资产负债表以及自然资源资产负债表等实践背景下，基于公共产权理论、公共选择理论和新公共管理理论，以善治理念为指引，从核报目标、核算主体、核算内容、列报等方面展开分析，重点探讨国家治理现代化要求下公共基础设施、文物资源、自然资源资产负债和政府数据资产的核报与治理问题。

⑤实证检验了政府会计信息在公共决策与资本市场资源配置方面的治理机

制。首先,通过制定政府资产负债结构分析指标,既验证了本书所构建的政府资产负债核报体系的合理性,也为检验政府资产负债信息的治理效能奠定了基础。其次,结合数智时代背景阐述政府资产负债信息治理功能的演进。最后,实证检验了政府会计信息的治理效果,一方面关注政府财务报告改革对国家治理现代化的推动作用,另一方面发现政府会计信息蕴含丰富的政策信号,会对地方政府债券估值定价和微观企业财务决策产生影响。这有助于催生来自市场的信息需求,并提高地方政府完善资产负债核报体系的内生动力。

第 2 章

政府资产负债核算与报告的制度背景和文献综述

2.1 政府资产负债管理现状与核报模式演进历程

2.1.1 政府资产负债管理现状

(1) 政府资产管理

对政府资产定义的探究,是深入理解其本质特征与管理实践的基石。国际公共部门会计准则将资产界定为源自过去事项、由主体控制并预期将产生未来经济利益或服务潜力的资源。美国联邦政府财务会计概念和准则将之视为体现联邦政府控制下经济利益或服务的资源集合。《政府会计准则——基本准则》将政府资产定义为由政府会计主体过去的经济活动或事项形成、由该主体控制、预期能够产生服务潜力或带来经济利益流入的经济资源。虽然各权威机构对政府资产定义的措辞各异,却均围绕着资产的核心属性展开,即资产作为一种源于历史交易或事项、由主体掌控并预期能带来未来经济利益或服务潜能的经济资源。

为与建立社会主义市场经济体制的要求相适应,国家统计局于 1992 年将资产负债核算纳入《中国国民经济核算体系(试行方案)》,并于 1997 年编制了第一张全国资产负债表。然而,国民经济核算体系下的政府资产负债表是国家资产负债表的子表,其中虽列示了资产、负债和资产净值等项目,但从确认和计量层面而言，国家资产负债表更多地基于统计逻辑而非会计逻辑。2016年《中华人民共和国国民经济和社会发展第十三个五年规划纲要》提出，要建立涵盖各类国有资产的"政府资产报告制度"。但关于国有资产和政府资产的概念较为模糊，国家代表人民成为国有资产形式上的所有者，而政府是国家权力机关的执行机关，是国有资产的实际使用和占有者，因此，两者存在一定共性。从理论上看，国有资产是国家以"所有者"身份拥有和管理的资产，强调的是"所有权"。相比之下，政府资产是政府凭借所有者和社会管理者的身份拥有或控制的，预期可能带来经济利益或服务潜能的资源，强调"所有权和控制权"的双重属性（刘瑞杰，2018）。具体而言，政府资产包括行政事业单位占有使用的政府资产、企业国有资产、政府经管资产（政府储备资产、基础设施资产、自然资源资产、文物资源、保障性住房等）以及政府受托代理资产等。

《国务院关于2022年度国有资产管理情况的综合报告》显示，2022年全国国有企业资产（不含金融企业）总额339.5万亿元、负债总额218.6万亿元。国有金融企业资产总额400.9万亿元、负债总额358.2万亿元。行政事业性国有资产总额59.8万亿元、负债总额12.4万亿元。全国国有土地总面积52360.5万公顷，水资源总量27088.1亿立方米。但当前政府资产管理中统计范围和核算方法不一致，政府资产管理部门化和碎片化现象严重等诸多问题，对强化政府资产管理带来了较大挑战。除企业国有资产和行政事业单位占有使用的政府资产初步形成管理框架外，自然资源等特殊政府资产管理制度尚处于探索阶段，不少特殊资产在核算、计量和报告上面临挑战，例如社保基金、住房公积金等受托代理资产虽不是政府所有，也非实际受益人，但受托代理资产会影响政府公信力和公共服务供给能力，为政策制定提供依据，因此，也被纳入资产核算范围。而文物资源、自然资源资产、政府数据资产等特殊资产的管理不仅需要遵循相应的会计准则，还涉及复杂的法律、政策和技术问题。为了更好地管理和报告这些特殊资产，政府会计体系需要不断进行创新和调整，确保政府资产的高效利用和公共利益的最大化。下面对相关政府特殊资产管理制度进行简要介绍。

公共基础设施是由各级政府及其部门代表政府管理的资产，在维持国家和社会正常运转、保障人民生活、促进经济高质量发展等方面具有重要作用。我国政府历来重视公共基础设施的投资建设，经过长期的发展与积累，形成了众多优质的公共基础设施资产，较好地保障了经济社会发展需求。因此，对公共基础设施进行会计核算与报告，有助于客观、完整地反映公共基础设施的存量价值以及价值变动情况，为公共基础设施的规划、投资、建设、管理维护等提供关键性信息支持，进而夯实公共基础设施科学化、精细化管理的基础。2018年发布的《政府会计准则第 5 号——公共基础设施》明确了会计确认主体，系统规定了计量要求和会计处理原则，对于规范公共基础设施的会计核算工作、提升公共基础设施管理水平、促进公共基础设施高质量发展具有积极作用。

文物资源是指被认定为文物的有形资产，以及考古发掘品、尚未被认定为文物的古籍等。我国作为历史悠久的文明古国，现存的大量文物与文化遗产，是全民族的共同财富。但在文物保护与开发利用的过程中，也存在着管理不善，文物资源损毁、流失严重，文物资源开发利用程度不高等一系列问题。部分原因在于我国的文物保护长久以来都是从行政管理的角度进行，缺乏资源、财务视角的约束与管理，导致文物保护工作中存在文物资源权属关系不清、利用程度不高等问题。2023 年发布的《政府会计准则第 11 号——文物资源》对文物资源的核算作出了规定，要求政府部门按照文物资源的类型和计量属性进行明细核算，体现了对文物资源更详细的管理要求。

自然资源资产包括土地资源、林木资源、水资源和矿产资源等。这类资产通常具有不可再生性或有限性，其价值和状态随时间和环境变化而变化。尽管自然资源资产在理论上具有巨大的经济价值，但由于缺乏活跃的交易市场和固有的复杂性，其准确计量和核算面临挑战。2015 年，中共中央、国务院印发的《生态文明体制改革总体方案》，要求加快推进生态文明建设，构建水资源、土地资源、森林资源等的资产和负债核算方法，建立实物量核算账户，明确分类标准和统计规范，定期评估自然资源资产变化状况。2019 年发布的《关于统筹推进自然资源资产产权制度改革的指导意见》提出在开展实物量统计的基础上探索价值量核算。2022 年发布的《全民所有自然资源资产所有权委托代理机制试点方案》要求摸清自然资源资产家底，开展资产核算。

在政府数据资产方面，2020 年发布的《关于构建更加完善的要素市场化配置体制机制的意见》明确提出"加快培育数据要素市场""推进政府数据开放共享"等意见。2021 年发布的《"十四五"数字经济发展规划》指出要"建立健全国家公共数据资源体系""统筹公共数据资源开发利用"。2022 年发布的《关于构建数据基础制度更好发挥数据要素作用的意见》要求探索数据资产入表新模式。2023 年发布的《数据资产评估指导意见》肯定了将数据资产化的有效性，并规范了外部交易数据资产和内部使用数据资产的处理逻辑。对数据和数据资产进行权属界定，可以明确谁享有数据权利、数据权主体享有何种权利、应给予何种权利保护，推动数据资产价值释放，有助于辅助识别数据权主体、充分释放政府数据资产的要素价值。

整体而言，我国政府资产管理要紧紧把握资产的核心属性，顺应我国经济体制发展的需要，在不断完善政府资产报告制度过程中逐步辨明政府资产的概念，重视政府资产"所有权和控制权"的双重属性，基于此明确政府资产种类，健全政府资产管理方法，并进一步完善政府特殊资产的管理制度。为我国财政管理与资源配置提供决策依据，助力我国经济稳定可持续发展。

（2）政府负债管理

在会计学意义上，负债的实质是一种经济责任或义务，是必须在既定期限内予以清偿的责任。因此，政府负债首先表现为一种政府责任，这里所指的政府责任既可以是法定责任，也可以是推定责任。《政府会计准则第8号——负债》将负债定义为"政府会计主体过去的经济业务或者事项形成的，预期会导致经济资源流出政府会计主体的现时义务"，"未来发生的经济业务或者事项形成的义务不属于现时义务，不应当确认为负债"。

计划经济时期，行政事业单位或国营企业所需要的资金是由同级政府的财政拨款来加以保障的，因此传统的政府预算会计体系中不存在负债要素。改革开放后，以放权让利为特征的财税改革导致预算外资金规模逐渐扩大，不同部门对政府资产负债核算或统计口径存在较大差异，部分政府资产和负债并未纳入政府预算管理和资产负债表。以地方政府性债务为例，长期以来，基于收支平衡、不列赤字的财政原则，地方政府没有举债融资的权利，为满足刚性支出和大规模基础设施建设的需求，地方政府选择借助城投融资平台等进行举债。为规范地方政府融资乱象，2014年国务院发布的《关于加强地方政府性债务管理的意见》要求建立规范的地方政府举债融资机制，将地方政府性债务分类纳入全口径预算管理。2015年实施的《中华人民共和国预算法》明确，地方政府可以在国务院确定的限额内，采取发行地方政府债券的方式举借债务，同时以审计署2013年全国政府性债务审计结果为基础进行债务甄别，发行地方政府债券进行存量地方政府性债务置换，将以融资平台贷款和城投债为代表的存量政府性债务，转换为风险可控、成本较低的地方政府债券。因此，地方政府债务与地方政府性债务的内涵存在一定的差异，若要将地方政府性债务进一步确认为政府债务，需要满足政府负债相应的确认条件和计量标准。

2012年发布的《事业单位会计制度》对事业单位会计核算进行了大幅度的修订与改革，要求加强事业单位负债管理、建立健全财务风险控制机制。其对负债要素按照流动性进一步加以分类确认与计量，将"借入款"科目，分解为"短期借款"科目和"长期借款"科目，同时增设"长期应付款"科目，有助于规范事业单位的会计核算，揭示事业单位的偿债能力。2013年《行政单位会计制度》除了要求对负债要素按照流动性进行分类确认与计量外，还将应付账款和长期应付款纳入"双分录"计量范畴，设立了"待偿债净资产"科目。2017年发布的《政府会计制度——行政事业单位会计科目和报表》在预算会计账套的会计科目中，增设了"债务预算收入"科目和"债务还本支出"科目，与此同时，在财务会计账套的会计科目中相应设置了"短期借款"科目和"长期借款"科目。鉴于我国政府会计主体数量众多、类型复杂，加之政府会计主体负债的成因也比较复杂，为了促进更加科学地对政府会计主体的债务风险进行分析和管理，《政府会计准则第8号——负债》在将负债按照流动性进行分类的基础上，对政府会计主体的负债作出了进一步规定，明确只有符合负债定义且满足相关确认条件，才能在日常核算中加以确认与计量，强化了负债概念的会计属性。同时，《政府会计准则第8号——负债》对举债债务的借款费用资本化的处理原则作出了有别于企业会计准则的规定，即只允许政府以外的其他政府会计主体举借的专门借款的借款费用在符合其规定条件的情况下，才准许其资本化，而地方政府债券的借款费用不准许资本化。

整体而言，我国政府负债的管理经历了不确认负债要素、确认负债要素但不按流动性分类、确认负债要素并按流动性分类且启用"双分录"记账模式、确认负债要素并按流动性分类且启用"平行记账"记账模式、确认负债要素并在流动性分类的基础上进一步按照业务性质和风险程度进行分类的改革历程。这一演进逻辑与政府会计主体在国民经济运行中的功能作用是相适应的。

2.1.2 政府资产负债核报模式演进历程

长期以来，我国财政管理中存在"重资金分配、轻资产管理"问题。政府资产在部门、单位之间配置不均衡，闲置浪费与短缺不足并存，政府资产配置标准体系尚待完善，政府资产使用效率有待提升。而要完善财政管理制度，建立健全政府资产负债管理体系，必须如实记录、完整反映政府资产负债信息，因此，需要推进政府会计制度改革，完善政府资产负债核报模式，通过优化政府资产负债的会计核算方法和程序，全面反映政府财务状况、财政能力和财政责任。

（1）预算会计发展完善阶段：1978年至2012年

建国初期，我国实行统收统支的预算管理模式，基于1950年颁布的《各级人民政府暂行单位预算会计制度》，形成了以财政总预算会计为主导，单位预算会计为补充的政府会计模式。然而，指令性的计划经济弱化了会计的功能作用，簿记式的预算会计缺乏对资金流动的深入分析与管理。改革开放后，为适应"属地管理、分级包干"的预算体制和市场经济发展的需要,更好地制定经济政策和管理公共资源,强化预算管理和控制,我国开始预算会计改革。

1994年,我国颁布第一部关于预算管理的综合性法律《中华人民共和国预算法》,建立了国家预算的编制、审批、执行、监督的基本框架。1997年发布的《财政总预算会计制度》《事业单位会计制度》《事业单位会计准则(试行)》、1998年发布的《行政单位会计制度(试行)》建立了由财政总预算会计、行政单位会计、事业单位会计组成的预算会计核算体系。同时,政府开始重视财政支出的绩效考量,例如,2003年颁布的《中华人民共和国政府采购法》对政府采购活动进行了详细的规定,为规范政府采购行为,维护公平的市场竞争环境,提高财政资金的使用效益提供了有力支持。进一步,我国也开始对既有预算会计体系进行局部调整,逐步引入权责发生制。例如,2006年"推进政府会计改革"列入《国民经济和社会发展第十一个五年规划纲要》,2010年财政部印发的《医院会计制度》要求公立医疗卫生机构全面采用权责发生制核算基础,完整核算所拥有的资产和负债以加强资产管理与财务风险防范。

总体而言,政府预算会计改革和预算管理模式转变是在政府财政管理改革的大背景下展开的,在预算会计形成完善阶段,通过建立和完善预算管理体制、引入绩效分析、改进会计核算方法等措施,预算会计改革为政府决策提供了更加准确、可靠的财务信息支持,也为后续的政府会计改革提供了有力的支撑。

(2)政府会计改革推进阶段:2013年至2019年

2013年中国共产党第十八届中央委员会第三次全体会议通过《中共中央关于全面深化改革若干重大问题的决定》,首次提出要建立权责发生制的政府综合财务报告制度,以全面反映政府的资产和负债状况,随后这一决定被写入2014年《中华人民共和国预算法》。同年,国务院批转财政部《权责发生制政府综合财务报告制度改革方案》,进一步明确了我国政府会计和财政体制改革的方向,中国政府资产负债的核算与报告模式也逐渐过渡到政府会计阶段。

为强化政府资产负债管理,我国出台一系列文件和政策,明确了政府资产负债的核算范围、方法和报告要求。例如,2014年《国务院关于加强地方政府性债务管理的意见》明确要求完善债务报告和公开制度,各级政府需定期向社会披露政府债务及其项目建设情况。2015年,财政部发布了《政府会计准则——基本准则》,随后相继制定发布了政府会计各项具体准则、应用指南、《政府会计制度——行政事业单位会计科目和报表》《财政总会计制度》以及准则制度解释等,基本建成了具有中国特色的政府会计准则制度体系。政府会计改革引入权责发生制原则，对资产、负债等会计要素的概念、核算范围和信息质量特征重新作出界定，按照权责发生制要求分期摊销费用，在优化资产管理信息系统的基础上计提固定资产折旧和进行无形资产摊销，有助于全面、真实反映政府资产负债增量和存量状况，公共部门控制的经济资源和承担的现时义务更加清晰。

以收付实现制为基础的预算会计系统有助于实现对预算资金流向、使用及结存的监督和管理，但无法反映政府的资产债务情况等信息，也难以借助会计信息提升政府资产管理的水平。而政府会计改革引入以权责发生制为基础的政府财务会计系统，通过反映政府资产的购置成本、使用成本等，提供完整的资产价值及其变动的数据，有利于政府主体摸清资产负债底数，规范政府资产债务管理，在促进政府资产保值增值的同时，监控和预警政府债务风险。

（3）政府会计改革深化阶段：2019年至今

政府会计准则制度自2019年1月1日起在全国各级各类行政事业单位全面实施。通过构建政府预算会计和政府财务会计适度分离又相互衔接的政府会计核算模式，为编制政府资产负债表、加强资产负债管理奠定了基础。

随着财税体制改革的不断推进，政府会计准则制度体系建设也需要进一步深化。现阶段，《权责发生制政府综合财务报告制度改革方案》提出的两大任务"建立健全政府会计核算体系"和"建立健全政府财务报告体系"已基本完成。但"建立健全政府财务报告审计和公开机制"和"建立健全政府财务报告分析应用体系"这两项改革"后半段"任务尚在进行中。2021年《行政事业性国有资产管理条例》等法规制度的出台，对于准确核算和完整反映政府"家底"提出了更高要求，除了进一步推进交通、水利和市政等公共基础设施的会计核算，确保增量和存量公共基础设施资产"应记尽记"，还需深入研究自然资源资产、文物资源等特殊资产的核报问题。为进一步规范政府财务报告编制工作，2023年财政部修订印发了《政府财务报告编制办法》《政府部门财务报告编制操作指南》和《政府综合财务报告编制操作指南》等三项制度，标志着政府综合财务报告和资产负债表的编制继续深入推进，政府资产负债管理逐渐标准化、透明化。

政府会计与政府资产负债核报模式，由强调政府在公共资源取得和使用上的合规性的收付实现制政府预算会计，到注重政府资产负债和成本绩效管理的权责发生制政府财务会计，未来还需要进一步完善政府财务信息披露体系，加强利益相关者的参与和监督，通过推动政府会计信息的透明公开，为政府部门、社会公众和市场主体提供决策有用的信息。

2.2 政府资产负债核算与报告的国际比较和经验借鉴

2.2.1 国际统计体系解构

对于政府资产负债的核算与报告，国际上的做法不尽相同。从统计的逻辑来看，主要包括国民经济核算体系（SNA）、政府财政统计体系（GFS）、货币金融统计体系（MFS）与国际收支统计体系（BPM）。因此，有必要深入了解现行的国际统计体系，归纳并借鉴国际统计体系的范式，从而推进我国政府资产负债核报制度的发展。

（1）国民经济核算体系（SNA）

1953年，以理查德·斯通为首的国际统计专家小组的主要研究成果《国民经济核算体系及其辅助表》由联合国出版，其基于企业、住户、一般政府与非营利机构这三类基本机构部门的生产、支出、资本调节和对外交易情况制定了账户。1958年，为了在国民经济核算体系框架内确定一个更为综合和概括的数量指标体系，联合国统计委员会针对各国的实际情况展开了调查，并在1960年的联合国统计委员会报告中对国际准则的发展展开设想，希望SNA在未来能被扩展到资金流量表、投入产出表以及中长期的资产负债表。1968年，联合国统计委员会认为，要使国际标准与各国开展工作保持一致，需要修订SNA，并且对账户结构加以扩展，分解出更加细化的部门账户、增设资产负债表和采用矩阵予以显示。因此，SNA被认为适用于处在不同发展阶段的国家。1993年，联合国统计委员会认为需要制定可行的相关准则从而计算特殊使用者所分摊的中介服务费，推进国民经济核算发展进入新阶段。SNA2008是国民经济核算体系现行版本，与早期各个版本一样，SNA2008反映了用户不断提高的需求、经济环境的新变化、方法论研究方面的新进展。

国民经济账户是国民经济核算体系（SNA）采用的主要核算方法，国民经济账户将国民经济作为一个整体，用来描述各种经济要素间的联系，很大程度反映了国民经济的运行过程（陈汉琪，2008）。如果说，国民经济基本核算表是从不同的方面对国民经济进行核算，那么，国民经济账户则是侧重于对国民经济循环过程的核算（夏荣坡，2008）。

（2）政府财政统计体系（GFS）

1972年，美国统计学家乔纳森·利文（Jonathan Levin）在《衡量政府的有关问题》中系统论述了政府财政收支分类的原理、原则和方法，为GFS的建立作出了开创性的贡献。随后，国际货币基金组织（IMF）制定并出版了《政府财政统计手册》，并在1986年对其进行了更详尽的补充。1993年出台的SNA反映了GFS1986可能存在的局限性，但并不能契合世界经济的发展形势。随后，1994年墨西哥金融危机和1998年的亚洲金融危机让国际货币基金组织进一步发现了GFS1986的缺陷。为进一步完善GFS，提升风险管控能力，IMF对GFS1986进行了修订并于2001年发布，希望GFS2001能够"尽早发现脆弱性的根源"（葛守中，2011）。基于国际形势的进一步变化，IMF基于GFS2001，重新修订并出版了GFS2014，标志着政府财政统计数据标准进入新阶段。

财政账户的可持续性反映了财政的可承受能力（Bohn，1991；1995）。由于广义政府部门的统计数据包括了国有企业权益价值的变化信息，却无法解释这一变化的原因，只有国有企业的账户才能解释（王静，2010），因此对于广义政府部门运行的深入分析需要广义账户的统计信息，体现了GFS的重要性。与SNA不同，GFS只需设置单一的收付式平衡账户，不需要关注收入支出的经济实质及具体的生产过程（葛守中和卞祖武，2000）。因此GFS需要在综合汇总多个单一账户时，对政府各个部门的内部流量进行筛查和剔除，确保所汇总的交易收支仅来自政府与政府之外的国民经济其他部门。

（3）货币金融统计体系（MFS）

作为金融统计国际标准的主要制定者，IMF于1948年1月即开始对外发布《国际金融统计（IFS）》。根据过去的经验，IMF整理编纂了《IFS货币与银行统计数据编制指南》，为后来MFS的形成打下了基础。2000年，IMF正式推出了MFSM，首次以国际标准的形式将MFS核算框架予以确立，在MFS的发展历程中实现了具有里程碑意义的跨越。但是，MFSM—2000只是对核算框架的规则予以介绍，并不能作为一本编制指南来使用，其本身也不对编制货币与银行统计数据进行指导。因此，IMF于2008年更新了MFSM—2000的内容。MSFCG—2008既起到指导性的作用，又在MFSM—2000的基础上进行了内容补充。2012年，IMF进一步启动了对MFSM—2000和MFSCG—2008这两个标准的新一轮修订，将其合二为一形成了MFSMCG，最终进一步演变成了MFSMCG—2015。

MFSMCG—2015的修订主要体现了三个方面的需要。首先，制度环境要求MFS核算体系应当与SNA2008等基础宏观核算标准相适配，因此MFSMCG—2015根据SNA2008的相关理论和会计处理方式，引入了经济所有权的概念，对金融公司部门、机构单位、金融资产等分类方式进行了调整，并对"应计利息"等科目的处理方式进行了修订完善。其次，金融环境要求 MFS 核算体系应当适应逐步发展的金融态势，因此 MFSMCG—2015 对货币概念进行了修订，并健全了新型金融工具和证券化资产的统计处理方法，同时引入资产负债核算矩阵以提升跨部门分析能力。最后，内在环境要求 MFS 核算体系应当针对自身体系的不足进行不断完善，因此 MFSMCG—2015 进一步完善了"金融资产""金融负债""债券价格""累计折旧"等科目的核算方式。

总体而言，MFSM—2000、MFSCG—2008 和 MFSMCG—2015 构成了现有 MFS 的主体。除此之外，IMF 联合其他机构推出了 HSS 这一关于直接融资领域的附属标准，其与 MFSMCG—2015 共同构成了如今的 MFS 核算框架。

（4）国际收支统计体系（BPM）

在经济全球化的背景下，各国之间的经济联系进一步加强，新的金融工具也不断涌现，为此 IMF 决定修订《国际收支手册》（BPM）。从 2004 年开始，一直到 2007 年，IMF 向世界各国征求修订 BPM 的意见，经过多次研讨，于 2008 年正式通过了 BPM6。较之前面的版本，BPM6 的内容十分丰富，主体分为多个章节，各章先说明一般性原则，再对账户和表格中的各个项目进行解读，以帮助使用者理解，最后交代关于账户运用的具体原则，包括数值的确认、时间的记录和各项目的分类等。

BPM6 提供了一套完整的国际收支统计体系，解决了先前框架无法解决的经济全球化带来的一系列问题。同时，BPM6 为国际收支统计核算理论方法提供了借鉴，形成了一套严谨的收支核算体系，其特征如下：

第一，《国际收支手册》被易名为《国际收支和国际投资头寸手册》。IMF 的专家在修订 BPM6 的过程中，始终注意与 SNA2008 保持一致。包括分类、核算、计算、确认、编制、统计、账户乃至术语使用等方面，BPM6 都尽可能地与 SNA2008 趋于同步，并且就两者间的对应内容进行了诠释。总的来说，BPM6 与 SNA2008 的吻合度极高，前者既可以作为独立的核算体系，也可以成为 SNA2008 中的一个分支。第二，BPM6 比照 SNA2008 对既有内容进行了修正。在经济全球化的背景下，IMF 的专家对 BPM5 中已不再适用的内容进行了更新，并且汲取世界各国意见，参照 SNA2008，对新出现的问题提出了解决方案。如更新了"经济领土"的定义，各项经济要素的流动不再作为必要条件；"贸易信贷"改称"贸易信贷和预付款"；金融账户中的"贷方"和"借方"分别被改为"金融资产净获得"和"负债净额"。

2.2.2 政府会计准则国际范式

政府会计改革是近年来各国公共财政领域的热点问题，也代表了国际上加强公共管理的重要方向。通过借鉴美国政府会计准则和国际公共部门会计准则，学习政府会计准则的国际范式，有助于推进我国政府会计准则的发展，提高中国政府会计信息的可比性，进而增强中国在国际经济合作与竞争中的话语权。

（1）美国政府会计准则

美国政府会计准则主要由联邦会计准则咨询委员会（FASAB）与美国政府会计准则委员会（GASB）制定和发布。

FASAB成立于1990年，主要负责制定联邦政府会计准则，其内容集中在财务会计领域（梅元清等，2017）。截至2023年12月，FASAB针对资产、负债、收入、成本、信托活动、报告、准则共发布9项概念公告（SFFAC）、62项准则公告（SFFAS）、11项解释、12项技术公告、22项技术布告和3项职员实施指南（SIG），对每一大类的会计准则体系都进行了详细定义。其中，概念公告为指导和处理事项提供了一般性原则，其概念结构主要基于会计目标，通过目标、基础、运行、呈报四个层面进行推演，为评价现有会计准则、指导和发展未来会计提供理论参考；准则公告是针对不同信息使用者的需要所制定的具体会计准则，主要包括新概念或新方法的准则公告、修订或补充的准则公告及宣布延迟生效时间的准则公告等；解释则是用于补充准则公告的相关定义并进行指导；技术公告、技术布告和职员实施指南则是为准则实施提供技术方法和实施流程的指导。FASAB发布的会计准则重视具体经济事项的相应准则，希望能够提供具体项目的实务指导，而非总体上的指导。FASAB随着制度环境的变化，不断完善概念框架，更新要素定义、明确报告目标、优化报表形式，强调财务信息的准确性、完整性和可靠性，要求联邦政府财务报告保持透明度，并鼓励使用数字化软件以提升财务信息质量。

GASB成立于1984年，主要负责制定州和地方政府相关的会计准则。截至2023年12月，GASB针对资产、负债、收入（含基金）、成本、报告、准则六大类别，发布了7项概念公告（GASBCS）、102项准则公告（GASBS）、6项解释、15项技术公告以及12项实施指南（GASBIG），旨在不断完善州和地方政府会计准则和财务报告，为相关信息使用者提供有用信息。GASB所发布的概念公告重点关注服务绩效公告，不断完善财务报告目标，倡导廉洁，重视财务管理，关注受托责任履行情况。由于美国州和地方政府主要采用基金会计模式，其财务与会计主体是具有特定用途和目的的基金，其会计系统是以基金为基础来组织与运行的，因此 GASB 要求政府会计通过基金来确定会计处理以及报告的主体边界，确认每个基金的资产、负债、收入、支出（或费用）、基金余额（或权益）并设置账户，不断推行权责发生制的落实，并对政府财务报告的透明度提出较高要求，从而保障公众的监督权利，履行政府职能，提升公众信任。GASB 要求政府对长期负债和或有负债情况进行披露，包括养老金、福利负债等方面，从而确保负债的正确计量。

整体来看，FASAB 和 GASB 对政府会计准则的制定是一个不断更新和进化的过程。在没有总体指引的情况下，随着新出现经济事项以及环境的改变，美国的政府会计准则也更加丰富。由此可见，政府会计准则的构建是一个漫长的过程，并且不会一劳永逸。因此，我国政府会计准则的建立也应做到与时俱进，充分考虑会计准则间的联系，更好地为新出现的经济事项提供指导。

（2）国际公共部门会计准则

国际会计师联合会（IFAC）在 1986 年成立了公共部门委员会（PSC），这便是国际公共部门会计准则委员会（IPSASB）的前身。经历了一系列优化与人员调整后，2004 年 PSC 被国际公共部门会计准则委员会（IPSASB）替代，后者最初的目标是为公共部门制定特殊的准则，促进公共部门在任务执行上的规范和统一。之后通过颁布其他公共部门高质量会计准则来辅佐 IPSAS，从而形成新的国际公共部门会计准则框架。

截至 2023 年 12 月，IPSASB 针对公共部门的运行规则和管理特征，结合国际发展需要，共发布了 1 项财务报告概念框架，50 项会计准则和 3 项推荐实施指南（RPG）。其中，财务报告概念框架明确了公共部门的通用目的和财务报告的信息使用者，为国际公共部门会计准则的制定与完善引导方向。同时，财务报告概念框架对财务报告的主体、要素内容、确认方法、资产负债的计量和列报等进行了规定，有助于准则研究与制定的前后一致（陈朝琳和叶丰滢，2019）。因为 IPSASB 将权责发生制作为基本导向，因此其发布的会计准则中有 49 项是基于权责发生制来制定的，可分为会计要素类准则、业务和事项类准则和财务报告类准则，它们构成了国际公共部门会计准则的主体。此外，为了适用于更多国家与地区，除 49 项基于权责发生制的会计准则外，IPSASB 还专门制定了 1 项基于收付实现制的会计准则，其主要目的是推动这类国家与地区逐步实现收付实现制到权责发生制的转变。

自诞生以来，IPSAS 尽可能地保持着与国际财务报告准则（IFRS）之间的一致性。与此同时，IFRS 在逐步发展，目前已得到国际上大部分国家的认可。IPSAS 与 IFRS 相融合，其规范性和权威性也得到了极大提升。通过与全球最大的会计组织 IFAC 签订合作协议，IPSASB 进一步完善了相关的跨级准则体系，并运用 IFRS 的相关理论推动国际公共部门会计准则的制定，同时保证相关政策的与时俱进，以有效控制会计风险、提升工作效率，充分吸收 IFRS 制定的经验以减少类似错误的发生。基于委员会成员和技术顾问的支持，IPSASB 积极推广其核心观点，同国际最高审计机关组织、其他国际咨询公司和国际会计公司等一起推动 IFRS 体系的迁移，与其他国家准则制定机构展开了积极的合作，有力地促进了 IPSAS 与 IFRS 的融合。

2.2.3 经验借鉴

现行的国际统计体系为我国政府财务报告体系的完善提供了借鉴。国民经济核算体系（SNA）为我国国家统计局修订国民经济核算制度方法以满足经济管理需要提供了重要参考，推动了财务数据统计水平的发展；政府财政统计体系（GFS）为反映政府经济管理活动对国民经济的影响提供了制度参考，推进我国进一步健全财政统计核算制度，由收付实现制逐步转向权责发生制；货币金融统计体系（MFS）为我国完善金融统计体系，推动货币与金融统计改革指明了方向，有助于构建我国货币与金融统计的国家标准，进一步完善我国货币与金融统计体系；国际收支统计体系（BPM）为我国的国民账户体系提供了普适性的核算方法，丰富并拓展了国民经济核算理论体系，为我国实施宏观经济决策提供了重要的信息来源。

美国政府会计准则与国际公共部门会计准则为我国进一步健全政府会计准则制度、全面推进政府会计改革提供了实践路径参考。美国政府会计准则重点针对具体的经济事项提供相应准则，启示我国在健全政府会计准则过程中应落于实际项目，充分考虑会计准则间的关系，关注实务工作的开展，不断与时俱进；国际公共部门会计准则在发展过程中持续与国际财务报告准则保持一致，启示我国应该适度借鉴 IFRS 的相关理论，从而助力我国政府会计准则制度的持续优化，推动与国际社会的接轨。

总体来看，各个国际规范之间正在逐渐形成广泛的一致性，而各个国家在政府资产负债核算与报告的相关政策上逐渐与国际规范趋同。当然，不同国家对各自账户的定义、结构和记账方法等方面仍存在差异，这说明政府资产负债管理方法要立足于各个国家的政治、经济体制和社会环境。因此，需要在充分了解我国财政体制和经济发展模式的基础上，根据我国具体情况进行政府资产负债核算与报告模式改革。

2.3 政府资产负债核算与报告的相关研究

2.3.1 政府资产核算与报告研究

政府资产的核算与报告是国家治理现代化的关键环节，开放而透明的资产管理程序有助于改善民主和提高对全体人民的受托责任（张国清和白澎，2017）。Detter（2020）的研究揭示了一个引人深思的现象——许多公共资产对政府和纳税人而言，处于一种"隐匿"的状态。这一现象凸显了对政府资产进行全面认知与评估的紧迫性。

政府资产的界定直接影响财政预算管理、政府债务管理以及国家治理体系的完善。一个清晰的资产范围界定，意味着将原本碎片化、分散化的资产信息整合进统一的资产核算系统，这对于各级财政部门进行精准的资源配置决策至关重要（赵西卜和邵贞棋，2019）。例如，陈志斌（2003）指出，政府历年利用财政预算资金形成的固定资产，没有纳入政府会计核算体系，难以反映一级政府所拥有资产资源的真实情况，而且也容易导致浪费和腐败。政府资产核算的复杂性在于，它需要兼顾公共管理目标、受托责任以及资产的多功能性等多个维度的现实考量。罗福凯和于国洋（2015）认为，我国政府拥有的政府资产核算资本存量主要用于履行政府职能，因此需要基于我国政府的职能范围确定政府资本的核算范围。赵西卜和邵贞棋（2019）主张，界定资产边界的目的应服务于公共管理目标，确保资产核算的有效性；而姜宏青和宋晓晴（2018）认为，政府资产的边界应当涵盖所有由政府掌管的资源，以便明确资产报告的责任主体。

政府资产分类是资产报告的基石，目的在于准确界定和评估资产的性质与功能。各类资产的分类方案体现了不同的视角和理论框架。张国清和白澎（2017）从公共产权理论出发，将政府资产细分为金融资产、实物资产、经营性国有资产权益、无形资产和人力资产五大类；姜宏青和宋晓晴（2018）则基于受托责任视角，提出了运营管理责任资产和代为管理责任资产的分类；向书坚和罗胜（2019）着眼于政府资产在公共服务和经济活动中的角色，将其归类为行政事业单位占有使用资产、公益性资产、政府投资资本和资源性资产四类；周曙光和陈志斌（2021）依据资产交易性的不同，将资产区分为交易受限资产和交易非受限资产，以此识别政府资产的偿债能力。这些分类方法反映了政府资产的多元属性及其在社会经济生活中发挥的职能。然而，对于某些特定类型资产的核算与报告仍存在挑战，近年来，诸如公共基础设施、文物文化资产、自然资源资产等，虽已逐渐纳入会计核算的视野，但仍存在明显的局限性。部分行政事业单位因历史成本信息缺失、缺乏适用的估值模型等因素，致使相关特殊资产的会计处理难以实施（张璟华，2016）。

由于政府资产占有、支配和使用权与所有权的分离，形成了复杂的多层委托代理关系，这导致了资产核算与报告上的难点，增加了监督控制和绩效评估的难度（张国清和白澎，2017）。当前我国政府资产报告面临着一系列挑战，包括但不限于资产管理的碎片化、资产家底不明晰、管理效率低下等问题。面对这些挑战，赵西卜和邵贞棋（2019）提出，整合资产报告与预算管理、绩效管理、债务管理，是实现政府资产精细化管理、提升国家治理能力的有效路径。李建发等（2022）强调政府资产治理应与国家治理框架深度融合，以确保公共价值的最大化。王雍君（2019）设计了绩效导向的政府资产管理框架，旨在提升资产使用效率和管理决策质量，以更好地适应社会发展需求。姜宏青和郑晓慧（2024）认为，政府资产负债表应全面反映政府履行不同职能时筹措和配置的资源状态，并据此提出了基于政府财务状况内涵重构资产负债表的理论目标。此外，姜宏青和孙西茹（2023）倡导以需求为导向，将政府资产纳入预算管理体系，以提升预算编制的科学性和资产报告的全链条管理效率。文宗瑜（2023）则建议在复合预算框架中引入"经常性权益"预算科目，旨在建立收支平衡的调节机制，保障政府权益，维护良好的信用评级，同时有效防范潜在的财政风险。

政府资产的核算与报告，对提供公共服务、解除公共受托责任至关重要。随着政府资产内涵的拓展，对其进行全面认知与评估的需求日益迫切，特别是在我国国有经济占比较高的背景下，政府资产的核算与报告不仅关乎经济管理，更与国家治理体系现代化紧密相连。当前的研究主要集中于政府资产的概念与范围界定（罗福凯和于国洋，2015；赵西卜和邵贞棋，2019）、政府资产的分类方案（张国清和白澎，2017；姜宏青和宋晓晴，2018；向书坚和罗胜，2019）以及政府资产的核报难点。未来有待在以下方面进行扩展和深入：一是深化特定资产核算，针对文物资源、公共基础设施等特定资产的核算方法与模型，探索历史成本资料缺失下的估值策略，确保资产价值的准确反映；二是强化资产报告整合，研究如何将资产报告与预算、绩效、债务管理有效整合，实现资产精细化管理，提升国家治理能力；三是绩效导向的资产管理框架：建立绩效导向的政府资产管理框架，提高资产使用效率与决策质量，适应社会发展需求。

2.3.2 政府负债核算与报告研究

作为会计学的核心概念和基本要素之一，负债的本质是一种责任或义务，需要在既定期限内予以清偿（唐国平，2003）。由此可见，对负债定义的研究主要是从责任视角出发的，而政府负债的核算与报告同样与"责任观"紧密相关。传统的政府负债分类标准主要基于财政风险矩阵，依据政府负债的确定性程度分为直接负债和或有负债（Brixi，1998）。但该分类方法并不完全符合我国的实际情况，2011年《国务院办公厅关于做好地方政府性债务审计工作的通知》对政府负债进行了分类：第一类是政府负有直接偿还责任的债务；第二类是地方政府负有直接或间接担保责任的债务；第三类是其他相关债务。

虽然该方案结合我国制度背景，对政府负债进行了初步分类，但仍存在一定的缺陷：一方面，因偿付时间先后、数量大小以及债务条款限制等因素，负债会呈现不同特征，由此产生的负债偿还压力也会有所差异。由于负债代表一种在既定期限内必须予以清偿的责任，利益相关者最关注的是负债偿付的时间顺序，因此负债最主要的分类依据是流动性（葛家澍，2004）。负债的流动性是指偿付现款的速度，负债的偿付时间越短，负债的流动性越强。实际上，流动性本身即隐含着对政府债务风险的考量，政府负债的流动性越强，其潜在的偿还压力和违约风险越大。随着流动负债向非流动负债过渡，负债项目对当前负债风险的影响逐渐减弱，而对未来负债风险的影响逐渐增强（陈志斌，2017）。因此应当基于不同流动性下负债的特点进行分类。另一方面，学术界与实务界对政府负债与政府债务的认识存在一定的混淆，未能对政府隐性负债、或有负债等特殊负债进行正确计量与核算。实际上，政府负债与政府债务间存在较大的概念与范围差异（赵治纲，2021），原有的会计制度不能充分计量各类负债，应根据负债的具体形成原因进行核算。2018年发布的《政府会计准则第8号——负债》，基于流动性和形成原因对政府负债进行了分类：从流动性来看分为流动负债和非流动负债，从负债的形成原因看分为融资活动产生的举借债务、运营活动产生的运营性负债、或有事项产生的预计负债三类。相较于之前的制度文献，基于对政府负债范围的明确界定，《政府会计准则第8号——负债》对政府负债的类别进行了科学划分，有助于发现债务风险，控制偿债压力，科学推进政府负债研究与管理。

针对政府负债管理，国外研究针对政府隐性负债和或有负债开展了一系列研究，如何控制负债以防范财政风险已成为研究热点（Honohan 和 Klingebiel，2003；Cebotari，2008；Bova 等，2016）。针对政府担保，Mody 和 Patro（1996）提出应当进一步完善会计制度，对政府担保进行准确估值，从而提升政府或有负债的监督与管理能力。针对环境治理，Khaled（2008）认为，GASB 的第 49 号公告《污染治理义务的会计处理与财务报告》对政府合理估计污染支出作出的规定降低了负债确认标准，可能使或有负债大量增加，应进行适当调整。针对员工福利，学者们重点关注美国政府会计准则委员会（GASB）发布的第 43 号、第 45 号和第 68 号公告，认为 GASB 的第 43 号与第 45 号公告通过要求将养老金外的雇员退休福利确认为政府负债能够有效减少预算弹性，避免政府低估政府负债水平，有助于发现潜在的负债风险（Voorhees，2005），但用养老金资产的预期回报率来衡量政府养老金的负债率并不准确，可能存在低估，使用税收优惠调整后的市政债券收益率和零息国债收益率的估算结果更为准确（Marx 和 Rauh，2011）。第 68 号公告《养老金的会计与财务报告》优化了养老金负债净额的核算方法，要求披露养老金固定收益的总资产与总负债，使得其净值显著增加，资金覆盖率显著下降，体现了新计量方式的可靠性（Mortimer 和 Henderson，2014）。由此可见，政府担保、环境治理和员工福利等政策为西方国家带来了较大的政府负债风险（Grammatikos 和 Vermeulen，2012；Kiley 和 Sim，2014；Ama-globeli 等，2015）。

在中国情境下，学者主要关注当前所实行的政府会计制度下政府负债管理可能存在的漏洞并提出相应的解决方法，从而推进政府会计改革的深化落实。肖鹏（2010）从防范财政风险角度出发，关注我国预算会计制度存在的制度性缺陷，结合财政预算管理与改革情况，从五个层面为政府会计完善提供了思路借鉴。赵西卜等（2010）通过发放问卷与座谈调查，发现我国现行的政府会计系统未能充分提供政府负债信息，难以满足政府方面信息使用者的需要。张娟（2010）认为以收付实现制为基础的政府财务报告体系不利于行政事业单位的资产负债管理，难以避免风险，应进一步推动完善体系制度。杨亚军等（2013）基于风险管理导向，对政府负债的核算范围进行了界定，希望能够全面反映政府整体层面的负债情况。陈均平（2014）深入探讨了地方政府举措债务的相关问题，希望能够推动政府负债管理提供高质量信息。李敬涛和陈志斌（2015）着眼于公共品视角，对政府负债信息披露体系进行分析，认为以政府负债形式披露公共品供给责任能够有效实施政府问责。王芳等（2017）通过整理分析国内外相关文献，对政府负债信息披露理论和实践进行了总结，并进一步构建了政府负债信息披露体系方案，希望能够通过披露行为来控制政府负债水平。宋良荣和侯世英（2018）从资产负债角度出发构建了政府性债务风险评价体系，发现应重点关注结构风险和流动性风险，而规模风险并未集中凸显，应进一步提高价值管理水平。吴秋生和独正元（2019）关注了混合所有制改革和国企过度负债对政府隐性负债的影响，对进一步开展国有企业混合所有制改革提供了参考；周曙光和陈志斌（2021）基于会计学视角构建了政府资产负债结构分析指标，对政府负债风险的形成机理进行了讨论，为深入开展政府负债分析提供了理论基础；白积洋和刘成奎（2022）以及吕冰洋等（2024）从财政角度出发，通过实证研究分析政府负债与经济水平得以均衡发展的条件，为增强政府负债的可持续性发展提供了政策建议。

总体而言，对于政府负债，国内外学者已结合具体制度环境展开了丰富的讨论，形成了许多富有价值的成果，但大多聚焦于政府负债的实务工作，对政府负债的核算理论和报告逻辑的研究较少，有待开展进一步研究。

2.3.3 政府特殊资产负债核算与报告研究

（1）公共基础设施会计研究

公共基础设施是国家主张、政府负责的重要投资建设。实施公共基础设施会计对我国经济增长、城市发展以及厘清地方政府债务有着重要意义（荆新和何淼，2015）。崔强和崔彧焕（2016）认为公共基础设施会计核算有助于反映政府财务状况、评价公共基础设施预算绩效和增强建设规划。赵青（2017）通过解读并对比新旧准则，着重关注新准则中公共基础设施的定义、分类、主体和计量。窦丽蓉（2019）从行政事业单位中国有资产管理的角度探讨如何完善公共基础设施制度。然而，在现行的公共基础设施投资、建设和管理体制下，公共基础设施在规划、投资、筹资、建设与管理等方面往往会涉及多个部门、单位乃至多个政府级次（陈志斌，2017），从而给划分公共基础设施的归属问题带来一定困难，这就使得合理确定公共基础设施的会计核算主体并非易事。由于公共基础设施的规模庞大、存量定价困难以及清查过程中很难做到不遗漏、不重复，使得公共基础设施历史存量清查与核算存在困难。邵瑞庆（2018）从公共基础设施的判断、确认主体、按组成部分确认、发生后续支出的处理、存量公共基础设施的确认与计量等方面，探讨了公共基础设施准则实施中存在的问题；钱红等（2019）从确定统计调出方案、确定存量资产价值评估方案、实地盘点、设计资产编码规则、建立财务管理与内部控制规范等方面，提出了促进公共基础设施准则落地的建议；王积慧等（2020）以交通类公共基础设施为例，从会计主体确认、折旧基础、后续支出以及会计计量等方面，探讨在核算过程中存在的问题等。王淑霞（2020）以厦门市为例，分析了该市公共基础设施价值管理与会计核算存在的问题，并从明确主体责任、理顺财务核算关系等六个方面提出了应对措施。

综上所述，关于公共基础设施的会计规则正在逐步完善，在实践操作层面，公共基础设施会计核算与报告的具体要求还需进一步规范和细化。确保数据的真实性、准确性，从而提高财政资金的利用率，提升资产管理水平，这对国家建设和社会治理起到了重要作用。

（2）文物资源研究

文物资源是国家民族的历史和文化符号，更是社会生活和经济发展的财富。但由于文物资源的特殊性质，大部分研究基于文物资源的持有目的和特征角度来赋予文物资源政府资产定义。于冰（2022）认为，文物依附于实物和其所存在的实体空间，且其历史属性具有不可再生的性质。在文物资源是否应该作为政府资产进行确认的问题上，Barton（2000）认为遗产设施不以交换收入作为资金来源，并以非商业形式向社会开放，应该作为信托资产进行单独报告。张国清（2008）建议应将文物文化设施作为信托资产处理，与政府运营资产相分离。部分学者认为不应将文物资源纳入会计核算范围，因为文物资源的核算成本大于资产收益。甚至有观点认为文物资源应该被划分为负债，因为维护修缮会为持有者造成现金的流出，并且不会产生经济利益的流入。但大多数学者均认同文物资源应当纳入核算与披露的想法，但对于是否单独计量存在分歧。通过管理体制改革，将文物资源资产管理逐步纳入资产管理体系，实现文物资源的资产化，提高对文物产权属性和完成寿命过程的重视（于冰，2022）。对于文物资源的分类，林晓琳（2019）根据文物文化资产的持有目的将其分为两类，即以提供社会福利为目的的文物文化资产，例如景区开放游览的寺庙等，主要产生服务潜力，以及作为自身运营使用的文物文化资产诸如用以办公的历史建筑。Botha（2005）认为遗产资产应当分类为仅具有历史文物目的的遗产资产以及用于政府日常运营的多用途遗产资产，两者的主要区别在于多用途遗产资产正在产生经济效益或具有服务潜力。

《政府会计制度——行政事业单位会计科目和报表》中，文物文化资产在资产负债表中属于非流动资产，需作为单独的资产科目进行核算。方文彬和李佰慧（2020）提出文物资源资产的确认应满足政府主体控制、能够带来经济利益以及合理计量的条件；应在分析其计量属性的基础上，探讨初始计量、计提折旧等后续计量问题。在文物文化资产披露方面，何文佳（2023）认为，文物文化资产在历史成本计算、价值计量和计提折旧等方面存在困难，并从文物文化资产的分类、计量和披露等方面提出建议。姜宏青和金玉雪（2023）从文物资产价值计量的缺陷与影响、价值计量策略等方面反映了政府保护文物资产的价值投入和对文物资产的开发利用形成的产出价值，突出反映了文物资产的社会功能。随着财政部于2023年正式发布《政府会计准则第11号——文物资源》，学者们对该准则的修订背景和意义进行了解析，详细阐述了其主要变化，并结合现状对执行难点进行了探讨，进一步为行政事业单位文物资源会计核算和管理提供了参考。

（3）自然资源资产负债研究

自然资源资产是指能够被控制、可用于生产、消费的自然资源，并且对经济和社会发展有着重要的作用。根据对其概念的界定，国内外学者在自然资源资产所有权明晰方面的研究较为丰富，例如，郭贯成等（2021）以代理理论为基础，构建"三权分置"产权体系，并指出目前所存在的产权主体模糊、地方政府所有权和管理权不明确等问题。关于自然资源负债，陈璐璐（2022）从无负债观和负债观来进行界定，认为由于人类的经济活动而导致自然资源过度消耗、生态破坏，所以需要核算自然资源负债。

环境经济核算实践推动理论发展，学者们深入研究自然资源核算的对象、要素、报表形式和方法等关键问题，对构建自然资源资产负债核算的理论体系和推动实际应用具有重要意义（何利等，2020）。李伟等（2015）以自然资源资产负债表概念为基础，指出计量自然环境、资源和污染的价值是编制的前提条件，以此对资产、负债和净资产项目设计进行探讨。在框架对象上，陈艳利等（2015）、沈镭等（2018）基于资源科学理论，分类并归纳自然资源特征，测度了自然资源实物量和价值量，为进一步编制自然资源资产负债表框架提供了可操作性的理论依据。闫慧敏等（2017）和杨艳昭等（2017）分别以湖州和承德为例，结合城市资源禀赋和发展特点，核算了地区自然资源，并编制了具有示范效应的"湖州模式"和"承德模式"报表体系，进一步丰富了理论基础与编制框架。在类别划分上，耿建新和王晓琪（2014）、范振林（2017）、杨艳昭等（2018）、张志涛等（2018）分别探讨了土地资源、矿产资源、水资源、森林资源等类别的资产负债表编制框架与方法。在编制方法上，陈玥等（2015）结合国内外自然资源核算体系、编制难点，总结了中国自然资源资产负债表编制的路径。当前，对自然资源资产负债的研究仍存在核心要素不明确、适合我国国情与制度的编制理论基础有待完善等问题，需要进一步的研究和思考。

自然资源核算体系的核心目标在于促进自然资源的合理利用和保护，将自然资源在特定时间和空间范围内的变化和其变化对生态环境的损害进行准确记录（高敏雪，2010）。朱道林等（2019）认为自然资源资产负债核算的目标应包括促进自然资源的合理利用与保护、明确自然资源资产的产权归属、为政府和相关部门提供决策支持以及对自然资源开发利用和保护情况进行监管。自然资源资产负债核算对经济、生态发展具有重要作用，也是五大发展理念和"五位一体"发展大局的基础性制度建设，有助于推动中国特色社会主义建设（李英和刘国强，2019）。李政等（2022）认为，应从实物和价值两个维度进行自然资源资产负债核算，从而更全面地管理和评估国家的自然资源资产，确保其可持续性和有效利用。曹玉珊（2019）发展出包括政府、企业以及自然资源管理机构在内的会计主体观念，有利于解决当前管理上的不足，提升我国自然资源的利用效率。

（4）政府数据资产研究

目前，我国对于数据资产的研究主要包括数据资产的概念、计量和确认（刘玉，2014），数据资产管理研究（郑英豪，2015）等。政府数据由公共部门产生、收集、拥有和控制（向书坚等，2023），其中涵盖了大量关乎国民经济和社会发展的关键数据要素。杨云龙等（2024）在阐述数据资产价值影响因素的基础上，对其价值化实施路径进行了分析，并探究数据资产评估模型，为未来数据资产化价值发展提供建议。政府数据的价值发挥不仅体现在对技术的开发利用上，更需要对其进行价值判断（王翔和郑磊，2024）。然而，目前政府数据资产管理和价值实现过程中面临诸多挑战，例如总账不清、关联性不明、共享程度低、创新性和应用不足等问题，很难充分释放政府数据资产的价值（易明等，2022）。通过对政府数据资产的价值进行确认、计量、记录和报告，有助于充分释放政府数据价值，打造政府数据共治共享新格局。当前对于政府数据资产的研究主要集中于政府所持有的公共数据资源，公共数据在政府治理、社会运行和经济活动中不断产生和积累，具有重要的社会经济价值。李雅雄和倪杉（2017）提出单独设置"数据资产"科目，会计计量上也应当采用货币和非货币计量单位相结合的方式，区分自产加工、外购等方式分别采用历史成本和公允价值进行计量。向书坚等（2023）结合政府数据的产生主体、权属关系、用途、开放共享程度等因素对政府数据进行分类，为政府数据分类奠定基础，并设计了政府数据产物量统计表，探究不同类型政府数据使用的价值核算方法。

政府数据资产遵循的主要是"政治逻辑"（王锡锌和王融，2023），其主要原因在于政府数据具有天然的公共属性，政府部门不仅是数据的生产者、开发者、利用者，更是多数据主体共治共享协同模式下的"统筹规划者"，管好、用好政府数据资产对于优化数据要素环境、搭建海量数据与丰富应用场景之间的桥梁、畅通数据资源大循环具有重要意义。

2.4 政府资产负债信息披露与应用相关研究

2.4.1 政府资产负债信息披露研究

政府财务信息公开是构建透明政府与服务型政府的先决条件,也是保障公民知情权、参与权、表达权与监督权的重要依据(潘俊等,2017)。西方国家政府披露会计信息,说明公共资源的使用过程(预算信息)与使用结果(形成的资产、负债与发生的成本),以便获得公众的支持,谋取再次当选(Kido 等,2012;Ingram 和 Copeland,1981),政治市场中供需双方的博弈会推动信息供需均衡(张琦和张娟,2012)。政府财务信息披露有助于规范行政权力运行(陈志斌和吴敏,2018;邓淑莲和刘潋滟,2019),抑制寻租和腐败(Liu 等,2021),提高财政绩效(Yamamura 和 Kondoh,2013)。政府资产负债要素是政府资产负债核算与报告的重要组成部分,完善其披露也是政府会计改革深入推进、建立政府财务报告制度的应有之义。常丽(2011)认为,对于政府而言,资产和负债都会具有与营利性组织不同的独特之处,最主要的表现形式就是政府拥有一系列以一级政府为产权主体的"国家资产",一系列由于公众需求而产生的或有负债。因此,政府资产负债要素的披露不仅局限于流动资产和流动负债,还应在披露中加入对长期资产和长期负债相关内容的诠释,同时也应包含更多内容,如养老金、保险费等受托责任资产(OMB,2008)。

此外,表外内容对于政府资产负债信息的全面披露也十分重要。Cheng 和 Harris(2000)认为,与政府资产负债相关的表外信息主要包括三个方面:①结合报表注释,进一步解释和细化表内信息;②针对表内(历史)信息进行进一步补充,包括披露托管信息、补充说明资产负债情况等;③对财务信息进行前瞻性补充。由于政府资产负债报表较企业的资产负债报表更为复杂,涉及的内容也更为广泛。就表内信息而言,单纯的数据可能无法全面反映政府资产负债信息,也未必能让政府资产负债表的使用者完全理解政府目前的财务状况。因此,表内信息的解释与补充将起到重要作用。前瞻性财务信息的补充则体现了政府对于相关风险以及未确定事项的重视。在美国联邦政府财务报告中,不仅联邦资产负债表中明确列示了或有负债项目,且财务报表注释中也有对相关风险的预测,包括对或有负债披露标准的说明以及对或有负债数值的估计。

2.4.2 政府资产负债信息应用研究

政府资产负债信息在现代国家治理和宏观经济管理中扮演着核心角色。围绕资产负债信息的有效管理与债务风险防控，构建政府财务报告分析应用体系，能够提高政府对自身财务状况的认知水平，促进更高效的财务管理与风险防控（陈穗红，2015），助力政府债务风险防控、信用评级以及政策制定。

陈穗红等（2015）强调，政府资产负债信息是地方政府信用评级的重要依据。通过对资产类、负债类指标和资产负债比率的分析，能够客观评价地方政府的偿债能力和偿债意愿，进而判断其违约风险。周曙光和陈志斌（2017）进一步指出，政府资产负债表信息不仅反映年度财政状况，还展现了政府的"家底"和"欠债"，为地方政府的财政持续性和债务风险提供了全面视角，这对于提升信用评级的准确性和客观性不可或缺。从政府债务管理的角度出发，政府资产负债信息的应用可以细化到债务余额、净资产和净金融资产的管理，有助于了解财政危机应对能力，支持再融资决策，并通过债务可持续性分析将经济政策的长期成本显性化，便于公众和代表机构监测和评估政策风险（马骏等，2012）。周曙光和陈志斌（2021）也强调政府资产负债信息对于制定经济政策、优化资源配置、推动产业升级具有重要价值。基于细化的资产负债会计信息，可以研判财政可持续性，探讨固定资产折旧后的盈亏平衡状态是否意味着政府具备了资产更新或重置的能力，这对于政策制定者而言是关键的决策依据。

此外，在有为政府的运行机制下，政府基于信息优势和战略规划，制定前瞻性的宏观政策并引导资源配置（马慧等，2021）。因此，在中国制度情境下，市场参与者可以结合政府财务信息理解宏观政策意图和公共资源配置情况，将政府功能作用纳入决策框架和估值模型（潘俊等，2023）。已有研究基于资源配置的视角，发现地方政府债务、税收征管、政府补贴与采购等财政活动均会影响企业会计财务行为，进而影响公司价值（Lee等，2014；吕冰洋等，2022；余明桂和王空，2022），侧面印证了政府财务信息对企业财务决策和价值创造的影响。也有研究发现，政府财务信息公开有助于缓解政府与市场间的信息不对称（Duguay等，2023），并通过稳定预期、降低政策不确定性等影响企业会计财务行为（王少飞等，2011）。此外，政府还可以根据市场对政府财务信息的反馈，评估各项政策的实施效果，针对经济运行中的突出问题和薄弱环节精准发力，扫除市场主体价值创造过程中面临的各种阻碍。

2.4.3 政府资产负债信息治理效应研究

杨时展（1996）曾以"天下未乱计先乱，天下欲治计乃治"的精辟论断阐释了会计在国家治理中的重要作用。本章认为，政府资产负债信息作为综合反映政府经济活动及财务状况的信息系统，对政府善治目标的实现发挥着不可替代的作用。目前，我国的政府会计体系尚不完善，在推进国家治理现代化与政府治理转型的紧迫形势下，深入探讨政府资产负债信息的完善对政府治理的影响效应无论是对政府会计改革还是推进政府善治均有重要意义。

关于政府会计基本功能和管理性衍生功能的研究已经较为丰富，众多学者在相关论述中有所涉及（陈志斌，2003；张琦，2007；路军伟和殷红，2012；陈志斌，2014；章贵桥，2015；等）。总体来看，政府会计不仅具有反映功能，还具有揭示功能、管理功能和治理功能（陈志斌，2014），它是确定权力关系、建立互信机制、确保透明度和提高决策质量的基础（Grossi 和 Steccolini，2014），有效的政府会计有助于实现民主政治、加强社会控制、促使政府受托责任的履行等（Ribeiro 等，2013）。

随着政府会计理论研究的持续深入，关于政府会计治理功能的研究日渐升温，学术界已经认识到政府会计在国家治理中的重要性，并以"善治"为切入点探讨政府会计推进政府善治或国家善治的路径（谢志华等，2010；Ribeiro 等，2013；Sari，2015；陈志斌和李敬涛，2015），郝东洋和张冉（2016）在国家治理视域下探讨了政府成本会计的功能特征与概念框架。但遗憾的是，现有文献仅停留在政府会计能够或应当服务国家治理的初步认识上，理论层面的学术分析还相对薄弱，关于政府资产负债信息如何在国家治理中发挥作用尚未形成系统的理论体系和分析框架。

本章认为，政府会计信息保障了国家治理所需的透明度和可信度。在公共权力配置方面，政府会计信息的透明度有助于公众和利益相关者了解政府的财政状况，从而促进权力的合理分配和社会公众的广泛参与。此外，政府会计信息为公共权力的有效运行提供了坚实的基础。它通过规范化系统记录和报告政府的财务活动，确保决策者能够基于准确的数据作出科学合理的决策。这种基于数据的决策模式，是提高政府治理效率和响应速度的关键。进一步，政府会计在监督公共权力运行方面发挥着不可或缺的作用，通过内部控制和审计机制，为政府经济活动的合规性提供了保障。在评价公共权力运行效果方面，政府会计信息提供了量化的评价工具。通过对政府项目的财务成果进行评估，可以科学地衡量政策的有效性和资源配置的合理性。

第 3 章

政府资产负债核报规则确定的理论基础与框架*

3.1 政府资产核报的理论基础

3.1.1 基于公共产权理论的政府资产核报目标体系构建

基于公共产权理论构建政府资产核报目标体系,旨在通过明晰政府资产产权关系,确保资产的高效利用和透明管理,最终实现公共利益最大化和政府治理能力提升。公共产权理论强调资源的公共属性及所对应的公共责任,因此在构建政府资产核报目标体系时,需综合考虑政府会计准则和公共管理理论中的相关要素,确保资产管理的科学化、精细化和透明化。政府资产核报目标体系的核心是通过准确核算和全面报告政府资产,实现政府资产的高质量管理和透明化披露,以保障公共资源的合理配置和高效利用,实现对政府治理和公共服务的支持。具体目标包括:提高政府资产管理的透明度、增强资产管理的效率和效益、提升政府财务决策的科学性和有效性。

第一,资产识别与分类。政府资产核报目标体系应建立完善的资产识别与分

---

* 本章系国家自然科学基金面上项目"政府会计国家治理功能的实现机理、路径与策略研究"(71672034)的研究成果之一。

类机制，全面识别并分类记录各类政府资产，包括固定资产、无形资产、公共基础设施等。基于公共产权理论，在明确各类资产的所有权和使用权关系的基础上，确保资产信息的完整性和准确性。《政府会计准则第3号——固定资产》和《政府会计准则第4号——无形资产》等准则提供了对政府资产进行详细的分类方法，核报时应严格遵循这些规定。第二，资产计量与评估。在资产识别和分类的基础上，应采用科学的计量和评估方法，准确反映政府资产的价值，结合历史成本、重置成本和公允价值，确保资产价值计量的合理性和可靠性。评估过程中，应考虑资产的使用效率和经济效益，结合政府会计准则的具体要求，确保资产核报的客观性和公正性。第三，资产管理与利用。根据资产的分类和评估结果，制定和实施相应的资产管理策略。包括优化资产配置、提高资产使用效率、定期进行资产盘点和评估等。公共产权理论强调资源的高效利用和公共利益的最大化。因此，在资产管理中应注重提升资产的使用效益，避免资源的浪费和闲置。第四，资产披露与监督。基于公共产权理论，政府资产核报目标体系应当强化信息披露和监督效能。政府财务报表和附注中应详细反映各类资产信息，包括资产的构成、变动、使用情况及其对政府财务状况的影响。通过高质量的信息披露，增强政府财务信息的公信力和透明度，从而为公众监督和政府治理提供支持。公共产权理论强调政府行政过程的透明度和公众参与，而这对于提升政府资产治理的公开透明至关重要。

政府资产核报目标体系应不断优化完善，以此推动政府会计信息的规范化、标准化和透明化，最终提升政府的治理能力和公共服务水平。基于公共产权理论构建政府资产核报目标体系，可实现公共资源的合理配置和高效利用，从而有效支持政府治理目标的实现。

3.1.2 基于公共选择理论的政府资产核算主体确定

基于公共选择理论，确定政府资产核算主体需要明确各级政府及其部门的具体职责，以确保资产核算的科学性、透明性和有效性。核算主体的选择和设计应基于公共选择理论的核心原则，即确保每个主体的权责明确、激励相容和监督有效，最终实现公共利益的最大化。

作为我国宏观财税政策的主要制定者，中央政府负责制定政府资产核算的总体政策和框架。中央政府核算主体的具体职责包括制定和发布政府会计准则等相关政策文件，并提供相关技术指导和培训，确保各级政府和部门的核算工作符合国家标准，并监督和评估地方政府和部门的资产核算工作，确保其合规性和准确性。地方政府是资产核算的具体执行者，负责本地区各类政府资产的核算和报告。地方政府核算主体的具体职责包括根据中央政府的政策和准则，制定地方性实施细则和操作规范，组织和协调本地区各部门的资产核算工作，确保数据的准确性和完整性，并定期向中央政府报告资产核算和管理情况，接受审计和监督。各部门是资产管理的实际操作者，负责日常的资产使用、维护和记录工作。各部门核算主体的具体职责包括识别、分类和记录本部门的资产，确保资产信息的及时更新，按照规定的程序和方法进行资产计量和评估，编制资产报告，并定期进行资产盘点和自查，发现和纠正资产管理中的问题。国家审计部门和纪检监察机关负责对各部门和地方政府的资产核算工作进行独立审计和监督，具体职责包括定期监督各部门和地方政府的资产核算工作，确保其合规性和准确性，发现并纠正核算过程中存在的问题，提供改进建议，提交审计报告，向中央政府和社会公众披露审计结果。

结合《会计改革与发展"十四五"规划纲要》要求，应不断优化和完善中央政府、地方政府、各部门的职责分工和协作机制，构建基于公共选择理论的政府资产核算主体确认机制，确保政府资产管理的透明性和有效性，促进公共利益的最大化，提升政府治理能力和公共服务水平。

3.1.3 基于新公共管理理论的政府资产列报设计

基于新公共管理理论设计政府资产列报，强调透明性、多方协作和公众参与，以提升政府资产管理的效率和公信力。新公共管理理论注重政府、市场和社会的共同作用，通过多方合作和参与来促进公共服务的高效和公平。

首先，应明确资产列报的目标和原则。政府资产列报的主要目标是提供全面、准确和及时的信息，确保公众和利益相关者能够了解政府资产的状况和管理绩效。基于新公共管理理论，政府资产列报应遵循透明性、问责性和参与性原则，确保列报内容公开透明、数据准确可靠，并鼓励公众和利益相关者广泛参与到列报结果应用当中。其次，应构建多方协作的列报机制。新公共管理理论强调政府、市场和社会的协同作用。在资产列报设计中，需充分借助市场机制和社会力量，并推动多方协作。同时，应鼓励学术机构、第三方机构和社会公众参与到资产列报的编制和审议之中，提升列报的科学性和民主性。最后，需要利用信息化手段提升列报质量。现代信息技术在政府资产列报中具有重要作用。通过建立统一的资产管理信息系统，实现资产数据的实时采集、整合和共享，提升列报的准确性和及时性。信息化手段还可以增强列报的可视化效果，使列报内容更加直观易懂。政府应推动信息系统的建设和应用,利用大数据、人工智能等技术,提高资产列报的质量和效率。在列报内容方面,政府资产列报应全面反映资产的构成、价值、变动情况及其对公共受托责任履行的影响。其主要内容包括:资产的分类和数量、资产的价值评估和变动情况、资产的使用效益和管理绩效等。同时,还应明确披露资产管理中的风险和问题,以及相应的解决措施和改进建议。列报内容应尽可能详细和具体,以确保政府资产信息的全面性和准确性。应涵盖固定资产、无形资产、公共基础设施、储备物资、投资性资产和应收款项等主要科目,并列示各类资产的类别、数量、原值、累计折旧或摊销和净值,并披露使用效率、维护状况、服务水平和财务影响等信息,以全面反映政府资产的状况和管理绩效,促进公共资源的合理配置和高效利用。此外,政府资产列报应加强信息披露和公众参与。基于新公共管理理论,信息披露应贯穿政府资产管理的全过程,确保公众和利益相关者能够及时获取相关信息。政府应通过官方网站、新闻发布会、公众咨询等多种途径,向社会公开资产列报,增强列报的透明度。同时,应建立公众参与机制,广泛听取公众和利益相关者的意见和建议,确保列报内容的公正性和科学性。

政府资产列报体系应不断优化和完善,通过明确目标和原则、构建多方协作机制、利用信息化手段和加强信息披露,确保政府资产管理的透明、有效和公正,提升公共服务水平和政府治理能力。通过这些措施,政府资产列报能够更加全面、准确地反映政府资产状况和管理绩效,促进公共资源的合理配置和高效利用,推动公共利益最大化。

3.2 政府负债核报的理论基础

3.2.1 基于风险管控理论的政府负债核报目标体系构建

政府负债核报是为了保证政府负债信息披露的完整性、提高政府财政透明度,落实政府对负债资金来源、用途以及最终绩效的评估。政府需要明确自身负债水平,依据负债水平展开投融资活动,避免负债水平偏离国家标准。而对于政府主体以外的社会公众,政府负债核报需要向其提供政府负债的使用情况、具体投资项目等信息,保证政府负债在公众监督下有效使用,提高政府财政透明度,降低政府财政风险。通过对政府负债的核算和报告,明确政府对负债的责任行为，将责任匹配到各级政府和各个部门，保证政府对受托责任的履行；政府负债核报的相关信息，能够帮助各层级政府、各部门和各单位披露自身财政状况，在利益相关者的监督下优化负债管理行为，降低负债风险和财政风险，增强财政纪律。基于风险管控理论构建政府负债核报目标体系时，需结合不同负债项目之间的差异，这对于准确反映政府财务状况、实现风险管理和提升治理能力至关重要。具体而言，政府负债主要包括流动负债和非流动负债，每一类负债项目在核报、核算主体和列报上都有其独特的要求和特点。

首先，流动负债通常指的是一年内需要偿还的债务，包括应付账款、短期借款、预收账款等。这类负债需要特别关注其偿还期限和流动性风险。在核报过程中，应详细记录每项流动负债的金额、期限和利率，确保数据的准确性和及时性。在信息披露方面，需要在财务报表和附注中详细列示各类流动负债的构成、变动情况及其对政府财务状况的影响，以增强财务信息的透明度和公信力。其次，非流动负债是指偿还期限超过一年的债务，包括长期借款、长期应付款和长期债券等。这类负债涉及的金额通常较大，期限较长，因此在核报过程中，需要特别关注其长期偿债能力和利率风险。对于非流动负债，政府应在财务报告中提供详细的分期偿还计划、利率变化情况以及潜在的财务风险。在信息披露方面，应在附注中详细说明各类非流动负债的具体情况，增强信息的全面性和透明度。

在政府负债核报目标体系中，不同负债的核报目标存在显著差异。流动负债的核报目标主要是确保短期偿债能力，防范流动性风险，而非流动负债的核报目标则侧重于长期偿债能力的管理和利率风险的防控。在信息披露方面，流动负债更注重于短期财务状况的透明度，而非流动负债则需详细披露长期财务承诺和潜在风险。在具体构建政府负债核报目标体系时，应结合《政府会计准则第8号——负债》和《政府会计准则第9号——财务报表编制和列报》的要求，确保各类负债核报的规范性和准确性。基于风险管控理论，政府应建立健全风险识别、评估和管理机制，针对不同负债的特点，制定相应的风险管理策略。例如，对流动负债，应重点监控流动性指标和短期债务比例，及时调整资金安排；对非流动负债，应关注债务结构的合理性和长期偿债能力，采取有效措施控制利率风险。

政府负债核报目标体系应持续优化和完善，通过精细化管理和透明化披露，不断提升政府会计信息的规范化、标准化和透明化水平。通过以上措施，构建基于风险管控理论的政府负债核报目标体系，能够有效提升政府负债管理的科学化、精细化和透明化水平，实现财务风险的全面防控和治理，支持政府治理目标的实现。

3.2.2 基于公共受托责任理论的政府负债核算主体确定

政府负债筹集的资金被政府用于社会建设来谋求经济发展，在这一过程中，政府本身作为主体行使权利，政府本身要对政府负债核算负债。政府作为负债核算主体，能够通过政府会计对政府负债信息进行核算和报告，合理规划自身的举债规模降低负债风险和财务风险；能够帮助外部信息使用者对政府负债情况和受托责任的履行进行监督，作为负债核算的监督主体发挥作用；同时有助于强化责任匹配机制，促使政府负债风险责任落实，实现政府作为负债核算责任主体对责任的承担。

公共受托责任理论是指政府、机构和人员具有管理和运用公共资源以履行社会公共事务管理职能并向公众报告的义务，其形成源于人们对政府行为的监督与约束。在这种关系中，作为代理人的政府拥有信息优势，而公众作为委托人则明显处于信息劣势。在民主社会中，政府的一切权力和财富都归属于人民。因此，政府必须以公众利益为出发点，管理好被委托的公共资源。然而，由于信息不对称和利益冲突的存在，政府及其下属机构或个人可能会试图追求自身利益的最大化，从而会损害委托人的利益。为了约束政府行为，确保其依法行使权力，公众就有必要对政府的受托行为进行监督和评价。在公共受托责任理论的框架下，政府负债核算主体的确定需要充分体现政府作为公共资源管理者对公众和利益相关者的责任。公共受托责任理论强调政府在管理公共资源时必须确保透明、问责和公正。因此，在确定政府负债核算主体时，应特别注重不同负债科目之间的差异，确保政府负债核算的准确性和完整性。

公共受托责任理论要求政府负债核算主体应包括所有涉及公共资源管理和使用的政府部门和单位，不仅涵盖中央政府和地方政府，还应包括各类行政事业单位、公共服务部门以及其他受政府委托管理公共资源的机构。只有通过全面覆盖，才能确保所有负债信息的完整披露，满足公共受托责任理论中对全面性和透明性的要求。首先，根据公共受托责任理论，各负债核算主体的确定应基于其具体职能和职责。例如，短期借款通常由需要快速资金周转的部门或单位核算，如财政部门或公共基础设施管理单位；长期借款则可能由负责大型项目融资的部门核算，如交通运输部门或住房建设部门；应付账款由各行政事业单位和公共服务机构核算，用于反映其日常运营中的未支付款项。明确的职责分工有助于负债信息的精准核算和责任落实，体现了公共受托责任理论中的明确问责原则。负债核算主体的确定应反映其对公共资源管理和使用的实际影响。其次，对于那些直接涉及公共服务和资源配置的交通、教育、卫生等部门，其作为负债核算主体尤为重要。这些部门负债不仅直接影响公共服务的质量和可持续性，还对公共利益具有重大影响，必须确保这些关键部门的负债信息准确透明，以符合公共受托责任理论中的公众利益优先原则。公共受托责任理论强调信息的透明性和问责性。各负债核算主体必须建立健全内部控制和审核机制，确保负债数据的准确性和完整性。对于短期借款，需确保其用途明确、还款计划合理；对于长期借款，需进行详细的风险评估和偿还能力设计；对于应付账款，需定期核对和更新，确保不发生逾期和漏报情况。通过严格的内部控制和审核机制，能够强化责任落实和风险管理，符合公共受托责任理论的要求。最后，各负债核算主体应按照公共受托责任理论的要求，通过政府官方网站或其他官方渠道定期向公众和利益相关者公开其负债信息，确保公众能够及时获取最新的数据。定期公开信息不仅能够增强政府财务管理的透明度和公信力，还能够促进公众对政府管理的监督和参与，符合公共受托责任理论中的公众问责和透明治理原则。

综上所述，基于公共受托责任理论的政府负债核算主体的确定，应包括所有涉及公共资源管理和使用的政府部门和单位。明确各主体的职能和职责，重点关注直接影响公共服务质量和可持续性的部门，完善内部控制和审核机制，并定期公开负债信息。这确保了财务信息的透明度和完整性，充分体现了公共受托责任理论的核心要求，同时明确了不同负债科目的差异，能够确保各类负债的精准核算和有效管理。

3.2.3　基于政府有机论的政府负债列报设计

政府有机论强调政府作为一个组织实体，在负债治理中应当采取一种有机化的管理方式，通过将政府视作一个复杂的有机系统，包括各部门、机构和利益相关者彼此之间的相互联系、相互作用，从而实现政府资产负债的有效治理。在政府有机论的框架下设计政府负债列报时，需详细展示各类负债科目，并确保列报的透明性和系统性。政府有机论视政府为一个整体，各部门和单位相互关联而运作，共同服务于公共利益。因此，政府负债列报应全面反映政府整体的财务状况，而不仅局限于个别部门或单位。

列报需要整合各部门的负债数据，形成一个统一的、系统的财务列报体系，这种有机整合不仅有助于提高列报的完整性和准确性，还能更好地反映政府在履行其职能方面的实际情况。负债列报应在财务报表中设立独立的负债部分，并对各科目进行详细说明。列报应增强透明度，通过附注或附表的形式，对重要负债事项进行详细解释。例如，对于长期借款和应付债券，列报应提供其用途、偿还计划、风险评估及应对措施等信息，以便利益相关者全面了解政府的负债结构和风险管理能力。为了提升列报的可比性和一致性，负债应严格按照政府会计准则进行负债信息的记录和披露，列报格式和内容应与国际和国内会计准则接轨，确保数据的可比性和一致性。这种标准化的列报方式使不同时期或不同政府间的财务数据能够进行横向和纵向的比较，有助于政府内部和外部的监督与评估。负债列报应包含政府负债管理的政策和策略，展示政府在负债管理方面的具体措施和绩效。列报中应详细披露政府在负债管理方面的政策措施、风险评估结果以及应对策略，特别是在应对潜在财务风险和保证财政可持续性方面的具体做法，这体现了政府有机论中对整体协调的重视。负债列报应定期发布，并通过政府官方网站或其他官方渠道公开，确保公众和利益相关者能够及时获取最新的负债信息，提升政府财务管理的透明度和公信力。定期发布和公开负债信息有助于增强公众对政府财务管理的信任和支持，符合政府有机论中的公共参与和透明治理理念。

综上所述，基于政府有机论的负债列报设计应突出负债科目，通过系统分类和详细披露，增强列报的透明度和可比性，体现政府的负债管理策略，并确保列报的及时更新和公开发布，这样不仅能够全面反映政府的负债情况，还能提升政府财务管理的效率和透明度。

3.3 政府资产负债信息治理功能发挥的理论基础

3.3.1 基于公共资源配置理论的政府资产负债信息功能效应

公共资源配置理论强调政府在资产负债管理中应充分认识和有效利用资源，以实现资源的最优配置和社会的可持续发展，同时实现社会福利的最大化。在这一观点下，信息功能效应成为政府资产负债管理的关键，通过准确、透明的信息披露，政府能够优化资源配置、提升治理效率并增强公共信任。

首先，公共资源配置理论强调政府应全面认识和准确评估资源的结构、特征和分布情况，而政府资产负债信息所发挥的功能效应在此过程中尤为重要，通过详尽的政府资产负债信息披露，决策者可以科学地制定和实施相关政策措施。例如，政府资产中的公共基础设施的选址与运营，政府负债中债务资金的筹措与投向，都需要基于全面、准确的资产负债信息进行评估和决策。信息透明是实现有效管理和优化决策的前提，这就要求政府对资源各种形态和来源有充分了解，对资源所有权和使用权进行清晰界定，并对资源价值和效益进行全面评估。其次，信息功能效应在实现资源的最优利用和社会的可持续发展中发挥着重要作用。政府应深入挖掘政府资产负债信息中的决策依据，遵循市场规律和效率原则，在充分发挥市场机制作用的前提下，发挥调控和引导作用。通过政府资产负债信息的披露和应用，政府能够缓解自身与市场之间的信息不对称，以信息治理保障社会公平和稳定。在提升政府透明度和问责性方面，政府资产负债信息有助于增强公众对政府决策和管理的信任。此外，信息功能效应在推动资源的创新和转型升级中也不可或缺。政府应通过资产负债信息的披露，平衡利益相关者之间的利益关系以及获取其意见和建议，使资源配置策略适应新的经济社会发展需求。政府资产负债管理的资源分配策略应以资产负债信息为基础，注重培育和发展新兴产业和新型产业形态，加强技术创新和科技进步，提升资源的质量和效益。以政府资产负债信息评估公共资源配置的效果和效率，并指导政府下一步的治理方向，为社会经济可持续增长和社会全面进步提供关键的信息支撑。政府资产负债信息功能效应的发挥不仅可以提升资源配置的效率，还能推动社会创新和经济转型。

会计数字化转型对于政府资产负债信息功能效应发挥也具有显著的促进作用。数字化技术，如大数据、人工智能和区块链，不仅能够显著提升信息收集、处理的效率，还能确保数据的准确性和即时性。这对于政府资产负债信息的披露和应用至关重要。通过数字化转型，政府能够实现信息的快速共享和透明披露，在减少人为错误的同时提高信息的可靠性和及时性。数字化转型还使得政府能够更好地应对复杂的公共资源管理和公共决策需求，提供更加精准有效的解决方案。

综上所述，公共资源配置理论强调了信息功能效应在政府资产负债管理中的重要性。通过准确、透明的信息披露和数字化转型，政府能够科学地进行资源配置，提升治理效率，增强公共信任，并推动社会的可持续发展和创新进步。政府资产负债信息在这一过程中发挥着关键作用，通过支持政府科学决策和高效施政，推动社会福利的最大化和持续进步。

3.3.2　基于国家治理系统论的政府资产负债治理功能效应

国家治理系统论是一种从系统论角度出发，研究和设计国家治理结构、过程和效果的理论框架。该理论强调国家治理系统的整体性、复杂性和动态性，通过系统设计的方法，揭示国家治理中各个要素及其相互关系，从而为改善国家治理效率效果提供科学依据。在此框架下，政府资产负债治理的社会效应尤为重要。

国家治理系统论强调整体性。政府资产负债治理通过建立全面、准确、及时的信息系统，使各子系统之间相互联系、相互影响，从而共同构成一个有机整体。这不仅提升了公共资源的配置效率，也增强了政府决策的科学性和透明度。通过清晰界定政府资产和负债，政府能够更好地满足不同利益相关者的需求，促进国家治理体系和治理能力的现代化，最终提升社会公共资源的使用效率和社会福利。

层次性是国家治理系统的重要特征。各层级政府在资产负债治理中发挥不同的作用和功能。中央政府、省级政府、市级政府和基层政府共同参与，确保政策的全面覆盖和有效实施。通过系统设计方法，对资产负债信息进行深入剖析和综合评估，政府能够全面把握政府资产负债的结构、特征和变化趋势，识别潜在的风险和机遇，为治理提供科学依据和参考。这种多层次的治理体系，有助于增强政策的执行力和针对性，提高国家治理的效率效果。动态性是国家治理系统的另一个关键特征。政府资产负债治理需随内外部环境的变化不断调整和优化，以适应新的形势和要求。政府资产负债治理通过实施综合性的资源分配策略和措施，最大限度地优化资产负债的结构和配置，可以实现公共资源的有效利用和社会的可持续发展。政府资产负债的这种动态调整能力，增强了政府应对突发事件和变化环境的能力，提高了社会的稳定性和抗风险能力。在复杂性方面，政府资产负债治理涉及多种因素的综合作用，如法律制度、政策措施、社会文化和国际环境等。这些因素相互交织，形成了一个复杂的治理网络。通过系统设计方法，政府能够全面、科学地理解和把握这些复杂因素之间的相互关系和作用机制，从而作出更加合理的决策，建立科学的评估体系，对治理系统的运行效果进行综合评估并提出改进建议，是系统论在国家治理中的重要应用，有助于提高社会各领域的协调性和协同性，促进社会和谐与稳定。

综上所述，基于国家治理系统论的政府资产负债治理，通过整体性、层次性、动态性和复杂性的系统管理，显著提升了社会资源的配置效率和利用效果，增强了政府决策的科学性和透明度，提高了社会的稳定性和抗风险能力，促进了经济的持续增长和社会的全面进步。政府资产负债治理不仅有助于优化资源配置，实现社会的可持续发展，还能提升公共信任，推动国家治理现代化。这一理论框架为理解和改进国家治理提供了科学依据，有助于推动国家的长治久安。

3.3.3 基于社会福利理论的政府资产负债溢出功能效应

社会福利理论通过嵌入福利制度和政策的作用和影响,为解决社会问题、促进社会进步提供了重要的理论指导。它强调政府和社会在满足公民基本需求、促进社会公平和公正方面的责任和作用,对构建和谐、稳定和繁荣的社会具有重要意义。结合社会福利理论,政府在资产负债管理中应关注社会福利的最大化,在资源配置过程中应优先考虑社会整体福利,通过合理的资产和负债管理,促进社会公平和公正,确保经济的可持续发展。

社会福利理论认为政府在资产负债管理中应考虑不同群体的福利需求,尤其是弱势群体的利益,也即政府的资产和负债安排应有利于减少贫困和不平等,从而提高社会整体的福利水平。例如,通过合理配置财政资源,政府可以增加对教育、医疗和住房等公共服务的投入,从而改善弱势群体的生活条件,促进社会公平。这不仅提高了社会的整体幸福感,也有助于构建和谐社会。社会福利理论也强调政府资产负债管理应注重公平和正义。政府的资产和负债安排应兼顾社会公众的基本权益,而不是偏袒特定的利益群体或阶层。通过透明、公正的财政政策,政府可以有效分配资源以保障社会成员的基本生活条件和发展机会,增强社会的整体幸福感和归属感。社会福利理论同时认为政府在资产负债管理中应注重长期的可持续发展。政府的资产和负债安排不仅要考虑当代的福利水平,还要考虑未来世代的福利需求和利益。政府应制定长远的发展战略,确保资源的合理利用和可持续发展的实现。通过环境保护和绿色投资,政府可以推动经济的可持续发展,确保子孙后代享有健康的生态环境和稳定的经济基础。

综上所述,社会福利理论在政府资产负债研究理论体系中强调,政府应在资产负债管理中关注社会福利的最大化,注重弱势群体的利益以及长期的可持续发展。通过科学、系统的资产负债管理,政府能够更好地满足社会成员的基本需求,促进社会公平和公正,推动社会的和谐与可持续发展。政府通过合理的资产负债配置,不仅提升了社会的整体福利水平,还增强了社会的稳定性和可持续性,为实现长远发展目标提供了有力支持。

3.4 基于国家治理现代化的政府资产负债核报理论框架构建

本书涉及宏观经济学、管理学以及政府会计多个领域,包含宏观、中观、微观视角，以公共产权理论、公共选择理论、新公共管理理论、风险管控理论、公共受托责任理论、政府有机论、公共资源配置理论、国家治理系统论和社会福利理论为基础，搭建了政府资产负债核报理论框架体系。首先，公共产权理论为政府资产核报提供了基础，强调了政府对公共资源的管理责任，以及确保资源配置能够满足社会公共利益的重要性。这一理论要求政府在核报中明确资产的所有权和管理权，保证公共资源的合理利用和保护。其次，公共选择理论和新公共管理理论从政府决策者的行为和治理结构出发，指出政府在资产负债管理中应当考虑决策者的利益驱动和制度环境的影响。这要求核报框架能够反映政府决策的透明度和公正性，同时促进政府与社会各界的合作与协商。风险管控理论和公共受托责任理论为政府负债核报提供了风险管理和责任追究的视角，强调了政府在管理公共资源时必须考虑到风险控制和向公众负责的重要性。这意味着核报框架需要包含对负债风险的评估和监控，以及确保政府行为的合法性和合规性。政府有机论则强调政府作为一个有机系统，在资产负债管理中应当注重内部协作、外部合作和组织文化的建设。这要求核报框架能够促进政府内部不同部门和机构之间的信息共享和资源整合，同时建立起与外部利益相关者的沟通和协调机制。公共资源配置理论、国家治理系统论和社会福利理论进一步扩展了核报框架的功能，强调了资源配置的效率、系统性设计的重要性以及社会福利的最大化。这要求核报框架不仅要关注当前的资源配置和社会效益，还要考虑长远的可持续发展和代际公平。

综合这些理论，政府资产负债核报理论框架应当是一个多层次、多维度的体系，它需要整合不同理论视角，确保政府资产负债信息的准确性、完整性和可比性，同时促进资源的有效配置和高效利用，增强政府的透明度和责任感，实现经济社会的可持续发展。这个框架应当能够适应快速变化的社会经济环境，支持政府在复杂多变的治理背景下作出科学合理的决策。

3.4.1　政府资产负债核报框架的逻辑设计

在政府资产负债研究的理论体系中，政府资产负债信息与资源分配的核报框架是一个非常重要的组成部分。这个框架的设计旨在提供一个系统性的方法，用于管理政府的资产和负债信息。在构建这个框架时，需要进行详实的逻辑设计，以确保其能够满足各方的需求并有效地运作。

首先，框架需要进行需求设计，确定各方的信息需求和利益诉求。政府机构、决策者、投资者、公众以及监管机构都可能是利益相关者，他们对政府资产负债信息的需求可能有所不同。因此，需要深入了解各方的需求，以确定核报的内容、格式和披露要求。在确定需求的基础上，框架需要建立相应的核报内容和标准。这包括确定应该披露的政府资产和负债项目，以及制定相应的核报指引和规范，确保信息的准确性、及时性和可比性。其次，需要设计数据采集处理的程序。政府资产负债核报涉及大量的数据，因此需要确定数据来源、采集方法和处理程序，以确保数据的完整性和可靠性。同时，还需要建立有效的数据管理系统，支持数据的存储、检索和设计。框架还需要建立完善的核报制度和流程。这包括确定核报责任部门和人员、制定核报周期和时间表、建立核报审批和发布程序等，以确保核报工作的顺利进行。再次，需要建立相应的内部控制和审计监督机制，确保核报的准确性和合规性。信息披露和沟通反馈也是框架的重要组成部分。政府资产负债信息的最终目的是向各方披露，因此需要建立相应的信息披露机制和沟通渠道，确保信息能够及时传达给各方，并及时回应各方的关切和疑虑。最后，框架需要建立有效的监督和评估机制。这包括建立独立的监督机构和评估机构，对核报过程和结果进行定期审计和评估，及时发现和纠正问题，提高核报的准确性和可信度。

综上所述，政府资产负债核报框架的详实逻辑设计涵盖了需求设计、核报内容与标准、数据采集与处理、核报制度与流程、信息披露与沟通以及监督与评估等多个方面，以支持政府资产负债信息的管理和利用。

3.4.2 政府资产负债核报框架构建

在我国政府资产负债核报框架中，核报目标、核算主体、核算内容和列报是构建该框架的重要组成部分，它们相互关联、相互支持，共同确保政府资产负债信息的准确性、完整性和可比性。

①目标。政府资产负债核报的目标是全面、真实、准确地反映政府资产和负债状况，为政府决策提供科学依据，促进资源配置的合理优化，增强政府的透明度和责任感，实现经济社会的可持续发展。

②主体。政府资产负债核算的主体涉及国家统计部门、财政部门、审计部门以及其他相关部门和单位。国家统计部门负责收集、整理和发布政府资产负债数据，财政部门负责核算政府资产负债情况，审计部门负责对政府资产负债核算进行审计监督，其他相关部门和单位协助完成政府资产负债核报的相关工作。

③内容。政府资产负债核算的内容包括政府资产和负债的全面核算。政府资产包括土地资源、自然资源、固定资产、无形资产等，政府负债包括债务、担

保、责任等。同时，政府资产负债核算还应包括政府的收入和支出、财政预算和执行情况、政府间的转移支付等内容，以全面展现政府的财务状况和经济活动。

④列报。政府资产负债的列报旨在规范反映财务状况和经营成果。根据政府会计准则，资产负债表需展示流动和非流动资产及流动和非流动负债。编制时应提供会计政策、资产负债变动、或有事项等附注，确保透明度和可比性。政府应真实、完整地编制财务报表，定期披露财务状况，提升管理水平，确保资金有效使用和风险控制，促进财政健康和可持续发展。

第二篇 政府资产核算与报告

第4章

政府资产核报目标研究*

4.1 政府资产核报目标重构缘由

党的二十大指出,高质量发展是全面建设社会主义现代化国家的首要任务,必须完整、准确、全面贯彻新发展理念,加快构建高水平社会主义市场经济体制,健全现代预算制度。全面预算绩效管理是健全现代预算制度的重要标志,也是推进国家治理体系和治理能力现代化的有效手段。深化预算绩效管理改革,破除体制机制方面的障碍,补齐管理制度的短板,能够构建起综合统筹、讲求绩效、规则透明的现代预算制度。而权责发生制政府综合财务报告制度能使财务信息与政府预算管理相适配,为全面预算绩效管理提供有效的信息,被视作国家治理体系和治理能力现代化中最为重要的技术变革手段之一。然而,当下我国尚未形成完整的政府资产核报目标体系,在政府资产核报方面仍侧重实物控制与合规管理,以政府资产获取与应用的合法性和安全性为重心,缺乏对政府资产核报目标的绩效性考量,难以给新时代全面实施绩效管理提供更为科学的管理理念及重要的信息保证(徐经长和何乐伟,2018)。设计并推进绩效导向的政府资产核报目标体系,使其成为新时代全面实施预算绩效管理下公共部门治理改革战略的有机组成部分,具有重大的实践价值。

将政府资产核报目标与全面预算绩效管理要求相结合,本质上是科学进行资产配置的表现。不仅为预算绩效管理工作提供科学的参考数据,提高政府资产的

---

* 本章系国家自然科学基金青年项目"政府质量、媒体监督与政府会计准则执行效果:理论与实证"(71702075)的研究成果之一。

配置和使用效率，还有助于从源头对政府资产的配置加以控制，充分挖掘资产的应用潜质，减少公共资源的流失与浪费，推动政府治理体系和治理能力现代化建设。为此，本章基于全面预算绩效管理的现实需求，从理论和实践两方面剖析政府资产核报目标设计和运行逻辑，通过构建政府资产核报目标体系框架，探寻政府资产核报目标的具体实施路径，以期为进一步建设政府综合财务报告制度，推动国家治理体系和治理能力现代化提供理论阐释和实践借鉴。

4.2 政府资产核报目标体系构建

持续加速推进构建全方位、全过程、全覆盖的预算绩效管理体系，其本质在于建立控成本、重结果、可问责的管理方式，确立价值诉求、强化问责和提高绩效作为全面预算绩效管理的核心内容，将"花好钱，办好事"落到实处。价值诉求彰显了公共财政管理的目标导向，即确保每一笔财政支出均能体现公共意志的要求，反映公共利益，实现社会效益的最大化（姜竹和何雨莹，2019）。强化问责是保障预算绩效管理有效性的关键机制，通过构建健全的责任体系和监督机制，确保各级政府和部门对财政资金的使用负责，对未达到预期绩效的情况能够予以追责（李红霞和刘航伊，2022）。提高绩效是全面预算绩效管理的最终目标，它要求政府不断提升工作效率和服务质量，借助评价、监督和反馈机制，持续改进管理流程，优化资源配置，以达成更高的工作绩效（马蔡琛和赵青，2020）。政府资产核报给全面预算绩效管理供给重要信息，为政府的战略规划和宏观决策提供依据（赵西卜和邵贞棋，2019）。科学有效地设计政府资产核报目标是促进各级政府以及各部门各单位的业务、财务、资产等信息互联互通的切入点，也是政府资产核报的逻辑起点。在不断深化政府综合财务报告制度改革和全面推进预算绩效管理的过程中，将全面预算绩效管理的价值诉求、强化问责和提高绩效贯穿于政府资产核报目标体系，不断优化和完善政府资产核报目标体系架构，有助于为全面推进预算绩效管理提供科学有力的信息支持。为此，本章结合全面预算绩效管理的价值诉求、强化问责和提高绩效的现实需求，从产权明晰、受托责任履行和公共资源配置理论逻辑出发构建政府资产核报目标体系框架。

4.2.1 政府资产核报目标设定的起点和依据

（1）基于公共产权明晰的价值目标设定

有研究表明，公共资产的价值至少是 GDP 的 2 倍，但多数公共资产对于拥有它们的政府和纳税人而言是未知的，而且它们经常以远低于其真实价值的水平被记录，致使政府缺乏对公共资产所蕴含巨大价值进行管理的动力（李建发等，2022）。科斯定理指出，清晰界定政府资产的产权主体、权属关系、权属类别等，是公共资源能够为权属主体带来经济利益的前提，能够实现政府资产的长期公共价值并减低代理成本。公共产权涉及公共产权主体界定和公共产权收益分配，是将权利赋予共同体内的所有成员，每一位成员都有权分享这些权利，它限制谁使用、何时和怎样使用，并通过一定的社会控制机制赋予权利和履行义务，排除了共同体外部其他主体对共同体内权利的分享，但任何成员都无权声明这个资源就是属于其个人的财产（Alchian 和 Demsetz，1973）。Pallot（1992）以资产为逻辑起点，构建了公共部门会计理论框架，将政府资产界定为由过去事项形成而由政府控制的、预计将导致未来经济利益或服务潜能流入政府的资源。政府资产核算的核心在于确认与计量，具有界定和保护产权的天然优势（伍中信等，2019）。此外，全面报告政府资产的产权收益分配和使用状况，能够反映出政府作为所有者的意图和目标，也在一定程度上体现出全民共享的程度（刘尚希和樊轶侠，2015）。因此，产权明晰的政府资产核报目标应是：①明确政府资产的产权核报主体，确认和计量政府资产存量价值以确保政府资产的安全性；②明确政府资产的产权收益分配和使用，报告政府资产价值变动情况以强化政府资产价值管理。

（2）基于公共受托责任履行的责任目标设定

美国政治学家亨廷顿指出，责任原则是民主政治的核心，责任原则要求"说明真相"并坚持"权力的授予必然伴随着责任的规定"（亨廷顿，1998）。对于公共受托责任而言，其由公共权利受托责任派生而来，而公共资源的运营是实现公共受托责任的过程。为确保公共部门遵照委托人的最优利益并实现政府资产绩效和公共价值最大化，应当在国家治理的框架下遵循受托责任链条，即政府受托管理国家公共事务，非市场化地提供公共产品和服务，履行公共权力的受托责任。因此，实现公共受托责任是政府资产核报和管理的重要内容。为了确保公共部门遵照委托人的最优利益并实现政府资产绩效和公共价值最大化，政府资产核报应当全面核算和反映政府受托责任的履行情况，即：①通过政府资产核算，将政府负有受托责任的资产全部纳入责任范畴，界定责任类型，明确责任行为。这既保障政府对政府资产受托责任的有效履行，又能明确划分政府资产的契约功能，促进政府部门作为代理人和公众作为委托人之间的有效互动；②通过政府资产报告，各利益相关主体能够获取关于政府的财务状况、绩效以及经济影响等方面的信息，为不同利益相关者进行预算绩效监督提供丰富且多元的监督视角，并助力其优化相关决策（马蔡琛和黄少含，2024）。

(3) 基于公共资源配置的绩效目标设定

预算绩效管理本质上体现为将绩效理念和方法融入预算管理的过程，能够获取更加科学、合理的评价结果，实现公共资源管理和使用的帕累托改进。因而实现预算绩效目标是政府行政和决策行为的最终落脚点，也是评价政府效率与施政能力的核心指标和重要依据。由于缺乏政府核报所提供的信息支撑，会导致政府绩效评价的内容不完整、整体不客观和结果不真实，降低政府绩效评价的科学性和准确性（陈志斌和董瑶，2015）。为了有效避免公共部门的资源浪费和效率损失问题，政府资产的核报需要形成与预算管理和绩效管理相对接的成本和收益信息（姜宏青和王翔，2020），以反映公共资金使用的效率和效果。作为政府履行行政管理职能、提供公共产品和公共服务的物质基础，政府资产核报必然要以有利于全面推进预算绩效管理和实现预算绩效为目标导向，这既有利于引导政府主体行为，保障政府资产的使用效率，提高政府财政的可持续性，也有助于衡量政府行政管理行为的成本和绩效，明确各政府部门、各单位需要改进的薄弱环节。基于公共资源配置的政府资产核报绩效目标应是：①核算可变现、可获得持续资金流入政府资产的种类、金额、获得现金流的周期等信息，以衡量政府资产持续性；②报告政府资产管理的成本和绩效，以激励和约束政府主体行为，提高政府资产的使用效率。

4.2.2 基于全面预算绩效管理需求的政府资产核报目标的层次解构

(1) 需求层

近年来，在财政收支平衡压力进一步加大的态势下，为保障公共服务的有效供给，更需在资源配置中注意"将好钢用在刀刃上"，杜绝"跑冒滴漏"，以达到"勿兴不急之务而浪用民财"的效果。全面预算绩效管理强调通过价值诉求、强化问责、提高绩效的方式，有效回应社会关切，是全面构建国家治理体系和治理能力现代化的重要手段。Crawford 和 Loyd（2008）指出，会计在促进问责制和提高公共部门服务效率等方面具有重要作用。依据权责发生制来编制预算，有助于改进会计系统提供的绩效信息。可见，权责发生制政府会计系统是全面预算绩效管理的基础支撑。作为权责发生制政府会计系统的重要内容，政府资产核报体系应立足于全面预算绩效管理价值诉求、强化问责。基于财政和政府绩效的内在联系，以及有效控制公共资源配置和使用的全过程的要求，政府资产核报目标应首先满足全面预算绩效管理所强调的价值诉求、强化问责、提高绩效（见图 4-1）。

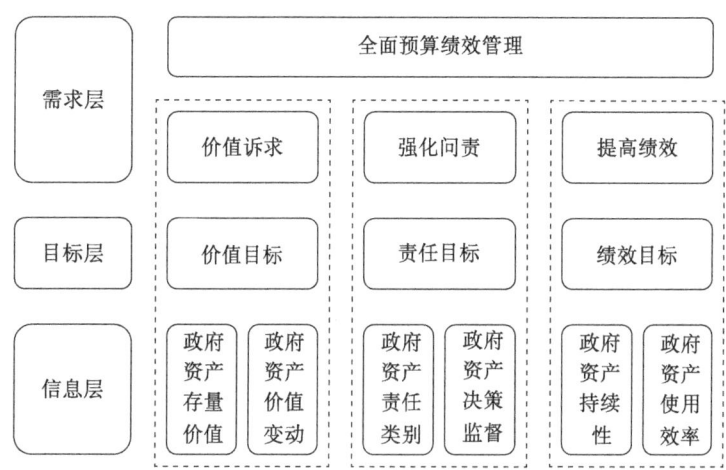

图 4-1　基于全面预算绩效管理需求的政府资产核报目标的层次解构

(2) 目标层

首先,基于全面预算绩效管理需求设定政府资产核算的价值目标,是构建政府资产核报目标体系的首要目标。我国仍存在大量尚未纳入价值管理的政府资产,难以形成由预算管理、资产管理、成本管理、绩效管理构成的闭环财务管理系统。根据《国务院关于2022年度国有资产管理情况的综合报告》数据显示,2022年我国国有企业资产总额为339.5万亿元,行政事业性国有资产总额为59.8万亿元,并且对国有自然资源资产仅列报了相关的实物数量,而未进行价值量的核算。基于财政预算管理体制建立的政府资产管理制度侧重于对政府资产的实物量核算,而忽视了资产的价值量核算(刘瑞杰,2018)。唯有同时进行实物量和价值量管理,方可有效将资产管理效能嵌入国家治理现代化改革中,在更高层面决策政府资产的配置和使用。

其次,囿于政府契约的连续让渡性,政府受托承担的资产管理会在政府与社会公众之间形成不可撤销的契约,从而产生的受托责任决定了政府资产核报的核心目标是责任目标。政府对公共资源的使用,本质上是政府通过一系列活动和职能安排,履行公众的受托责任,即"受人之托,必当终人之事",而政府会计的基本功能在于反映公共受托责任的履行情况(李明辉,2008)。政府作为受公众委托管理公共事务、提供公共产品的社会组织,履行职能的前提是获得相应的公共资源,政府受托责任和获得资源控制使用的权利应具有一致性(姜宏青和宋晓晴,2018)。为了确保公共部门遵照委托人的最优利益并实现政府资产绩效和公共价值最大化,应当遵循公共受托责任的链条进行政府资产核算与管理。

最后,基于全面预算绩效管理的政府资产核报的最终目标是绩效目标。在各国绩效预算的实践发展中，通过确定政府资产完成绩效目标的成本，并将其与产出、绩效和成果相联系，可以反映政府的财务状况和绩效信息。在英国，政府整体合并财务报告被视为对政府财务状况和绩效的一个全面综合性视域，并被纳入到政府计划和绩效框架之中。在美国，《政府管理改革法案》的制定目标便是"为有关计划、预算和财政管理的合理决策，创建可靠、相关的财务和绩效信息"。澳大利亚也要求所有政府部门在其财务信息中都要明确其成果和产出，并确定相关的成果、产出和委托经营项目的绩效。可见，构建绩效目标导向下的政府资产核算和报告体系，既确保了政府资产管理的透明度和问责制，提高了政府资产的使用效率，又可以更有效地分配资源，实现帕累托改进，确保公共资源的最大化利用。

（3）信息层

基于价值诉求、强化问责、提高绩效的政府资产核报目标系统能够提供丰富的政府资产价值流、现金流、物质流等重要信息，是缓解财政部门和公共部门之间"信息不对称"的重要基础。其一，将政府资产纳入价值管理，才能有效地将资产管理效能嵌入国家治理现代化改革中，在更高层面对政府资产的配置和使用进行决策。基于价值目标的政府资产核报旨在提供政府资产的价值存量及其增减变动情况，不仅能够实现对政府资产的全面管控并满足决策需求（陈文川等，2023），而且有助于准确评估政府偿债能力，进而防范化解政府财务风险，促进财政可持续性。其二，政府资产来自公众让渡的经济资源，这要求政府资产配置和使用必须以服务公共物品再生产和增进公共利益为基本功能（齐守印，2019）。基于责任目标的政府资产核报需反映公共部门的受托责任和履职情况，从而规范政府资产管理的责任边界，强化对公共权力的监管，加快构建现代预算监督体系和现代财政制度。其三，与公共支出相同，政府资产也是一项重要的投入，是达成产出和成果的手段，其配置和运营需要符合经济性、有效性和效率性（王雍君，2019）。基于绩效目标的政府资产核报为预算绩效管理提供了体现政府全部资产配置和使用情况的数据信息，提高了政府资产持续性以及配置和使用的效率性。上述信息的有效供给有助于推进政府预算绩效管理的全面实施，进而推动国家治理体系和治理能力现代化建设。

4.2.3 政府资产核报目标体系框架构建

基于全面预算绩效管理的政府资产核报目标体系框架如图4-2所示，根据全面预算绩效管理现实需求，从公共产权明晰、公共受托责任履行和公共资源配置的理论起点出发，基于需求层、目标层和信息层的逻辑架构，构建以反映政府资产价值存量和变动情况的价值目标为首要目标，反映政府资产责任边界和履职情况的责任目标为核心目标，反映政府资产配置效果和使用效率的绩效目标为最终目标的政府资产核报目标体系的金字塔结构。通过全面、完整、准确的政府资产物质流、现金流、价值流等重要信息供给，形成由预算管理、资产管理、成本管理、绩效管理构成的闭环财务管理系统，降低政府部门和社会部门间的"信息不对称"程度。此外，伴随着政府资产核报目标的层层推进，科学有效的政府资产核报信息供给将持续推动政府预算绩效管理在强大的闭环财务管理系统中趋于成熟，逐步满足全面预算绩效管理的价值诉求、强化问责和提高绩效的现实需求，并在不断的循环中推进和助力国家治理体系和治理能力现代化建设。

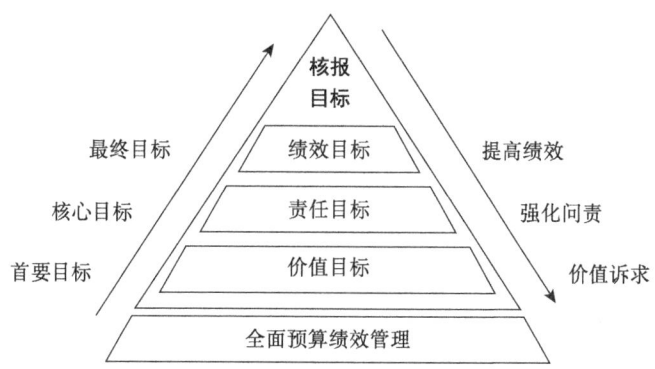

图 4-2 基于全面预算绩效管理的政府资产核报目标体系框架

4.3 政府资产核报目标的推进机制分析

4.3.1 绩效目标导向下国内外政府资产核报目标的设定与推进

（1）国外的制度规范

20 世纪 70 年代末 80 年代初，受经济衰退的影响，绩效预算改革和权责发生制的综合财务报告制度改革渐呈方兴未艾态势。从制度运作的内在联系来看，二者皆源自新公共管理运动，均是提高政府绩效、强化政府问责制的重要手段，这为进一步理解政府资产核报目标与预算绩效管理要求之间相互衔接提供了制度依据。从国际经验看，1979年，英国政府对传统公共行政体制开展了一系列以新公共管理为主题的改革运动，使绩效管理成为贯穿行政管理活动全过程的管理方法，并在绩效评估方面建立了系统化和规范化的绩效评估机制。其中，英国年度综合财务报告涵盖了绩效报告和问责报告，为部门实现可持续发展目标提供了详细的绩效信息。1982年，英国特许公共财政与会计协会（CIPFA）有关"3E"的指南中也明确提出"为了评价效果，需要明确目标，并针对这些目标，评价和计量其绩效，以便采取适当的调整与补救措施。"1994年，美国《政府管理改革法案》对编制综合财务报告提出要求，该法案的制定目标是"为有关计划、预算和财政管理的合理决策，创建可靠、相关的财务和绩效信息"。美国政府不仅注重在基本报表中反映绩效信息，还要求编制专门的绩效报告（SEA）。美国政府会计准则委员会（GASB）概念声明2号文件进一步明确规定，SEA报告用于补充年度综合财务报告的外部财务信息。联邦政府年度综合财务报告不但反映政府的托管资产和责任，而且将财务信息置于更广泛的反映政府整体活动信息的绩效和受托责任报告中予以反映，使报告使用者能更全面地了解政府履行受托责任的状况。此外，澳大利亚也致力于政府整体层面的财务报告建设，将与政府绩效相关的财务信息作为广泛政府财务信息的一部分，要求所有部门都要明确其成果和产出，并确定相关的委托经营项目的绩效。

（2）国内的制度规范

2014年，国务院批转财政部《权责发生制政府综合财务报告制度改革方案》，在总体目标和主要任务中均提出了绩效管理的要求。2018年，第十三届全国人大常委会审议了2017年中央决算报告，该报告首次将绩效评价纳入"国家账本"，开始推行"全面实施绩效管理"。2018年，中共中央、国务院发布的《关于全面实施预算绩效管理的意见》提出力争用3-5年时间基本建成全方位、全过程、全覆盖的预算绩效管理体系，对"全面"作出了更为详尽的解释。在深入贯彻落实《中共中央 国务院关于全面实施预算绩效管理的意见》的要求下，建立涵盖各类政府资产的记录、核算和报告的体系制度，逐步实现政府资产的精细化管理，是新时期深化财税体制改革、完善现代财政制度、优化财政资源配置和提升公共服务质量的关键举措。

4.3.2 政府资产核报目标与全面预算绩效管理的协同推进

党的十八大以来，党中央曾多次提出要完善各类国有资产管理体制。党的十八届四中全会明确要求对公共资金、国有资产、国有资源和领导干部履行经济责任情况实行审计全覆盖。2017年12月，中共中央印发《关于建立国务院向全国人大常委会报告国有资产管理情况制度的意见》，标志着政府向国家权力机关报告政府负债管理和运营资产的行为向着制度化转变，规定国务院每年向全国人大常委会全面提供国有资产（包括企业国有资产、金融企业国有资产、行政事业性国有资产、国有自然资源等）的管理信息，不仅要提供实物量的信息，还应提供价值量的信息。为加强行政事业性国有资产管理与监督，健全国有资产管理体制，推进国家治理体系和治理能力现代化，2018年12月，财政部资产管理司发布《关于进一步加强和改进行政事业单位国有资产管理工作的通知》，提出切实盘活资产存量、提高资产使用效率、优化资产配置的工作要求。2019年3月，财政部发布修订后的《事业单位国有资产管理暂行办法》，提出建立事业单位国有资产安全性、完整性和使用有效性的评价方法、评价标准和评价机制，对事业单位国有资产实行绩效管理。2021年2月，国务院令第738号《行政事业性国有资产管理条例》将保障行政单位履行职能和事业单位提供基本公共服务的行政事业性国有资产纳入法治轨道，指出政府资产的配置需结合资产存量、资产配置标准、绩效目标和财政承受能力进行考量。这些法律规章都彰显出我国政府资产管理的重要性和紧迫性。

随着国家治理体系和治理能力现代化的深入推进，有必要结合全面预算绩效管理的发展要求探寻政府资产核报的目标设定，使其成为提升政府治理效能的重要突破口。政府资产核报应以政府绩效评价为导向，为新时代全面实施绩效管理提供更为科学的管理理念和可靠的信息保证。政府资产核报体系能够通过权责发生制政府会计实现预算与绩效的有机衔接，形成预算管理、资产管理、成本管理、绩效管理构成的闭环财务管理系统。通过会计信息提供和会计控制作用机制服务于现代财政制度（张军等，2020）。这不仅可以掌握各部门主体资产结构，提升防范和化解重大风险的能力，促进政府职能转变，深化财政体制改革，而且有助于政府财政管理水平、政府治理效能和宏观经济决策水平的提升。

4.3.3 政府资产核报目标的推进机制设计

政府资产核报目标的实现依赖于政府资产核报目标体系的顺利推进。从目标可持续性角度看，制度机制能够对组织目标施加约束力，响应机制是组织应对制度约束力的战略性选择的集中体现，保障机制则能增加目标推行动力。因此，基于"制度—响应—保障"机制，本部分从顶层设计、目标执行和技术保障三个方面设计政府资产核报目标的推进机制。首先，政府资产核报目标的顶层设计，主要是针对目标、方向、方法的整体性规划和战略性安排，旨在为政府资产核报目标的顺利推进提供系统性指导和根本性遵循。其次，政府资产核报目标的目标执行主体是对顶层设计的响应，是政府资产核报目标体系实现的重要作用机制。最后，信息技术的加持和应用是推进政府资产核报目标实现的重要引擎。信息技术的嵌入有助于提升政府治理效率，为政府资产核报目标不断推进提供支撑（赵云辉等，2019）。

(1) 顶层设计

我国目前尚未按照全面预算绩效管理的要求，在全国层面出台一部完整、系统且权威的法律规范来明确政府资产核报目标。基于科层制管理模式，各政府部门或单位缺乏创新性和推进政府资产核报目标运行的积极性（曹静韬，2019）。只有通过激励和约束机制不断强化政府资产管理的行为要求，才能全面落实相关制度规范。首先，制定更具普适性的预算绩效管理的政策性文件，进一步明确在绩效评价和监督过程中，如何系统分析政府资产会计报告、政府资产管理报告和预算报告的数据，如何运用政府资产会计报告来设计绩效目标及绩效指标。其次，对于政府资产报告而言，在其整体政策和细分指南中，需要进一步明确运用政府资产信息来分析财政预算资金使用绩效的原则、方法，并将绩效分析纳入到财务分析指标体系之中。最后，在信息标准的设置上，将政府财务报告信息和预算绩效管理数据纳入财政管理信息系统一体化的要求范畴，由财政部门统一规范。

(2) 目标执行主体

政府资产核报目标的执行过程实质上是公共资源的重新配置过程，这决定了政府资产核报目标的执行过程存在多目标选择机制，执行效果反映的是目标执行主体对政府资产核报目标的价值权衡的结果（刘子怡等，2019）。从目标执行主体来看，政府资产核报既是信息使用主体对政府资产会计信息获取、认知与运用等的行为过程（周曙光和陈志斌，2017）；也是包括不同的权责划分和利益诉求的目标执行主体间的互动博弈过程（卜君和孙光国，2017），同时还是第三方机构、社会公众、媒体监督等外部主体的评价与反馈过程（陈志斌和李敬涛，2015）。因此，为保障政府资产核报目标的有效运行，需要通过建立多维度、多层次的主体责任长效机制，加强政府资产核报目标执行的过程管理和控制。

(3) 技术保障

伴随新一轮信息通信技术与经济社会发展的深度融合，运用大数据等技术手段提升公共治理能力，成为国家战略不可或缺的重要一环。一方面，大数据技术的运用能够实现快速收集、整理、加工和提炼政府资产配置与使用产生的数据和数据流，继而生成可用和有效的信息和信息流（章贵桥等，2022），有利于促进各层面的预算绩效信息与政府资产核报信息有机衔接，为政府绩效评价提供实时、客观的数据支持，有助于打破"信息孤岛"和"数据烟囱"带给绩效评价质量提升的约束，让绩效评价有据可依，从而进一步深化预算绩效目标管理；另一方面，数字化技术驱动政府资产核报目标运行和实施，可以全面分析和识别各类政府资产的存量价值和运行情况，发挥监控"纠偏"作用，有助于构建全方位的政府资产监控体系，识别和防范政府资产使用过程中的潜在风险，有效防止政府资产的浪费和流失，提升政府资产管理的科学化和规范化水平。

4.4 政府资产核报目标的具体实施路径

政府资产核报目标在于维护一个灵活的资产组合，以便于有效地为公共物品再生产提供物质保障，从而实现和增进公共利益，并为经济增长奠定基础。本章认为，政府资产价值管理与实物管理有机结合有助于促进国有资产价值保值增值；责任主体明确的政府资产分类监管体系构建有助于改善民主监督工作和强化对全体人民的受托责任；高效能的政府资产管理有助于提高政府公共服务质量。因此，本部分基于价值目标、责任目标和绩效目标提出从政府资产价值管理与实物管理相结合、政府资产分类监管体系构建以及政府资产管理效能提升三个方面探讨政府资产核报目标的具体实施路径。

4.4.1 基于价值目标的政府资产价值管理与实物管理有机结合

OECD国家非常重视政府资产特别是实物资产的管理，发布了众多官方文件，对政府资产管理系统的建立进行指导和规范。政府资产管理是维护、升级和运营实物资产的系统化过程，有利于改进有关政府资产及其相应价值方面的信息，并为投资决策建立标准程序。《事业单位国有资产管理暂行办法》中也强调要始终坚持资产管理与财务管理、实物管理与价值管理相结合的原则。姜宏青等（2020）提出，在政府公共管理的框架内有机嵌入资产的价值管理体系，主张将"目标的制定与实现—资源的配置与运营—绩效评价与反馈"的管理行为和资源的恰当性有效整合，树立成本效益治理观，寻求可持续发展目标下政府资源资产的配置、开发和利用的价值管理体系。因此，政府资产核报目标的实现既要强调资产本身的使用和收益，又要关注其可能产生的价值和效用，且不应局限于能够体现在资产负债表中以价值量计量的资产，还应包括那些无法或难以入表而以实物量为主要计量手段的资产，例如自然资源资产等。为了实现政府资产的价值目标，需要将价值管理与实物管理有机结合。具体措施如：①构建政府资产价值评估体系，确保资产价值的准确性和合理性。通过对政府资产进行定期评估，可以更好地了解资产的实际价值，为资产管理提供数据支持；②加强政府资产的实物管理，确保资产的安全、完整和有效利用。通过建立健全资产登记、使用、维护和处置制度，提高资产的使用效率；③引入市场化的资产运作机制，提升政府资产的运作效率和经营收益。通过招投标、拍卖等方式，将部分政府资产转交由专业机构进行经营管理，实现政府资产的保值增值。

4.4.2 基于责任目标的政府资产分类监管体系构建

当前，财政部门、主管部门、行政事业单位三级监管架构虽已建立，但权责不明确，单位内部资产与财务管理脱节，主管部门的承上启下作用未充分发挥，资产监管体系未能形成有机链条。基于责任目标构建政府资产监管体系是新时代背景下加强政府资产监管的有效举措（邓军和李艳，2020）。以全面预算绩效管理目标为指引，将政府资产的实物管理、价值管理和责任管理相结合，各部门、各级地方政府按照责任的类别确定对资产的运营和管理措施，从而保证资产管理制度的统一性与资产管理方法的差异化。基于责任目标的政府资产监管体系构建的具体措施如：①明确政府资产管理的责任主体，确保各级政府部门履行资产管理职责。按照《中共中央关于深化党和国家机构改革的决定》中关于"避免政出多门、责任不明、推诿扯皮，下决心破除制约改革发展的体制机制弊端，使党和国家机构设置更加科学、职能更加优化、权责更加协同、监督监管更加有力、运行更加高效"的要求，通过制定明确的资产管理政策和规定，遵循责任为本、事有专责、权责匹配的原则，分类优化各级政府资产管理权责配置，明确各级政府部门的资产管理职责。②强化政府资产管理的问责机制，确保资产管理的责任落实。基于问责机制所构建的问责链条有助于建立政府资产的所有者、管理者和监督者的内在联系，从而清晰界定和区分资产所有者、管理者和监督者的权利和责任，进而对于资产管理中的失职、渎职等行为，进行严肃追责，实现"有效要安排、低效要压减、无效要问责"的激励约束机制。③加强对政府资产的审计监督，确保资产管理的合规性。2021年10月修订后的《中华人民共和国审计法》明确了审计机关对国有资源和国有资产进行审计监督的职责，通过定期对政府资产进行审计，发现并纠正资产管理中的问题，提升政府资产管理的规范性。④构建政府资产统筹配置、综合协调和统一监管机制,确保资产管理的协调性和统一性。在各级党委和政府统一领导之下,在各类政府资产分类管理的基础之上,根据整体性治理原则,构建由同级政府部门牵头的政府资产管理协调机构,综合负责谋划审核各类政府资产配置方案,统筹拟定各类政府资产运行机制、管理方案、监管制度及相关政策,提高政府资产整体配置的协调性和统一性。

4.4.3 基于绩效目标的政府资产管理效能提升

在资源稀缺性前提下,政府资产管理效能的提升能够使有限的政府资源尽可能创造出更大的经济价值和社会价值。政府资产管理效能的提升可以倒逼政府资产核报目标的有效实施。基于绩效目标的政府资产管理效能提升的具体路径如:①建立多元化政府资产绩效评估体系,将政府资产管理与政府治理相结合。以资产配置的决策选择、资产管理的权责归属、资产利用的公共效益为依据建立多元化政府资产绩效评价体系,以多元视角的政府资产会计信息将政府资产管理纳入政府治理的整体框架内,能够为政府的全面发展战略决策和绩效评价提供数据支持,与此同时,绩效评价的结果也为政府修正和优化资产管理政策提供依据,促进政府资产管理效能的提升。②引入现代管理手段,优化政府资产管理流程,持续提高政府资产管理的精细化程度。在传统资产管理方式的基础上,建立有效的信息化管理系统,以当前财政部门的行政事业单位资产管理信息系统、国资部门的企业国有产权登记台账系统以及政府经管资产涉及部门建立的各种资产管理信息平台为基础,实现整合利用、互联互通、信息共享、实时监控,集成各政府部门的资产信息,形成上下贯穿、左右纵横的系统化信息流,将资产调拨、领用、处置等程序按照规定的流程和权限模块化,嵌入资产管理的硬性指标,避免人为因素的影响,实施电子化控制。充分利用信息管理系统,及时掌握资产的相关信息,准确核算和动态反映资产存量、配置处置和运行成本等情况,打通资产资金链条,实现政府资产的全生命周期绩效管理,提升政府数字化履职能力,为政府资产的管理提供科学决策依据。③创新政府资产管理水平,不断探索适应新时代要求的管理模式。基于绩效目标的政府资产管理效能提升,是一个涉及理念革新、管理创新、制度建设等多方面的综合过程,它要求政府在资产管理中不断革新观念,积极适应新时代的要求,以实现更高效、智能和可持续的资产管理。在新时代背景下,政府资产管理手段和技术面临着转型升级。如财政部发布的《关于加强数据资产管理的指导意见》倡导构建"市场主导、政府引导、多方共建"的数据资产治理模式,并逐步完善数据资产管理制度,这对政府资产管理能力提出了考验。④提高政府资产管理人员综合实力。在强化政府资产管理硬实力建设的同时，也要加强政府资产管理的人才队伍的软实力建设，健全组织管理体系，完善资产管理专门机构设置，充实人员力量，通过搭建交流平台、学习借鉴先进经验，提高从业人员专业能力，打造一支业务本领强、专业水平高的现代化政府资产管理队伍。

4.5 政府资产核报目标体系再认识

政府资产乃是我国全体人民的共同财富，亦是党和国家各项事业发展的必要物质条件。对政府资产核算与报告展开研究，是推进政府实施全面预算绩效管理的重要工作，而探究政府资产核报目标又是其中的首要任务。从制度推进的内在联系来看，政府资产核报与全面预算绩效管理皆源自新公共管理运动，均为回应价值诉求、强化政府问责制、提高政府绩效的重要手段。科学有效地制定政府资产核报目标，是促进各级政府和各部门各单位的业务、财务、资产等信息互联互通的切入点。在持续推进政府综合财务报告制度改革过程中，应当结合全面预算绩效管理要求，将价值诉求、强化问责和提高绩效贯穿政府资产核报目标体系构建的全过程，进而不断提高政府资产核报信息质量，为新时代全面实施预算绩效管理提供更为科学有效的信息保障。

首先，本章根据全面预算绩效管理的价值诉求、强化问责和提高绩效现实需求，从公共产权明晰、公共受托责任履行和公共资源配置的理论起点出发，基于需求层、目标层和信息层的逻辑架构，分别构建了以价值目标为首要目标，责任目标为核心目标，绩效目标为最终目标的政府资产核报目标体系的金字塔结构框架。其次，为了确保政府资产核报目标体系的正常运行，在分析借鉴国内外相关制度规范和实践经验基础上，分别从制度要求的顶层设计、目标执行主体的行为规范以及数字化技术的信息支持三方面设计了政府资产核报目标的推进机制。最后，基于价值目标、责任目标和绩效目标提出，从政府资产价值管理与实物管理相结合、政府资产分类监管体系构建以及政府资产管理效能提升三个方面规划了政府资产核报目标的具体实施路径。本部分为如何构建政府资产核报体系提供了具体的理论指引，为如何提高政府资产管理效率奠定了基础。

第 5 章

政府资产核算主体研究[*]

5.1 政府资产核算主体如何确定

政府资产作为全国人民的共同财富,不仅是推进国家富强、民族复兴伟业的重要物质基础,更是维护政治稳定和社会和谐的关键支撑。根据 2023 年 10 月公布的《国务院关于 2022 年度国有资产管理情况的综合报告》,2022 年全国国有企业(含金融企业)的资产总额达到 740.4 万亿元,全国行政事业单位的资产总额达到 59.8 万亿元,且国有自然资源资产在数量和种类上均呈现出庞大且多样化的特点。政府资产规模和类别的不断增加,给我国政府资产管理带来了系列挑战,如王雍君(2019)所指,产权不清晰、管理主体缺位、效率低下、资源浪费甚至流失、无偿占有、低价出让、无序开发等问题频发,严重制约了政府资产综合治理效能的提升。政府资产核算是确保政府资产得到有效管理的基础,也是落实政府资产主体责任的重要手段,而政府资产核算主体的选择不仅关系到政府资产核算的准确性、透明性和效率性,还影响到政府资产管理效能和公共服务质量的提升,是政府资产科学核算和高效管理的突破口和出发点。

从我国整个社会产权结构来看,公共产权相较私人产权仍居于主导地位。公共资源的开发和利用离不开产权的合理界定,若公共资源产权制度难以合理界定必将导致公共资源配置失灵。政府资产具有资源及产权两个维度,公共产权理论

---

[*] 本章系国家自然科学基金青年项目"政府质量、媒体监督与政府会计准则执行效果:理论与实证"(71702075)的研究成果之一。

为理解政府资产的产权行为、产权关系及综合管理提供了理论依据。基于公共产权理论探讨政府资产核算主体的选择问题,是明确政府资产责任主体,切实有效地保护政府资产、遏制国有资产流失的重要基础。在我国公共产权制度体系下,政府资产核算主体的选择应结合因公共产权制度缺陷导致的主体责任划分不清的问题,有针对性地提出契合我国现代化政府资产管理需求的核算主体选择判定程序:当占有权、使用权、管理权等权利由单一主体控制时,则明确单一主体为政府资产核算主体;其次,当占有权、使用权、管理权等权利主体交错时,参照法律责任划分来确认政府资产核算主体;当法律责任主体尚未划清时,通过设计补充相关规则和标准进一步明确政府资产核算主体。基于此,本章以"产权控制—法律认定—职能履行"的判定程序为基础,以公共产权理论为依托,从公共产权界定、权利和责任划分以及运行规律和非正式规制的逻辑起点出发,围绕会计"控制权"标准、主体类型、主体定位等内容,通过产权明晰化、法律规范化和制度合理化的具体实施路径,构建中国公共产权制度下政府资产核算主体选择的框架,以期为政府资产核算和管理提供理论支撑,为提高政府资产综合治理能力提供实践参考。

5.2 政府资产核算主体选择的基础

5.2.1 理论基础:公共产权理论

"产权"一词源自西方经济学,是资源管理和利用的一个核心概念,主要规定了谁拥有某项资源的权利,以及这些权利的范围和性质(Alchian,1965),决定了资源的生产和管理方式。产权不仅涵盖财产的所有权,还包括由所有权派生出的占有权、使用权、经营权、支配权、收益权和处置权等内容。产权可以划分为私人产权和公共产权。公共产权是一个复杂且深刻的经济学议题,它涉及如何在法律框架和市场经济体系内明确并保护公共资源的所有权和所有权的派生权。公共产权重点强调在社会化生产基础上的财产社会化占有和联合,不再过分依赖财产"为谁所有",而是更加关注财产"为谁所用"。其核心目标不仅在于追求个体经济利益的最大化,更强调实现整个社会的生存发展和利益最大化(李蕊,2019)。在中国,公共产权以不同的共同体范围形式存在,包括国家和国有产权、集体产权、社团产权以及共有产权等。国家作为全体公民的代表,负责界定这些权利的归属，并通过政治程序确定为谁所用。公共产权理论关注如何确立公共资源的所有权和使用权边界，以明确公共资源的使用和开发。其核心是研究如何通过界定、变更和安排产权来优化资源配置、提高经济运行效率（曹越和伍中信，2009）。公共产权理论对政府资产的产权行为、产权关系和产权管理提供了客观解释和理论支持。

当缺乏产权的界定和保护时，为了获得资源，"只要侵犯成本低于劳动成本，侵犯行为就会发生，防御也通常会接踵而至"，这就是著名的"霍布斯丛林"法则。与私人产权相比，公共产权作为一种特殊的共有产权形式，缺乏排他性、清晰性、权责利对称性和独立性等有效产权的基本特性，公共产权主体不存在追求净收益最大化的压力，能够以更高的成本提供公共产品，这种成本外部化的现象导致公共部门的迅速膨胀和公共产品提供效率的低下。因此，公共产权的界定和保护是经济社会高效运行的前提，能够促进资源的合理配置和经济的快速发展。在会计上，资产确认技术的发展与产权的界定有着密切的联系。资产确认技术经历了从"所有"式确认到"共有"式确认，再到"动态"式确认的演进过程（栾甫贵，2004）。在"动态"式确认中，资产被定义为过去的交易或事项形成的、会计主体拥有或控制的、预期会给会计主体带来经济利益的资源。这一定义不仅强调了资产的预期经济利益，而且体现了对资产控制权的重视。控制权的概念强调了在市场经济运行过程中对财产所有权的实现，同时也关注产权经济利益的保护。控制权问题涉及财产所有者与经营者之间的权利配置，以及如何通过契约关系来实现对财产的有效管理和运用。政府会计制度功能作用的高效发挥有助于加速政府产权流通，支持政府产权功能释放，内化政府产权外部性（章贵桥和李增泉，2018）。将公共产权理论与会计控制权概念相联系，能够更好地理解和明确公共资源的所有权和使用权边界。

5.2.2 经验借鉴：国际规范与做法

在国际上，政府资产的产权管理普遍采用分级管理与分类管理的结合方式，旨在实现所有权与运营权的有效分离。这种管理模式下，各国根据自身的行政管理体系和法律框架，对政府资产进行细致的分类，依据资产的性质、功能或所属行业施以差异化的管理策略，并授权相应的机构负责具体的管理职责。例如，美国、日本、德国等国家在国有资产的管理上实行了明确的分级所有和分级管理原则，上级政府对下级政府管理的国有资产并无直接的支配和收益权利。在会计报告主体范围的划分上，国际会计师联合会公共部门委员会提出的11号研究报告介绍了基金授权分配法、控制法、法律主体法、政治性受托责任法四种方法，其中，英、美、法、澳和国际公共部门会计准则委员会主要采用控制法来界定政府资产核算主体。然而，在英美国家普遍采用的"受托责任"概念与法国等国的"国家法人"概念之间存在差异，有时会导致政府资产负债报告主体的界定变得模糊。特别是在公私合作（PPP）项目中，资产的权利归属问题尤为关键，这决定了资产确认的主体。根据《国际财务报告解释公告第 12 号——服务特许权协议》和《国际公共部门会计准则第 32 号——服务特许权协议：授予者》的规定，PPP 项目的权利归属应以"控制权"为依据进行评估，资产确认由掌握项目资产"控制权"的一方负责。如果公共部门满足控制人的条件，则 PPP 项目应确认为公共部门的资产，而社会资本方则仅确认与项目相关的权益；如果社会资本方符合控制条件，则公共部门无法确认项目资产，只能确认其在项目中的权益。但是，如果产权归政府所有，则公共基础设施 PPP 项目资产应由政府部门确认为有形资产；否则，应由社会资本方进行确认。这一"控制观"在会计主体确认资产时强调了资产控制能力的重要性，但产权归属仍是判断的核心标准。

此外，政府资产概念反映了国际组织和各国在公共财产管理上的共识和差异，为政府资产的管理和核算提供了多元化的视角和方法。《经济、社会和文化权利国际公约》中将政府资产界定为"属于整个社会的财产"，强调了其服务于社会公共利益的属性。联邦会计准则咨询委员会（FASAB）将政府资产进一步细化为主体资产与非主体资产、政府内资产与政府间资产，以反映不同资产对联邦政府带来的经济利益和服务功能。国际公共部门会计准则委员会（IPSASB）则更加注重主体对资源的控制权，以及这些资源预期为政府带来的未来经济利益或服务潜能，同时也对政府资产的确认条件提出了具体说明。世界贸易组织（WTO）的《政府采购协定》将公共财产定义为政府所有、非市场价格使用、旨在提供公共服务的财产。欧盟的定义则侧重于公共权利的控制以及为公共目的服务的功能。美国政府会计准则委员会（GASB）侧重于实体所控制的资源，这些资源具备提供服务的能力，且包括了服务潜能的概念，并明确了实体对这些服务能力使用方式和性质的控制权。澳大利亚政府则结合了服务潜能和对未来经济利益的考量，将资产细分为政府运作资产、政府资源、基础设施和公共服务设施等类别。英国虽未对政府资产给出明确的定义，但其核算体系将资产划分为固定资产、基础设施资产和遗产性资产，凸显了资产为政府带来经济利益或服务的能力。从国际规范和各国实践经验看，政府资产的界定是建立在产权明晰的基础上，并且立足于资产的经济实质与主体对其的控制权，这为后文从产权控制权角度探讨政府资产核算主体选择提供了参考依据。

5.2.3 制度基础：中国公共产权制度

西方国家的产权结构通常以私有制为主，个人和企业对其财产享有所有权、使用权、处分权和收益权，这种产权结构鼓励了创新和市场竞争。在中国，尽管私有产权已得到法律的认可和保护，但国家所有制（国有财产权）和集体所有制仍占据重要地位。公共产权的"公共"，一方面源于我国生产资料公有制的所有制形式，另一方面体现了国家对公共财产权进行限制的国家公权力。我国改革开放的历程可视为逐步建立产权制度的历史，主要经历了"农村土地经营权、城市国企经营权、国有资产管理体制"向"现代产权制度"的转变。2013年，《中共中央关于全面深化改革若干重大问题的决定》明确指出要完善产权保护制度，强调产权作为所有制体系的核心要素，需构建一个归属清晰、权责明确、保护严格、流转顺畅的现代产权制度。2015年，中共中央、国务院印发的《生态文明体制改革总体方案》明确提出"坚持自然资源资产的公有性质，创新产权制度，落实所有权，区分自然资源资产所有者权利和管理者权利"的原则。2016年，《中共中央 国务院关于完善产权保护制度依法保护产权的意见》明确提出，加强各种所有制经济产权保护、完善平等保护产权的法律制度等十大任务。这些举措彰显了国家对产权保护的坚定决心和明确方向。2022年，中共中央办公厅和国务院办公厅联合发布《全民所有自然资源资产所有权委托代理机制试点方案》，进一步明确了所有权的行使主体及其职责，并建立健全了所有权委托代理的管理体制和制度体系。

自党的十八大以来，中共中央、国务院陆续出台了一系列针对公共资源基本制度的改革政策。其中，对全民所有自然资源资产行使所有权与监管权的分离（以下简称"两权"分离）改革，成为公共资源产权制度改革的关键和突破口。然而，我国在公共资源管理实践中并未明确区分"两权"的问题，其根源在于：一方面，资源所有权的独立地位不够清晰，并且资源单行法侧重于资源监管而较少涉及资源资产管理和所有权的划分。另一方面，行使主体身份的高度重叠。我国政府机构一直承担着对全民所有的公共资产的所有权和监管权的责任，所有权和监管权的行使主体往往高度重合，导致"两权"的差异性几乎未被区分开，行使所有权和监管权的主体混淆不清。当公共产权制度存在缺陷，权属界定不明确时，必然会引发大规模的经济寻租行为。在存在通过经济寻租手段获取高额回报的情况下，权属主体往往不会考虑长期经营、创新和战略发展，而更倾向于采取机会主义和短期化的行为。这种情况下，市场经济体制就会出现不完善的状况,既未能实现资源的有效配置,也无法确保公平的分配(刘尚希,2013)。与西方国家相比,在不断加强公共产权保护的公正性和有效性方面,中国司法独立性和法律实施仍有待进一步完善。因此,在我国公共产权制度体系下,结合因制度缺陷导致的主体责任划分不清的问题,有针对性地构建适合我国现代化资产管理需求的政府资产核算主体选择框架体系是必要的。

5.3 政府资产核算主体选择的逻辑

5.3.1 基于产权主体、法律主体和职能主体的政府资产核算主体选择的逻辑遵循

根据前文的分析,公共产权涵盖了与公共财产有关的各种法定权利,包括所有权、使用权、收益权、监管权等。相较于产权主体明确的私人产权,公共产权将权利界定给共同体内的所有成员,其主体具有非唯一性和非排他性,呈现出"群化"特征。即公共产权不属于个别成员,而是所有共同体内成员共同拥有。这种产权形式不排斥任何成员的使用权,展现出高度的包容性和合作性。在权利未分离的情况下,拥有全部权利意味着拥有完全产权,即与财产相关的所有权利。然而,公共资源的占有、使用、收益和处分权可以部分地与所有权分离,这意味着这些权利可以独立存在,也能够基于不同的组合形式形成不同类型的财产权。如在森林资源的使用、收益和监管过程中,政府机构拥有对某片森林的监督权和保护责任,私人企业获得在该森林内进行有限资源开采的许可,所涉及的使用权是基于公众对企业能够合理利用资源并维护生态平衡的信任;收益权可能会以税收或特许权费用的形式部分归属于政府,以确保资源的利用能够服务于公共利益;监督权则需要明确的责任划分,以确保所有利益相关方都能够在资源管理和保护中发挥作用。通过这样的组合和分配,可以形成一个多方参与、共同负责的公共资源管理体系,既保障了资源的可持续使用,又维护了社会整体利益。然而,在多方参与的公共资源管理体系中,囿于公共资源所有权主体的复杂性和模糊性,单一主体可能无法拥有公共财产的完全产权,政府资产核算主体选择的关键是在明晰政府资产产权控制的基础上,进一步明确使用权、收益权、监管权等责任边界。

法律主体是在法学和法律领域中,基于个体或集体的共性构建的概念,它允许个体或集体以自身名义独立进行法律行为,行使法律权利并承担相应的法律责

任。法律作为调整社会利益关系的重要工具，通过改变个体间的产权结构，实现权利的剥夺、赋予或调整。在法治框架下，法律的有效配置可以推动产权的结构化，形成以所有权为核心，多元化、多层次的公共产权结构。这一结构化过程涵盖了对所有权及其他相关权利的分化、重组和变动，使公共资源的各种权能（如占有、使用、收益和处分）既能够部分与所有者分离，又可以通过不同形式的组合衍生出新的财产权利。例如，行政事业单位的财产使用权便是占有和使用权能结合的产物。通过法律对不同产权主体的权利进行明确界定，并在它们之间建立协调机制，能够有效地形成激励与约束并存的产权机制。正如张国清（2008）所指出的，各级政府需要有一个共同的法律和管制框架来清晰界定各级政府及政府部门对其资产的权威。在实务上，针对政府资产管理周期中的预算、购置、持有、处置等有关的决策，制定可行的、适用于政府管理其资产需要的法律和指南，使用理性的标准和书面的规则有助于不同产权主体的权利和责任的清晰界定。

公有制法律禁止将生产资料在社会成员之间划分，而是由政府部门代表成员对公有资产进行集中使用，并将收益在社会成员间进行分配。在政府委托代理的框架下，职能主体通常是基于受托而行使的，其行使范围、内容和方式取决于委托代理协议，并且可能随外部环境变化而发生变化。职能主体是公共产权的代表者和管理者，对公共产权主体负有受托责任，对公共产权客体履行相关职能。职能主体对政府资产行使权利的直接目的与最终目标在于维护社会公共利益，满足社会整体公共需求，便利于人民公共目的。在中国特有的公共产权制度体系下，基层政府相对于上级政府更能有效地控制其资产（Walder，1995）。

由于政府资产核算主体是负责对政府资产的产权关系、收益运用、处置管理、风险承担和内部控制等方面进行核算和管理的组织或部门，其需确保政府资产的安全和合理运用。因此，政府资产核算主体的选择应兼顾资产所有权、管理权、使用权和收益权等不同权利主体的权利划分、责任边界和职能履行。以公共基础设施核算主体的选择为例，根据政府会计基本准则规定，当一个政府部门进行管理、维护时，应当将其作为核算主体；当建设、管理、维护等涉及多个政府部门，融资、监管等也涉及多个政府部门时，应根据当前国有资产管理模式，结合管理维护、考虑实务操作和惯例，确认核算主体：由多个政府部门联合经营和维护的，应当确定进行管理、维修的主要开支部门；由不同单位、不同部门、不同机构进行管理和维护的公共基础设施，将涉及的有关部门单独作为核算主体；通过政府采购方式取得的或委托公司代为经营和维护的，应当将委托方作为核算主体（孙海曼，2023）。在当前公共产权制度下，政府结构固有的复杂性、政府主体间的交错性以及政府资产的公共性，使得政府资产的核算主体归属界定变得更加复杂。结合产权控制、法律规范、实务操作和惯例设计科学合理的政府资产核算主体判定程序是构建政府资产核算主体选择框架的前提条件。

5.3.2 政府资产核算主体判定的标准和原则

根据前文的分析，我国政府资产核算主体的复杂性在于其上所叠加的诸多公共职能：既要维护生产资料公有的基本经济制度，又要有效控制公共权利的滥用；既要实现物尽其用，更要包含公共性的考量。为此，政府资产核算主体要有效考量并回应下列问题：①何人控制？即公共产权的清晰界定及分配，蕴含主体对资产的控制和责任等。②如何正当行使？即对权利行使的制度制约。③何以利用？即如何具体构建利用秩序，包括公共产权的获取程序和方式、利用的具体规则及其监管等。为回答上述问题，本部分提出"产权控制—法律认定—职能履行"的判定逻辑，来逐步明确政府资产核算主体。

（1）产权控制：基于会计"控制权"的划分标准和原则

根据前文的分析，政府资产在生成和使用阶段涉及所有权、使用权、监管权、收益权等权利的归属，这些权利分属哪些主体，权利的行使方式和范围首先应以"控制权"为基础进行判断。根据政府会计基本准则，政府资产是指政府会计主体过去的经济业务或者事项形成的，由政府会计主体控制的，预期能够产生服务潜力或者带来经济利益流入的经济资源。这里的"控制权"是指政府会计主体对资产具有主导其使用并从中获取经济利益的能力。会计上的"控制权"起源于原始产权，是对会计反映和管理所拥有的绝对支配权。基于会计"控制权"标准，一项资产是否纳入会计主体确认，首先应当满足该主体能够对该项资源进行控制，而控制的核心是以资产产权为判断标准。正如姜宏青和宋晓晴（2018）认为，政府是受公众委托管理公共事务、提供公共产品的社会组织，履行职能的前提是获得相应的公共资源，政府受托责任和获得资源控制使用的权利应具有一致性。当存在单一主体对政府资产所涉及的这些权利进行全面控制，即单一主体控制产权时，则该项资产由该单一主体确认。如某行政事业单位被授权占有和使用特定的资产，那么这个单位就成为该项资产的实际控制主体。这种情况下，尽管资产的所有权可能归属于国家或上级政府机构，但控制权的行使和会计核算应该由控制资产使用的行政事业单位承担。

（2）法律认定：基于法律责任边界划分的标准和原则

产权不可能得到完全界定的事实，导致未被界定归属的资产价值会落入公共领域，并且公共领域内的资源资产价值总量具有不确定性，会随着外部环境及行为主体的价值偏好等发生变化（巴泽尔，2011）。基于公共产权主体的非唯一性和非排他性以及各产权权利的分离，公共产权的界定可能具有模糊性和复杂性，因此，通过国家立法来规定特定主体对特定物质、资产权利合法性至关重要（李宁等，2014）。马俊驹（2023）指出，国家公共财产权不是一项孤立的财产权，而是与一个国家的政治和经济制度密切相关，是经济关系在法律上的反映，是占据主导地位所有制形式决定的公权力，即公法调整的公共机关或居于管理或统治地位的人以公共利益的名义合法运用和管理国家公共财产的强制性控制和支配力量。因此，法律认定能够通过明确划分责任边界，为政府资产核算主体的确认提供参考依据，确保资产信息的真实性、准确性和完整性，从而推动政府资产的规范化管理。此外，法律认定还有助于提高政府资产管理的透明度，增强公众对政府行为的监督和问责，从而推动政府资产管理的现代化和法治化进程。

（3）职能履行：基于管理实践和惯例划分的标准和原则

在政府委托代理框架结构下，权利主体行使的具体权利是由委托代理协议决定的，且权利的范围、内容以及行使方式等具有可变性。在大陆法系下，法律具有普遍性和概括性，但有些特殊情况未能在法律条文中明确定义或规定，导致相关领域的责任界定不够清晰。特别是在涉及复杂事项的领域，可能由于法律条文对于具体情况的完善性不足，导致政府资产责任主体的界定存在一定的模糊性或不确定性。根据经验观察，在政府资产形成和日常经济活动中，许多权利的安排和保护都受到一般惯例和非正式规则的影响。这些权利的归属和认定往往是由利益相关者共同认可的规则所决定的，而国家提供的法律保护仅仅是最后的保障。因此，在产权控制主体和法律主体责任边界划分不清的情况下，有必要根据当前国有资产管理模式及趋向，结合管理维护、考虑实务操作和惯例，通过设计补充相关规则和标准，来明确政府资产核算主体。如受托代理资产并不是政府会计主体"控制"的"经济资源"，不属于政府会计主体的资产。但是，为了加强政府会计资产核算与管理的完整性，我国也将其作为一类特殊资产纳入政府会计体系。

5.4 政府资产核算主体选择框架的构建

5.4.1 政府资产核算主体选择的起点

首先，公共产权界定。政府资产具有资源和产权两个维度，产权界定是明确政府资产的产权行为、产权关系和综合管理的起始点。在我国公共产权制度下，对公共资源的所有权、使用权、收益权和监管权等权利能进行清晰的界定和划分，区分资产所有者、资产主管部门、资产服务提供者、监督者等之间的权能边界，有助于规范政府行为，防止越位与缺位并存的现象，进而确保政府资产管理效能的提升。因此，政府资产核算主体的选择应在公共产权界定的基础上，进一步明确使用权、收益权、监管权等责任边界。这与现行制度一脉相承，在实践中也具有较强的可行性。

其次，权利与责任划分。权利与责任的合理划分是实现政府资产管理目标的重点，这既要确保政府合法行使权利，又要保证其对公众负责和透明。因此，政府资产权利与责任的划分需要详尽的法律条文和司法程序来实现，法律规范为政府资产公共产权的转移和保护提供了稳定的预期以及透明度。例如《行政事业性国有资产管理条例》细化了行政单位和事业单位国有资产的管理规定，明确了行政事业性国有资产的范围、管理原则、配置、使用、处置等方面的具体要求，强调了政府资产管理的全过程监管，涵盖资产的配置、维护、使用和处置等环节，确保了资产管理的规范性和透明度。当法律法规覆盖政府资产管理活动的全过程，并且将现时需求与未来发展相结合，同时考虑政府资产管理法律体系的协调性、互补性以及与实际工作的衔接性时，有助于实现政府资产相关管理活动的有章可循和有据可查。

最后，运行规律和非正式规则。运行规律和非正式规则在政府资产核算主体确认方面起着关键作用。随着我国改革进入攻坚区和深水区，在政府资产的权责匹配、科学配置、高效使用、规范处置等方面存在诸多制度、条例或管理办法滞后的问题，无法满足政府管理实践需求。在政府资产形成和日常经济活动中，许多权利安排和保护都受到一般运行规律和非正式规则的约束。这些规则的制定和认可通常基于长期实践和行业内的共识，通过利益相关者之间的协商和认可，能够灵活地满足不同类型政府资产的特殊需求和使用情况，为政府资产的核算和监督提供了一种非正式但有效的指导。

5.4.2 政府资产核算主体选择框架的内在要素解析

（1）会计"控制权"标准

会计主体的控制体现资产的权属关系，既包含法律意义上的所有权控制，又涵盖行政意义上的管理权控制。控制意味着掌控对象，使其不会任意活动或超出范围，或者按照控制者的意愿进行活动。《政府会计准则制度解释第6号》对固定资产的明细核算提出了要求，规定了行政事业单位应当如何设置明细科目以反映固定资产的具体类别，进一步强化了对政府资产控制权的会计确认和管理。《中央行政事业单位国有资产处置管理办法》中对国有资产的处置提出了明确要求，强调在处置国有资产时必须确保权属清晰，取得或形成方式合法合规，这也间接体现了控制权在政府资产管理中的重要性。控制权的确认是确保政府资产得到有效管理和监督的关键，它要求政府会计主体在法律和行政管理层面上对资产具有明确的支配权和决策权，并且通过法规准则的遵循和执行来确保政府资产的权责明晰，提高资产管理的透明度和效率，从而更好地服务于公共利益。

（2）主体类型

在我国多方参与的公共资源管理体系中，全体人民是政府资产的最终所有者，国家是形式意义上的政府资产所有者，政府是实际操作意义上的政府资产所有者，各级财政或国资管理部门是政府资产所有者代表，主管部门是政府资产的监督管理者，行政单位、事业单位、国有企业是政府资产的占用（控制）者。为了确保公共部门遵照委托人的最优利益并实现政府资产绩效和公共价值最大化，应当厘清不同主体类型，从而明确主体责任，为政府资产核算主体选择框架构建奠定基础。

①产权主体。产权主体是指拥有政府资产所有权的实体。政府资产属于国家所有，实行政府分级监管的管理体系。这意味着尽管具体的管理职责可能由不同的政府部门和机构承担，但最终所有权归属于国家，反映了公共产权的根本属性。②责任主体。责任主体是指承担政府资产管理责任的实体。这些实体通常是政府部门或机构，如财政部门、机关事务管理部门等。各级人民政府和相关部门负责政府资产的管理职责。这些部门不仅负责制定和执行资产管理政策，还要监督和评估资产的使用效率和绩效，确保资产得到合理配置和有效利用。③职能主体。职能主体是指具体执行政府资产管理任务的实体，包括行政单位、事业单位和国有企业等。这些单位直接参与到政府资产的日常管理和使用中，负责资产的维护、保养和运营。行政单位政府资产应当用于本单位履行职能的需要，事业单位政府资产应当用于保障事业发展、提供公共服务。这些职能主体需要按照规定程序和预算管理要求，合理使用和管理政府资产，提高资产使用效率。

（3）主体定位

政府资产核算主体的定位是确保政府资产管理合规性、透明性和效率性。政府资产核算主体的选择应当充分考虑资产所有权、管理权、使用权和收益权等不同权利主体的产权控制、法律认定和职能履行情况。根据前文的分析，首先，当公共资源的所有权、使用权、收益权和监管权区分单一产权控制主体时，控制和支配政府资产的权利和产权主体是明确的。其次，当占有权、使用权、管理权等权利主体交错时，通过法律对各产权主体赋予不同的权利，借助于不同产权主体之间的冲突和牵制并加以适当协调，能够明确政府资产的法律主体责任。最后，无论是政府资产形成过程，还是日常经济活动，大量的权利安排与保护是由非正式规则约束的，政府资产核算主体的选择还可以依据权利归属的认定和利益相关者认可的规则来达成。

5.4.3 政府资产核算主体选择的具体路径设计

（1）政府资产核算主体选择的路径规划

产权明晰化、法律规范化和制度合理化构成了政府资产核算主体选择的可行路径。首先，产权明晰化可以在明晰政府资产产权控制的基础上，明确使用权、收益权、监管权等责任边界，为政府资产的管理和使用提供清晰的权责框架。其次，在产权明晰基础上，法律规范化进一步确立了政府资产管理和使用的法律责任边界，为资产管理提供了法律标准和依据。最后，制度合理化则针对产权界定不清以及法律规范滞后性等问题，通过补充和完善相关规则和标准，为政府资产核算主体选择提供了非正式但有效的指导。

①产权明晰化界定单一主体控制权。产权明晰是确保政府资产得到有效管理和优化配置的核心原则，它要求政府资产的所有权、使用权、收益权和处置权等各项权利界限清晰、责任明确。公共产权明晰可以界定政府资产单一主体控制权，即明确单一主体对资产进行全面管理和决策的权力。在这一过程中，政府可以利用市场化手段，如招标、拍卖和公私合作（PPP）模式等，来提高资产管理的透明度和效率。同时，通过法律和合同约定，确保政府与私营部门在资产合作或管理上的边界清晰，权利和责任分明。此外，政府还可以通过资本化运作，如发行政府债券、出售或租赁资产等方式，进一步明确资产的产权归属和控制权，从而借助市场力量优化政府资产的配置和管理。这样的产权明晰不仅有助于防止资源浪费和资产滥用，还能促进政府资产的保值增值，更好地服务于社会公共利益和推动国家经济的可持续发展。

②法律规范化明确法律控制权主体。在政府资产核算主体的选择过程中，法律法规的建立健全是赋予责任主体法律控制权的关键。为了确保法律法规的有效性，首先，保证法律制度间的协同一致性，加强政府资产管理与财政、预算等法律制度相互衔接，避免法律规范之间的冲突和重叠。其次，通过法律规范赋予政府资产管理的法律权限和法律责任，并确保政府资产责任主体在行使职能时有法

可依、有章可循。最后，法律规范还应强调政府资产信息的透明度和公开性，要求政府资产的管理和使用情况向公众开放，以便社会各界进行监督和评价。政府资产管理的信息公开为政策制定者提供了宝贵的反馈和建议，有助于不断优化和完善政府资产管理的相关法律规范和政策措施，推进法律控制权的确定有效与合理。

③制度合理化赋予实际控制权主体。政府资产管理实践中，制度运行合理化是保证政府资产科学核算和有效管理的重要路径。选择政府资产核算主体不仅要考虑因拥有或控制资产而产生的法定控制权，还要兼顾因持有或使用资产而形成的实际控制权。通过不断完善的激励和约束机制强化持有或使用资产而形成的实际控制权。如通过构建政府资产绩效评价体系激励政府资产高效科学配置、防止和纠正政府资产管理不善的行为。鼓励和支持各级政府在制度设计上进行探索和创新，及时总结经验，形成可复制、可推广的管理模式。

（2）政府资产核算主体选择的流程设计

在具有中国特色公共产权制度体系和政府资产管理框架下，政府资产所涉及的主体相互交错，存在叠加性责任，难以凭借单一标准来选择并明确政府资产的权利与责任，进而无法直接明确政府资产核算主体。本部分依照上文的规划路径遵循去繁就简、由易至难的原则，按照产权控制→法律认定→职能履行的递进逻辑，逐步明确政府资产核算主体，具体如图5-1所示。

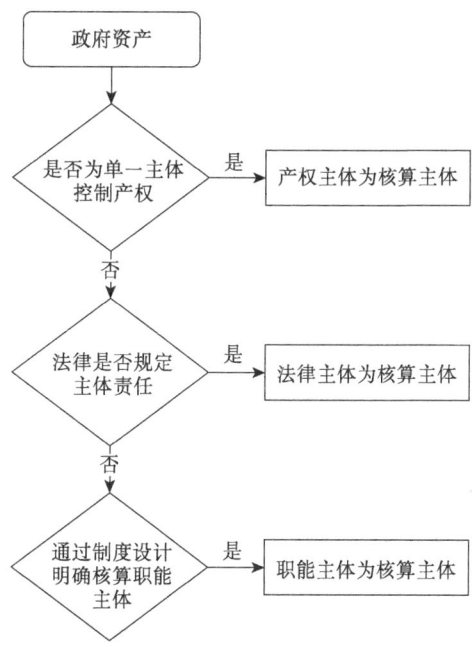

图5-1 政府资产核算主体选择流程

政府资产核算主体的选择应当全面考量政府资产的产权控制、法律责任边界和政府职能履行等方面。首先，判定公共资源的占有权、使用权、管理权等权利是否由单一主体控制，若为单一主体控制，则单一控制主体为政府资产核算主体。例如，作为政府会计主体为职工提供的周转住房或办公用房等，属于政府自用资产（固定资产），其产权控制主体清晰且明确，产权控制主体即为核算主体。其次，若占有权、使用权、管理权等权利主体相互交错，应当依据法律责任来划分确认政府资产核算主体。比如，政府经管资产包括为特定群体提供的保障性居住需求的住房以及控制的文物资源。经管资产是基于制度、职责性授权管理的法定代理关系形成的"非自用资产"，可以通过法律责任主体划分来明确政府资产核算主体。最后，若产权控制和法律认定均未能清晰划分政府资产的权利和责任，则应通过设计补充相关规则和标准，来明确政府资产核算主体，如受托指定转赠的物资、受托储存保管的物资以及单位管理的罚没物资等。严格来说，受托代理资产并非由政府会计主体"控制"的"经济资源"，不属于政府会计主体的资产范畴。然而，为了提高政府会计资产核算与管理的完整性，我国应当将其列为一类特殊资产，并纳入政府会计体系。

5.4.4 政府资产核算主体选择的框架体系构建

研究政府资产核算主体选择的框架体系，在谋划时要统揽全局，在操作上要细致得当。既要立足于中国国情，对政府资产核算主体选择的基础、特性、逻辑、规律等进行理论论证，又要坚持实践是检验标准。在我国现行的公共产权制度体系下，确定政府资产核算主体是解决因制度缺陷导致核算主体责任不清晰、政府资产管理效能低下的根本所在。鉴于政府资产主体的复杂交错及责任叠加的特点，其核算主体的选择须遵循"去繁就简、由易至难"的原则，从公共产权理论出发，构建与现代化政府资产管理需求相适配的政府核算主体选择框架。

首先，产权界定、权利与责任划分以及运行规律和非正式规则是政府资产核算主体选择框架构建的逻辑起点。政府资产具有资源和产权两个维度，产权界定是明确政府资产的产权行为、产权关系和综合管理的出发点。权利与责任的合理划分是实现政府资产管理目标的关键，涉及政府行使合法权利和对公众负责和透明。运行规律和非正式规则则在政府资产核算主体确认过程中起到关键作用，为政府资产的核算和监督提供了一种非正式但有效的指导。

其次，会计"控制权"标准、不同主体类型以及不同主体定位是政府资核算主体选择框架构建的基本内容。一方面，会计"控制权"体现资产的权属关系，既有法律意义上的所有权控制，又有行政意义上的管理权控制，是确保政府资产得到有效管理和监督的关键。另一方面，在我国多方参与的公共资源管理体系中，为了确保公共部门遵照委托人的最优利益并实现政府资产绩效和公共价值最大化，应当厘清产权主体、责任主体和职能主体不同类型，从而明确不同主体的权利和责任。此外，政府资产核算主体的定位是确保政府资产管理合规性、透明性和效率性的关键。根据不同权利主体的产权控制、法律认定和职能履行情况，依据前文所提出的"产权控制—法律认定—职能履行"的判定程序，逐步确定政府资产核算主体。

最后，产权明晰化、法律规范化和制度合理化构成了政府资产核算主体选择的可能路径。产权明晰化为政府资产的管理和使用提供了清晰的权责框架，法律规范化进一步确立了政府资产管理和使用的法律责任边界，为资产管理提供了法律标准和依据，而制度合理化为政府资产核算主体选择提供了非正式但有效的指导（见图5-2）。

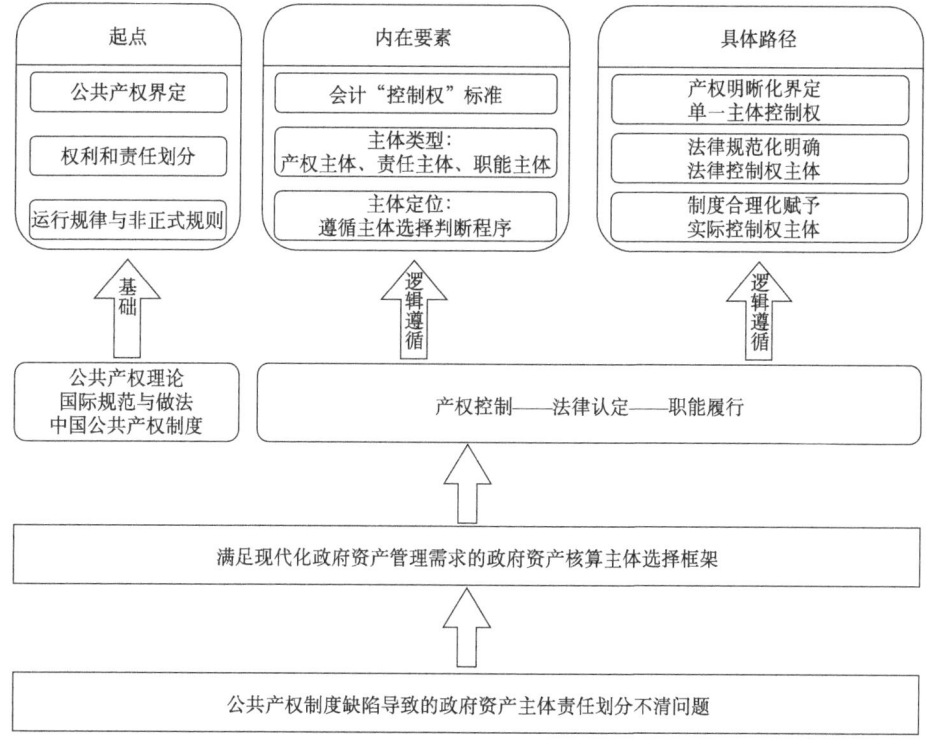

图5-2 政府资产核算主体选择的框架体系

5.5 政府资产核算主体的选择

科学有效地选择政府资产核算主体不仅关系到政府资产核算的准确性、透明性和效率性,而且影响到政府资产的管理效能和公共服务质量的提升。鉴于我国公共产权制度缺陷导致的主体责任划分不清的问题,本章在借鉴国际经验和我国基本国情基础上,结合政府资产产权控制、法律责任边界和政府职能履行,提出政府资产核算主体选择的判定程序:①判定公共资源的占有权、使用权、管理权等权利是否由单一主体控制,若为单一主体控制,则单一控制主体为政府资产核算主体。②若占有权、使用权、管理权等权利主体交错,以法律责任主体划分来确认政府资产核算主体。③若所有权、管理权、使用权、收益权等权属主体不清,则通过设计补充相关规则和标准,进一步明确政府资产核算主体。在政府资产核算主体选择判定程序的基础上,从产权界定、权利与责任划分以及运行规律和非正式规则的逻辑起点出发,围绕会计"控制权"标准、主体类型、主体定位等主要内容,通过产权明晰化、法律规范化和制度合理化的具体实施路径,构建中国产权制度下政府资产核算主体选择的框架体系,不断丰富政府资产核算和管理相关理论,加速推动政府资产综合治理能力的提升。

第 6 章

政府资产核算内容研究[*]

6.1 政府资产核算内容界定的局限与挑战

当前,资产核算内容以及范围不清晰导致部分公共资产并未纳入政府资产治理,或是存在资产治理低效问题。资产治理作为公共部门履职的物质基础(张国清和白澎,2017;姜宏青和孙西茹,2023),是增强财政可持续性、推进国家治理体系和治理能力现代化的关键举措。纵观现有研究,宏观层面国家资产负债表、中观层面财政统计报告以及微观层面的政府资产负债表均未完全明确政府资产的概念与范围,且大部分为存量数据加总获得,缺乏价值信息,尚不能有效支持相关管理与决策。为强化政府治理能力,适应现代财政制度要求,需要建成覆盖更全面、分类更科学的政府资产报告体系。

在政府会计实践中,政府资产核算内容界定面临着多重挑战。首先,政府会计的确认范围限于可货币计量的资产,这与政府资产报告需全面覆盖所有实物资产的目标不协调,导致公共部门存在大量因历史遗留或计价难题而未纳入会计核算体系的账外资产,尽管政策层面鼓励将其纳入统计范围,但在会计确认条件的限制下,这些资产难以正式进入核算与报告流程。其次,随着公共部门资产管理链条延长,资产确认时点和价值管理的不确定性凸显,何时确认何种资产、如何确定价值等关键问题尚待政策进一步明确(姜宏青和王安,2020)。再次,报告

---

[*] 本章系国家社会科学基金一般项目"政府财务信息披露质量与地方官员晋升激励机制研究"(18BJY020)的研究成果之一。

披露的会计信息与信息使用者的多样化需求之间存在差距,资产价值受计量规则影响而波动,难以满足不同决策者的需求;同时,资产价值的多元化特征,如文物资源的成本、市场、历史、艺术、教育和经济价值,在单一的会计计量视角下无法全面体现,影响了其在使用、保护、投资和开发等方面的决策支撑作用。最后,资产负债表仅提供某一时点的财务状况,缺乏对历史数据的连续性展示,使得基于时点信息进行的预测和决策缺乏充分的历史参照,降低了其合理性和可靠性。综上所述,政府资产核算内容界定的难点集中体现在会计确认条件的局限、资产生命周期管理的复杂性以及信息披露与决策需求的脱节,这些问题亟待通过政策调整、方法创新和信息系统的优化来逐步解决。

按照一定标准对政府资产进行分类是后续记录资产信息,确定资产核算范围的基础。实践中,自2018年起国家资产负债表将资产划分为金融及非金融两类;国有资产领域基本形成主要覆盖企业、金融企业、行政事业性、自然资源等四大类别国有资产的分类分级管理格局;《财政部关于做好2016年度政府资产报告试点工作的通知》(财资〔2016〕92号)则将政府资产划分为行政事业单位占有使用资产、政府经管资产和企业国有权益等类别。政府资产核算为不同层级的信息使用者提供更具信息含量的资产数据,以实现对现有资产核算体系的有效补充。政府会计核算体系所涉及的政府资产核算来自对相关业务的会计核算,能够提供核算对象在具体业务流程中的价值量数据,顺应了预算管理一体化的变革要求,具有结合公共财政管理过程进行资产管理的天然禀赋。为了完整反映政府受托责任,应以价值衡量为导向优化政府资产核算:①资产价值计量目标对应的受托责任内涵更丰富。政府的公共受托责任可以分为受托财务责任、受托管理责任和受托社会责任三种不同形态(邢秀英,2015),可见,政府资产除了需要满足财务合规的要求、运营管理的需要,还应当考虑到代际公平、可持续发展、环保等社会和环境需求。因此,其价值计量目标除了应当提供与预算管理、财务管理和绩效管理有关的会计信息(丁鑫和荆新,2010),还需要提供与社会管理和环境管理有关的价值量信息。②政府受托责任所对应的资产范围更广泛。出于对会计信息可靠性或谨慎性原则的考虑,只对符合会计确认和计量条件的资产进行核算以提供相关的会计信息,有些以受托责任为限确定的资产不符合会计确认和计量条件,因此未纳入会计系统的核算范围。

在获取资产数据的基础上,需要结合公共财政管理框架,依据分类分级思路进行设计和应用。当前关于政府资产分类已有较为丰富的研究成果,但尚未形成统一观点,并且政府资产核算数据涉及向上合并,需考虑不同层级信息使用者的需求:首先是宏观层面,政府资产核算为财政资源统筹管理提供依据,影响到政

府偿债能力的评价及政府成本的计量。政府会计核算体系中这部分数据与国家资产负债表中的数据存在差异，国家资产负债表主要是应用统计学工具，侧重考察总体规模，而政府会计体系的数据则主要是通过会计核算的微观数据向上进行合并，与业务过程联系更为密切。其次是中观层面，政府各行业性主管部门关注相应领域的资源配置，更注重资产数据对于资源配置决策的引导作用。最后是微观层面，由实际控制资产的政府主体进行核算，直接应用于资产管理，因此关系到在实际业务中发挥资产价值，支持相应职能的实现。

6.2 政府资产核算内容的实践进展与理论观点演进

6.2.1 政府资产的分类核算现状与理论观点演进

会计核算以货币计量为基础，并且财务学上有价值可加性定理支持，但经济学则主张不同性质的资产不可相加。相较于企业资产，政府所控制的资源分布更广且种类更多，不仅包括自用资产，也包括很大一部分的非自用资产，因此不可简单相加进行核算，而应研究政府机构的资产性质和特征并根据管理需求进行分类核算。目前关于政府资产分类与核算的相关制度和学术讨论已较为丰富，但尚未得出统一标准，实践中也并未形成成熟的分类核算体系。

（1）政府资产分类核算的实践进展

党的十八届三中全会提出编制全国和地方资产负债表的国民经济核算改革任务，并于2017年发布《全国和地方资产负债表编制工作方案》，其中资产分为非金融资产和金融资产，非金融资产主要包括固定资产、存货等，金融资产包括通货、存款、贷款、股权和投资基金份额、债务性证券、保险准备金和社保基金权益、金融衍生品、国际储备等。由于资产是指所有权明确，能够带来经济利益的经济资产，其核算强调可确认、可计量、可交易和可核实，因此不包括文物资源，以及水流、森林、草原、野生动植物等自然资源等无法真实反映政府所掌控的所有资源。

（2）政府资产分类核算的理论导向

①宏观决策有用性和资产核算范围。政府资产被界定为：由政府主体控制，通过持有或使用等方式，预期能够带来经济利益或者产生服务潜力的经济资源。其中，政府主体的控制体现出资产的权属关系，既有法律意义上的所有权控制，又有行政意义上的管理权控制；持有或使用表明资产的利用状态或耗用方式，既

包括能够以货币精确计量的价值性消耗,也包括难以用货币计量的实物性损耗;经济利益或服务潜力强调资产或具有经济收益效用或具有社会服务效用或二者兼有;经济资源则体现出资产的有用性和稀缺性特征。

在确定政府资产核算范围边界的基础上,按照一定标准对政府资产进行分类是记录资产信息、优化资产管理的重要前提。而基于不同研究角度的政府资产分类存在一定差异,单一分类模式尚不能覆盖政府资产及其管理要求的全部内容,也不免会存在一定的交叉重复。立足于宏观决策的有用性和不同类别资产的公共管理目标,应将政府资产按照其持有状态或耗用方式划分为四大类,包括行政事业单位占有使用资产、企业国有资产、社会公共资产以及自然资源资产,其中社会公共资产又涵盖公共基础设施、政府储备物资、文物资源、保障性住房等类别。

②管理责任划分和资产分类管理。目前,我国对政府资产实行归口分级的管理体制,以此为基本管理框架,基于政府公共受托责任理论将政府受托责任有效嵌入其中。

政府所掌控的资源按照公共资源绩效性受托责任的不同,分为两大类:运营管理责任资产和代为管理责任资产,在此基础上根据各自具体受托责任的差异进一步分类。第一,政府负有运营管理责任的资产按照运营责任的目标划分出营利性资产与非营利性资产。以营利为目的的资产资源,主要由国有企业占据,是政府通过投资形成的资产,作为政府投资予以管理和披露;不以营利为目的的资产资源,主要由行政事业单位占据,政府以非市场性方式配给。两类资产虽然运营目的不同,但是都需通过合理科学的管理以追求各自绩效。第二,政府负有代为管理责任的资产依据政府对资产的支配能力分为托管性资产与非托管性资产。托管性资产意味着政府对资产所做的任何行为和努力必须完全按照委托人的意思进行,目的在于保管或公平分配。非托管性资产一般包括政府靠历史继承、自然形成而获得的资源性资产,政府对该类资产所负有的责任视资产本身的性质而定,例如,有些文物资源只要求保护,不能被开发;政府代管的自然资源,有些需要开发利用,给政府带来经济利益的流入,而有些则不但不能带来经济利益的流入,还需政府投入资金进行保护,例如,自然保护区、濒危野生动植物等。

③公共产权导向和资产核算内容。产权分为可自由进入的产权、公共产权、私有产权。其中,公共产权是将权利界定给共同体内的所有成员,每一位成员都有权分享这些权利,它限制谁使用、何时和怎样使用,通过一定的社会控制机制赋予权利和实施义务,排除了共同体外部其他主体对共同体内权利的分享,但任何成员都无权声明这个资源就是属于其个人的财产。公共产权按照共同体范围的不同,又可以分为多种形式,如社团产权、集体产权、共有产权、国有产权等。国

有产权的客体是政府资产，其利益实现与分配是在全社会进行的。在当前我国政府资产多层次的管理体制下，全体人民是政府资产的最终所有者，国家是形式意义上的政府资产所有者，政府是实际操作意义上的政府资产所有者，各级财政或国资管理部门是政府资产所有者代表，主管部门是政府资产的监督管理者，行政单位、事业单位、国有企业是国有资产的使用者。政府代表全体人民享有狭义所有权，据此获取狭义所有权利益——公共产权收入。占有、支配和使用权可以与狭义所有权分离开来，从而导致政府资产的所有权和运营权或控制权相分离。因此，我国的国有产权存在多层委托代理关系。把握国有产权的基本属性，有利于开展政府资产的产权登记工作、明确政府资产控制和管理权责、确定由谁记录和报告政府资产。

政府资产作为政府所提供公共物品的实际形态或物质载体，本质上属于公共物品的范畴。政府资产无论是形式上还是本质上都具备公共产权的特征，这决定了政府资产管理及其财务报告，必须从公共产权的角度进行研究和探索。根据我国国情，按功能和性质将政府资产划分为五类，即金融资产、实物资产、经营性国有权益资产、无形资产、人力资产，其中实物资产包括存货、（供行政事业单位使用的）普通固定资产、公共基础设施、资源性国有资产、文物文化资产。

④公共价值分类和资产价值核算。目前，政府资产监管具有纵向多层次联动、横向多主体协同的网络化特质，从而极大地强化了资产管理的"形式合理性"，但仍难以解决各类资产公共价值可持续创造的"实质合理性"问题。因而，根据公共价值目标分类，将政府资产划分为四类：一是基础性政府资产，主要包括用于实现国家（或地方政府）政治使命或政治任务，承载事业单位历史文化记忆和象征性意义等具有基础性公共价值的资产。二是保障性政府资产，主要包括用于保障政府承诺的公共服务供给，保障行政事业单位组织运行等具有保障性公共价值的资产。三是创新性政府资产，主要包括用于支持行政事业单位及其工作人员科技文化研发与创新，以及促进科技文化成果保护、应用和转换等具有创新性公共价值的资产。四是竞争性政府资产，主要包括用于承载事业单位公共服务投融资收益权益，以及规划和管理事业单位公共服务投融资交易等具有竞争性公共价值的资产，进而探索政府资产公共价值产出分类评估和再生产体系。

6.2.2　价值管理目标与资产核算范围扩展思路

政府资产核算工作能够反映政府整体财务状况和财政中长期可持续性等，可作为考核地方政府绩效、开展地方政府信用评级、编制全国和地方资产负债表以及制定财政中长期规划和其他相关规划的重要依据。但当前的政府资产核算范围依据政府会计准则确定尚且无法完全满足公共财政管理目标。例如，目前自然资源、文物资源并未实现全面核算，部分行政事业单位履职过程中所形成的资产也无法准确核算实际价值。

我国政府资产核算范围尚未形成定论，但考虑到公共管理目标，应向广义的政府资产扩展，而非局限于行政事业单位所掌握的资产（罗胜和向书坚，2017；赵西卜，2019）。微观核算体系在强调资产具有产生未来经济利益或服务潜能的同时，特别限定其源于过去的交易、经济业务或事项所形成的资产，这主要用于满足微观视角的核算要求，但局限于此则无法满足主管部门以及政府决策者的资产信息需求。为全面核算政府接受人民委托管理的国家资产，部分国有资产也应纳入政府资产核算范围。

6.3 基于公共财政管理需求确定政府资产核算内容的基本逻辑

以公共财政管理需求为基础，明确资产价值管理的基本逻辑是推进政府治理现代化的关键环节。通过精细化核算与分类分级管理，厘清不同层级管理主体的需求，能够全面反映政府资产的经济价值与社会效益，从而确保政府公共部门受托责任的履行与公共价值的最大化实现。

6.3.1 公共财政管理体系中的资产价值管理需求

政府治理现代化要求不断规范政府资产信息的生成和使用，为预算编制、运行成本和绩效评价提供所需数据。政府资产核算能够补充价值级数据，全面完整反映政府公共部门财务状况、公共资金使用情况及政府履行财务受托责任情况，满足公共财政管理和政府治理的需求。

基于公共财政管理体系的资产价值管理需求，政府资产核算内容界定应满足：一是为了更好地反映政府受托责任的履行情况，主要表现为通过绩效反映资产的使用效率。二是提供更高质量的资产价值信息，全面完整地反映各类资产数据。政府公共部门的成本费用与预算支出不同。后者只是按批准预算或经费拨款和有关规定所发生的货币支出，而不是与受托责任相对应的财务支出。前者则综合了直接和间接支出，较客观、真实地反映了政府公共部门的耗费水平。为反映政府公共部门的成本费用情况，美国政府会计准则委员会（GASB）第34号准则公告推荐的公共部门净成本表值得借鉴。这张报表反映了各政府公共部门财政年度的总支出、提供公共服务依法取得的总收入、需要由公共预算拨款的数额等情况。三是全面、客观地反映政府公共部门的受托业绩。其中资产价值量信息能够反映政府主体所拥有或控制的财富价值，为社会进步和经济可持续发展提供决策依据（姜宏青等，2020）。只有具备价值计量的基础，才能强化资产占用单位的投入产出观念，提高资产的使用效益，满足社会公众的要求。

6.3.2 不同层级管理主体与资产价值管理需求

为将政府资产核算嵌入公共财政管理体系，从而提供资产价值量信息，不仅需要考虑公共财政管理的资产价值信息需求，还需要结合不同级管理主体对于资产价值管理的需求。

不同层级的管理主体对于资产的管理目标存在差异（王雍君，2019）。宏观层面的管理目标是资产总量的审慎水平。该层级的显著特点是支持集中管理所要求的规制与控制，实际使用资源一线部门裁量权很小，旨在既满足政策目标所需，又满足财政可持续的硬预算约束。

中观层面主体为行业性主管部门，对应目标是资产配置的战略优先性。该层级也称结构性裁量，政府高层或核心部门掌握部门（如医疗卫生部门与教育部门）间的资产配置权，但支出部门享有某种程度的部门内资产配置权。战略优先性定义为充分反映政府战略重点的资产配置结构，这是通过把政府资产作为重要的政策变量以及确保政策支持战略重点实现，战略重点基于配置效率和平等目标确定。

实际使用资产的单位目标是资产配置的适当性和资产管理的有效性，该层级的显著特点是部门与机构的自由裁量，作为结果导向绩效管理的逻辑前提和内在成分。除非资产总量的审慎水平和战略优先性得到确保，否则自由裁量就可能存在不适当性。这表明政府资产管理体制的系统化改革有其内在的逻辑次序，即改革总量管理以强化总量约束入手，随后改革配置管理以强化战略优先性，在这两项改革取得进展后，逐步赋予部门和机构运营管理自主权。

出于上述公共财政管理需求，在进行政府资产核算时，应根据不同层级的管理责任配置，进行具有一定颗粒度的资产核算，并形成适应管理需求的分类核算结果，以改善当前单一种类划分、尚未形成分类分级体系的核算现状。

6.3.3 适应公共财政管理体系的分级分类核算框架构建

在宏观层面，政府资产管理的重点在于促进宏观经济的稳定与发展，强调宏观决策的有用性和公共管理目标。这要求对资产进行分类时，重视资产的经济效益与服务潜力，以及资产对于实现宏观经济政策目标的作用。因此，基于宏观决策有用性和公共管理目标的分类标准能够帮助政府更好地梳理和管理那些对经济发展和社会福利有显著影响的资产，如社会公共资产和自然资源资产。这种分类有助于政府更加精确地评估资产的经济价值和社会价值，从而在政策制定和资源配置上作出更为合理的决策。中观层面上，管理重点转向资产配置的战略性和优先级，以及资产在特定行业内的绩效。在这一层面，管理责任划分的分类标准显得尤为重要，因为它能够清晰界定不同管理主体对于资产的责任与权利，确保资产配置的战略和绩效目标得以实现。例如，将资产分为运营管理责任资产和代为管理责任资产，进一步细分为营利性资产与非营利性资产，以及托管性资产与非托管性资产，能够使行业主管部门根据资产性质和管理目标，制定更为精确和有效的管理策略。对于实际使用资产的单位，管理目标更侧重于资产的日常运营效率和成本控制。在这一层面，公共价值分类提供了一个有利的视角，特别是在评估资产如何更好地服务于公共目标和提高公共服务质量方面。通过将资产划分为基础性、保障性、创新性和竞争性四大类，一线单位能够根据资产所承担的公共服务功能和创造公共价值的潜力，进行更为合理的资产利用和管理，确保资源在满足社会需求和促进公共利益方面的最大化利用（见图6-1）。

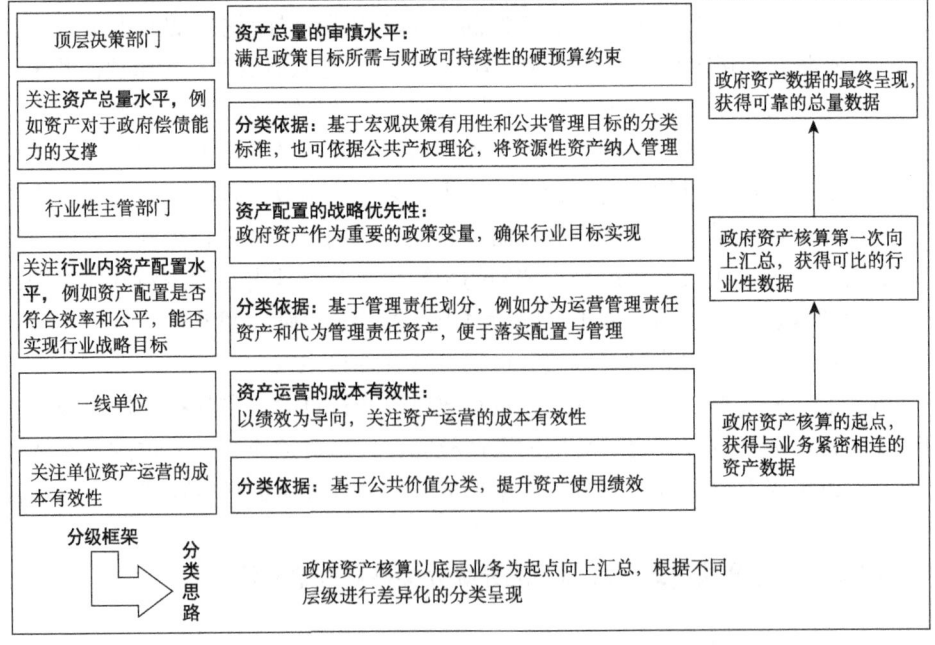

图6-1 适应公共财政管理体系的分级分类核算框架

6.4 治理目标下政府资产核算内容界定

6.4.1 政府资产核算范围界定

（1）基于应计制逻辑确定资产核算范围的下限

应计制逻辑下政府资产核算范围要求将所有影响政府财政资金运动的资产纳入预算管理，无论这些资产是当期受益的运转耗费性资产，还是跨期受益的跨期结存性资产，或是未来受益的建设性资产。预算会计主要基于收付实现制，这在一定程度上限制了核算的政府资产范围，文物资源、公共基础设施等资产在权责发生制引入后才逐步成为会计核算的对象。但在现金制向应计制转换的过程中，由于缺乏历史成本资料和合适的估价模型等问题，部分资产仍未纳入核算，要求纳入的部分如"文物资源"和"公共基础设施"科目，相应的会计核算要求并未得到广泛落实，主要原因可能包括：历史成本等数据缺失无法入账，还在代管、代建单位的账上；对于诸多政府不动产，缺乏有关的估价原则，也缺乏专业人士估价；不同单位记录口径与标准不同，同样是土地使用权，有些单位在无形资产中记录，有些单位则在固定资产中记录；固定资产的折旧未统一计提，阻碍了政府资产清查与资产管理；很多类别的政府资产既未进入行政事业单位的资产负债表，也未以非财务信息的形式报告，无法为政府资产管理提供财务和非财务信息，因此，基于应计制逻辑，应将影响政府财政资金运动的资产纳入资产核算范围。

（2）基于管理需求确定政府资产核算范围的上限

政府资产核算范围的上限，应以跨期财政资金需求为逻辑起点，包括政府在履行职能、提供公共产品和服务以满足公共需求时所使用的各种资产。这些资产不仅包括政府直接拥有并使用的实体资产，也包括通过契约关系间接控制的资产，以及政府作为社会管理者持有的公共经济资源。

资产核算内容，不仅要考虑资产的投入成本，还要评估其产出价值，确保资产配置的经济性、有效性和效率性。这意味着政府资产的核算范围至少应涵盖以下几点：一是保证政府正常运转和履行基本社会职能的保障性资产，包括通用性资产和专用性资产，它们是政府及其部门履行职能的物质基础。二是为了维护和调控市场经济，满足社会公众享受型公共需求的投资性资产，包括为拉动地方经济增长而投资建设的项目类资产，以及为支持和引导产业发展而形成的权益性资产。三是作为政府双重身份（资源所有者和社会管理者）体现的发展性资产，如政府受托管理的资源类资产，它们需要在保护的基础上通过开发利用实现经济、生态、文化的综合效益。四是根据资产受益期长短，政府资产预算应覆盖当期受益的运转耗费性资产、跨期受益的跨期结存性资产和未来受益的建设性资产，确保资产配置的连贯性和前瞻性。

因此，政府资产核算范围边界是所有与政府财政资金运动相关联、用于满足公共需求的资产，无论其形态、用途或受益期长短，均应纳入政府资产核算范围与管理内容。

6.4.2 政府资产分级分类核算重点分析

不同类型资产管理目标不同，运营管理的流程不同，计量规则不同，应分别基于优化配置、宏观调控等资产善治目标导向确定相应资产的核算重点。

在宏观层面上，资产管理的主要目标是确保资产总量的审慎管理，以支持政策目标的实现和确保财政的可持续性。宏观层面的资产核算不仅需要涵盖资产的数量和质量，还要综合考量资产配置的政策导向和财政约束，形成对资产总量审慎水平的全面审视。

对于行业性主管部门，资产管理目标转向确保资产配置的战略优先性，即如何通过资产配置反映和支持政府的战略重点。这要求资产核算不仅要精确地跟踪资产配置的结构和效率，而且要确保资产数据的行业可比性，保障资产配置能够支持行业的长期战略和政策优先事项。

对于直接使用资产的部门或单位而言，其资产管理的核心目标是提高资产运营的效率，即以最小的成本实现最大的运营效益。这不仅包括资产形成与管理相关支出的直接核算，还涉及对资产使用效率的持续监控和评估，确保每项资产的使用都能达到预期的成本效益比。

6.4.3 根据功能划分的政府资产分类确认与价值计量

在明晰政府资产分类的基础上，实施针对性的资产管理策略是关键所在。首要任务是明确各类政府资产的记录、管理与服务的责任主体，这直接关系到资产的有效利用与价值最大化。结合公共财政职能，应当依据资产的功能特性，合理分配管理责任，确保每类资产都能得到恰当的记录与维护。

行政事业单位占有使用资产的责任主体是实际持有或使用资产的行政事业单位本身。这些单位应承担起资产的日常管理、维护和报告职责，确保资产的完整性和有效性；企业国有资产的责任主体应是那些履行出资人职责并享有相应权益的政府部门和单位。这些部门和单位不仅需要关注资产的经济效益，还要确保国有资产的安全与增值，通过有效的财务管理、投资决策和市场运作，实现国有资产的保值增值目标；社会公共资产，因其公益属性或为满足特定公共需求而存在，其责任主体的确定应遵循"谁管理、谁负责"的原则。通常情况下，承担资产管理维护的部门和单位，如公园、图书馆、博物馆等公共设施的管理者，应作为这类资产的责任主体，负责资产的日常运营、维护与更新，确保其长期服务于公共利益；自然资源资产作为一种特殊的自然形成的资产，其管理往往需要专业的知识和技术。归口的政府部门、专业机构或研究团队，因其具备相应的保护与开发职能，自然成为这类资产的主要责任主体。这些部门和单位应负责自然资源的合理开发利用、环境保护与生态修复，确保自然资源的可持续利用。

6.5　政府资产核算内容的总结与展望

政府资产作为政府履行职责和提供公共服务的物质基础，其准确核算与管理对于财政资源的有效配置和国家治理能力的提升至关重要。本章基于政府资产的公共价值和管理需求，从分类、计量、核算范围等方面进行了全面探讨。政府资产的分类不仅考虑了资产的性质和用途，还融入了公共价值导向，旨在优化资产的使用效率和公共利益最大化。同时，针对政府资产的计量，本章倡导采用多元化的计量属性，以适应不同资产的特性和价值转移需求，确保资产价值信息的准确性和实用性。在政府资产核算的范围界定上，本章指出，政府资产核算的下限基于应计制逻辑确定，而上限则须基于管理需求确定。

然而，将基于管理需求确定的资产纳入核算面临一系列挑战，包括历史成本资料的缺失、估价模型的不完善以及会计标准的不统一，这些都需要在未来的会计准则体系建设和政策调整中逐步解决。未来政府资产核算体系的完善将聚焦于深化分类与计量，继续细化政府资产的分类标准，结合公共财政管理需求，优化资产计量模式，以实现资产价值的精准反映；扩大核算范围，逐步将未充分核算的资产类型，如自然资源、文物资源等，纳入政府资产核算体系，确保资产信息的全面性；提升信息质量，增强政府资产信息的透明度和可比性，完善财务报告与非财务信息的披露机制，满足不同信息使用者的需求；推进政府会计准则体系的建设,统一资产估价原则,规范折旧计提标准,解决跨部门记录口径和标准不一致的问题,提高会计信息的一致性和可靠性。通过不断优化分类、计量和核算范围,以及提高信息质量,政府资产核算将为政府决策提供更为坚实的数据基础,助力财政资源的高效管理和国家治理能力的现代化。

第 7 章

政府资产列报研究[*]

7.1 政府资产列报现存问题与现实需求

为实现国家治理体系和治理能力现代化，应进一步贯彻落实《权责发生制政府综合财务报告制度改革方案》，推动政府会计改革纵深发展，编制、报送并公开全面完整的政府财务报告，为财政中长期规划和其他相关决策提供重要依据。当前，我国的政府资产管理虽已取得一定成果，但在政府资产列报理论体系方面仍存在缺陷，使政府资产统筹管理受阻，在一定程度上影响了政府资产的有效使用与持续发展。为了助力政府会计更好地服务于国家宏观管理需求，有必要构建更全面有效的政府资产列报框架体系，从而完善管理理念和管理方式、健全管理制度与管理模式，进而保障政府资产的安全与完整，实现政府资产的保值增值，提高政府资产的管理效率和使用效益。

目前，我国政府资产列报主要存在以下问题：一方面，列报管理能力的弱化阻碍了政府资产的有效管理。政府部门往往把工作重点放在多争取预算资金上，却忽视对资产的列报，影响了公共资源的有效配置，也导致公共资源使用效益难以提高。另一方面，部分资产量化评估方法缺失。公共基础设施、数据资产、自然资源资产等特殊资产缺乏相应的市场定价机制，这导致资产信息难以进行准确列报，影响了列报信息的使用效率。此外，资产列报有利于信息使用者提升对未

---

[*] 本章系国家社会科学基金一般项目"政府财务信息披露质量与地方官员晋升激励机制研究"（18BJY020）的研究成果之一。

来建设及前沿发展的了解，具有前瞻性与战略性，能够指导相关部门单位及人员针对我国当下发展需要和未来发展前景，积极配合相关政策战略，为实现我国现代化建设添砖加瓦（潘琰和蔡高锐，2016）。因此，健全和优化我国政府资产列报体系至关重要。

而兴起于20世纪70年代的新公共管理理论要求政府以公众为中心、以结果为导向、以市场为调控基础，从而达到"最大限度地重视国家资源的使用效率"的目标，其落脚点与政府资产列报所要实现的管理效率与效益提升不谋而合，具有借鉴意义。为此，本章从新公共管理理论视角出发，围绕政府资产列报的现存问题，贯穿政府资产列报全过程，对我国政府资产列报展开分析与讨论，为进一步推动政府资产列报在政府资产信息、管理、绩效三个层面实现功能拓展和决策有用展开讨论，从而为提高政府资产综合治理能力提供参考。

7.2　政府资产列报目标框架的构建

传统的资产管理不能为预算管理提供更加有用的信息，使原本存在的信息不对称更加严重。与此同时，大多数政府部门的国有资产出现存量不清、产权混乱乃至账实不符的现象，严重阻碍了政府资产的充分发挥，影响了公共资源的有效配置和使用效果（常丽，2007）。更进一步，各级政府和部门间缺乏系统性的责任制度使政府资产难以得到高效管理，而低效的使用结果又导致了未来政府资产的短缺，阻碍了宏观制度的施行。从信息使用者的角度来看，政府资产列报的实质是为了提供政府活动的相关信息，反映公共服务的履行情况，评价政府活动产出和结果。在印发《政府会计准则第9号——财务报表编制和列报》的记者会上，财政部会计司有关负责人明确指出，制定列报准则，一是建立权责发生制政府综合财务报告制度的内在要求，二是建立健全政府会计标准体系的迫切要求。资产信息的列报不仅是为了公示信息，更是为了基于具体信息内容来了解政府资产的使用情况，发现其中可能存在的管理缺陷，从而优化国有资产的管理效果，实现更大的效益。为明晰政府资产列报实施目的，优化政府资产列报制度，本章借鉴新公共管理理论，主张基于经济（*Economy*）、效率（*Efficiency*）和效果（*Effect*）三大变量展开政府活动评价的思路，从功能定位与决策导向两个方面对政府资产列报的构建目标展开分析与讨论，并基于此提出了政府资产列报的实施框架。

7.2.1 基于新公共管理理论的政府资产列报体系分析框架

新公共管理是一个多维度概念，影响了传统公共模式下政府与社会之间的关系，对政府职能以及政府与社会的关系进行重新定位。与传统公共行政只计投入、不计产出不同，新公共管理更加重视政府活动的产出和结果，即重视提供公共服务的效率和质量，反对传统公共行政重遵守既定法律法规，轻绩效测定和评估的做法，主张放松严格的行政规制（即主要通过法规、制度控制），而实现严明的绩效目标控制，即确定组织、个人的具体目标，并根据绩效指标（Performance Indicator）对目标完成情况进行测量和评估，由此而产生了所谓的三 E，即经济（Economy）、效率（Efficiency）和效果（Effect）三大变量。政府公务人员应该是负责任的"企业经理和管理人员"，社会公众则是提供政府税收的"纳税人"和享受政府服务作为回报的"顾客"或"客户"，政府服务应以顾客为导向，增强对社会公众需要的响应力度。此外，新公共管理强调政府广泛采用私营部门成功的管理方法和手段（如成本—效益分析、全面质量管理、目标管理等）以及竞争机制，取消公共服务的垄断性，认为政府应根据服务内容和性质的不同，采取相应的供给方式，主张让更多的私营部门参与公共服务的供给，同时重视人力资源管理，提高在人员录用、任期、工资及其他人事管理环节上的灵活性。新公共管理理论强调市场机制的效率、顾客服务的优先和组织绩效的测量，而政府资产列报研究聚焦于如何通过改进政府的财务报告，提升公共资源的效率和透明度。可见，新公共管理理论的原则能够被充分应用于政府资产的管理和报告中。因此，基于政府资产列报与新公共管理理论的内在一致性，本章着重从以下五个关键点对政府资产列报体系展开分析。

第一，在信息透明度与问责制方面，新公共管理理论强调透明度和问责制，而这同样是对政府资产列报应当向信息使用者提供信息的要求。可见，政府资产列报应当提供足够的信息，让公众和利益相关者能够理解政府的资产和负债状况，从而提升相关信息的管理和使用效率，保障公众和利益相关者的权益（石英华，2006）。

第二，在绩效管理方面，根据新公共管理理论，政府部门应当借鉴私营部门的理念与方式，引入绩效基础管理（常丽，2008）。提升政府部门的绩效同样是政府资产列报的职能。因此，政府资产列报不仅应关注资产的数值，还应关注这些资产如何被有效地利用来提供公共服务和实现组织目标，从而为优化资产管理方法提供有力依据。

第三，在财务管理方面，新公共管理理论鼓励使用现代财务管理工具和技术，如资产管理系统，以提升财务效率和有效性，因此政府资产列报应当积极通过引入或学习相关技术和工具以加强财务管理能力，增强财务控制力度，优化资产采购、使用、维护和处置过程的管理。

第四，在市场机制方面，新公共管理理论鼓励政府采用市场机制和竞争原则来提高服务的效率，由此可见，政府资产列报中可以体现出如何利用市场机制管理和使用政府资产以提升政府资产管理效率。

第五，在利益相关者方面，新公共管理理论强调利益相关者，特别是公众的参与和服务导向，这与政府资产列报的信息使用者重合。由此可见，政府资产列报应当考虑到广泛利益相关者的需求和期望，确保政府资产管理和报告的过程是开放和包容的，列报内容是重要且易于理解的。

综上所述，基于新公共管理理论进行政府资产列报研究具有实践意义，既要深化对政府资产管理实践的理解，同时应继续改进财务报告和管理流程，提升公共资产的管理效率和公共服务的质量。

7.2.2 基于功能定位与决策导向的目标建构

（1）功能定位：细化特殊资产量化方法，加速资产列报实施效率

政府资产列报需及时准确反映政府资产的管理情况，进而提升政府资产的管理效率，充分发挥政府资产列报的监督与管理功能，这对政府资产高质量列报提出了要求。但随着社会环境、会计制度与数字技术的不断发展，政府资产的概念与功能范围不断扩展，涌现出许多适用于新发展阶段的特殊资产类型。例如，2023 年出台的《企业数据资源相关会计处理暂行规定》规定了数据资产的确认条件，对数字藏品等数据产品与原有的无形资产定义进行了区分，为数据资产的深入管理提供了更为准确的政策依据。同年发布的《政府会计准则第 11 号——文物资源》将"文物文化资产"科目修改为"文物资源"，要求政府部门应当按照文物资源的类型、计量属性等进行明细核算，反映了我国现行政府会计准则制度的不断完善，同样为文物资源的概念作出了更详细的定义。由于数据资产、文物资源、自然资源资产等新兴的特殊资产缺乏活跃的交易市场，或其本身的性质可能难以进行计量与核算，即使其明显具有列报价值，实际上也难以落实，阻碍了政府资产列报工作的进行，不能充分发挥政府资产列报的功能。以自然资源资产为例，早在 2015 年《生态文明体制改革总体方案》中已要求定期评估自然资源资产变化状况，而且《全民所有自然资源资产所有权委托代理机制试点方案》

第一项内容就是要求摸清自然资源资产家底,开展资产核算,但在实际执行中,相关部门仍对自然资源资产有偿使用、生态补偿等制度的基础了解不深,不能进行准确核算,更难进行完整列报,损害了政府资产列报的功能发挥。

借鉴新公共管理理论的思路,现今不同模式与类别的政府资产从多方面提升了多领域的经济实力,但不同领域的使用情景各异,需要列示的数据类型与信息要点存在差异,其具体的衡量方式也需区分。应针对不同类型的资产制定合适的列报方法以提升信息披露效率,从而为信息使用者提供更准确更重要的政府资产消息,充分发挥资产列报监督作用,不断敦促资产管理效果提升,实现政府资产的优化和拓展。因此,政府资产列报体系应当明确功能定位,充分考虑不同政府资产的特质,对应予以重点关注的特殊资产进行严谨细化,加速资产列报实施效率,推动资产列报发挥功能。

(2)决策导向:加强政府资产预算管理,统筹资产使用经济效益

政府资产列报应响应国家号召,对重点领域的政府资产予以详细列报,披露相关政府资产的使用情况,从而检验政策执行情况,为未来的决策提供依据。从宏观角度来看,我国政府资产广泛用于教育、社会保障(养老、医疗)、城乡建设、农林水支等领域,推动经济循环,从而保障经济实现稳定增长。从微观角度来看,政府资产的使用范围主要包括支付政府单位的运营成本和日常开支、投资和建设项目的资金和利息,以及其他经费。其中,运营成本和日常开支包括工资、水电费、物业费等,投资和建设项目包括公共基础设施建设等,利息包括政府债券和政府贷款,其他经费包括公务接待费和差旅费等,均为政府部门的正常运作提供了经济基础。由此可见,充分实现政府资产的广进节流,是提升政府资产经济效益的重要手段,而政府资产列报能够对政府资产的重要科目予以披露,有效巩固政府资产管理,为政府资产的预算使用决策提供依据,从而保障政府资产的收益。

借鉴新公共管理理论的思路,政府资产通常与行政事务以及公共服务的实施息息相关,是我国经济发展的重要支柱,体现国家政策实施导向,彰显国家发展前景。因此对政府资产进行列报,应能够直接影响政府资产统筹管理效率,为政策制定者把控整体形势提供确切数据,推动其制定和优化重要政策,最终提升政策落实的实际效果,从而充分发挥政府资产列报的管理作用。此外,在地方财政支出不断增加给地方政府收支平衡造成巨大压力的当下,政府资产列报应当关注政府资产的预算资金,基于决策导向,统筹政府资产使用的经济效益,充分发挥政府资产的作用,进一步规范政府分配秩序,促进执收单位依法履行职责,增强财政宏观调控能力,加强财政管理监督。

7.2.3 基于信息透明、管理优化与绩效提升的框架设计

基于上述分析,政府资产列报体系构建应当遵循功能定位与决策导向:单纯对政府资产信息进行列报并不能够满足具体的政府资产信息需求,这决定了政府资产列报体系应当围绕着政府资产的功能定位,关注政府资产在决策执行中的作用,结合经济、效率和效果三大变量,围绕信息、管理和绩效三个方面对政府资产列报的实施框架进行设计。

(1) 列报实施基础:坚持客观公允,确保信息透明

政府资产信息透明是政府资产列报的基石,是提升财政管理水平、保障经济效益、增强政府公信力的关键,其核心在于确保政府资产信息的全面、准确计量和数据公开。从功能定位来看,资产信息透明能够保障政府资产列报数据的准确性,更能有效降低信息不对称水平,为信息使用者提供更加客观公允的数据;从决策导向来看,透明的政府资产数据能够助力相关管理者统筹全局,制定更符合现实需要的政策。为确保政府资产信息的一致性和可比性,便于向各利益相关方提供清晰、易于理解的资产数据,政府资产列报实施框架应规范标准,制定统一的资产信息输出与资产信息需求标准,匹配信息接口。在此基础上,通过内部控制信息、财务管理信息的输出,在资产表内列报、表外附注,实现信息披露互补,整合后生成完整的政府资产信息集。从政府资产的确认到披露,实现透明链管理对所有政府资产进行全面审视,确保资产信息的衔接与共享,为内外部监督者提供坚实的信息基础(见图7-1)。

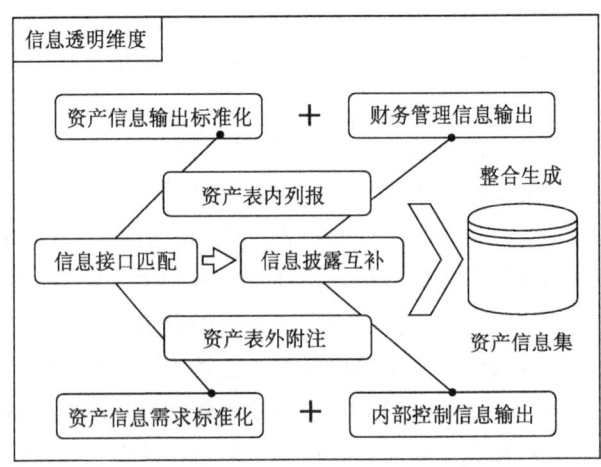

图7-1 资产列报信息透明维度

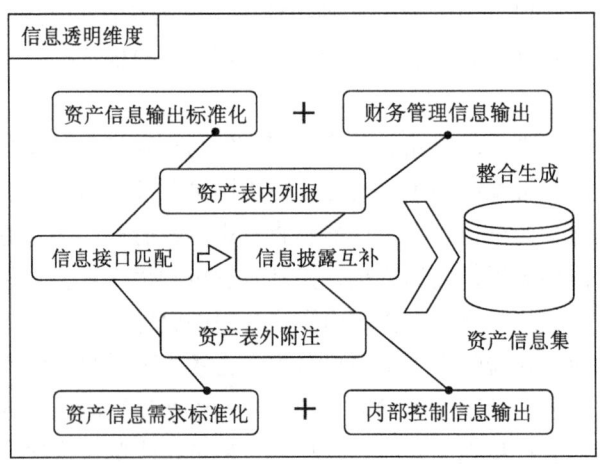

(2) 列报实施过程：识别管理问题，推动提质增效

在确保所采集政府资产信息的透明度后，政府资产列报实施框架应关注管理效率，充分利用专业技术手段，结合大数据智能化形成核心数据库，为政府提供全面、准确和实时的资产信息管理平台，为资产管理优化提供决策支持，引导决策者行为与公共利益相一致。从功能定位来看，资产管理优化能够通过数字化等技术手段优化政府资产列报流程，提升政府资产列报信息的使用效率，充分发挥政府资产列报的披露与监督功能；从决策导向来看，更健全的政府资产管理体系能够加快政府资产列报信息在各个管理系统间的流动，为决策提供及时的信息，助力决策导向，提升实施效率。政府资产列报实施框架应贯穿政府资产全生命周期：首先，从规划阶段的获取政府资产配置信息开始提供支持，确保资产的合理分布与高效利用，为后续政府资产运营和维护奠定坚实基础；其次，在资产的使用过程中，通过对运行状况进行实时监控和评估，及时发现管理漏洞和效率瓶颈，从而作出相应的管理决策改变，以提升政府资产的价值；再次，在资产的维护和更新阶段，根据信息集分析出的期望值进行及时调整，基于成本效益与公益性原则，采取延寿保值、提质增效的相应措施；最后，在政府资产的更新替换和合理处置环节，应坚持与公共利益目标相一致的原则，对政府资产进行合理报废或捐赠，确保资产的持续更新与优化，实现政府资产的可持续利用（见图7-2）。

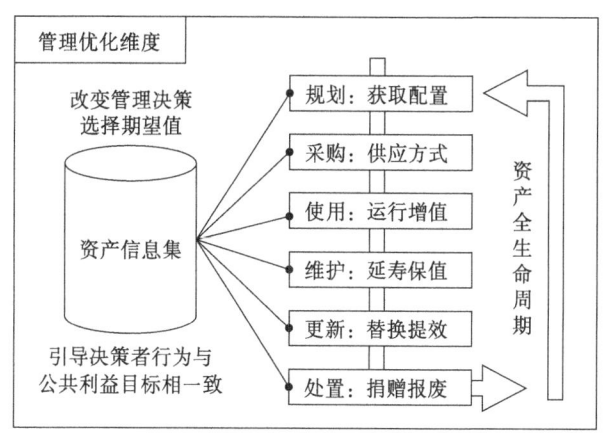

图7-2 资产列报管理优化维度

(3) 列报实施保障：实时跟踪评价，提升资产绩效

在对政府资产实行管理后，为检验政府资产管理的效果，政府资产列报实施框架应关注资产信息集在资产绩效管理层面的应用，通过设定明确的绩效目标期望值，对绩效实时跟踪记录，并最终进行绩效评估实现持续循环改进。从功能定

位来看，资产绩效评价能够明晰政府资产列报信息的具体使用路径和功能作用机理，充分落实政府资产列报对政府资产管理的效果，发挥监督和管理功能；从决策导向来看，资产绩效评价既为决策制定提供了方向，也为决策执行成果提供了评估方式，而政府资产列报能够为绩效评估提供关键数据。在绩效评价的期初阶段，政府资产列报实施框架需要根据信息集分析明确资产绩效的期望值，以此为政府资产绩效管理设立方向和标准，并通过建立绩效追踪记录系统，实时监控资产的使用情况以及公共服务的质量，确保所有活动朝着既定目标迈进。在此基础上，绩效评价成为连接实践与目标的桥梁，通过定量和定性分析，衡量政府资产实际绩效与预期目标之间的差距。最后，绩效评估作为资产绩效评价循环的闭环，对整个绩效管理过程进行反思和总结，识别分析成功经验与需要改进的领域，为之后的决策提供数据支持与策略指导。在这一逻辑循环中，政府资产列报实施框架确保了政府资产资源的有效配置和公共服务的持续优化，从而推动财政透明度、公共服务质量和财政可持续性的整体提升，也提升了政府的信用评估，增强了公众对政府财政管理的信任和满意度（见图 7-3）。

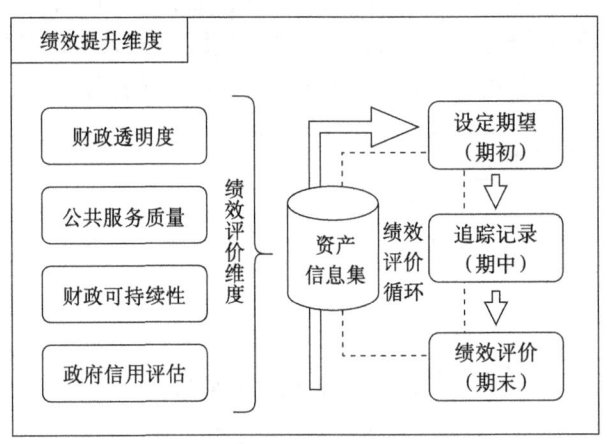

图 7-3　资产列报绩效提升维度

7.3　政府资产列报模式的优化与拓展

《政府会计准则——基本准则》《政府会计准则第 9 号——财务报表编制和列报》《政府财务报告编制办法》等对政府财务报告披露资产的内容和方式进行了规定，但受限于披露信息形式与披露方法，仍存在一定的不足。在目前以政府

财务报告为披露主要载体的政府资产列报体系中,基于功能拓展与决策有用优化和拓展政府财务报告中的政府资产信息至关重要。在通过政府财务报告披露政府资产信息的过程中,信息披露类型与方式是有效实施政府资产列报的关键。通过对政府财务报告表内披露与表外披露的协同,能够充分保障政府资产信息的全面性与透明度,而财务信息与非财务信息的列报能够补充政府资产信息类别的缺漏,从更多元的角度把握政府资产情况,统筹政府资产的使用。通过表内外披露与财务非财务信息的列报,政府财务报告能够充分实现政府资产列报的功能拓展与决策有用,不断提升政府资产综合治理能力。

7.3.1 表内披露与表外披露

自政府会计准则制度实施后,表内披露的政府会计报表体系中既有反映财务状况的财务报表,也有反映预算执行情况的预算会计报表。政府财务报告是为信息需求者所编制的以政府财务信息为主要内容、以财务报表为主要形式并全面系统地反映政府财务受托责任的综合报告,主要包括资产负债表、收入费用表、净资产变动表和现金流量表。预算会计报表包括预算收入支出表、预算结转结余变动表以及财政拨款预算收入支出表,这些均有助于实现政府资产的功能拓展。

由于财务会计和预算会计采取不同的确认原则,这就导致了报表与报表之间存在很大的不同,编制报表也给财务人员增加了很多工作难度。两套报表编制结果不同,却相互联系,为提高报表的一致性和可比性,应加强财务会计与预算会计在报表编制和信息披露上的协调与整合,以满足各信息利用方的期望。

除政府财务报告中表内披露部分外,表外披露为理解政府财务状况和运行成果提供了至关重要的背景、解释等补充信息,往往与政策导向相关。表外披露通常包括一些不符合财务报表列示要求,但对于公允呈现政府财务状况、运营成果和现金流量有重要影响的信息,包括会计政策说明、预算执行差异分析、承诺和或有事项、长期服务合同和租赁协议以及其他补充说明。通过披露这些补充信息,公众和监管机构能够更准确地评估政府的财政健康状况和未来的财政可持续性,同时也是政府提高透明度、加强问责机制和促进公众信任的重要手段。

7.3.2 财务信息列报与非财务信息列报

根据列报信息的特点,政府资产列报又可分为财务信息列报与非财务信息列报。财务信息列报与非财务信息列报相辅相成,关系密切。从数据形式来看,财务信息主要以数字数据形式予以列报,而非财务信息主要以文本数据形式进行披露;从内容上来看,财务信息主要涉及政府资产的经济性、资源利用情况等方面,而非财务信息则更多关注政府资产的社会效益、环境影响、公共服务等方面。财务信息列报与非财务信息列报在政府资产列报中需要进行整合列报,以形成全面、多维度的政府资产信息体系。

对财务信息列报而言,其重点在于披露政府资产的财务状况和经济价值,包括资产规模、资产负债情况、资产评估值等方面的信息,这是政府财务资产发挥其功能定位的重要方式。重点关注政府资产的数量、质量和变化情况,为政府资产的评估和管理提供基础数据支持。此外,财务信息列报还关注政府资产的财务健康状况,重点关注政府资产的收支平衡和财务风险管理,为政府资产的健康发展提供保障。

对非财务信息列报而言,其重点在于披露政府资产的社会效益和公共服务水平,包括政府资产的社会价值、社会影响、公共满意度等方面的信息,并着重关注政府资产对社会和公众的影响和贡献,评估政府资产的社会效益和公共服务水平,这与政策导向息息相关。此外,非财务信息列报还关注政府资产对环境的影响和可持续发展性,包括政府资产的环境影响、生态效益、资源利用情况等方面的信息,重点关注政府资产的环境保护和可持续利用,促进政府资产的绿色发展。

7.4 基于功能拓展的政府资产综合报告思路与内容

7.4.1 政府资产综合报告构建的基本思路

目前,我国主要通过政府财务报告的形式对政府资产进行列报,同时,财政部每年都编报年度行政事业性国有资产报告,对政府资产进行针对性列报。但目前的列报体系并不健全,存在部分特殊资产的漏报错报,且停留于财务角度开展列报工作,尚不能较好地服务于管理和统筹。因此,在总结政府资产列报构建理论的基础上,本章提出应着眼于政府资产的性质区别,关注资产使用的政策前沿和战略性地位,结合政府资产列报的功能定位与决策导向,建立健全政府资产综合报告。基于政府资产列报的功能拓展需要及政府资产信息的决策有用视角实现政府资产的全面列报,从而提供更为翔实、更具使用价值的政府资产信息,实现政府资产信息透明、管理优化和绩效提升,提升政府资产管理的经济性、效率性和效果性。政府资产综合报告的信息含量更多,可通过多种方式列报多维度的政府资产信息,能够补充政府综合报告中未能反映的政府资产的来源、用处与绩效,规范政府资产列报的具体制度,优化政府资产在不同会计体系中的列报效率,提升政府资产的透明度,降低信息不对称水平,满足信息使用者的需求,促进政府资产在公共管理领域充分发挥作用。

7.4.2 功能拓展需要下的政府资产分类综合列报

政府资产综合报告不仅包括了资产预算报告和资产会计报告,还包括相关政府资产统计报告及其他文字说明,其背后的支持系统由预算会计、财务会计、成本会计以及统计系统构成。因此,应当重点列示基于不同类别和功能的模块下政府资产的情况,从而充分拓展政府资产列报信息的功能,为信息使用者提供具有倾向性和侧重的列示内容,为政府部门及相关参与者采取措施提供信息依据和实施方向。

(1) 预算会计模式下政府资产综合列报的功能拓展

预算会计模式是以预算会计为核算基础,以现金制为预决算编制基础,以反映政府资产预算执行情况和预算管理绩效为目标的列报模式,其不着眼于全面或多层次的政府资产状况及绩效信息,核心功能和重点在于列示政府资产的预算收支决算情况。预算会计模式下的政府资产列报应按照政府职能和经济分类来列示形成政府资产过程中的预算收入、支出和结余情况,并在对应明细表中按照经济分类进一步具体反映详细信息。在这一模式下,政府资产信息的内容会相应简化。因此,在预算会计模块中,政府资产综合列报应当倾向于反映政府资产预算收支的合规性及决策数据和预算数据之间的符合程度,充分展示政府在执行政府资产预算方面的成果,同时也反映政府在解决公共财务资源方面的成效。

(2) 财务会计模式下政府资产综合列报的功能拓展

政府财务会计列报模式立足于权责发生制,能够充分反映政府资产信息的深度和广度,在配合政府公共管理和决策方面发挥着重要作用。通过基于权责发生制的财务会计列报模式,能够向信息使用者提供政府资产的运营信息与其他同政府绩效评价相关的前瞻性信息,同时也为合并不同性质主体的政府资产报表提供了制度基础,从而有效反映政府资产的整体情况。因此,在财务会计模式中,政府资产综合列报应关注政府财务报表的编制基础,对列示的要素进行变动和调整，突出列报的完整性，重点反映政府资产的公允价值，并充分发挥附表和财务报表附注的辅助性作用，保障政府资产综合列报的全面和完善（李建发，2001）。

(3) 成本会计模式下政府资产综合列报的功能拓展

在权责发生制的基础上，成本会计模式是政府资产综合列报反映相关政府资产项目绩效的核心，这是因为政府资产项目的绩效评价是基于资产项目成果与其耗费的成本之间的配比。可见，通过成本会计模式对计划中的政府资产在一定期间内的成本进行归集和分摊，从而对政府资产的具体成本耗费情况进行准确列报是该模式的重要功能。因此，在成本会计模式中，政府资产综合列报应当关注形成政府资产所耗费的成本产生的具体时限和效益，提供政府资产服务和投资项目的具体信息，并借助专门的绩效报告或产品报告的形式予以披露，为政府资产项目绩效评价提供直接依据。

(4) 统计系统模式下政府资产综合列报的功能拓展

统计系统模式指的是与政府资产综合列报紧密相关的政府财政统计和国民账户体系。财政统计体系是为了满足财政分析而设计的专门化体系，它是一般政府部门以系统方式组织运营数据的一套经济和统计概念、规则和分类指南，向信息使用者提供了各级政府运营的相关信息，从而有助于对政府资产信息进行比较。而国民账户体系是对整个经济的总量进行统计，包含了非金融机构、金融机构、广义的政府机构、消费者和营利性与非营利性组织。因此，在统计系统模式下，为充分发挥财政统计的效果，应当选择相同的编制与列报方式，从而实现信息的互通，有助于政府资产综合列报更好地服务于宏观的财政与经济分析。

7.5 基于决策有用的政府资产专项报告思路与内容

7.5.1 政府资产专项报告构建的基本思路

与政府财务报告以及政府资产综合报告不同，政府资产专项报告并非综合性报告，而是针对具体项目或特定政府资产信息进行列报，关注列报主体的特殊性。这种特殊性不仅在于政府资产本身性质的差异（如特殊资产），也包括政府资产所处的生命周期。究其原因，是对于不同类型和时期的政府资产，其具体的管理需要、绩效要求及风险把控是不同的，信息使用者对具体资产的期望和目标也不一致。因此，对政府资产专项报告的需求应运而生。针对信息使用者多维度多方面的具体要求，可以通过构建政府资产专项报告制度来健全政府资产列报体系，专项反映政府资产的特殊性，灵活且多样地为信息使用者提供更具针对性的信息，这些信息并不拘泥于某种具体形式或格式，而是兼顾指定资产的特性和信息使用者的需要来具体确定。对于信息使用者而言，他们对信息的要求往往与当前的决策相关，是为了满足决策需要而选择具体的信息。因此政府资产专项报告与决策导向息息相关，应满足信息使用者的决策有用需求。

7.5.2 决策有用视角下政府资产全流程专项报告

相较于政府资产综合报告，政府资产专项报告更倾向于对重点、难点项目和内容的列报，更聚焦于微观事项，因此应当关注该政府资产全生命周期中的重要环节，依据具体的使用逻辑与需要明确决策导向，基于规划、采购、使用、维护、更新和处置的全生命周期流程进行列示。

(1) 资产规划：统筹、时间、事由、责任单位

作为政府资产列报的关键起始环节，资产规划为政府资产的全生命周期管理奠定了基础。为保障资产全生命周期健康管理，确保资产的有效获取和利用，政府在实施政府资产专项报告前需要进行周密的计划和分析，关注当前和未来的公共服务需求，预测未来公共服务需求所需的资产类型和数量，并基于需求预测详细制定资产管理计划，确定关键时间节点以及采购事由和责任单位，将相关信息列报于专项报告，便于后续的持续追踪和监控。

(2) 资产采购：方式、金额、类别、供应商

政府资产采购环节直接关系到政府资产管理和财政资金使用效率，政府需要制定系列规范标准，因此政府资产全流程专项报告应重点关注采购活动的合规性和经济性。在采购前，政府需要对所需资产进行准确估算，进行市场调研，了解同类资产的价格范围，然后根据所需资产的性质、市场条件和采购规模等选择合适的采购方式，如公开招标、邀请招标、竞争性谈判和自主采购等。采购时遵循公开透明的原则，通过发布采购公告、公开评审标准和结果，接受社会监督，并基于供应商的信誉、产品质量、交付能力等因素综合分析，对比选择性价比最高的方案，并在专项报告中予以列报。

(3) 资产使用：闲置、集约共享、有效利用

为保障财政资源的有效利用，政府资产全流程专项报告应列报相关信息以确保资产的合理使用。因此，政府应建立一套监控机制来跟踪资产的使用情况，定

期检查资产的使用频率、运行时间和产出效益,以及对低效或闲置资产的识别和处理,为专项报告的列报提供信息依据。在借助专项报告对资产情况进行跟踪和列报后,政府应进一步建立共享平台或合作机制,使多个部门或机构能够共享使用某些高价值或者专业资产,推动政府资产的集约共享,从而提高政府资产的整体利用率,实现资产的合理、高效使用。

(4)资产维护:问题、费用、责任单位

为保持政府资产的良好状态,延长政府资产使用寿命,政府资产全流程专项报告应在资产维护阶段对资产管理和成本控制情况进行列报。政府需要建立一个系统化的资产维护监控系统,用于识别和记录资产在使用过程中出现的问题,定期检查识别问题后进行故障诊断,及时采取修复或改进,以免问题扩大导致更大的损失,并将情况在专项报告上进行及时列报。为确保资产维护工作的顺利进行,政府应尽早明确资产维护的责任单位,可能是外部运营商也可能是内部维护部门,并建立相应的问责机制,通过专项报告进行及时记录与报告,确保责任单位能够按照既定的标准和时间完成维护工作,从而保持政府资产良好的运行状态,降低运营成本。

(5)资产更新:时间、原因、更新计划

政府资产全流程专项报告应关注资产的使用情况、预期寿命、技术发展以及市场需求来确定合适的更新时间,对政府资产情况进行及时更新,从而为政府开展资产更新提供信息。资产更新可能是出于技术故障、性能下降、新的需求或法规变化等多重原因,政府必须对更新原因进行详细分析,以确保更新决策的合理性和必要性。一旦决定更新资产,政府需要对更新目标、范围、风险管理、必要过渡安排等进行梳理,形成详细的更新计划。在完成更新后,及时对运行成本、服务质量和用户满意度等进行更新效果评估,实现对现有资产的改造、升级或替换,使政府资产始终保持在最佳状态。

(6)资产处置:方式、评估、社会责任

作为政府资产全生命周期管理的最终阶段,应对不再需要或者已达到使用寿命的资产进行合理处置,这同样需要政府资产全流程专项报告的及时列报。在决定处置之前,需要选择专业的资产评估机构对资产进行准确的价值评估,根据资产的市场价值或残值,设定预期资产处置价格。然后根据资产的类型和市场需求选择合适的处置方式,如拍卖、出售、捐赠、回收或报废,在进行处置时需要根据每种方式特定的法律要求,确保其在处置过程中的合法性和合规性,并将处置结果及时列报于专项报告中。同时,出于对环境责任和社会责任的考虑,应确保处置活动不会对环境和社会造成负面影响。

7.6 政府资产列报的总结与展望

政府资产列报体系是实现政府资产管理现代化的关键组成部分，对于提高财政资源的使用效率、促进政府治理能力的提升以及保障公共服务质量具有重要意义（刘尚希，2016）。首先，通过建立健全政府资产列报体系，优化完善政府资产信息披露机制，充分披露政府资产的各项指标、管理情况、使用效益等信息，能够增强信息披露的透明度，以公开透明的方式向社会公众传递政府资产的真实情况，使政府资产的管理过程更加公开、公正，有助于政府部门及时发现问题、解决问题，为决策提供更加准确的数据支持。其次，政府资产综合列报与政府资产专项列报制度的实施能够打破信息披露的壁垒，鼓励各方参与政府资产信息的披露和监督，进一步提高信息的可信度和权威性，从而为政府决策提供更加客观、全面的信息依据，减少信息的偏颇和失真。最后，构建政府资产列报体系，制定规范高效的政府资产信息披露标准和流程，进而建立高效的信息披露平台，能够为使用信息化技术提高信息披露的效率和质量作好铺垫，为未来更快速地获取和传递政府资产的相关信息做好准备，为政府部门和决策者提供及时、准确的数据支持，提高决策的科学性和有效性。

当前，我国政府资产列报体系在反映资产使用效率、识别存量闲置资产以及结合预算绩效管理理念方面存在一定的不足，需要进一步的完善和改进。首先，政府资产列报应当更有效地反映资产的使用效率，而非仅关注账面数值。政府应开发和应用一套综合性的绩效评价指标，专注于评估资产的实际使用效率和对公共服务的贡献，并通过实施定期的资产性能审查和成本效益分析，确保资产配置与政府战略目标和公共服务需求相一致，从而提升资产的整体价值和使用效率。其次，政府资产列报应当更准确地识别存量闲置资产，发挥资产信息的治理作用。政府应强化资产清单的编制和更新，确保所有政府资产都被记录和监控，及时发现并对存量闲置资产进行分类，同时利用数字化资产管理工具，提高对闲置资产的识别和处理效率，通过资产重新分配、租赁或出售等方式，将闲置资产转化为能够产生社会和经济效益的资源。最后，政府资产列报应当更深入地结合预算绩效管理理念，发挥决策支持作用。将预算绩效管理理念融入政府资产列报体系，确保资产购置、使用和维护的决策与预期的绩效成果紧密相连。通过建立基于绩效的资产管理体系，为政府提供决策支持，优化资源配置，提高政府资产的整体管理水平。

第三篇

政府负债核算与报告

第8章

政府负债核报目标研究*

政府负债核报不仅是财务管理的工具,更是政府治理的重要组成部分,应注重提高公共资源配置效率、增强政府公信力和财政透明度、促进政府绩效管理以及满足公共受托责任。特别是在新公共管理理论和公共选择理论的指导下,政府负债核报需要更加注重与利益相关者的互动和反馈,确保政府负债核报信息的公开和透明,便于公众监督和评价政府的财政状况。按照《会计改革与发展"十四五"规划纲要》的要求,负债核报应注重信息化建设,提高信息披露的及时性和准确性,推动财务管理与信息技术的深度融合。此外,在具体的核报过程中,需结合《政府会计准则第8号——负债》以及相关准则的规定,对负债项目进行科学的分类和列报,确保财务报表的真实性、完整性和可比性。政府负债核报的目标设定需要综合考虑政府会计准则、公共管理理论以及具体的核报和信息披露要求,以确保财务信息的准确性、完整性和透明性。根据政府会计准则,政府负债核报应全面、准确地反映政府组织的负债情况,包括各类负债的确认、计量和列报。各类政府负债在确认和计量时应遵循不同的会计准则和计量基础。

政府负债的核报有助于提升政府财政透明度,落实负债管理主体责任。数字化时代背景下政府负债核算和报告的长短期目标是什么,要遵循什么样的原则?本章分析得出,政府负债核报的目标可以从政府主体内外部出发进行设定,满足内部诉求、外部诉求并进行责任匹配,保证政府主体对自身负债情况的评估、外部信息使用者对政府负债的监督以及负债风险责任落实。同时,政府负债核报要坚持精确性、透明性和一致性的原则,确保核报目标的实现。对政府负债核报目

---

* 本章系国家社会科学基金重点项目"人工智能背景下会计职能转变研究"(20AGL014)的研究成果之一。

标与原则的研究，有助于政府本身、各监管部门以及社会公众等利益相关者更好地了解政府负债情况，强化负债相关责任匹配机制，有效控制政府举债规模，减少政府负债风险，促进区域经济良性发展。

8.1 政府负债核报目标设定的理论依据

在政府负债的核算和报告中，满足内外部诉求及责任匹配是至关重要的三个方面，直接影响着政府财务管理的效率和透明度。从内部诉求来看，政府负债核报需要确保财务信息的准确性和完整性，以便政府能够进行有效的决策和资源配置。通过严格遵循《政府会计准则第8号——负债》和《政府会计准则第9号——财务报表编制和列报》等会计准则，政府可以更好地监控和管理负债风险，提升财务管理的效率和效益。内部控制和风险管理机制的强化，可确保负债信息在记录和报告过程中的准确性和及时性，有助于政府及时应对财政压力和债务风险，从而实现更有效的内部管理。

从外部诉求来看，公众、立法机构和其他利益相关者需要通过政府的财务报告了解政府的财政健康状况和负债风险。因此，负债的核算和报告应当详尽和易懂，以便信息使用者能够有效地进行监督和决策。定期对外发布财务报告，并通过多种渠道和形式增强财务信息的透明度和可及性，满足外部信息使用者对政府财务信息的需求，增强政府的透明度和公信力。公众和其他利益相关者对政府财务状况的了解，有助于增强对政府的信任，并在需要时提供相应的支持和监督。

从责任匹配的角度来看，政府负债信息的披露不仅要满足法律和会计准则的要求，更要考虑信息使用者的需求和期望。政府负债信息的透明披露和有效管理，是政府履行公共受托责任的重要体现。通过准确的负债核算和透明的财务报告，政府能够向公众证明其财政管理的规范性和有效性，增强公众对政府的信任。公共受托责任理论强调政府作为公共资源的受托人，对公众和其他利益相关者负有透明、完整和及时披露财务信息的责任。这种责任匹配要求政府在负债核报中，不仅要确保信息的真实性和完整性，还要以诚实和负责的态度对待公众信任。

为了实现上述目标，政府在负债核算和报告中需要采取一系列具体措施，包括严格遵循会计准则，确保政府负债的确认、计量和披露符合规范，强化内部控制和风险管理机制，确保政府负债信息的准确性和及时性，定期对外发布财务报告,并通过多种渠道和形式增强财务信息的透明度和可及性。通过这些措施,政府能够更好地履行其公共受托责任,实现负债信息的透明披露,提升政府公共资源的管理效率和使用效益,进而推动政府财务管理的现代化和科学化。这种透明和负责任的财务管理方式,有助于增强公众对政府的信任,促进政府治理的良性循环。

8.1.1 基于公共产权的内部诉求目标设定

政府产权是指依照一定的法律程序所赋予或规定的各级政府的职能、职责及相应的权力结构以及政府行为的权力边界。《政府会计准则——基本准则》对政府负债作出定义:政府会计主体过去的经济业务或者事项形成的,预期会导致经济资源流出政府会计主体的现时义务。我国的分税制改革给予地方政府在税收管理、负债治理和预算筹划等方面的自主权,使地方政府成为责、权、利相对独立的预算主体,调动了地方政府发展地方社会经济与财政管理的积极性,但与此同时,也削弱了地方政府财政的独立性、完整性和主动性(张曾莲和白宇婷,2017),财政分权下"竞争型财政缺口"导致地方政府除财政收入外进行大规模举债,增加了政府负债核报信息有效性与准确性的风险。从政府负债管理视角来看,一方面,政府需要对自身负债资金的来源及用途进行确认、计量和记录,方便政府对自身负债水平和偿债能力的评估,有助于相关部门加强负债风险管理;另一方面,本级政府通过对负债信息进行汇总并对上级政府进行报告,让上级政府把握下级政府负债情况,对下级政府负债进行统筹管理。从公共产权角度出发,政府负债的核报目标应是:明确政府负债是作为私人产权到公共产权过渡的公共物品,不同层级政府负债核报主体有责任对负债资金的使用情况进行确认、计量和记录,确保负债信息能够反映自身负债水平及偿债能力,同时能够帮助政府进行负债风险管理,降低负债风险。

8.1.2 基于公共财政理论的外部诉求目标设定

政府负债的核算和报告基于公共财政理论的外部诉求目标设定,旨在确保财政信息的透明度、完整性和可靠性,从而保障公众和其他利益相关者的知情权和监督权。公共财政理论明确了政府与市场的职责范围,保证政府在提供公共产品和服务时不缺位、不越位,同时与市场机制紧密联系,各地财政部门需要对其进行深入研究和分析,做好社会服务工作。

具体来说，公共财政理论强调，政府的主要目标是满足社会公众对公共产品和服务的需求，重点关注民生领域，提高民众的生活质量。政府的财政活动不是为了赚取利润，而是为了保障最大化的社会利益，因此在政府负债核算和报告中，政府必须遵循法律法规的约束和规范，同时接受社会公众的监督。当前政府负债情况的报告主要通过编制和上报资产负债表的方式进行，但存在显著的问题。资产负债表对地方政府负债的确认与报告，往往只披露了直接显性负债信息的一部分，对于潜在风险的或有负债，如地方政府为企业的担保、社保基金的缺口等，未能充分披露。这导致地方政府的财政风险难以全面呈现，公众和利益相关者难以全面了解政府的实际财政状况。地方政府的负债信息目前主要体现在财政总会计和行政事业单位会计的资产负债表中，无法整合地方政府的全部负债信息，难以形成一张全面的地方政府资产负债表。这种分散的报告方式，使得政府的负债信息难以汇总和全面披露，影响了财政信息的透明度和完整性。此外，现行的披露形式较为简单，许多重要的会计信息未能得到披露。这种不足需要通过改进政府会计准则和报告制度来解决，以确保所有政府负债信息，特别是或有负债，能够全面、准确地披露。

为实现上述外部诉求目标，政府在负债核算和报告中需要采取以下措施：严格遵循会计准则，确保负债的确认、计量和披露符合规范；强化内部控制和风险管理机制，确保负债信息披露的准确性和及时性；定期对外发布财务报告，并通过多种渠道和形式增强财务信息的透明度和可及性；整合财政总预算、行政单位和事业单位的负债信息，形成一张全面的政府资产负债表，全面反映政府的负债状况和财政风险。通过这些措施，政府能够更好地履行其公共受托责任，实现负债信息的透明披露，提升公共资源的管理效率和使用效益，推动政府财务管理的现代化和科学化。这种透明和负责任的财务管理方式，有助于增强公众对政府的信任，促进政府治理的良性循环。

8.1.3 基于受托责任理论的责任匹配目标设定

政府负债在完成了从私人产权到公共产权的过渡后，其监督机制也发生了变化。对于私人产权来说，监督更体现在物品主体本身对物品使用用途、产生结果的监督，而作为公共产权，物品的使用不仅要求使用主体本身对使用信息进行记录，更重要的是对记录的信息进行披露，满足公众对物品使用信息的监督。作为我国财务信息的收集方与发布方，政府应积极披露预决算与财务运行状况的相关信息，加强落实力度，使财务信息的使用者能够更快、更全面地获取信息，作出更合理的决策，评估、监督政府的受托责任完成情况。另外，适当放开地方政府的权力，自主研究适合各地区发展水平的财务信息公开体系，统一地方政府的治理权和财政权，适当地强化政府财务信息公开长期规划中对政府财务信息公开的外部审计与监督，更加专业地提供服务，切实加强组织领导、完善协调机制，处理好预决算执行，做到信息互通、成果共享，形成成熟的闭环运行机制。有效保障社会公众及时、详尽地获取政府财务信息的权利，增强政府财务信息透明度建设，向衡量受托责任的目标有效过渡，具有服务理念，即以体现公共受托责任为政府财务信息披露改善的最终结果。

政府负债是一种特殊的政府履行受托责任的过程，资金的使用情况受到外部利益相关者的监督，以评判政府是否积极履行了受托责任。因此，基于公共受托责任理论的政府负债核报目标需满足：通过对政府负债的核算和报告，明确政府对负债的责任行为，将责任匹配到各级政府和各个部门，保证政府对受托责任的履行；政府负债核报的相关信息，有助于各层级政府、各部门和各单位检查自身财政财务状况，在利益相关者的监督下优化负债管理行为，降低负债风险和财政风险，增强财政纪律。

8.2　政府负债核报目标设定的基本原则

我国政府负债核报的背景可以从宏观经济环境、财政政策需求、政府会计改革和公共管理理论发展等多方面来进行分析。

首先，从宏观经济环境来看，近年来全球经济波动频繁，许多国家和地区面临着经济增长放缓、通货膨胀和财政赤字等问题，政府往往需要增加负债以支持经济增长和稳定社会发展。在这一背景下，政府负债的规模和结构变得更加复杂，对负债的核报和管理提出了更高的要求。其次，从财政政策需求出发，政府负债是财政政策的重要工具之一，特别是在经济下行周期，政府通过增加负债进行财政刺激，以支持经济复苏和公共项目建设。同时，随着政府职能的扩展和公共服务需求的增加，政府负债在资金筹措和公共服务提供中的作用愈发重要。这要求政府必须对负债进行科学核报和管理，以确保财政政策的有效性和可持续性。再次，政府会计改革也是政府负债核报的重要背景。近年来，我国政府会计准则体系不断完善，例如，《政府会计准则第8号——负债》和《政府会计准则第9号——财务报表编制和列报》等准则的发布，为政府负债的核报提供了具体的操作指南和标准。这些准则的实施，旨在提升政府会计信息的真实性、完整性和透明性，促进政府财政管理的规范化和科学化。最后，公共管理理论的发展也为政府负债核报提供了理论支撑。包括新公共管理理论、公共选择理论、公共受托责任理论等在内的现代公共管理理论，强调政府治理的效率和透明度，倡导通过科学管理和信息公开来提升政府的公共服务水平。这些理论要求政府在负债核报过程中，注重信息披露和社会监督，以增强财政管理的民主性和公信力。此外，结合《会计改革与发展"十四五"规划纲要》的要求，政府负债核报还应考虑到国家战略目标和财政体制改革的需要。例如，规划纲要中提出要健全完善政府会计准则制度建设与实施机制，积极发挥相关机制作用，这需要准确的负债核报作为基础支撑。

综上所述，政府负债核报的背景涉及多重因素，包括宏观经济环境的变化、财政政策需求的调整、政府会计改革以及公共管理理论的发展等。在这一背景下，政府负债核报不仅是财政管理的重要内容，也是实现政府治理现代化和提升公共服务水平的关键环节。本章认为，政府负债核报要坚持精确性原则、透明性原则和一致性原则。

8.2.1 精确性原则

精确性原则指的是政府负债核报要保持完整性、准确性、可靠性、及时性和谨慎性。完整性强调在政府的财务报告中包含所有负债，确保没有遗漏任何财务责任。完整性是财务报告真实性的保障，对于评估政府的财务健康和长期财政可持续性至关重要。准确性和可靠性要求政府在进行负债核算时，使用经过验证的数据和认可的会计方法。这意味着政府需要采用标准化的会计流程来确保数据的准确录入、更新和维护。数据的可靠性是制定有效政策和确保财政稳定的基础，也是稳定金融市场信心的关键因素。及时性原则确保财务信息的时效性，要求政府及时发布其财务状况和负债信息，及时更新的财务报告可以帮助政府快速应对财政压力，调整策略以避免潜在的风险。同时，它也能够让公众和市场更好地理解当前经济状况，增强政策的透明度和可预测性。谨慎性则是在估计和预测中考虑潜在风险，确保财务规划的稳健可靠。

（1）完整性

政府负债核报的完整性要求政府会计不仅核算直接负债，也要对或有负债进行核算，同时关注隐性负债的核算。公共投资项目及改善基础设施建设的未来日常维护成本、扩大义务教育以及发展成人教育的支出属于直接隐性的政府负债，在产生的当下地方政府并不核算，但却是未来政府为承担责任必须支出的一部分。而且对这些直接隐性负债的支出在逐年增加，同时，支出金额也分为金额确定部分与金额不确定部分，对金额不确定部分的估算方法不同结果也不相同，增加了其核算的难度。要实现对全部负债的核算是存在难度的，但是当下无法直接核算的负债也要通过信息披露的方式反馈到财务报告中，对外界进行披露。

（2）准确性和可靠性

政府负债核报的准确性和可靠性体现在政府负债数据来源可靠，正确录入到会计系统中，数据保持更新和维护。通过数据的准确录入，有助于建立风险管理系统，识别和评估负债风险，并采取措施进行有效控制。重点关注短期负债、外币负债和或有负债的风险，确保这些风险得到及时有效的监控和管理。

（3）及时性和谨慎性

政府负债核报的及时性，要求政府会计主体保证负债信息及时更新和发布，帮助政府及时评估自身负债状况，调整投融资策略，避免潜在财政危机，也为社会公众传递政府经济状况信息，调动公众监督政府财政资金使用的积极性，增强政策和财政的透明度。同时，对政府负债信息的判断不能低估其潜在风险，要保证负债信息能真实公允发布，谨慎对待政府负债风险。

这五个方面的集合，使得有关政府负债的财务信息能够为政府会计主体本身提供以下帮助：①建立健全负债管理制度和程序，明确自身负债融资和偿还的能力，确保负债的合法性和合规性，防范可能的负债风险；②确保负债规模和结构在可持续范围内，以防止过度依赖负债融资，通过制定长期的负债管理战略，确保在稳定的财政政策基础上实现经济增长；③加强对负债问题的研究和分析，包括对负债规模、结构、成本和风险的深入分析，降低潜在财政风险。

8.2.2 透明性原则

透明性要求政府披露所有与负债相关的详细信息，包括负债金额、来源、利率、到期时间及支付条件等。这种透明度确保了公众能够监督政府的财政行为，深化了精准问责，减少了腐败的可能性。透明性的实现依赖于及时和全面的财务报告，以及政府财务信息的公开访问。政府应按照有关规定公开其负债信息，包括负债规模、结构、偿还期限、利率等。这种透明度有助于提高市场和公众对政府财政状况的信心，同时也有助于监督政府的财政行为，确保其负债管理符合国家的经济政策和法律法规。

通过遵守透明性原则，政府负债的核报能够最大限度满足外部利益相关者的信息需求：①对于公众，能够判断政府是否恰当履行受托责任，实现法治政府和有为政府的统一，保障公民权益；②对于监管部门，能够判断政府有关负债的政策决策过程和政策执行过程是否符合法律法规，实现监督功能。

8.2.3 一致性原则

一致性原则要求政府在连续的会计期间内应采用相同的会计政策和方法，除非明确说明改变的理由和影响。这样做可以确保财务数据的可比性，对于分析政府财务状况的变化趋势和制定长远政策具有重要意义。

政府负债核报的一致性，表示政府进行负债核报时应采用统一的会计标准和报告口径，确保各级政府和不同机构之间的数据可比性和一致性。通过对比不同周期重要政府数据，揭示出政府负债状况历年变化情况，较为直观体现政府负债的增加是否符合中央政策的指导，对政府举债行为进行分析，判断政府是否进行了不适度举债。因此，数据保持标准一致的政府负债核报有助于：①政府更好地识别和管理不同责任主体的负债，确保各级政府在负债管理中承担相应的责任。例如，通过明确界定地方政府和中央政府的负债责任，可以有效防范地方政府过度负债或依赖中央政府的风险，维护国家的财政稳定；②确保政府在报告负债时能够清晰地展示不同责任主体的负债情况，更好地监管和调整负债结构，确保各级政府的负债在合理范围内，并制定相应的政策来解决可能的负债问题。

8.3 政府负债核报目标体系构建

通过规范的负债核报和监督，政府可以确保负债水平在可持续的范围内，避免因负债过度而引发风险。政府负债核报可以帮助政府监控和管理其财政政策对经济的影响，如负债对国家信用评级、汇率和通货膨胀的影响。合理的负债管理不仅可以减轻政府财政的压力，还可以在经济不确定性时期为政府提供调控空间，通过财政和货币政策工具来稳定经济。随着社会的发展和人口结构的变化，政府面临着越来越多的财政挑战，如养老金赡养比的上升、医疗保健成本的增加等。政府负债核算使政府能够预见这些长期财政责任，提前做好准备，通过设立基金、调整政策或改革税制等方式，来应对未来的财政压力。

数智新技术的发展使得现代会计有机会兼顾可靠性与有用性，会计目标的受托责任观和决策有用观在数智时代将趋向融合（董南雁等，2023）。基于数字技术对各政府部门信息的收集以及行政部门在网络活动中的行动轨迹分析，帮助政府会计更深入分析数据背后的信息,能够为财政预算决策部门提供更加合理科学的建议(章贵桥等,2021)。为保证数智化时代政府会计提供的政府负债信息能够更加完善,要精确界定政府负债核报的目标,可分为短期目标和长期目标。从短期目标来看,政府负债的核算和报告要保证信息的收集和披露,即对政府负债的核算要具体而切实、信息披露要完整而及时;从长期目标来看,政府负债作为政府需要偿付的部分,存在政府偿债能力不足而引起的负债偿还风险,不利于地区乃至国家经济发展,因此政府负债的核算和报告以在长期能够实现责任落实、降低负债风险为目标。

8.3.1 满足内部管理及外部监督的短期目标

我国政府负债在撬动投资以及对全年 GDP 增长方面均具有明显拉动作用,地方政府负债和经济发展之间存在显著正相关关系,但地方政府负债对经济增长的拉动效应随着负债规模扩大逐渐呈收敛趋势(朱文蔚和陈勇,2014)。无论政府是出于什么动机产生了政府负债,其最终目的为发展区域经济,因此对政府负债的核算及其对经济增长产生的拉力的核算尤为重要。大数据时代对政府财务信息决策及时性和管理效用敏捷性提出了更高要求,数字财政是推动数据开放、促进数字经济发展的重要机制(谢波峰,2020)。人工智能应用研究为政府会计功能转变提供了可行工具与路径支持(傅元略,2019),借助人工智能技术智能化地处理政府会计工作,能够挖掘数据隐含信息,辅助管理决策(刘勤,2019),有助于对政府负债进行更全面核算,对于没有充分体现的或有负债,也能够进行更深入挖掘,对政府会计主体评估自身负债风险、适度举债具有重要意义。

现阶段,我国政府出台了一系列政策促进人工智能的发展,作为实现政府会计工作转型升级的重要基础,这些政策与文件体现了财政部对人工智能等新技术在会计信息化领域应用的重视(刘梅玲等,2020)。人工智能新技术对政府会计的影响主要包括信息技术对政府会计理论与实务冲击和融合两方面(孙健和刘梅玲,2019),相对于政府主体内部对负债进行的核算与报告,外部信息使用者更需要通过政府会计系统获取相关负债信息,尤其是对监管机构而言,要做好风险防范和政策监管工作,切实降低信息不对称的程度(张新民,2020)。从政府主体内部诉求与外部诉求的角度来看,政府负债核报的目标要立足当下,依据数智化时代的政府会计功能跃迁,及时、准确地公开政府负债信息,以政府主体内部核算需求为起点,以满足外部利益相关者的信息使用需求和监督作为方向,完善政府负债管理体系。

8.3.2 满足责任落实及风险防范的长期目标

从长期角度出发，为了改善政府负债信息披露的质量，政府负债核报首先应增强透明度和可比性，这意味着需要建立健全的财务报告体系，确保所有的负债信息都能以一致的标准和格式进行披露。这一过程中，需要借鉴国际上普遍认可的会计准则，确保政府财务报告具备可比性。此外，还需要加强对或有债务的识别与报告，比如通过完善相关法规和指引，确保养老金缺口、社会保障承诺等非传统负债能够得到充分揭示，并且按照明确的方法进行估值。其次，提升负债信息的准确性和及时性也是关键目标之一。这要求政府采用现代化的信息技术手段来收集和处理财务数据，减少人为错误，确保数据的实时更新。同时，还应强化审计机制，通过独立第三方的审查来验证负债数据的真实性，增强公众的信任度。为了实现这一目标，可以考虑引入电子政务平台和大数据分析技术，以提高数据处理的效率和准确性，并且定期发布详细的负债报告。最后，政府还需要致力于优化债务结构管理，通过制定科学合理的债务管理策略来降低债务成本和风险。这包括明确债务使用的目的、期限、利率等关键要素，以及建立有效的监测预警系统，以应对可能的经济波动带来的挑战。通过这些措施，可以确保负债信息不仅详尽准确，还能反映出政府在债务管理方面的积极作为，实现责任的落实与风险的防范。

在社会主义经济建设进程中，各级政府既要优化资源配置，公平进行社会收入分配，还要进行市场化融资和投资，这给地方政府的信息披露提出了更高要求。而囿于当前政府会计系统对政府负债核算和信息披露不足的现状，政府更有可能出现过度举债的情形。当政府负债举借、使用、管理、偿还过程无法落实财政部的规定时，责任划分也存在困难。当政府会计难以全面反映负债信息时，负债产生的风险问题的责任落实也存在困难，只有落实对违法举债问题的追究，强化负债问题倒查问责机制，通过财会监督将负债问题的发生精确匹配责任到具体的部门和责任人，压实地方责任，各政府主体才能更加谨慎地进行政府负债管理，提高财政透明度，完善负债信息并加大披露力度，减少政府负债核报因为负债信息长期不足引起的问题。

8.4 政府负债核报目标实现的保障机制

政府负债的核报，是为了保证政府负债在社会经济运行中充分发挥作用，满足区域经济的长远发展，因此要设立负债核报的短期与长期目标，满足不同信息使用者的要求，并强化政府负债责任匹配机制，减少政府负债风险和财务风险问题。政府负债核报目标设定的原则有精确性、透明性和一致性，政府通过什么路径实现负债核报的目标，值得进行探讨。

政府负债核报原则的实现有赖于其正确的计量、核算以及信息披露，这离不开政府会计系统在其中发挥的作用。构建政府会计和政府负债管理融合的地方政府负债管理新框架，以应计制逻辑完善政府资产预算，可以实现财政预算实施及资源的有效调配，防范化解地方政府负债风险（周曙光和陈志斌，2021；姜宏青和孙西茹，2023）。因此，政府可以通过发挥政府会计制度的作用、科学设计会计信息披露体系来保证政府负债核报目标的实现。

8.4.1 发挥政府会计职能，完善政府负债核报体系

政府的负债情况对于评价政府的财务状况、衡量财政风险和制定财政决策等具有重要的作用。刘光忠（2010）指出，从长期来看，健全地方财政体制是治理政府负债和防范政府负债风险的根本方法。然而，从短期来看，最重要的任务是依托数字技术发展，建立健全政府会计与财务报告体系，对政府的资产和负债进行全面、准确的核算和报告，充分发挥会计系统负债管理和防范风险的功能。由于职能的要求，政府不仅需要承担一般意义上的合同、法律等规定的负债，还需要承担道义义务或预期责任形成的负债。

Kluza（2017）、Montes等（2019）认为，政府资产负债表能够反映负债规模，现金流量表体现了对债券偿付风险的考察，应充分利用政府财务报告，发挥政府会计的监管职能并结合政府审计，有效抑制政府负债风险（蔡利和段康，2022）。同时，为披露隐性负债，更好显示政府负债规模，引入权责发生制的政府会计制度，使其与财政分权体制共同作用，有助于防范负债风险（孙琳等，2021）。此外，在数智化时代的发展推动下，政府会计的契约功能和估值功能不断延伸，对政府负债风险治理具有促进作用（章贵桥等，2023）。因此，政府会计职能的发挥，有助于政府对负债的全面、准确核算，对降低负债风险也起着至关重要的作用，把握好政府会计体系与政府负债管理体系的融合，合理引入权责发生制，有助于政府负债精确性和一致性原则的实现。

8.4.2 健全信息披露制度，提高政府负债核报质量

增强财政透明度与政府财务信息披露质量，能够显著促进经济发展，抑制地

区经济风险（王汇华，2020）。政府负债要做到有效管理，各级政府主体责任、中央政府监管和市场约束缺一不可，而高质量的信息公开，是这三者能够发挥作用的前提。各级政府公开负债信息，有利于中央政府全面了解各级政府负债情况，更加精准地配置各个地区的负债限额，从全局角度判断和控制整体负债风险。同时，也有利于地方债券在一级发行市场和二级流通市场的合理定价，吸引更多的投资者投资地方政府债券项目，提高地方债券市场的流动性，优化地方债券市场的投资者结构，从而促进债券市场的有序繁荣发展。另外，对于地方政府自身而言，公开负债信息，让中央政府、纳税人和债券投资者更好地监督其融资和投资行为，可以促使其更好地提高资金使用效率，在投融资上更加谨慎，从而有利于地方财政健康可持续发展。

刁伟涛等（2022）指出顶层设计和公众参与都会促进政府负债信息公开，二者上下结合的作用力度则更为显著，因此要强化并完善与政府负债信息公开相关的顶层制度设计，同时引导和鼓励社会公众的积极参与，通过信息公开推动对政府负债规范化的良性治理。建立政府会计标准体系、制定政府财务信息披露指引、加强政府财务信息披露管制，可以规范政府财务信息披露行为，防范政府负债风险（王芳等，2020；李子联和刘丹，2022）。根据公共产权理论，利用政府会计系统在数字技术推动下产生的功能演变，促进政府负债信息公开，有助于各政府层级之间减少信息壁垒，令上级政府更加了解下级政府的负债情况，同时降低下级政府举债过程中对上级政府举债的"兜底"预期，因而各层级政府间能够提高自身财政支出的利用效率，硬化财政预算软约束，降低政府负债风险。因此，对于政府财务信息披露体系，要充分利用数字技术，坚持指引与管制并行，强化法律对政府主体行为的约束，以政府会计系统作为媒介，使披露科学有效，提高政府负债核算和报告的质量，增加披露的公开透明度，实现政府负债核报的透明性原则。

第9章

政府负债核算主体研究[*]

9.1 政府负债核算主体如何确定

政府负债核算的概念经历了逐步完善和细化,以适应不断变化的经济环境和公共管理需求。从早期的简单记录到现代复杂的财务报告制度,这一过程反映了政府对负债治理和信息披露要求的不断提升。

早期的政府负债核算主要包括确认、计量和记录基本的负债数据。此时的负债核算相对简单,主要是对外借款、政府债券等显性负债的记录,缺乏系统性和全面性,信息披露也较为有限。这一阶段的负债核算更多地是作为内部管理工具,缺乏对外部利益相关者的充分披露。随着经济的发展和政府职能的扩大,政府负债核算的要求逐渐提高。特别是在20世纪中后期,公共财政理论的发展促使政府开始关注全面的财务状况和长期财政可持续性。政府会计准则制度的制定和实施,标志着政府负债核算进入了一个新的阶段。此时,负债核算不仅包括确定负债,还开始涵盖预计负债等内容,信息披露的范围和深度大幅增加。

现代政府负债核算强调透明度、责任清晰和可持续性。政府不仅要记录和报告所有负债,还需详细披露负债的形成原因、用途、偿还计划和潜在风险。政府负债信息需要通过定期的财务报告向公众和利益相关者披露,以确保财政透明度和公众信任度。此外,现代负债核算体系还强调负债治理的科学性和规范性,通

---

[*] 本章系国家社会科学基金重点项目"人工智能背景下会计职能转变研究"(20AGL014)的研究成果之一。

过制定严格的负债治理政策和程序，确保政府能够有效控制、管理负债规模和风险。随着《会计改革与发展"十四五"规划纲要》的公布，政府负债核算的概念进一步革新，要求更加全面、透明和及时地披露信息，同时加强对地方政府负债的监管和指导，确保财政信息的准确性和完整性。通过现代化的信息技术和数据管理手段，政府负债核算逐渐实现数字化和智能化，提高了核算效率和信息质量。政府负债核算经历了从简单记录到全面报告，从内部管理到外部披露，从传统方法到现代技术的演进过程。未来，随着经济环境和公共管理需求的变化，政府负债核算将继续发展和完善，以更好地服务于公共财政管理和经济社会发展。

政府负债核算与风险的管理密切相关。政府负债风险包含宏观和微观两个层次，这两个层次与政府负债核算的两阶主体相对应，以确保全面、准确和透明的负债治理。

政府负债在宏观层面上主要涉及流动性风险、利率风险、信用风险和系统性风险。短期负债面临流动性风险，需在较短时间内偿还，可能导致资金紧张，影响行政部门日常运作和公共服务的提供。长期负债涉及利率风险和信用风险：市场利率上升可能增加债务成本，若财政收入不足，还款能力也将受影响；未按期支付长期应付款和债券本息可能影响政府信用评级和未来融资成本。或有负债如政府担保的贷款存在信用风险，若担保贷款违约，政府需承担偿还责任，增加财政负担。此外，大规模的政府担保项目若违约，可能引发系统性风险，影响金融市场稳定。为有效控制和降低宏观层面的负债风险，政府需建立合理的债务结构和偿债计划，提高财政透明度和信息披露质量，加强债务管理和审计监督，确保财政的可持续性和经济的稳定性。宏观层面的政府负债风险主要由一阶主体承担。一阶主体包括中央政府、省级政府、市地级政府和县级政府等，负责全面核算和报告本级政府的所有负债情况，制定负债治理政策，进行债务审批和监控，并向上级政府和公众披露负债信息。通过全面掌握和管理政府的负债情况，一阶主体能够有效防控宏观层面的政府负债风险，确保政府履行其公共责任，促进经济社会的稳定发展。

从微观层面来看，政府负债主要涉及法律风险、社会风险和声誉风险。短期负债若未按时支付，可能引发社会风险和法律风险。长期负债如长期应付款若未按合同约定支付，可能引发法律诉讼和额外法律费用。或有负债如未决诉讼涉及法律风险和声誉风险，诉讼结果的不确定性可能导致政府面临巨额赔偿和法律费用，影响政府的公共形象和信任度。通过加强内部控制和审计监督，政府可以有效管理和减少微观层面的负债风险，确保财务信息的准确性和完整性，维护公共信任和政府声誉。微观层面的政府负债风险主要由二阶主体承担。二阶主体包括各级政府部门、各类事业单位等，负责提供本单位的负债数据，协助一阶主体进行数据汇总和报告，并接受一阶主体的审核和指导。二阶主体在管理和报告自身的负债情况时，需要特别关注可能导致权利受损或义务违约的风险，通过准确记录和及时报告，确保一阶主体能够有效汇总和管理整个政府体系的负债信息，从而防控微观层面的政府负债风险。

政府负债核算不仅是财政管理的必要手段，也是体现政府公共受托责任和产权分配的重要过程。从公共财政理论、公共受托责任理论与公共产权理论的角度出发，分析政府负债核算的执行主体、监督主体和责任主体，有助于理解政府负债信息披露，保证财政透明度，管理政府负债风险。政府负债核算的两阶主体分别对应政府负债风险的两个层次。一阶主体主要负责防控宏观层面的政府负债风险，确保政府能够履行公共责任并维护经济社会的稳定。二阶主体则负责防控微观层面的政府负债风险，通过准确核算和配合一阶主体的工作，确保政府财务信息的准确性和完整性。通过明确各自的职责和任务，一阶主体和二阶主体能够紧密配合，确保负债核算的质量和效率，提升政府财务信息的透明度和可信度，实现全面有效的政府负债风险管理。

本章从公共财政理论、公共受托责任理论与公共产权理论的角度出发，对政府负债核算的执行主体、监督主体和责任主体进行分析，有助于理解政府负债信息披露，保证财政透明度，管理政府负债风险。

9.2　政府负债核算主体选择的理论基础

会计主体作为会计的基本前提之一，对政府会计体系的构建起着至关重要的作用。会计主体是一种用以界定会计管理活动空间范围的理论假设，是明确会计组织核算范围的前提。但我国政府会计，乃至我国现存公共服务体系会计尚未明确会计主体，若仅按照相关的制度、法规，会计报告反映的内容为各级政府与行政、事业单位的财务状况与预算执行情况，不利于政府受托责任观的贯彻与落实（陈志斌，2003）。张连江和吕炜（2003）与赵西卜（2012）均认为需从会计记账主体与会计报告主体两个角度来探讨政府会计主体，会计记账主体应该满足内部核算的需求，而会计报告主体则主要考虑外部信息使用者的需求，因此可能会发生会计记账主体与会计报告主体边界上的离合。叶龙和冯兆大（2006）基于公共财政理论、代理理论以及我国具体国情，对现存政府会计主体模式进行讨论，他们认为双主体模式更加适应我国国情。数智化时代下，政府会计功能的完善对政府会计主体提出了更高的要求，政府负债核算目标要求政府进行决算报告与财务报告的编制既要满足政府负债内部核算的要求，又要满足外部信息使用者的需求。政府作为负债核算的执行主体，既要通过政府会计对政府负债信息进行核算和报告，帮助政府本身分析举债能力和负债率，降低负债风险和财务风险；还要帮助外部信息使用者对政府负债情况和受托责任的履行进行监督，发挥监督主体的负债核算作用；同时还要强化责任匹配机制，促使政府负债风险责任落实，实现政府作为负债核算责任主体对责任的承担。因此，本章从公共财政理论、公共受托责任理论和公共产权理论出发，对政府负债的核算主体进行讨论。

9.2.1　执行主体：公共财政理论

政府作为公共部门，应该根据公共财政理论界定其经济职能或经济活动的范围，并以此为标准来对政府的活动和资金来源做出取舍。公共财政是指通过集中一些社会资源，来提供公共产品和公共服务以满足公共需要的经济行为或分配活动，自然也包括相关的预算行为。公共财政保证了政府三个角色下不同责任的履行，包括公共物品提供者、公有制度维护者及公平分配保障者。作为公共物品提供者，政府通过自身收支活动为政府公共产品提供资金，以实现全社会资源配置的最佳状态；作为公有制度维护者，政府通过制定和执行政策，解决市场运行过程中产生的问题，从而保证市场经济平稳运行；作为公平分配保障者，政府通过再分配政策，保证社会资源分配的相对公平。

从公共财政的视角来看，政府是记账主体，应当从财务会计核算角度对自身负债进行核算；政府也是报告主体，需要从财务报表角度对负债进行信息披露和风险报告。同时，记账主体与报告主体关系紧密，记账主体应及时准确地对报告主体提供有关政府负债规模、举债成本及负债风险等方面的信息，方便报告主体根据信息作出相关决策。

9.2.2　监督主体：公共受托责任理论

政府会计体系是以绩效管理为导向构建出来的，因此全面、系统地反映政府公共受托责任履行情况是政府会计的基本目标。公共受托责任是受托责任的一种表现形式。简单地说，通过将委托代理理论运用到政府管理当中，公共受托责任理论认为股东就是社会公众、管理者就是政府。政府接受来自社会公众的委托以代表公众行使国家管理的权利，相应地，政府也需要对其所代行的权利进行说明，而社会公众也有权通过国家的相关法律法规来约束政府受托责任过程中的不合理和不合法的行为。任何一种社会形态，在国家管理中让公众直接参与都是行不通的，需要通过缴纳税款的方式来为政府提供资源，让政府合理有效利用委托的相关资源来为公众服务。在管理和使用公共资源中，政府不能仅停留在合规方面的受托责任，也应注意履行受托责任的表现。

政府财务报告在政府公共受托责任履行和解除中起着十分重要的作用，可以将委托人和受托人紧密联系起来，其中受托人是报告的提供者，委托人则是报告的使用者。受托人和委托人共同关注公共资金的使用绩效，因此公共受托责任的核心就是政府绩效的评价。政府作为受托人，对公众负有受托责任，就应该全面反映政府的运营、财务信息，以便作为委托人的公众来评估受托责任的完成情况。由于我国公共受托责任比较复杂，在确定政府财务报告主体时应该将政府公共部门设置特征纳入考虑范围内，而政府财务报告主体必须满足的条件之一正是存在利益相关者的信息需求（张琦，2009）。政府负债信息不仅要满足政府内部对负债的核算需要，更要满足公众对政府行为监督的信息需求，全面的政府会计信息能够帮助使用者评价政府绩效，使受托责任政府体系更加有效。

从我国实际情况出发，受托责任应作为确定我国政府财务报告主体的主要标准。因此我国政府财务报告主体可以划分为基本政府报告主体、政府部门（单位）报告主体和基金报告主体，基金报告主体包括由各级政府根据预算规定的具有各种指定用途的基金（陈志斌，2011）。本级政府主体要履行政府职责，对政府负债进行核算和报告，合理配置公共资源，披露相关政府负债潜在风险；各部门政府主体也应该根据自身财政预算合理控制相关负债指标，及时报告风险信息。外部利益相关者通过政府负债的核算信息，判断政府是否履行了受托责任，政府负债资金使用效益是否与政策要求一致，政府财政透明度是否符合满足公众对信息知情的需求，政府负债风险是否被有效控制等。因此，外部利益相关者作为政府负债核算的监督主体，包括公众、国家金融监督管理总局和国家审计署等。

9.2.3 责任主体：公共产权理论

对公共产权的一般含义有以下三个方面的认识：公共产权的实质内容和构成要素、公共产权结构以及公共产权的本质属性。

从公共产权的实质内容和构成要素来看，公共产权包含公共财产和公共权利两个基本要素。政府负债往往被政府用于城市建设以谋求经济和社会发展。在这个过程中，政府本身作为主体行使权利，因而政府本身要对政府负债核算产生责任。

从公共产权结构来看，公共权利可以归属于一个公共产权主体，也可以分解成各种特定的权利再分属给不同的公共产权主体后组成"权利束"。前者为单一权利结构，后者为复式权利结构。统一的公共产权即为完整的公共产权，等于广义的所有权。经济学中的财产权与法律范畴上的财产权有共性也有区别。经济学中的财产权是现实经济生活中的权利，而完整的财产权是选择经济品某一用途的权利，财产一旦被选择作为某一用途，就确定了一定的权利、职能和相应的利益，就必须放弃其他一切权利，因此不能把完整的公共产权称作"一束权利"。只有在公共产权分解为各种特定权利的情况下，才会由这些特定的权利组合成"权利束"。"权利束"是依据不同情况分解为不同的特定权利又重组而成的，也是根据不同公共产权的性质、特点及其他主客观条件进行的公共产权安排。当政府负债资金被某一个部门所使用时，该部门即拥有了这一部分资金的权利，作为一个独立的主体对该部分资金的使用状况、核算和列报情况负责。

从公共产权的本质属性看，公共产权本质上是生产关系，变革公共产权是为了适应生产力的发展。同时，不同的公共产权也对应着不同的行为特征，所产生的效应也随之不同。想要选择有效率的公共产权制度，必须与公共产权主体的行为能力相适应。不同主体权能不同，对政府负债资金的支配能力也不同；根据资金支配使用的不同用途，所对应的负债核算要求也不尽相同。不同主体要从多角度出发，全面进行政府负债核算和列报。

明晰的公共产权增加了公共产权主体对可支配资源的确定性，有利于有计划、稳定地支配这些资源，更好地利用资源；同时，公共产权能够界定不同公共产权主体的责任，防止互相推脱，促进经济高效运转。公共产权的核心功能是对主体进行激励和约束，其中享受权利是一种激励，而承担责任是一种约束。公共产权主体能够在可预期利益的驱动和激励下，有效地行使手中的权利和职能。而责任能够约束公共产权主体，使其行使权利的行为合理高效化。不同主体通过负债资金的利用来实现政治经济目标，也担负了对该资金用途的核算责任。因此，从公共产权理论角度出发，存在对负债使用和信息披露负责的政府负债核算责任主体，包括各级政府、各部门和各单位等所有与政府负债政策相关的实体。

9.3 政府负债核算主体选择的逻辑

政府负债资金的来源和用途不同，使政府负债的核算和报告主体也有所不同。随着政府负债资金的支出，对于负债资金支出是否满足绩效考核要求、信息披露是否满足公众对政府透明度的预期、政府负债资金从流入政府到流出政府的过程中产生的风险责任是否被落实均需确认政府负债核算的不同主体。本章从负债核算的执行主体、监督主体以及责任主体出发，论述政府负债核算的不同主体定位以及不同主体之间的关系。

9.3.1 政府负债核算的执行主体

政府负债核算和报告是一个复杂的过程，其执行主体涉及多个实体，包括中央政府、地方政府、各部门和各单位。这些实体在政府的负债治理体系中各司其职，通过对相关政策的发布以及负债的核算和报告，共同确保财政活动的透明性、合规性和有效性。

中央政府在政府负债核算与管理中担当着核心角色，政府负责制定和执行影响国家财政健康和经济稳定的关键政策。其主要职责包括债券的发行与管理，债券的再融资与偿还，优化政府负债结构以减少财政成本等。同时，中央政府还通过制定宏观经济政策来调整税收和公共支出，以影响经济的各个方面。此外，为确保负债治理的规范性和合法性，中央政府还负责制定和更新相关的法律和政策，并与国际金融机构进行谈判协商。为维护财政透明度，中央政府会向公众披露负债状况，确保政府行为的公开与问责。这种综合性的管理策略不仅确保了国家财政的稳健，还有助于构建公众对政府财政政策的信任和支持，为国家的长远发展和经济稳定打下坚实的基础。

地方政府在政府负债核算和管理中扮演着至关重要的角色，尤其是在实施和执行国家级政策的地方化环境中。地方政府负责管理其辖区内的财政资源，各单位和部门负责具体的负债核算和管理工作，包括政府负债的识别、计量、记录和报告。在长期借款的核算中，各单位和部门详细记录借款金额、利率、还款期限，并在内部报告中披露相关信息。对于应付长期政府债券，各单位和部门须记录发行债券的面值、发行价格和每期的利息支付，确保内部报告的准确性。此外，各单位和部门还需处理或有负债，根据发生的可能性和金额的可靠性进行评估，并在内部报告中披露相关信息，以便上级部门了解潜在的财务风险。各单位和部门需按照相关法律法规和会计准则的要求，准确记录政府负债信息，确保数据的真实性和完整性，定期编制财务报告，并向上级部门和财政部门报告负债情况，确保信息透明和及时。各单位和部门在政府负债管理中还需建立和完善内部控制制度，防范和控制负债风险，确保政府负债资金的合法和高效使用。

财政部门对政府负债的核算和管理起着上下衔接的作用。对于中央财政部门来说,应制定全国范围的财政政策和负债治理政策,指导地方政府和其他单位的财政和负债行为,因此需要制定统一的政府负债核算和报告标准,确保各级政府和相关机构遵循相同的核算和报告方法。而对于地方财政部门来说,其不仅要负责地方政府的财政收支和负债核算,确保数据的准确,还需要及时向上级政府和财政部报告地方财政和负债情况,保证信息的透明,从而推动地方政府负债的有序性以及可持续性。因此,财政部门在负债核算和管理中既要接收上一层级部门发布的政策条令,也要反馈下一层级负债核算的信息,帮助政府进行负债治理,降低负债核算风险。

对于负债核算的执行,要明确负债的定义为政府当前或未来需要履行的现时义务,并对负债进行识别。负债核算执行主体的主要任务涵盖了负债管理的各个方面,以确保政府负债的透明性、合规性和有效性。首先,负债核算执行主体负责制定和执行科学合理的负债管理政策,明确负债的核算流程与报告流程,确保所有负债行为符合相关法律法规和政策要求。其次,负债核算执行主体负责收集和整理所有政府负债数据,确保数据的准确性和完整性,并定期编制负债报告,向上级政府、公众和利益相关者披露负债信息,增强信息透明度。此外,负债核算执行主体需监督负债资金的使用情况,确保其用于合法和高效的项目,如基础设施建设和公共服务,并通过评估项目进展和资金使用效果,提高资金使用效率。负债核算执行主体还需评估政府的偿债能力,设计全面的负债评估指标,建立全面的风险管理体系,识别和评估负债中的流动性风险、利率风险、汇率风险和信用风险,采取相应的预防和应对措施,防范可能的财政风险。为了确保负债管理的规范性和合法性,负债核算执行主体需建立严格的内部控制制度和审计机制,对负债全过程进行监督和审计,并通过内部检查,及时发现和纠正管理中的问题。绩效评价也是负债核算执行主体的重要任务之一,需要制定科学的负债资金使用绩效评价指标体系,对政府负债管理的效果进行评估,涵盖负债规模、资金使用效率、偿债能力、信息透明度和风险控制等方面。负债核算执行主体通过定期的绩效评估从而发现问题并及时改进,实现负债管理水平提升。最后,负债核算执行主体也需加强与其他政府部门和地方政府的协调与合作,以确保负债管理政策和措施的一致性和协调性。各级政府应通过信息共享和合作,优化负债管理流程,确保各级政府负债行为的协调一致,维护整体财政健康。通过全面执行这些任务,负债核算执行主体可以确保政府负债管理的透明性、合规性和有效性,促进财政的可持续性和经济的稳定发展。

9.3.2 政府负债核算的监督主体

政府负债核算过程和结果要受到利益相关者的监督，监督主体涉及的实体包括独立监管机构和公众。独立监管机构从制度和政策上对负债核算进行监督，公众则主要从道德和舆论的层面对负债核算进行监督，以保证政府负债核算合法合规和政府财政透明度发挥作用。

独立监管机构主要负责监督和审查政府的财务活动，确保其符合法律和政策要求。这些机构通常包括国家审计、监察部门等，其主要职责应该包括审计政府的年度财务报告，评估政府的负债和资产管理效率，以及监控政府的收支情况是否符合预算法规定。通过这些活动，监管机构不仅要揭示财政管理中的问题，如资金浪费、不当支出或预算超支；还要评估政府的财务健康，为政策制定者提供决策支持。此外，独立监管机构承担着提高政府财政透明度的重要任务。它们通过发布审计结果和专项报告，向公众和立法机关通报政府的财务状况和潜在的政府负债风险。这种公开的财务信息是建立公众信任、提升政府问责制和透明度的基石。独立监管机构还常常提出改进建议，帮助政府优化财政策略和管理措施，以提高财政效率和有效性。例如，它们可能建议政府通过改善财务控制系统、引入新的财务管理技术或调整财政政策，以更好地应对经济变化和社会需求。

政府负债资金的使用与社会公众的生活息息相关。社会公众对政府负债核算过程的监督可以从政策制定、透明度提升和负债指标三个角度展开。首先，在政府负债政策制定方面，公众应关注政府负债相关的法律法规和政策框架，确保政府的举债行为在合法合规的基础上进行。通过参与政策制定过程，如公共听证会和意见征集，公众可以表达对负债管理政策的看法并提出建议，推动政府制定科学合理的负债政策和操作规范。其次，在透明度提升方面，政府负债信息的披露是公众监督的重要基础。政府应定期公开负债规模、用途和潜在风险等详细信息，确保信息披露的全面性和及时性。公众可以通过政府官方网站、财务报告和公告等渠道获取相关信息，并查阅政府项目报告、绩效评估和审计报告，了解负债资金的具体用途和实际效果，确保资金使用的经济效益和社会效益。最后，在政府负债指标方面，科学合理的负债指标是评估政府负债管理效果的重要依据。公众应关注政府制定的负债规模、资金使用效率、偿债能力和风险控制等绩效评价指标，通过查阅政府绩效评价报告和独立审计报告，了解政府在管理不同负债项目方面的实际效果和存在的问题，监督政府在防范流动性风险、利率风险和信用风险等方面的措施和成效。通过政策制定、透明度提升和负债指标三个角度的综合监督，社会公众可以有效参与政府负债核算过程，确保政府负债管理的透明性、合规性和有效性，促进财政的可持续性和经济的稳定发展。这不仅有助于控制债务风险，提高资金使用效率，还能增强政府公信力和公众信任，推动社会和谐和经济繁荣。

政府负债监督主体的主要任务就是监督政府负债核算和报告的过程及结果。对政府负债的监督应根据不同负债项目进行分析和管理，以确保每类负债的管理和使用符合相关规定，并有效控制相关风险。对于短期负债，监督应确保支付及时、透明，防止信用风险和社会风险，具体措施包括建立严格的审批流程和定期审计。长期负债，监督要点在于评估用途和偿还能力，确保资金用于公共项目和基础设施建设，并制定详细的借款和偿还计划，定期披露使用情况。或有负债，如政府担保的贷款和未决诉讼，需评估潜在风险和影响，通过严格的审批流程和风险预警机制进行管理。整体监督须涵盖法律合规性、信息透明度、资金使用效率和风险评估，建立一个全面、系统的监督机制，以维护财政的可持续性和经济的稳定性。从负债核算的目标来看，政府负债监督主体任务立足于对政府负债核算信息的检查，满足政府负债核算的有效性。

9.3.3 政府负债核算的责任主体

不同负债行为产生的后果需要责任主体承担责任，涉及实体包括地方各级政府及相关责任部门。不同负债又有不同的具体特征，因此对应不同的责任主体：①公共性和公益性。各类政府负债如长期借款、应付政府债券和长期应付款，主要用于提供公共服务和建设公共基础设施。例如，政府通过发行债券筹集资金，用于建设道路、桥梁、学校和医院等项目，体现了其公益性和服务社会的目的。②规模庞大且周期较长。长期负债如长期借款和应付长期政府债券，通常涉及大规模资金，偿还限较长。例如，政府债券可能有10年、20年甚至更长的期限，需政府具备持续的财政收入和偿债能力。长期借款用于大型基础设施项目，涉及巨额资金，且偿还周期较长。③法律和政策约束。政府负债如短期负债（应付账款、应缴款项、应付职工薪酬）和长期负债（长期借款、应付长期政府债券），都受到严格的法律和政策约束。政府在举债前必须经过合法的审批程序，确保资金用途符合国家和地方政府的相关法律法规。④风险和责任。不同负债涉及的风险各不相同。短期负债如应付账款面临流动性风险，长期负债如长期借款和应付长期政府债券则面临利率风险和信用风险。或有负债如政府担保的贷款涉及信用风险，未决诉讼涉及法律风险。政府必须制定合理的偿债计划和风险管理机制，确保能够按时偿还债务，防范可能的财政风险。⑤信息透明度和公众监督。所有负债都需要保持信息透明，政府有义务定期向公众和利益相关者披露负债的规模、用途、偿还计划和潜在风险。例如，政府债券的发行和使用情况需公开披露，确保公众了解资金的具体用途和偿还情况，提升政府公信力。⑥多样性和复杂性。政府负债形式多样，包括短期负债、长期负债和或有负债等。每类负债的特点和用途不同，要求政府具备全面的负债管理能力，确保各类负债的规范使用和有效管理。⑦多层次管理。政府负债管理涉及多个层次的政府主体。中央政府、省级政府、市地级政府和县级政府分别管理相应层次的负债项目。例如，中央政府主要负责国家级项目的长期借款和债券发行，地方政府则管理地方项目的短期负债和长期负债，确保各级政府的负债行为协调一致，符合整体财政政策。

政府负债的特征在不同负债项目中有具体体现，通过理解和管理这些特征，政府可以实现负债的规范化管理，确保财政的可持续性和经济的稳定发展。政府负债的规范化管理是确保财政健康和经济稳定的重要手段，各负债项目须分别进行管理和监督。首先，政府必须在法律法规框架内进行负债，制定明确的负债管理法律和政策，并建立健全负债管理机制，设立专门机构统筹管理负债。其次，政府须制定详细的负债计划，确保负债规模和结构合理，特别是在短期负债方面防止流动性风险，在长期负债方面确保偿债能力和使用效率，在或有负债方面防范信用风险。最后，中央政府与地方政府应加强协调与合作，确保负债管理政策和措施的一致性和协调性。通过上述措施，政府可以实现短期负债、长期负债和或有负债的规范化管理和科学的绩效评价，确保财政的可持续性和经济的稳定发展。这不仅有助于控制各类负债风险，提高资金使用效率，还能增强政府公信力和公众信任度，促进社会和谐和经济繁荣。

9.3.4 政府负债核算执行主体与监督主体、责任主体的关系

政府作为负债核算执行主体，要对政府负债进行全面核算，而核算产生的负债信息有利于监督主体、责任主体的决策；反过来，监督主体、责任主体对政府负债的核算执行过程进行监督，促进政府有效公开负债信息。同理，政府负债核算有助于追溯政府负债风险的产生源头，观察负债资金使用中容易出现问题的具体过程，对负债责任主体的追责也使政府更加详细收集和披露负债信息。因此，政府负债核算执行主体与监督主体、责任主体是相辅相成的关系，共同促进政府负债的管理，防范政府负债风险。

9.4 政府负债核算主体的角色界定

对于政府负债,不同主体扮演着不同的角色。从执行主体来看,上级政府要打破下级政府的"兜底"幻想,只对自身负债的核算和报告负责,下级政府无法偿还的负债不再使用财政收入作为偿还保障。对于地方各级政府,要对自身偿债能力有一定的预期,不能过度举债,对通过发行债券或通过融资平台等获得的负债资金要进行详细记录,确保编制的财务报表能够反映真实有效的负债信息。从监督主体来看,公众及外部独立监管机构要及时监督政府负债的数据信息,对其产生的负债风险信息作出反馈,使各级政府加强对负债资金来源的规范化管理和负债资金用途的科学化管理。从责任主体来看,要不断完善关于政府负债治理的法律法规,对违反相关法律法规的行为,利用数字技术通过数据源头追踪,将责任具体化,推动负债责任人对负债风险进行事前预警,防范负债风险。

第10章

政府负债核算内容研究[*]

10.1 当前政府负债核算内容设定的局限性

党的十九大提出要"坚决打好防范化解重大风险的攻坚战",党的二十大进一步提出要"守住不发生系统性风险底线",彰显出防范化解重大风险的重要性。政府负债风险是我国当前重大风险源之一,如何有效识别与防范政府负债风险成为防范化解重大风险、守住不发生系统性风险底线的题中之义。全面、准确地把握政府负债的实际状况,是识别与防范政府负债风险的逻辑基础。会计学视域下的政府负债是可以客观计量的,经过会计核算与报告程序所呈现的政府负债信息可靠性强,能够客观揭示政府负债风险的真实状态。随着我国权责发生制政府综合财务报告制度改革的持续推进,政府会计基本准则与具体准则、政府会计制度、政府财务报告编制办法等得以陆续发布与实施,初步建立了契合中国国情的政府会计准则与制度体系,使政府负债项目能够逐步在政府会计体系中得以核算与报告,从而为我们基于会计学视角研究政府负债核算以及潜在的政府负债风险问题在技术上提供了支撑。

长期以来,无论是开展政府负债核算工作的政府部门或单位,还是从事政府负债核算问题探索的学术研究者,他们对政府负债的核算口径与范围并未形成相对一致的认识,基于不同核算口径所形成的政府负债信息更是存在较大差异。实

---

[*] 本章系国家社会科学基金一般项目"情境架构下中国政府会计准则实施的影响因素、效果评价与提升策略"(21BJY236)的阶段性研究成果。

际上，负债是会计的核心要素之一，由政府会计系统提供的政府负债信息相对客观、可靠。当然，受政府会计改革进程的制约，在政府会计基本准则实施以前，原有的以收付实现制为基础的政府会计体系（即预算会计）对政府负债进行核算和报告的范围相对较窄，造成游离于政府会计系统的政府负债项目较多，必然会导致低估政府负债规模和潜在的政府负债风险。传统的政府会计体系对政府负债信息的供给不足，造成政府负债信息来源以统计信息为主。财政部于2018年11月发布的《政府会计准则第8号——负债》（以下简称"负债准则"），明确了对政府负债的核算要求，有利于规范政府负债核算，促进政府会计系统提供详细、可靠的政府负债信息。

随着政府负债准则的发布，我国关于政府负债的研究主要聚焦于对负债准则内容的阐释、负债准则实施情况与实施效果等方面，对于政府负债核算内容的讨论则散见于政府负债准则的研究当中。当前，按照政府会计准则制度的规定，虽然大部分政府负债已经纳入政府会计体系当中，但仍有一部分政府负债未能在政府会计系统中进行核算与报告。政府会计系统所反映出来的政府负债并没有完整体现政府负债的全貌，仍然存在政府负债核算内容不够细化、政府负债核算范围有待拓展、政府负债核算数据不够精确等问题。从政府会计准则建设层面来看，目前财政部仅发布了一项与政府负债直接相关的准则，该项准则是针对政府负债核算与报告的总体性规范，还并未针对不同类型的政府负债发布具体的会计准则，这其实也是现阶段政府负债核算内容不够细化、政府负债核算内容不够明确的主要原因。基于拓展政府负债核算范围、全面反映政府负债状况、持续推进政府会计准则体系建设的现实需要，本章尝试以公共受托责任为分析基础，将政府责任与政府负债有机连接起来，对政府负债核算内容的设定与可能拓展空间进行探索性思考。

10.2 公共受托责任理论与政府责任

政府责任是一个在理论研究与实践过程中运用较多、且相对较为宽泛的概念。本部分将从公共受托责任理论出发，尝试剖析政府责任的起源与内涵，并对政府责任的内容进行分析。

10.2.1 政府责任的本质是公共受托责任

委托代理关系以及由此产生的受托责任普遍存在于政治、经济、社会等领域，其中，责任是民主社会的一个基本要素，公共受托责任产生于民主政治中的委托代理关系，它是基于社会公众与政府之间以及政府内部的委托代理关系而形成的一种特殊受托责任。公共受托责任的本质在于作为受托人的政府应当向公共权力的委托人及其代表负责，履行好委托人所托付的任务。政府责任的产生源于公共委托代理关系，公共受托责任理论是分析政府责任的一个基础理论，它能够为深化政府责任研究、推进责任政府建设等提供最基本的理论支撑。按照公共受托责任理论，政府与人民之间存在着一个责任链，公共权力的本源在于人民，政府在接受人民委托行使公共权力的同时也必然要承担起相应的受托责任，政府履行人民赋予的责任并对受托责任履行情况进行报告是推进责任政府建设的基本要求。

公共委托代理关系的建立标志着政府公共受托责任的形成。责任是权力的孪生物，政府行使公共权力是其权利，而履行相应义务则是其责任。根据权责一致原则，政府应当履行与其权利相对应的责任，必须承担法律上、管理上、道义上的责任（彭韶兵和周兵，2009），可以说，政府责任的本质就是公共受托责任。由于公共权力行使内容与表现形式的多样性，使得政府承担了涉及社会、政治、经济等方面的受托责任（路军伟和李建发，2006），这也使得基于公共委托代理关系所形成的政府责任是一种广泛的受托责任。公共受托责任意味着作为政府的受托人应当就其行为做出解释，并对其行为及其结果负责。从政府责任履行的角度来看，对人民负责是政府最基础、最重要的责任，也是现代政府的基本特征，政府应当运用好人民所赋予的公共权力，管理好人民所托付的公共资源，履行公共管理职能，提供高质量的公共产品和服务、维护和增进公共利益、积极防范公共风险。

10.2.2 政府法定责任与推定责任

责任是一个使用较为广泛的词语。根据《现代汉语大词典》的解释，责任包括两层含义：第一，分内应做的事；第二，没有做好分内的事，因而应当承担的过失。责任意味着行为主体应当对自己的行为负责，否则，行为主体就会受到法律上或道义上的惩罚。政府责任泛指政府所承担的职责和义务，政府责任的履行可以理解为是一个积极承担政府职责、发挥政府功能的过程（杨馥萌，2022）。由于政府具有公共主体属性以及政府职能的多样性，使得政府责任的内涵和表现形式较为丰富。责任本身具有约束与惩罚的内涵，政府责任意味着对政府行为的约束。从责任对政府的约束性强弱来看，可以将政府责任分为法律意义上的法定责任和道德意义上的推定责任。

(1) 政府的法定责任

从法律人格上说，政府是普通的法律主体，它不具有超越法律的特权，政府行为应当在法定范围内实施。现代政府是责任政府，政府承担法定责任是法治社会的应有之义。政府的法定责任是指由国家的宪法、法律和法规所明确规定的，必须由政府加以履行的义务（黄惟勤，2010）。现代政府通常通过法律和规章制度等形式来明确政府责任，因此可以把这方面的责任统称为法定责任（金东日，2016），政府应当积极履行法定责任以维护和增加公共利益。从法律的角度划分，政府法定责任表现为不同类型法律或规章制度对政府责任的硬性约束，具体可以分为宪法责任、经济法责任和行政法责任等（张富强，2012）。例如，政府作为公共管理主体对其不当管理行为所承担的行政责任，政府行为因违背甚至触犯有关法律法规所形成的法律责任，政府与其他经济主体基于合同关系或契约关系所产生的经济责任等。从责任的构成内容看，法定责任是政府责任体系中最主要、最基础的组成部分。法治社会要求以法律法规形式约束政府行为，促使政府履行相应的职责，对于依照法律规定"不能放"的政府职责，各级政府及其部门必须切实履行，相应的责任不能任意克减（蒋银华和陈湘林，2022）。法定责任对政府具有较强的约束性，相关法律法规（包括行政法规、地方性法规、行政规章或相关司法解释等）是认定政府责任的标准和依据，它能够对政府行为形成有效规制；相反，如果政府没有履行好法定责任，需要承担相应的不利后果。

(2) 政府的推定责任

责任蕴涵着伦理意蕴，它本身就包含承诺、担当与履行之意（李志平，2010）。作为公共管理主体，各级政府及其部门不能游离于社会价值、道德和伦理标准的判断范围之外（金东日，2016），政府所实施的行为应当符合道德和伦理标准。显然，政府履职行权行为不仅要受法律约束，同时还受道德与伦理标准的制约。政府的推定责任是基于道义上的责任，虽然在法律上并没有明确要求政府必须履行这些推定责任，但如果政府没有"尽其所能"去履行推定责任，就可能会违背社会公众的意愿或者减少对政府的期望，进而对政府公信力、公共利益等产生不利影响，因此政府出于社会道义需要承担一定的推定责任。实际上，政府推定责任强调政府作为公共主体应当具有的"应为性"：在应对公共问题、回应公共诉求、维护社会稳定与发展等方面政府负有的责任。政府以维护和增加公共利益为其基本的价值取向，实现公共利益最大化是政府履行责任的基本目标，政府承担社会道义上的推定责任不仅符合公共利益最大化的要求，也有助于维护和提升政府自身的公信力，这其实也是政府履行推定责任的逻辑基础。例如，政府承担在困难救助、赈灾救济、安置补偿等公共领域的责任，既是政府职责所在，也是道义所在（邓海平和吕焰，2013）。

从法定责任与推定责任的关系看，法定责任是政府责任的底线，推定责任是对法定责任的必要补充；相对于法定责任而言，推定责任源于政府内在自觉的责任意识，它并非强制性责任机制，因此对政府的约束性相对较弱。值得强调的是，由于推定责任本身缺乏明确的规定性，使得在实践过程中对政府推定责任的界定往往具有较强的灵活性，推定责任可能因主体、事件、时间等不同而存在差异，进而导致对推定责任的认定、追究存在一定的困难。

10.3 以政府责任为主线确定政府负债核算内容的基本逻辑

本部分立足于会计学对负债的基本认识，以负债的"责任观"为逻辑线索，尝试将政府责任与政府负债有机连接起来，从责任视角剖析政府负债的本质；在此基础上，我们结合政府责任类型以及政府负债的异质性特征，提出对不同类型政府负债应当采取分类核算的思路。

10.3.1 政府责任与政府负债

负债是会计学的一个核心概念和基本会计要素。在会计学意义上，负债的本质是一种责任或义务，这也使负债与责任天然地联系在一起。在会计学对负债的已有研究中，形成了具有代表性的观点：负债的实质是一种经济责任或义务（曹伟，1996）；负债是一项强制性的义务或责任（汤云为和钱逢胜，1997）；负债是一种责任或义务，它是一种必须在既定期限内予以清偿的责任（唐国平，2003）。不难看出，会计学对负债的认识是基于责任视角出发的，负债代表了一种特殊的清偿责任，我们将其称为负债的"责任观"。此外，责任也是法律规范的核心概念，责任分配是法律的首要功能，在现代法学意义上责任和债之间具有密切关联，债务之本质在于责任（邓峰，2003）。会计学和法学的已有研究成果，为我们进一步从责任视角探讨政府责任与政府负债之间的逻辑关联提供了可能的分析线索。

从责任视角看，政府负债与政府责任密切相关，政府负债本质上是政府承担的、应当在既定期限内予以清偿的责任。从负债的形成逻辑看，政府责任是产生政府负债的前提，政府负债首先表现为一种政府责任，这里所指的政府责任既可以是法定责任，也可以是推定责任。当然，政府责任并不等同于政府负债，将政府责任进一步确认为政府负债，需要满足政府负债的相关确认条件和计量标准，因此并不是所有的政府责任都将会转化为政府负债，在这一意义上，政府责任的范畴要远大于政府负债的范畴。概言之，政府责任是政府负债的逻辑基础，政府负债源于政府责任，政府负债代表了政府会计主体对其他主体应当承担的清偿责任。

10.3.2 政府责任差异、负债异质性与政府负债分类核算

政府负债具有异质性特征，主要表现为不同类型的政府负债其形成原因、偿还期限、对偿债主体的约束性以及负债风险等存在差异。例如，融资性负债产生于债务合同或债务契约关系（如银行借款、地方政府债券），债权人对偿债主体的约束性比较强，他们对该类负债信息的需求较为迫切、关注程度较高，从而能够对政府负债核算与报告工作产生较为积极的推进作用；运营性负债产生于会计主体日常运营活动中的商业契约关系（如应付账款、应付票据）或劳务合同关系（如应付职工薪酬）等，债权人对偿债主体的约束性比较弱，他们对该类负债信息的关注程度相对较低，因此对政府负债核算与报告产生的影响也较为有限。由于政府责任的具体内容、履行方式等存在差异，基于政府责任所产生的政府负债必然会表现出不同的特性。

从不同责任视角出发，政府负债的具体内容存在差异。实际上，政府负债的来源并不是单一的，不仅包括政府必须履行法定责任所形成的负债，还包括政府推定责任所形成的负债，两种不同政府责任类型所产生的政府负债具有异质性特征，这体现在：政府法定责任的约束性强、责任关系较为明晰，基于法定责任所形成的政府负债以法律法规、合同关系或契约关系等为依据，相关行为主体之间的债权债务关系较为明确，确定这一类型政府负债的核算内容相对较为容易；政府推定责任的约束性相对较弱、责任界定具有一定的弹性，基于推定责任所形成的政府负债则具有较强的不确定性，往往涉及未来某些事项的发生与否（比如或有事项）或者依赖于政府会计人员的职业判断，因此对这一类型政府负债进行准确界定与核算的难度相对较大。

政府负债来源与形成原因的不同造成了政府负债具有异质性特征，并进一步影响不同类型政府负债核算的复杂性以及具体核算规则的设计。为了提升政府负债管理水平和核算效率，有必要对不同类型的政府负债进行分类核算。政府负债分类核算首先应当确定一个分类依据，在确定政府负债分类核算标准和具体核算

内容时，我们可以结合政府责任类型以及政府负债的异质性特征选择分类核算思路。鉴于政府责任所形成的政府负债异质性特征，对政府负债进行分类核算，不仅能够强化对政府负债的管理，还有助于规范相同类型政府负债的核算方法与核算要求，从而提升政府负债核算的客观性、科学性，并为相关主体在后续实施分类报告、分类负债风险控制提供信息支撑。总体来看，以政府责任为主线确定政府负债核算内容的基本逻辑，可以概括为：政府责任是政府负债的逻辑基础，由于政府承担的责任类型不同，导致其履行责任的方式、履行责任的内容、履行责任的可能性等存在差异，并进一步决定了基于政府责任所形成政府负债的异质性特征，这就需要我们针对不同类型的政府负债采用分类核算的思路与方法。

10.4 责任视角下政府负债核算内容的界定

10.4.1 政府负债核算范围的选择

确定政府负债的核算范围，是对政府负债进行核算的首要环节。相对而言，企业负债的核算范围较为明确，可以按照法律或契约所赋予的现时义务来确定，但政府兼具经济主体和公共主体双重身份（刘尚希，2003），其所承担的职责、业务特点、管理模式及其面临的政策环境与企业存在较大差异，政府不仅要承担作为经济主体因法律或契约关系而产生的法定责任，还要承担一些作为公共主体身份而被赋予的推定责任，因此，政府负债的边界实际上要比企业负债的边界更加宽泛。当然，在有限政府责任理念下，政府承担的责任应当是有限度的，这其实也进一步决定了政府负债核算范围的边界。总体来看，政府负债核算范围存在一定的阈限，政府法定责任和推定责任分别决定了政府负债核算范围的下限与上限。

（1）基于政府法定责任确定政府负债核算范围的下限

政府法定责任由法律法规保证实施，它来源于一系列的法定构造、合同条款以及可能产生法定约束义务的其他安排（王菁菁，2015），我们可以根据相关制度文本和法律规定来判断政府是否应当承担相应的责任。从法律角度来看，政府法定责任对政府行为具有较强的约束力，政府必须按照相关法律法规确定的关系或契约关系予以履行。基于政府法定责任所形成的政府负债及其核算内容较为明确，该类负债的核算范围相对容易确定。从政府负债的形成机制来看，大部分政府负债是基于政府法定责任形成的。如果法定责任符合会计学意义上的政府负债确认条件，政府会计主体就应当将其确认为政府负债并进行核算，它构成了政府负债核算范围的下限。也就是说，基于政府法定责任所形成的政府负债，是政府会计主体必须予以确认和核算的负债，这是确定政府负债核算范围的最基本要求、最底线标准。

（2）基于政府推定责任确定政府负债核算范围的上限

除了法定责任以外，政府还需要承担一些虽然法律法规没有明确规定、但社会公众所期望的或迫于压力而应当承担的推定责任。与法定责任具有较强的确定性不同，政府推定责任只有在满足特定条件下才能成立，并且对政府行为的约束相对较弱。虽然政府承担的推定责任具有较强的不确定性，但任何事物都有度的界限，即使政府承担的推定责任也应当是有限度的，因此我们不能对推定责任进行无限延伸。从负债的形成机制看，一部分政府负债可能源于政府推定责任，但政府推定责任最终能否转化为政府负债，取决于未来事项的发生与否，在这一过程中包含了较多的不确定性，实践中推定责任本身范畴并不清晰也是导致目前政府负债边界不够明确的原因之一（谭艳艳和邹梦琪，2019）。当然，在符合政府负债的确认条件时，一部分推定责任最终可能会转化为现实的政府负债。实际上，基于政府推定责任所形成的政府负债，是政府会计主体理论上在最大限度内可以进行会计确认与核算的负债。在这一意义上，我们可以将基于政府推定责任所形成的负债，作为政府负债及其核算内容的上限，使政府负债核算范围要比企业负债核算范围更为广泛。

10.4.2 政府负债核算的具体内容设定

根据政府负债的形成原因以及政府负债的异质性，可以将政府负债分为不同的层次和类型，这其实也为政府负债分类核算以及设定不同类型政府负债具体核算内容提供了基本线索。结合前文分析，我们在设定政府负债核算的具体内容时，可以分别从基于政府法定责任形成的负债和基于政府推定责任形成的负债两个维度展开。

（1）基于政府法定责任形成的政府负债及其核算内容

基于政府法定责任形成的政府负债，是指按照法律法规、合同关系或契约关系等明确由政府承担的负债，它是政府在任何情况下都应当履行的负债。从负债的具体形成原因来看，该类负债可以进一步分为融资活动形成的政府负债、运营活动形成的政府负债和或有事项形成的政府预计负债。

①融资活动形成的政府负债及其核算内容。为了筹集必要的资金,促进经济社会发展、推进公共基础设施建设以及满足政府自身运转的需求,政府在规定的范围内可以根据需要开展融资活动。《中华人民共和国预算法》第三十四条和第三十五条,对政府举借债务的方式、程序、限额等做出了明确规定,对于规范政府融资活动具有积极作用。融资活动形成的政府负债是指政府通过借款、发行政府债券等方式而产生的负债,该类负债的偿付方式、偿付时间、资金用途等在债务合同或债券契约中都有明确的条款。融资活动形成的政府负债其核算内容较为明确,主要包括政府举借的债务、其他政府会计主体借入的款项以及基于债务产生的应付利息,其中:政府举借债务的核算内容包括政府发行的政府债券,向国外政府、国际经济组织等借入的款项以及向上级政府借入转贷资金形成的借入转贷款;其他政府会计主体借入的款项是指除政府以外的其他政府会计主体(如高等学校、公立医院等事业单位)从银行或其他金融机构等借入的款项。考虑到负债性质的相似性,融资活动形成的政府负债(除不同层级政府之间的应付转贷款外)其核算方法、核算要求,可以与企业的融资性负债保持一致。应付转贷款是指政府财政从上级政府财政借入的债务转贷款,政府财政部门应当通过"应付地方政府债券转贷款""应付主权外债转贷款"科目对政府转贷款的本金和利息进行核算。

②运营活动形成的政府负债及其核算内容。为了维持各级政府及其部门的正常运作,政府与企业一样需要开展各项日常运营活动,比如采购、交换、消费以及提供公共产品与服务等。与企业不同,政府运营活动是非营利性的。政府各项运营活动在市场中运行,政府与其他市场主体(如企业、金融机构)之间是平等的交易或合作关系,因此政府需要遵循经济规则,按照规定承担相应的运营性负债。运营活动形成的政府负债是指政府在日常运营活动中由于延后支付资金或提前收取资金所形成的负债。运营性负债产生于不同政府主体之间以及政府与其他经济主体之间,其债权债务关系较为明确,核算内容也相对容易确定。基于运营活动形成的政府负债,其核算内容可以分为应付及预收款项和暂收性负债,其中:应付及预收款项的核算内容主要包括应付账款、应付职工薪酬、预收账款、应交税费、应付国库集中支付结余、其他应付未付款等;暂收性负债的核算内容主要包括应缴财政款和其他暂收款项。政府与其他经济主体之间产生的运营性负债,与企业主体之间的负债并无本质差异,因此可以参考企业类似负债的核算模式与方法;但不同政府主体之间产生的运营性负债,比如由于财政性资金流转问题所产生的应付国库集中支付结余、应交财政款等,这些负债核算规则应当结合财政管理模式、财政性资金的流转特点来设计,与企业负债的核算具有一定的差

异性。

③或有事项形成的政府预计负债及其核算内容。预计负债属于特殊的负债项目，它与会计主体的或有事项密切相关。或有事项及其结果须由某些未来事项的发生与否才能确定，而未来事项是否发生并不在政府会计主体的控制范围。或有事项形成的政府预计负债是指与政府会计主体或有事项相关的且满足负债定义与确认条件的现时义务，预计负债的偿付时间与金额具有不确定性。或有事项形成的政府预计负债是通过法律、合同、契约等形式确定的负债，它仍然是具有法定责任性质的负债。一旦预计负债得以确认，政府会计主体就应当履行法定的偿还责任。政府会计主体设置"预计负债"科目，核算单位对因或有事项所产生的现时义务而确认的负债，预计负债主要源于政府会计主体未决诉讼或未决仲裁、对外国政府或国际经济组织的贷款担保所可能产生的负债。当然，由于预计负债是在未来某时刻发生偿付，按照政府会计准则对预计负债进行确认时还存在一些细节方面问题尚未明确，主要表现为确认时点选择、清偿金额范围的最佳估计数等（王英奇，2023），使现阶段对政府预计负债进行准确核算仍然存在一定困难。

（2）基于政府推定责任形成的政府负债及其核算内容

基于政府推定责任形成的政府负债，是指虽然法律法规没有明确规定、但政府作为公共主体受社会公众期望或迫于压力而承担的推定负债。推定负债并不是政府当前真正承担的负债，需要根据未来某些事项的发生与否来确定。按照负债的形成原因，可以将基于政府推定责任形成的政府负债分为应付承诺款、应付救助款、应弥补社会保障基金缺口款等。当然，对基于推定责任形成的政府负债进行核算，需要符合一系列相对严格的确认条件，目前将该类负债纳入政府会计系统进行核算仍然存在较大困难。

①基于政府承诺产生的应付承诺款。政府承诺反映了社会公众的期待与政府回应之间的互动关系，可以理解为政府通过答应、允诺、保证等开展公共管理和提供公共服务的一种行为方式（刘召，2022）。政府无论是作为公共主体身份还是作为经济主体身份，都应当信守相应的承诺。政府承诺依托的是政府公信力，如果政府未兑现其承诺，就可能会有损政府与公众之间的信任关系，因此政府承诺能够对政府行为产生约束作用，促使政府通过实施相应的行为来履行承诺。基于政府承诺所产生的推定责任，主要表现为：政府向外界表明根据过去的惯例、已经公布的政府政策或具体的政府声明等，它会承担相应的责任；其他当事主体基于合理预期，认为政府将履行这些责任；社会公众根据政府公开的承诺，做出政府会履行责任的合理预期。政府因公开的承诺或公开宣布的政策、声明而导致政府承担的负债，可以作为应付承诺款。

②基于政府对自然灾害或公共事件的救助产生的应付救助款。作为公共管理主体，政府应对受到自然灾害或公共事件严重影响的人员提供必要的救助，降低自然灾害或公共事件对社会公众的影响，这是政府应尽之责。从履行公共受托责任的角度看，政府的救助义务与救助行为伴随着重大自然灾害或公共事件的发生而产生。在自然灾害或公共事件尚未发生时，它们并未成为或有事项，因为未发生的自然灾害或公共事件并非现实事项，故而政府无需为未来可能发生的自然灾害或公共事件承担救助义务。然而，当自然灾害或公共事件发生以后，政府就承担了救助义务，如果能够可靠计量政府在救助过程中承担义务的金额，该义务就应当被相关政府会计主体确认为负债（谭艳艳和邹梦琪，2019）。从负债核算的角度看，政府因对自然灾害或公共事件的救助而承担的负债，可以作为应付救助款。

③基于社会保障资金缺口所产生的应弥补社会保障基金缺口款。通过构建社会保障体系来化解社会风险、维护社会稳定、促进社会高质量发展，是推进国家治理现代化的应有之义。社会保障支出作为社会收入再分配、促进社会公平的一个主要途径，是政府保障人民生活水平的主要手段。社会保障基金是根据国家有关法律、法规和政策规定，为实施社会保障制度而建立起来、专款专用的资金。受人口老龄化、养老金待遇提升以及社会保障支出刚性特征等因素的综合影响，我国未来将不可避免地出现社会保障资金收支缺口问题（张思锋等，2012）。从法律性质来看，当社会保障资金出现收支缺口时，政府为了保障人民生活、维护社会安定而需要承担一定的支付责任，但这种支付责任并不是源于法律和合同的规定，而是源于道义上的推定责任（陈均平，2010），这些政府责任以及潜在的资金缺口日益构成政府的债务风险（赵治纲，2021）。从实践来看，虽然对于这一类型的负债目前尚不具备进行核算的条件，但从负债风险防范的角度应当给予必要的关注。政府基于社会保障资金缺口所承担的负债，未来在进行核算时可以作为应弥补社会保障基金缺口款。

10.5 政府负债核算内容的总结与展望

负债是会计学的核心概念和基本会计要素，经过政府会计的确认、计量等程序所生成的政府负债信息相对较为客观、可靠，能够客观揭示出政府负债风险的真实状态，进而为政府负债风险防控决策的制定与实施提供信息支撑。基于拓展政府负债核算范围、全面反映政府负债状况、持续推进政府会计准则体系建设的现实需要，本章立足于会计学对负债的基本认识，以负债的"责任观"为逻辑线索，将政府责任与政府负债有机连接起来，从责任视角剖析政府负债的本质；在此基础上，我们结合政府责任类型以及政府负债的异质性特征，提出了对不同类型政府负债采取分类核算的思路。政府法定责任和推定责任分别决定了政府负债核算范围的下限与上限。基于政府法定责任形成的政府负债，可以分为融资活动形成的政府负债、运营活动形成的政府负债和或有事项形成的政府预计负债。基于政府推定责任形成的政府负债可以分为应付承诺款、应付救助款、应弥补社会保障基金缺口款等。当然，对基于推定责任形成的政府负债进行核算，需要符合一系列相对严格的确认条件，但这些条件目前来看并不会很快转为现实，因此现阶段将该类负债纳入政府会计系统进行核算仍任重道远。

第 11 章

政府负债列报研究[*]

11.1 当前政府负债列报的局限性

防范化解重大风险,守住不发生系统性风险底线是我国当前经济工作的重心之一,其中政府负债风险是潜在的重大风险源之一。获取充分、有效的政府负债信息,是防范和化解政府负债风险的关键一环。政府负债报告是政府负债信息的综合性载体,建立政府负债报告制度,构建一套系统的政府负债信息披露体系,充分反映政府负债情况,提升政府负债透明度,有助于加强政府负债管理,进而有效防范和控制政府负债风险。然而,当前我国政府负债信息分散于财政部、审计署和国家发展改革委等不同部委的政府负债资料之中,并未在相对一致的政府负债信息体系中进行披露,使得不同政府负债报表所反映的政府负债信息在内容、形式等方面存在较大差异。此外,政府负债核算或统计口径的差异导致不同政府负债报表之间缺乏可比性。多部门、多口径的政府负债信息披露模式,不仅增加了地方政府的负债信息披露成本(王芳等,2017),还不利于加强政府负债管理,影响政府负债风险防控策略制定与实施的科学性。长期以来,政府会计被视为是强化政府负债管理、防控政府负债风险的重要工具。从 20 世纪 80 年代末开始,部分西方国家为了应对因高负债产生的财政困境甚至财政危机问题,掀起了将收付实现制政府会计转换为权责发生制政府会计的改革浪潮,旨在借助于权

---

[*] 本章系国家社会科学基金一般项目"情境架构下中国政府会计准则实施的影响因素、效果评价与提升策略"(21BJY236)的阶段性研究成果。

责发生制政府会计对政府负债全面、完整的反映,来提升政府自身对政府负债风险的识别能力、应对能力和控制能力(邢俊英,2007)。然而,受权责发生制政府综合财务报告改革进度、政府会计准则与制度体系建设以及政府负债管理模式等多方面因素的综合影响,我国在相关报表中对政府负债信息的披露并不充分,现有的政府负债报表不能客观、完整、及时地反映政府负债信息,难以发挥其对公共管理决策、公共权力监督以及政府负债风险的预警与防控作用。政府负债核算与报告是政府会计研究的一个重要方面,从政府会计领域对政府负债问题的已有研究来看,尽管国内一些学者对政府负债的确认、计量与披露问题展开了积极探索,但研究成果主要集中在政府负债核算方面,缺乏对政府负债列报体系进行深入系统的研究。

综合现有的研究文献和制度文本,现阶段我国政府负债列报体系存在的问题,主要体现在以下方面:从负债列报所覆盖的范围看,政府负债报告能够反映的负债内容主要为融资性负债和运营性负债,缺乏对政府预计负债以及政府或有负债的反映,政府负债报告所反映的负债信息并没有涵盖所有的政府负债;从负债报表的信息含量看,主要体现为政府负债的存量信息(即期初余额、期末余额),缺乏对政府负债的结构、成因、性质、偿债资金来源、负债风险等基础性信息的全面反映,没有体现出不同类型政府负债的异质性、复杂性等特征,无法反映不同负债之间的差异,尤其是负债风险方面的差异,因此负债报表能够传递的"信号"较为有限,不利于信息使用者作出科学、合理的判断与决策;从负债信息披露的载体看,政府负债信息主要反映在政府资产负债表以及报表附注中,披露载体较为单一,缺乏对政府负债信息进行分层次、分类别的披露,难以满足不同信息使用者对政府负债信息多维度的需求。总体而言,传统依靠政府财务报告中所披露的政府负债信息,远未达到强化政府负债管理实践以及防控政府负债风险的现实需求,而如何拓展政府负债信息披露数量、提升政府负债信息披露质量成为今后需要重点努力的方向,这也是本章研究的主题。鉴于此,本章立足于现有的政府会计准则与制度规范,针对政府负债列报中存在的问题,尝试探讨政府负债分层列报体系构建问题,旨在规范政府负债列报行为,客观、全面地反映政府负债规模、结构、成因、风险等信息,促进政府负债信息得以多元化呈现,从而为加强政府负债管理、防范政府负债风险提供关键性的信息支撑。

11.2 政府负债分层列报体系构建的理论剖析

11.2.1 公共受托责任与政府负债报告

受托责任泛指受托人对委托人所负有的责任（路军伟，2010），公共受托责任是受托责任的一种具体表现形态。从形成机制来看，公共受托责任建立在人民与政府之间的委托代理关系基础之上。在现代民主社会，公共权力的本源在于人民，作为公共权力受托者的政府，负有履行人民所托付的公共受托责任，并履行向公共权力委托者报告其公共受托责任情况的义务。公共受托责任的基本逻辑在于：政府公共权力的行使因履行公共受托责任而具有法理性，政府在行使委托者所赋予公共权力的同时也必然要承担相应的公共受托责任（齐守印和苑雪芳，2015）。行为责任和报告责任是公共受托责任的两个层面，具体来讲：从行为责任的角度看，各级政府及其部门应当管理好人民所托付的公共资源，履行公共事务管理职责，维护和增进公共利益；从报告责任的角度看，各级政府及其部门应当向人民及其代表报告其公共受托责任履行情况。行为责任与报告责任两者是一种相辅相成的关系，行为责任的履行必然要求行为主体对相关的行为及其结果加以报告（陈静，2013）。实际上，报告责任是行为责任的逻辑延伸，作为受托方的政府不仅要履行行为受托责任，而且还应当履行报告受托责任，即将受托责任履行情况和结果向社会公众进行报告、解释和说明。

报告公共受托责任履行情况的载体可以是多样性的。从报告受托责任的方式看，主要可以分为两类：一是量化形式的报告，以反映量化数据为主；二是解释与阐述方式，以文字说明为主要呈现形式（张琦，2007）。作为公共管理主体，政府承担公共管理责任，加强对政府负债的管理，将政府负债风险控制在合理水平，是政府应当履行的基本职责之一。作为公共受托人的政府负有向社会公众披露政府负债管理状况以及政府负债风险情况的义务，而政府负债报告正是可以反映政府履行负债管理责任情况的重要信息载体。标准化的政府负债列报体系，既包括政府会计系统所生成的量化负债信息，也包括政府负债的结构、成因、期限、风险等以解释与阐述为主要呈现形式的基础性信息。政府负债报告是反映政府负债信息的综合性载体，提供政府负债报告不仅是政府证明其履行对政府负债管理与负债风险防控责任的基本方式之一，也有利于满足信息使用者对政府负债信息的多维度需求；而相关信息使用者通过政府所披露的各类负债报告，有助于了解与评价政府对负债管理责任的履行情况，从而督促政府更好地履行政府负债管理、政府负债风险防控职责。

11.2.2 建构目标：需求导向、功能定位与优化拓展

（1）需求导向：满足多维度信息需求，提升政府负债信息供给的数量与质量

获取充分、有效的信息是制定科学决策的依据。不同的信息使用者出于各自的决策需要，关注政府负债信息的侧重点也存在差异，由此产生了多样化的政府负债信息需求。政府负债列报体系是承载政府负债信息的一系列信息载体，政府负债列报体系的构建应当以满足信息使用者对政府负债信息的多维度需求为基本导向，持续提升政府负债信息供给的数量与质量。总体来看，政府负债信息的需求主体主要包括各级政府及其部门、纪检监察、政府审计、债权人、债务人、社会公众等。各级政府及其部门作为公共管理主体，可以通过政府负债信息掌握政府负债的规模、结构及其变动情况，有助于政府强化对政府负债的管理，据此制定科学、合理的政府负债管理策略，进而履行好政府对负债管理、防控负债风险的职责；纪检监察、政府审计等作为公共权力监督部门，通过政府负债信息可以了解债务主体在负债资金筹集、运用、偿还等过程中相关行为的规范性，对债务主体负债行为以及政府负债资金的使用与管理情况进行监督；对于地方政府债券的投资者或潜在购买者而言，他们借助于政府负债列报体系所反映的信息，可以评估地方政府债券的风险水平，从而作出是否继续持有或购买地方政府债券的决策；对于向政府提供贷款的银行、国际经济组织、国外政府等债权人而言，通过政府负债信息可以了解负债资金是否按照合同约定条款使用，评价债务主体偿还负债的能力以及负债风险状况等；对于政府负债的债务人而言，他们可以通过政府负债信息找准自身负债风险控制的关键点和薄弱环节，把握负债风险控制的有利时机，并作出科学、合理的负债风险防控决策；对于社会公众而言，他们可以通过政府负债列报体系，了解与评价政府对于负债管理责任的履行情况，从而督促政府能够更好地加强政府负债管理、有效防控政府负债风险。

（2）功能定位：提升政府负债信息的应用价值

信息价值实现的关键在于应用。政府负债列报体系应当有助于提升政府负债信息的应用价值，促进政府负债信息在公共管理、公共治理、地方政府债券市场、负债风险控制等领域的合理应用，助力政府负债列报体系发挥相应的公共管

理功能、公共治理功能、市场治理功能和风险控制功能。政府负债列报体系的公共管理功能，体现为各级政府及其部门将政府负债信息应用到政府负债管理领域，助力各级政府及其部门制定科学、合理的政府负债管理策略。政府负债列报体系的公共治理功能，体现为纪检监察、政府审计等公共权力监督部门将政府负债信息应用到公共权力监督领域，以政府负债资金的筹集、使用、偿还等为基本线索，对相关政府负债主体的行为进行监督，以发现在负债资金筹集、使用、偿还等阶段可能存在的公共权力不当运用行为，从而形成对政府负债行为的威慑效应。政府负债列报体系的市场治理功能，体现为政府负债信息被地方政府债券评估机构、地方政府债券投资者等应用到地方政府债券市场领域所发挥的作用，充分的政府负债信息可以缓解政府债券发行者与政府债券投资者之间的信息不对称，从而引导地方政府债券投资者作出客观的判断与决策，促进地方政府债券市场的规范运行与健康发展。政府负债列报体系的风险控制功能，体现为政府负债信息在政府负债风险控制过程中所发挥的作用，政府负债列报体系预期能够提供政府负债风险控制所需的基础性信息，有助于相关主体充分识别和评估潜在的政府负债风险，并有针对性地制定科学、有效的政府负债风险控制策略。

（3）优化拓展：构建多层次的政府负债列报体系

当前，在政府负债信息披露方面主要存在负债列报所覆盖的范围较窄、负债信息的数量与质量有待提升、负债信息披露的载体较为单一等问题，亟待对现有的政府负债列报体系进行优化与拓展。按照需求影响供给的基本逻辑，政府负债列报体系的构建不能脱离于使用者对政府负债信息的多维度需求，应当以政府负债信息使用者的需求为基本导向。基于上述对政府负债信息的需求分析和政府负债列报体系的功能定位，我们应当以提升政府负债信息披露数量与质量为主线，持续优化与拓展政府负债信息披露的内容和方式，构建一个多层次的政府负债列报体系，以满足政府负债信息的多维度需求，进而促进政府负债列报体系的预期功能发挥。总体而言，政府负债列报体系构建的思路是：优化现有的政府负债报表和新建其他政府负债报表。具体来说，对于在现有政府负债列报中已经存在的政府负债披露内容与方式，结合不同政府负债信息需求进行持续改善，优化政府负债信息披露的方式、拓展政府负债信息披露的内容；对于当前在政府会计制度、政府财务报告以及相关政策文本中并未明确规定的政府负债列报内容与方式，进行一些尝试性、前瞻性的探索，不断创新政府负债信息的披露方式与内容。

11.2.3 架构设计：政府负债分层列报体系的构建

政府负债分层列报体系构建应当遵循的基本逻辑可以概括为：信息需求驱动信息供给方式的转变与发展，单一的政府负债报告载体难以满足多维度的政府负债信息需求，这就决定了政府负债列报体系应当是多层次的，从而有助于满足不同维度的政府负债信息需求。按照政府负债列报所呈现的具体内容与方式，我们可以将政府负债列报体系分为基础层次、综合层次、专项层次。由于不同层次的负债列报所反映的政府负债信息侧重点有所差异，它能够向使用者传递出关于政府负债的多样化"信号"，从而有助于促进使用者基于政府负债分层列报体系作出合理的判断与决策。

(1) 基础层次：该层次的列报主要体现为政府负债信息在政府财务报告（具体为政府资产负债表以及报表附注）中反映。在基础层次，政府负债信息来源于政府会计系统，政府负债列报内容和方式需要遵循政府财务报告编制的基本理论与方法。当然，由于当前在政府财务报告中所反映的负债信息并不全面，我们需要在现有规则的基础上对政府负债信息披露的方式、内容进行优化与拓展。

(2) 综合层次：该层次的列报体现为政府负债综合报告，政府负债综合报告可以呈现出政府负债形成原因、规模、结构、变动情况、偿还期限、债权人类型等方面的信息。相对而言，综合层次比基础层次所反映的政府负债信息含量更为丰富、信息披露方式更加多样。从负债信息来源看，政府负债列报信息不仅来源于政府负债的会计信息，还包括与政府负债相关的基础性信息（即非会计信息）。

(3) 专项层次：该层次的列报在政府负债专项报告中反映，根据不同使用者对政府负债信息的差异化需求以及政府负债本身的异质性特征，我们可以分项目、分类别对政府负债进行反映，政府负债专项报告主要内容包括但不限于地方政府债券、政府或有负债、政府依法担保形成的债务、政府负债风险自我评估报告等专项报告。政府负债专项报告的内容与方式应当具有一定的灵活性，可以反映出不同类型政府负债的异质性以及政府负债风险状况。

不可否认，政府财务报告是当前政府负债信息披露的最主要载体，然而，在政府财务报告中反映的政府负债信息并不充分的情况下，我们可以采用编制政府负债综合报告、政府负债专项报告等方式来披露与传递更丰富的政府负债信息，从而提升政府负债信息披露的数量与质量。与现行政府负债信息披露相比，我们所构建的政府负债列报体系是一个由多个层次组成的平行报告体系，它在反映政府负债信息的深度和广度方面具有明显的优势，不仅兼顾了不同类型政府负债本身的差异性，还有助于满足不同使用者对政府负债信息的差异化需求。从基础层次、综合层次、专项层次之间的逻辑关系看，政府负债列报体系是一个相对独立但又相辅相成的政府负债信息披露体系，因此政府负债列报体系建设必然也是一个涉及多方面工作的系统性工程，难以在较短时间内一蹴而就。根据政府负债信息需求的紧迫性，我们可以按照"先急后缓"的思路，先推进基础层次的政府负债列报体系的优化与拓展，然后再逐步推进综合层次、专项层次的政府负债列报体系建设。本章所构建的政府负债分层列报体系，如图11-1所示。

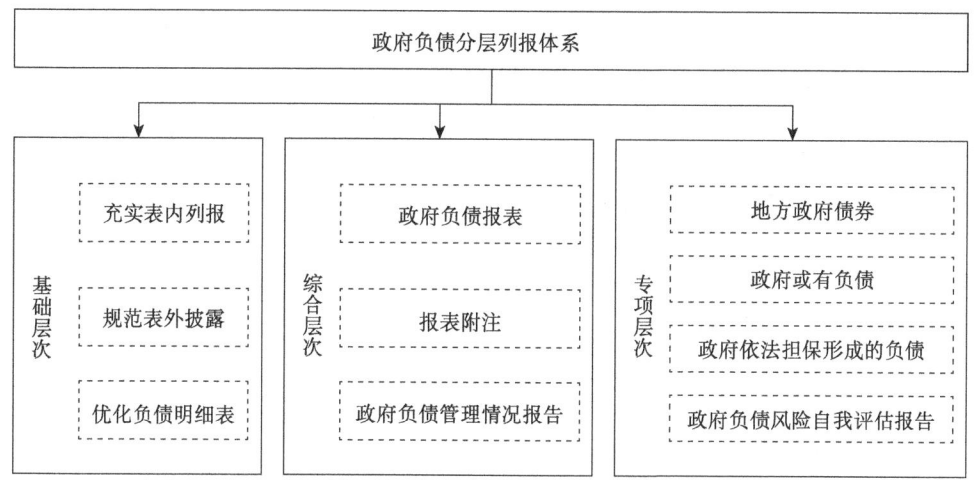

图11-1 政府负债分层列报体系

11.3 现有政府负债列报规则的优化与拓展

政府财务报告是现阶段政府负债信息披露的主要载体，也是反映政府负债情况的一个重要窗口。在《政府会计准则——基本准则》《政府会计准则第8号——负债》《政府会计准则第9号——财务报表编制和列报》《政府财务报告编制办法》等制度文本中，对政府负债的会计核算以及在政府财务报告中的披露内容与方式进行了明确。从现有的制度规范来看，政府负债信息在政府财务报告中的反映，主要体现为政府资产负债表以及报表附注。相对于传统的预算会计而言，政府负债信息的披露内容与方式有了较为明显的提升，但在政府财务报告中披露的政府负债信息，其数量与质量仍有进一步提升的空间。总体来看，我们可以从表内信息、表外披露和政府负债明细表等方面进行优化与拓展。

11.3.1 表内信息：充实政府负债信息在资产负债表中的列报

表内列报是反映政府负债信息的基本形式。从政府资产负债表的内容和格式来看，在政府资产负债表中主要列示了政府负债项目类别以及期初余额、期末余额等信息。根据《政府会计准则第9号——财务报表编制和列报》的规定，在政府资产负债表中需要单独列示的负债项目，主要包括应付政府债券、银行借款、应付及预收款项、应付职工薪酬、应付政府补贴款、应付转贷款、长期应付款、预计负债、受托代理负债等。《政府会计准则——基本准则》第三十四条指出：非流动负债包括长期应付款、应付政府债券和政府依法担保形成的债务等。从上述分析来看，政府依法担保形成的债务并没有在政府资产负债表中单独列示，我们认为：考虑到政府依法担保形成的债务具有特殊性，应当将该类负债在资产负债表中单独列示，以便充实政府资产负债表中的负债列报内容，丰富政府资产负债表的信息含量。

11.3.2 表外披露：规范政府负债信息在表外项目的披露

由于在政府资产负债表中列示的政府负债项目只反映了存量信息（即各类负债项目的期初余额、期末余额），所能够传递出的负债"信号"比较有限，一些重要的负债信息不能在资产负债表中反映出来。报表附注是对报表项目的进一步补充说明，以便帮助使用者对政府负债项目进行全面、深入的了解。根据《政府会计准则第8号——负债》规定，政府会计主体应当在附注中披露与举借债务、应付及预收款项、暂收性负债、预计负债等相关的信息，包括各类负债的债权人、偿还期限、逾期款项、逾期时间、逾期未能偿还原因、预计还款时间等反映政府负债情况的基础性信息；对于或有事项相关义务，应当披露或有事项相关义务的种类及其形成原因、预计产生的财务影响、获得补偿的可能性等。当然，表外项目能够帮助使用者充分了解政府负债情况，但我们在强调适当增加政府负债信息表外项目披露的同时，也应当注重政府负债信息披露的适度原则，权衡政府负债信息表外披露的成本与效益，规范政府负债信息的表外披露。

11.3.3 优化政府负债明细表

政府负债明细表是对政府资产负债表以及报表附注的有益补充。根据《政府部门财务报告编制操作指南》，与政府负债项目相关的明细表主要包括应付票据明细表、应付账款明细表、预收账款明细表、其他应付款明细表、长期借款明细表、长期应付款明细表；根据《政府综合财务报告编制操作指南》，与政府负债项目相关的明细表主要包括应付及预收款项明细表、应付长期政府债券明细表、应付转贷款明细表、长期借款明细表。从政府负债明细表的类型来看，主要反映的负债内容是融资性负债和运营性负债。从政府会计准则对负债的界定来看，预计负债是政府负债的重要组成部分，我们认为有必要增加预计负债明细表。此外，利息费用与政府负债项目密切相关，还应当增加利息费用明细表，反映利息偿付情况（目前利息费用仅在其他费用明细表中作为一个费用项目进行列示，它并没有反映出利息费用的具体构成以及利息费用与政府负债之间的对应关系）。另外，从负债项目明细表来看，主要反映了各类负债的具体种类以及年初数、年末数等信息，但缺乏对负债形成原因、债权人等信息的反映，因此对于政府负债明细表还可以进一步优化，例如，增加对负债明细表的解释说明，增加关于负债形成原因、债权人等信息的补充披露。

11.4 政府负债综合报告构建的思路与内容

11.4.1 政府负债综合报告构建的基本思路

政府负债综合报告是反映政府负债信息的综合性载体，该报告中所呈现的负债信息不仅来源于政府会计系统生成的负债信息（即会计信息），还包括与政府负债相关的、体现政府负债异质性特征的基础性信息（即非会计信息）。受政府会计核算规则与政府财务报告编制规则的影响，在政府财务报告中所反映的政府负债信息相对有限，一些重要的政府负债信息（比如负债资金用途、偿债资金来源、负债风险等）并没有在政府财务报告中反映，不利于信息使用者全面了解政府负债的实际情况，信息使用者据此作出的分析与判断也可能是有偏的。为了反映政府负债的完整信息、体现政府负债的全貌，我们有必要建立并完善政府负债综合报告制度。相对于政府资产负债表以及报表附注所反映的负债信息而言，政府负债综合报告具有信息含量大、报告内容多维、报告形式多样等特征，它能够将政府资产负债表以及报表附注中没有呈现的政府负债信息进行全面反映，比如政府负债的形成原因、负债结构及变动情况、负债利率、负债资金用途、偿债资金来源、负债偿还期限、债权人、负债风险情况等基础性信息。政府负债综合报告的基本目标是规范政府负债信息披露，提升政府负债信息的透明度，满足不同信息使用者对政府负债信息的多维度需求，助力信息使用者作出科学、合理的判断与决策，促进政府负债综合报告在公共管理、公共治理、政府债券市场、负债风险防控等领域中的作用得以发挥。

11.4.2　政府负债综合报告的基本内容

政府负债综合报告的基本内容，主要包括政府负债报表、报表附注、政府负债管理情况报告等。政府负债报表是政府负债综合报告的核心组成部分，它可以充分反映出不同类型政府负债的具体特征，因此我们可以结合政府负债性质从不同维度对其进行综合反映，具体列报内容可以从负债流动性、负债形成原因、负债资金使用去向、负债偿还对象、偿债资金来源、负债风险大小等方面展开。

流动性是会计学对政府负债进行分类的最基本依据，我们可以参考政府财务报告的编制理念，将政府负债分为流动负债与非流动负债两大类，这与政府资产负债表以及报表附注的编报逻辑基本保持一致。由于政府财务报告与政府负债综合报告是两个相对独立的报告体系且具有不同的信息使用群体，因此政府负债综合报告中按照流动性对政府负债进行分类列示与政府财务报告其实并不重复。按照政府负债的形成原因，首先可以将政府负债分为融资性负债、运营性负债、预计负债、或有负债等大类，然后再按照不同类型列示具体的政府负债项目，例如，在融资性负债项目下列示短期借款、长期借款、应付短期政府债券、应付长期政府债券、应付转贷款、应付利息等项目；在运营性负债项目下列示应付职工薪酬、应付及预收款项、应付政府补贴款、长期应付款等项目。按照负债资金的使用去向，可以依据政府负债筹集资金的使用去向和占用形态对负债项目进行分类列示，例如具体用于市政建设、公共基础设施、保障性住房、生态建设和环境保护等（韩星佳，2022），按照负债资金使用去向列示负债项目，不仅有助于揭示负债资金的来龙去脉、反映负债资金的使用绩效，而且还有助于政府负债综合报告使用者追踪、监督负债资金使用状况。按照负债的偿还对象，可以将政府负债根据债权人的特征进行列示，例如，将地方政府债券按照债券购买主体分为政府、企业、自然人等，将短期借款和长期借款按照提供贷款的具体银行来分类列示。按照政府负债风险的大小，可以将政府负债分为低风险负债项目、中等风险负债项目、高风险负债项目等进行分类列示，以便使用者能够了解不同类型政府负债的风险状况，并对高风险负债项目进行重点监控。

除了在政府负债报表中从不同维度对政府负债进行分类列示外，还应当在负债报表附注中对各类政府负债报表中的负债信息进行补充说明，以便提高政府负债信息的可理解性，提升政府负债综合报告的应用价值，例如，说明重要负债项目的变动情况及其原因。另外，各级政府及其部门还应当在政府负债综合报告中，作为报告分析的一部分单独反映政府负债管理情况，说明政府负债管理的政策、主要措施和取得的成效等，有助于使用者对政府的负债管理责任履行情况和努力程度进行综合评价，从而督促政府更加有效地管理政府负债、防控政府负债风险。

从政府负债报告编制与披露的角度看，不仅可以参考政府财务报告的理论与方法，也可以借鉴统计报表的理论与方法。当然，对于政府负债综合报告应当包括哪些具体内容、采用何种方式进行披露等问题，目前还处于探讨阶段。我们可以采取先试点后推广、循序渐进的优化策略，逐步丰富政府负债综合报告的信息含量、提升政府负债综合报告的应用价值。在条件成熟的情况下，相关部门可以制定政府负债综合报告编制指南，以便指导政府负债综合报告编制工作、规范政府负债综合报告编制行为。

11.5 政府负债专项报告构建的思路与内容

11.5.1 政府负债专项报告构建的基本思路

政府负债专项报告是指为了专门反映某些特定类型政府负债而设计的报告。相比而言，政府财务报告和政府负债综合报告属于综合性报告，这些报告中的政府负债信息理论上涵盖了报告主体所有的负债项目；然而，政府负债专项报告则不同，它并不是对报告主体所有的政府负债项目都进行反映，而是专门反映报告主体具有特殊性的一些政府负债项目。政府负债专项报告构建的基本逻辑在于：不同信息使用者对政府负债信息关注的侧重点存在差异，再加之不同类型政府负债的具体管理要求、潜在负债风险以及报告主体对负债风险控制的策略等存在差异，为我们探索如何编制与披露政府负债专项报告提供了契机。根据使用者对政府负债信息的差异化需求以及政府负债本身的异质性特征，我们可以分项目、分类别对政府负债进行专项反映，精准提供信息使用者所需的负债信息，以满足信息使用者制定多样化决策的需求，诸如政府负债分类管理、政府负债风险分类控制、中央对地方债务限额的制定、地方政府信用评级、地方政府债券风险评估与债券投资决策、地方政府绩效考核等。与政府资产负债表不同，政府负债专项报告应当具有一定的灵活性、多样性，可以不拘泥于具体的内容与格式以及报告周期，它以满足信息使用者的需求为基本导向，既可以作为对内报告，也适合于对外披露。当然，对于一些可能涉密的政府负债信息，政府会计主体可仅作为内部报告在特定范围内使用。

11.5.2　政府负债专项报告的基本内容

政府负债专项报告的基本内容，主要包括但不限于地方政府债券专项报告、政府或有负债专项报告、政府依法担保形成的负债专项报告、政府负债风险自我评估报告等，可以分别反映出不同类型政府负债的规模、结构、变动情况以及负债风险水平，实现对政府负债信息的多元化呈现。对于地方政府债券专项报告，应当反映地方政府债券的类型（即一般债券或专项债券）、发行规模、发行期限、债券利率、提前赎回条款、债券筹集资金的使用去向、债券资金形成资产情况、债券还本付息方式、偿债资金来源等信息，不仅有助于提升政府债券市场透明度，为地方政府债券评级、地方政府债券投资决策等提供基础信息，还有助于规范地方政府债券市场、客观评价地方政府债券风险，进而将地方政府债券风险控制在合理水平。对于政府或有负债专项报告，报告主体应当编制政府或有负债明细表，分类别反映政府或有负债的形成原因、政府偿付债务的可能性、偿付金额与计量方式、经济利益流出不确定性的说明、或有负债的预计财务影响等信息。对于地方政府依法担保形成的负债专项报告，应当包括政府提供担保的形式、担保对象、债权人、承担负债的比例、负债的余额、偿还期限、偿还负债的资金来源、获得担保对象补偿的可能性等信息。对于政府负债风险自我评估报告，报告主体应当披露对政府负债的管理情况以及各类政府负债的风险状况，揭示报告主体的负债风险水平，并且在专项报告中报告主体应当详细说明自身的政府负债风险防控方案和应对政府负债风险的能力。实际上，客观评估政府负债风险是实施负债风险防控的基础，通常来讲，报告主体对自身的负债风险状况最为了解，政府负债风险自我评估报告对政府负债风险评估越接近真实情况，越有助于相关报告使用者制定科学、合理的政府负债风险防控决策。

由于政府负债专项报告具有灵活性，我们可以根据不同信息使用者的具体需求，来"量身定制"政府负债专项报告的具体内容和披露格式。实际上，正是政府负债专项报告的灵活性特征，使得一些在政府财务报告中不能反映的政府负债信息，可以在政府负债专项报告中得以详细呈现，在这一意义上，政府负债专项报告是对政府财务报告的有益补充。在条件成熟的情况下，我们可以将地方政府债券专项报告、政府或有负债专项报告、政府依法担保形成的负债专项报告、政府负债风险自我评估报告等，以制度或政策文本的形式确定下来，进而有助于规范政府负债专项报告行为，提升政府负债专项报告信息质量。

11.6 政府负债列报的总结与展望

构建一套系统的政府负债信息披露体系，充分反映政府负债情况，提升政府负债透明度，有助于加强政府负债管理，有效防控政府负债风险。信息需求驱动信息供给方式的转变与发展，单一的政府负债报告载体难以满足多维度的政府负债信息需求，这就决定了政府负债列报体系应当是多层次的。按照政府负债列报所呈现的具体内容与方式，可以将政府负债列报体系分为基础层次、综合层次、专项层次。基础层次列报主要体现为政府负债信息在政府资产负债表以及报表附注中反映，鉴于目前该层次所涵盖的政府负债信息并不全面，我们需要对政府负债信息披露的方式、内容进行优化与拓展。综合层次列报的基本内容，包括政府负债报表、报表附注、政府负债管理情况报告等。专项层次列报包括但不限于地方政府债券专项报告、政府或有负债专项报告、政府依法担保形成的负债专项报告、政府负债风险自我评估报告等。政府负债列报体系建设是一个涉及多方面工作的系统性工程，难以一蹴而就。鉴于政府负债信息需求的紧迫性，我们可以按照"先急后缓"的思路，先推进基础层次的政府负债列报体系的优化与拓展，然后再逐步推进综合层次、专项层次的政府负债列报体系建设。

第四篇

特殊资产负债核算与报告

第12章

公共基础设施核算与报告研究[*]

12.1 全面核算与报告公共基础设施的必要性

公共基础设施在维持国家和社会正常运转、保障人民生活、促进经济高质量发展等方面具有重要作用，其供给的数量与质量关系到国计民生问题。我国政府历来重视公共基础设施的投资建设，经过长期的发展与积累，公共基础设施建设取得了显著成效，相关公共基础设施供给质量与服务水平也在不断提升，形成了大量优质的公共基础设施资产，较好地满足了经济社会发展需求。公共基础设施作为政府重要的公共资产，具有资金需求量大、投资主体多元化、管理模式多样化、辐射范围广、建设周期跨度大、运行使用周期长等特点，而且公共基础设施的具体种类繁多、功能特点各异，导致公共基础设施的核算要求与固定资产的核算要求存在较大差异。政府对公共基础设施进行会计核算与报告，有助于客观、完整地反映公共基础设施的存量价值以及价值变动情况，为公共基础设施的规划、投资、建设、管理维护等提供关键性信息支持，进而夯实公共基础设施科学化、精细化管理的根基。

建立权责发生制政府综合财务报告制度是党的十八届三中全会关于深化财税体制改革的一项重要内容，权责发生制政府综合财务报告的科学编制，依赖于全面、完整的政府会计信息支持。公共基础设施是由各级政府及其部门代为管理的

---

[*] 本章系国家社会科学基金一般项目"情境架构下中国政府会计准则实施的影响因素、效果评价与提升策略"（21BJY236）的阶段性研究成果。

资产，如何在政府财务报告中客观、全面地反映与公共基础设施相关的会计信息，既是重点，也是难点。从财务报告编制的逻辑来看，构建公共基础设施会计核算与报告体系，是建立权责发生制政府综合财务报告制度这一战略部署的基础环节。财政部发布的《政府会计准则第5号——公共基础设施》（以下简称"公共基础设施准则"）已于2018年1月1日起实施，对于规范公共基础设施的会计核算工作、提升公共基础设施管理水平、促进公共基础设施高质量发展具有积极作用。然而，由于公共基础设施准则主要涉及和解决的是关于公共基础设施会计核算过程中的共性问题，缺乏对一些具体类型公共基础设施（如市政基础设施、公路水路基础设施、水利基础设施等）所面临的会计核算问题进行分类、细化考量，使得一些政府会计主体在实施公共基础设施准则过程中遇到一定的困难，进而制约了公共基础设施准则的实施效率。例如，邵瑞庆（2018）从公共基础设施的判断、确认主体、按组成部分确认、发生后续支出的处理、存量公共基础设施的确认与计量等方面，探讨了公共基础设施准则实施中存在的问题；钱红等（2019）从确定统计调出方案、确定存量资产价值评估方案、实地盘点、设计资产编码规则、建立财务管理与内部控制规范等方面，提出了促进公共基础设施准则落地的建议；王积慧等（2020）从会计主体确认、折旧基础、后续支出以及会计计量等方面，探讨了交通类公共基础设施会计核算过程中存在的问题；王淑霞（2020）以厦门市为例，分析了公共基础设施会计核算存在的问题；王莹和苏旭（2020）从公共基础设施会计主体难以划分、构成范围不明确、后续支出及折旧计提标准不明确、存量资产初始入账价值难以确定等方面，剖析了公共基础设施会计核算存在的问题；陈世忠和吴津钰（2023）以公益性公路为例，发现公共基础设施会计核算存在的问题主要表现为：会计主体不明确、初始计量难掌握、折旧做法不一致、支出账户难分类等。不难看出，虽然当前公共基础设施准则已经发布和实施，但公共基础设施会计核算过程中仍然存在会计主体选择、会计确认与会计计量等方面的细节性问题有待解决，并进一步影响公共基础设施会计报告的客观性、准确性。总体而言，尽管在制度层面当前关于公共基础设施的会计规则仍在逐步完善，但在实践操作层面公共基础设施会计核算与报告的具体要求还需进一步规范和细化。

鉴于此，本章基于公共基础设施的功能和特性，结合公共产品理论、公共受托责任理论、新公共管理理论等基础理论，剖析公共基础设施会计核算与报告制度的演进历程，立足政府会计核算与报告的基本流程，探讨公共基础设施的会计主体、会计确认、会计计量以及报告体系构建等问题，分析公共基础设施在会计核算与报告环节存在的主要难点及其原因，并尝试提出对应性的解决思路。本章研究不仅有助于为我国公共基础设施会计核算与报告体系的持续优化和完善提供理论支撑,还有助于为相关政府会计主体高质量开展公共基础设施的会计核算与报告工作提供参考,进而促进对公共基础设施价值管理与实物管理的并重,持续提升公共基础设施管理水平、促进公共基础设施高质量发展。

12.2 公共基础设施核算与报告的理论基础

12.2.1 公共产品理论

公共产品具有效用不可分割性、受益非排他性和消费非竞争性等特征。公共基础设施属于政府履行法定职能而提供的重要公共产品,公共基础设施在高质量发展中发挥着支撑价值,对于改善投资环境、优化地区经济结构、保障人民生活等具有重要作用。随着我国公共基础设施不断发展,其投资规模、建设规模、存量规模逐步扩大,为社会公众提供服务的内容和水平也在持续提升,在人们日常生活和经济活动中发挥着基础性作用,它是不可或缺的公共产品。事实上,公共产品的本质特征就在于公共性,公共基础设施的公共属性决定了其应当由政府负责主导和建设,政府投资建设和管理维护公共基础设施的根本目标就是为社会公众、经济发展提供便捷、高效的公共服务。政府提供公共产品是履行政府职责、维护与增进公共利益的基本途径,由于公共基础设施所具有的公共性特征,使其成为衡量政府提供公共产品能力和水平、评价政府公共受托责任履行情况的重要参考指标。从会计学角度来看,准确核算、客观反映政府提供公共基础设施的价值信息,有利于为科学衡量政府在公共产品方面的努力程度与供给水平提供基础信息。推进公共基础设施核算与报告工作,构建规范化的公共基础设施会计核算与报告体系,有助于提高公共基础设施会计信息的准确性,为公共基础设施的规划、投资、建设、管理等提供信息支持,进而促进公共基础设施总体规模、支出结构的优化和供给质量的提升,推动政府公共服务水平的持续提高,为经济高质量发展增添助力。

12.2.2 公共受托责任理论

受托责任是指在委托关系中受托人对委托人所承担的责任(路军伟和李建

发，2006），公共受托责任是受托责任的具体形式之一。公共受托责任包括行为受托责任和报告受托责任两个层面：一方面，政府应当从公共利益出发，管理好社会公众托付的公共财产，履行好公共事务管理职责；另一方面，政府应当向社会公众及其代表报告其受托责任履行情况。其中，报告责任是行为责任的延伸，两者相互联系且相互促进。从对公共基础设施进行管理和报告的角度来看，公共基础设施管理机构受政府委托负责公共基础设施具体管理工作，负有对公共基础设施的行为受托责任和报告受托责任。具体而言，从行为受托责任的角度来看，公共基础设施管理机构应当履行好对公共基础设施的管理职责，制定公共基础设施发展规划，推动公共基础设施的健康、稳步发展，以满足经济发展和人民生活需求；从报告受托责任的角度来看，公共基础设施管理机构应当通过公共基础设施资产报告、政府财务报告等报告载体，向外界"解释和说明"其在公共基础设施方面受托责任的履行情况。公共基础设施是政府履行公共受托责任的重要物质载体，推进公共基础设施核算与报告工作，有助于将公共基础设施的价值以会计量化信息形式呈现出来，客观反映公共基础设施管理机构对公共基础设施受托责任的履行情况，从而为评价与解除政府公共受托责任提供信息支撑。

12.2.3 新公共管理理论

新公共管理理论的提出标志着政府管理理论进入新阶段，其核心思想体现为：一是在公共部门管理中引入企业化管理及市场化运行理念，其基本导向是高效率、高质量、低成本，旨在促进公共部门服务质量和运行效率的提升；二是倡导对公共部门进行多元监督，促进公共部门运行的透明化，以提升公共部门的管理质量和服务水平。公共基础设施作为一类特殊的政府资产，其提供方式、供给数量与质量、管理模式等与新公共管理理念密切相关。首先，新公共管理理念要求政府在提供公共产品与服务时，应当重视公共产品与服务的质量以及相应的成本，各级政府及其部门可以运用成本效益理念，在保障产品和服务质量的前提下降低公共产品和服务的成本。作为公共基础设施管理主体，他们有责任改善与优化公共基础设施管理模式，持续降低公共基础设施建设与维护成本，增强公共基础设施运行绩效。其次，新公共管理理念强调政府应接受社会公众监督。公共基础设施是政府运用公共资源为社会公众提供的公共产品，社会公众有权了解公共基础设施的投资建设、管理维护等情况。从公共基础设施会计核算与报告的角度看，一方面，加强公共基础设施会计核算工作，有助于公共基础设施管理部门精确把握公共基础设施运行的成本信息，从而在保证公共基础设施质量的前提下，有针对性地降低公共基础设施建设与管理成本，提升公共基础设施运行绩效；另一方面，公共基础设施报告是公共基础设施的综合性信息载体，披露公共基础设施报告有助于提升公共基础设施投资、建设、管理等行为的透明度，社会公众可以将公共基础设施报告作为了解公共基础设施投资建设、管理维护情况的一个主要窗口，从而实现对公共基础设施的外部监督。

12.3 公共基础设施核算与报告的制度演进

依据制度变迁理论，制度始终处于持续的发展与演进进程中。从制度变迁的逻辑来看，制度是特定环境下的产物，制度适应性表现为制度变革与其所处环境之间的契合关系。公共基础设施会计核算与报告的制度演进，既是我国政府会计改革的重要组成部分，同时又受我国政府会计改革总体进程的影响与制约。在政府会计基本准则发布与实施之前，我国在政府会计领域实行的是以收付实现制为核算基础的预算会计体系。预算会计体系主要反映政府预算执行的过程与结果，对于反映、监督财政预算资金的流转与结余情况具有积极作用。在预算会计模式下，虽然相关政府会计主体依据预算会计制度，对公共基础设施在投资、建设与管理等过程中相关财政预算资金的拨付、使用等"资金流转情况"进行了核算，但并没有将财政预算资金所形成的存量公共基础设施资产反映在政府会计系统当中，造成了存量公共基础设施基础会计资料的缺失，导致政府投资形成的公共基础设施并未作为政府资产项目在政府会计主体的资产负债表中反映，这也使得与公共基础设施相关的成本、收益等难以进行合理的分配（荆新和何淼，2015），因此对政府提供公共基础设施的效率和效果不能够准确测量。受预算会计核算规则体系固有局限性的制约，在实践中政府会计主体缺乏对公共基础设施实施会计核算的依据，因此公共基础设施管理机构侧重于对公共基础设施项目的实物量统计和运营管理与维护，而由于公共基础设施管理机构并未将管理维护的公共基础设施作为本部门或单位的资产项目进行核算，使得其对公共基础设施的价值管理较为薄弱，不利于政府掌握公共基础设施的运行成本和效益情况。总体来看，在"重实物管理、弱价值管理"的模式下，数量众多、价值较大的公共基础设施并没有呈现在政府资产负债表中，使得政府资产负债表难以客观、完整地反映公共基础设施的"家底"。

权责发生制政府会计改革推动了公共基础设施核算与报告模式的转变。随着我国政府会计改革的持续推进，财政部于2013年12月修订了《行政单位会计制度》，自2014年1月1日起实施。修订后的《行政单位会计制度》增设了"公共基础设施"一级科目以及"公共基础设施累计折旧"明细科目，首次要求行政单位将占有并直接负责管理维护的公共基础设施在单独的"公共基础设施"科目中进行核算。在此之前，由于公共基础设施与固定资产在实物形态、价值标准上具有相似性，相关政府会计制度中并未明确规范公共基础设施的会计核算问题，仅将公共基础设施归类为具有特定用途的固定资产来进行核算，而《行政单位会计制度》在加强公共基础设施会计核算方面有了显著的变化和改进。财政部于2015年10月发布了《政府会计准则——基本准则》，明确将公共基础设施作为非流动资产的组成部分，并将其与固定资产区分开来，正式从会计准则层面将公共基础设施纳入到政府会计核算体系。2017年4月，财政部发布了《政府会计准则第5号——公共基础设施》，要求相关会计主体于2018年1月1日起施行，该项会计准则对公共基础设施的定义与范围、确认、初始计量、后续计量、处置、披露等问题进行了明确，为解决公共基础设施会计核算与报告问题提供了制度规范，夯实了对公共基础设施进行会计核算与报告的制度基础。2017年10月，财政部印发了《政府会计制度——行政事业单位会计科目和报表》，明确了公共基础设施、公共基础设施累计折旧（摊销）等会计科目的账务处理规则，并对公共基础设施在资产负债表、收入费用表、公共基础设施明细表等报表中的披露内容与方式进行了规范。

此外，公共基础设施是具有特定用途的资产，鉴于公路水路基础设施、水利基础设施、市政基础设施等在构造、性能、使用领域等方面的复杂性和特殊性，为推进相关政府会计主体在公共基础设施核算工作过程中有效遵循政府会计准则制度，财政部联合其他部门针对相关公共基础设施分别制定了具体的政府会计核算规则，当前已发布的相关公共基础设施会计核算规则主要包括：财政部、交通运输部于2020年12月发布的《关于进一步加强公路水路公共基础设施政府会计核算的通知》，财政部、水利部于2021年12月发布的《关于进一步加强水利基础设施政府会计核算的通知》，财政部、住房城乡建设部、工业和信息化部、公安部、交通运输部、水利部于2022年12月发布的《关于进一步加强市政基础设施政府会计核算的通知》。

在公共基础设施报告方面，由于以收付实现制为编制基础的决算报告并未反映公共基础设施资产信息，对于公共基础设施资产信息的披露主要在政府财务报告中得以呈现。根据《政府部门财务报告编制操作指南》的规定，在资产负债表中应当列示公共基础设施原值、公共基础设施累计折旧（摊销）、公共基础设施净值等项目；在收入费用表中应当列示公共基础设施折旧（摊销）费用项目；在会计报表重要项目明细信息及说明中，应当包括公共基础设施明细表。根据《政府综合财务报告编制操作指南》的规定，在资产负债表中应当反映公共基础设施净值项目；在收入费用表中应当反映公共基础设施折旧（摊销）费用项目；在会计报表重要项目明细信息及说明中，应当包括公共基础设施明细表。在公共基础设施资产信息披露方面，《政府部门财务报告编制操作指南》与《政府综合财务报告编制操作指南》要求披露的内容和方式基本一致，主要差异体现为在《政府部门财务报告编制操作指南》中除了列示公共基础设施净值外，还需要反映公共基础设施原值、公共基础设施累计折旧（摊销）等项目。

12.4 公共基础设施会计核算体系的构建

12.4.1 公共基础设施的会计核算主体

公共基础设施的会计核算主体是指由谁来核算。由于公共基础设施具有资金需求量大、资金来源多元化、规划与建设周期跨度长等特点，部分公共基础设施资产（如公路水路基础设施、水利基础设施等）要达到发挥相应公共服务功能的条件，大致需要历经"资金筹集——项目建设——竣工移交——后续管理"等诸多环节，在这些环节中牵涉多个与公共基础设施相关的主体（如投资主体、建设主体、管理主体等）。在现行的公共基础设施投资、建设和管理体制下，公共基础设施在规划、投资、筹资、建设与管理等方面往往会涉及多个部门或单位乃至多个政府级次（陈志斌，2017），从而给划分公共基础设施的归属问题带来一定的困难，这就使得合理确定公共基础设施的会计核算主体其实并非易事。例如，同一公共基础设施资产的多项事权被授予不同层级政府（如省级政府、市级政府、县级政府），各层级政府都可能会承担一定的公共基础设施支出责任（如某一条公路基础设施的建设资金由省、市、县三级政府共同筹集，各级政府按照比例投入相应的建设资金），如果各层级政府都将该项公共基础设施确认为本层级政府的资产，将会导致该项公共基础设施资产被重复确认与核算。由于不同主体对公共基础设施资产的权利主张、核算需求等存在差异，因此我们需要在不同主体之间做出合理选择，以便确定由哪一层级政府、哪一具体的政府部门或单位来对公共基础设施进行会计核算。易言之，公共基础设施会计核算主体的选择问题，在本质上可以理解为：在多个主体共同服务同一资产项目模式下的会计核算主体选择问题。

在确定公共基础设施的会计核算主体时，我们应当将资产管理维护职责作为基本依据。公共基础设施具有公共产品属性，这决定了公共基础设施的资产管理主体应当是政府及其授权的单位。公共基础设施资产管理是从维护公共基础设施资产所有权出发，对公共基础设施资产的使用、维护、收益、处置等进行管理。公共基础设施管理者负责公共基础设施的管理、维护等工作，对公共基础设施构成了实际"控制"，他们能够掌握关于公共基础设施价值变动的第一手资料，从而可以客观反映公共基础设施的存量价值以及价值增减变动状况。因此，管理维护意味着"控制"，对公共基础设施的管理维护职责，是对公共基础设施实施"控制"的具体形式。实际上，由哪一政府部门或单位负有公共基础设施的资产管理维护职责，就应当承担对该项公共基础设施进行会计核算的责任。按照这一逻辑，负有公共基础设施管理维护职责的政府部门或单位应当作为公共基础设施的会计核算主体。另外，公共基础设施具有跨区域特征（比如交通基础设施中跨区域的公路与航道），从公共基础设施会计核算主体所处的政府层级来看，如果某级政府承担了公共基础设施的主要管理维护责任，那么该层级政府就应当对该项公共基础设施进行核算和报告，具体由该层级政府所属的公共基础设施管理机构作为会计核算主体。《政府会计准则第 5 号——公共基础设施》第四条指出，公共基础设施应当由按规定对其负有管理维护职责的政府会计主体予以确认，该项会计准则将"管理维护职责"作为判断是否为公共基础设施会计核算主体的基本依据，充分体现了"谁负责管理维护、谁入账"的原则。实际上，从公共基础设施管理角度来看，以管理维护为主线来确定会计主体，有助于保证会计数据的准确性和完整性，确保公共基础设施会计核算的不重复、不遗漏。

12.4.2 公共基础设施的会计确认

某项资产是否可以被政府会计主体确认为公共基础设施，首先应当符合《政府会计准则第 5 号——公共基础设施》对于公共基础设施的定义，其次还需要满足相应的确认条件。在会计确认时点上，政府会计主体应当于取得或者接受公共基础设施时，对公共基础设施进行确认。按照公共基础设施的取得方式，可以分为自建或委托建设、外购、无偿调入（划拨）或接受捐赠等。对于政府自建或委托建设的公共基础设施，一般要历经"项目建设——交工验收——竣工验收——后续管理"等环节,交工验收视作其达到预定可使用状态,原则上竣工验收合格方可交付使用。从效力上看,经批准的竣工财务决算是最为规范、最有效力的文件,经批准的竣工财务决算可以作为确认自建公共基础设施的依据。从会计确认角度看,竣工验收合格并交付使用的公共基础设施才能作为政府会计主体的公共基础设施资产。然而,考虑到公共基础设施的社会效益实现是自其交付使用后开始的,政府会计主体自建或委托建造的增量公共基础设施,应当于验收合格并交付使用时确认为公共基础设施资产。由于部分公共基础设施的竣工决算时间较长,如果公共基础设施已经交付使用但尚未完成竣工财务决算,政府会计主体应当于交付使用时按照估计价值确定其成本;待获得经批准的竣工财务决算后,政府会计主体再按实际成本调整原来的暂估价值。对于政府外购的公共基础设施,政府会计主体应当在该项公共基础设施验收合格并交付使用时予以确认。倘若为无偿调入(划拨)或接受捐赠的公共基础设施资产,政府会计主体应当在取得该公共基础设施的资产管理维护职责时予以确认。

12.4.3 公共基础设施的会计计量

资产价值的计量是会计核算的关键环节,也是对资产实施有效管理的基础。本部分分别从初始计量和后续计量两个层面,探讨公共基础设施的会计计量问题。

(1) 公共基础设施的初始计量

对于政府自建或委托建造的公共基础设施资产,其初始计量成本包括完成经批准的公共基础设施建设内容所发生的全部必要支出,具体包括项目前期费用、征地拆迁补偿费用、建筑安装费、设备购置费、工程检测费、利息费用、建设管理费、招投标费、审计费、监理费、竣工验收费、其他支出等。政府自建或委托建造的公共基础设施在初始计量时,政府会计主体应当以实际发生的各项费用为基础确定公共基础设施的建设成本。对于外购的公共基础设施,其成本应当按照取得时支付的现金或者现金等价物的金额或者按照取得时所付出对价的公允价值进行计量。对于接受其他政府会计主体移交(如无偿调入、接受捐赠)的公共基础设施资产,其成本应当按照该项公共基础设施资产在移交方的账面价值加上归属于调入方的相关费用进行初始计量。

(2) 公共基础设施的后续计量

一是关于公共基础设施日常维护、大中修的计量。公共基础设施日常管理维护不会改变公共基础设施的服务能力,其目的是使公共基础设施保持或恢复其初始状态，维持其提供正常的公共服务能力，而非增加其使用年限或提高使用效能。对于公共基础设施的日常维护支出应当按照实际发生的金额进行计量，并计入当期费用。公共基础设施的大中修是对公共基础设施原有技术状况的恢复，其目的是维持原有的技术标准，并未扩大公共基础设施的规模或提升其服务能力等。公共基础设施的大中修支出应当予以费用化，按照实际发生的金额进行计量，并计入当期费用。

二是关于公共基础设施改扩建的计量。公共基础设施的改扩建工程，其实施的结果是扩大了公共基础设施的规模或提升了公共基础设施的技术等级，最终增强了公共基础设施的服务能力、增加了公共基础设施的使用效能，政府会计主体应当将相关改扩建支出予以资本化计入公共基础设施成本，增加公共基础设施的整体价值。公共基础设施成本按照原公共基础设施账面价值加上改扩建过程中发生的支出，再扣除公共基础设施拆除部分的账面价值后的金额确定。另外，当公共基础设施发生改扩建时，政府会计主体应当将该公共基础设施的账面价值、已计提的累计折旧转入"公共基础设施在建工程"科目。在公共基础设施改扩建工程完工并达到预定可使用状态时，再从"公共基础设施在建工程"科目转入"公共基础设施"科目，并按重新确定的公共基础设施成本、使用期限和折旧方法计提折旧。

三是关于公共基础设施折旧的计量。对公共基础设施计提折旧实质上是为了补偿其服务能力，公共基础设施在使用周期内不断提供社会服务，其使用价值和资产价值逐步转移，计提折旧可以反映资产的使用价值和价值转移情况，从而有助于建立相应的资产消耗补偿机制，减少资源浪费。在对公共基础设施计提折旧方面，政府会计主体应当根据与公共基础设施有关的经济利益或服务潜力的预期实现方式，合理选择折旧方法。选择不同的公共基础设施折旧方法，将会影响公共基础设施使用期间内不同时期所计提的折旧费用。为了保持折旧政策的一贯性，公共基础设施的折旧方法一经确定，不得随意变更。公共基础设施应当按月计提折旧，并计入当期费用。公共基础设施应当从达到公共基础设施确认条件时开始计提折旧，终止确认时停止计提折旧。

四是关于公共基础设施处置的计量。对于公共基础设施的处置，主要包括公共基础设施的无偿调出或对外捐赠、公共基础设施的报废或损毁。对于公共基础设施的无偿调出或对外捐赠，政府会计主体按照规定报经批准后、向其他单位移交公共基础设施时，应当将公共基础设施的账面价值予以转销，无偿调出或对外捐赠过程中发生的归属于调出方或捐赠方的相关费用应当计入当期费用。对于公共基础设施的报废或损毁，政府会计主体按规定报经批准报废公共基础设施或公共基础设施遭受重大毁损的,应当将公共基础设施账面价值予以转销,记入"待处理财产损溢"科目;经批准予以核销时,再将"待处理财产损溢"转入当期费用。

12.5 公共基础设施报告体系的构建

本部分分别从政府财务报告中公共基础设施项目的列报,以及公共基础设施综合报告等方面展开探讨,期望能够通过政府财务报告和公共基础设施综合报告全面反映与公共基础设施相关的信息,从而满足不同信息使用者对公共基础设施信息的需求。

12.5.1 政府财务报告中公共基础设施项目的列报

当前,与公共基础设施相关的会计信息主要以政府财务报告为载体予以反映。公共基础设施项目在政府财务报告中的列报,从不同方面反映了与公共基础设施相关的信息,主要包括公共基础设施资产项目在资产负债表中列报、公共基础设施折旧(摊销)费用项目在收入费用表和业务活动费用明细表中列报、公共基础设施明细表以及相关报表附注。在资产负债表中,分别列示公共基础设施原值、公共基础设施累计折旧(摊销)、公共基础设施净值等项目,反映这些项目的年初数、年末数。对于已经在政府会计系统中经过会计确认的公共基础设施,应当在资产负债表表内进行列报;对于不符合政府资产定义,或者虽然符合政府资产定义但不符合政府资产确认条件的公共基础设施,应作为表外信息进行披露,同时需要说明未确认为公共基础设施的原因。在收入费用表和业务活动费用明细表中,列示公共基础设施折旧(摊销)费用的本年数、上年数。公共基础设施折旧(摊销)费用可以反映公共基础设施在运行过程中的损耗情况,从而为公共基础设施运行管理、维护、改扩建以及新建等提供信息支持。

为了便于更好地理解资产负债表和收入费用表中的公共基础设施信息,我们还需要编制公共基础设施明细表。公共基础设施明细表具体分为公共基础设施明细表(原值)、公共基础设施明细表(累计折旧/摊销)、公共基础设施明细表(净值)。在公共基础设施相关明细表中,首先将公共基础设施分为市政基础设施、交通基础设施、水利基础设施、其他公共基础设施几大类,其次在不同的类别下分别列示具体的公共基础设施资产项目,比如在交通基础设施类别下列示公路、汽车客运站、铁路、机场、航道、沿海航海保障设施、港口、轮渡等资产项目；最后在公共基础设施明细表中所反映的具体会计信息方面，主要包括年初数、本年增加、本年减少、年末数等资产存量以及资产增减变动情况等信息。

另外，由于会计报表的表内列报仅反映了与公共基础设施相关的量化会计信息，不能反映公共基础设施的使用、实物管理情况等信息，这就需要通过表外信息披露方式对公共基础设施的基本情况进行补充说明，以便信息使用者全面了解公共基础设施的实际状况。因此，我们应当采用表内列报与表外披露相结合的方式来对公共基础设施信息进行披露，除了公共基础设施相关信息在资产负债表、收入费用表、业务活动费用明细表、公共基础设施明细表中进行表内列示外，一些与公共基础设施相关的重要信息还需要进一步在表外披露。根据信息的重要性，在表外披露的内容中应当反映使用政府专项债券资金形成的公共基础设施、使用其他债务资金形成的公共基础设施、政府管理的公共基础设施种类和实物量等相关信息。

12.5.2 公共基础设施综合报告基本构想

公共基础设施综合报告是全面反映公共基础设施价值量信息和实物量信息的行业报告。为了加强公共基础设施行业管理工作，公共基础设施实际管理部门需要向公共基础设施主管部门（如交通运输部门、水利部门、住房城乡建设部门、工业和信息化部门、公安部门等）报送公共基础设施行业报告，其内容应当包括公共基础设施价值构成、累计折旧、在建工程、日常维护、改扩建、公共基础设施拥有量等方面的详细信息，以便行业管理部门能够全面掌握公共基础设施状况，促进公共基础设施主管部门更好地开展公共基础设施行业管理工作，推进公共基础设施高质量发展。例如，公路管理机构需要向交通运输主管部门报送公路基础设施报告，水利管理机构需要向水利主管部门报送水利基础设施报告。当然，由于公共基础设施的种类较多、会计核算与管理的具体要求也存在一定差异，不同的公共基础设施主管部门可以根据实际情况制定各自领域的公共基础设施综合报告规则，明确相应公共基础设施综合报告的内容与方式。

从综合报告的信息含量看，公共基础设施综合报告不仅应当包括公共基础设施的会计信息，还应当反映公共基础设施的实物管理信息（如公共基础设施拥有量、公共基础设施维护保养情况、公共基础设施运行情况等）。总体而言，公共基础设施综合报告应当包括：①公共基础设施价值总量、公共基础设施增减变动量、公共基础设施折旧费用、公共基础设施在建工程、公共基础设施维护费用、与公共基础设施相关的收支情况等价值量信息；②公共基础设施的实物量信息。以公路基础设施为例，公共基础设施综合报告应当反映公路里程规模、公路技术等级、路面路基技术状况、公路构造物（如桥梁、涵洞、隧道、渡口等）、公路管理维护情况、公路改扩建情况、公路运行状况等。在公共基础设施综合报告编报程序方面，由于公共基础设施综合报告属于行业报告，应当按照各类公共基础设施所属行业管理体制的层级关系进行编制与汇总。

12.6 公共基础设施核报的总结与展望

公共基础设施是由各级政府及其部门代表政府管理的资产，如何在政府财务报告中客观、完整地反映与公共基础设施相关的会计信息，既是重点，也是难点。虽然在制度层面当前关于公共基础设施的会计规则正在逐步完善，但在实践操作层面公共基础设施会计核算与报告的具体要求还有待进一步规范和细化。本章基于公共基础设施的功能和特性，结合公共产品理论、公共受托责任理论、新公共管理理论等基础理论，立足政府会计核算与报告的基本流程，探讨了公共基础设施的会计主体、会计确认、会计计量以及报告体系构建等问题。在确定公共基础设施的会计核算主体时，我们应当将资产管理维护职责作为基本依据，负有公共基础设施资产管理维护职责的政府部门或单位，应当作为公共基础设施的会计主体。公共基础设施的会计确认，可以按照自建或委托建设、外购、无偿调入或接受捐赠等进行分类确认。公共基础设施的会计计量，可以分为公共基础设施的初始计量和公共基础设施的后续计量，其中：后续计量包括日常维护与大中修的计量、改扩建的计量、折旧的计量、资产处置的计量等。公共基础设施报告体系包括政府财务报告中公共基础设施项目的列报以及公共基础设施综合报告两个层面。通过政府财务报告和公共基础设施综合报告能够全面反映与公共基础设施相关的信息，从而有助于满足不同信息使用者对公共基础设施信息的需求。当然，由于公共基础设施的种类较多、会计核算与管理的具体要求也存在一定差异，不同的公共基础设施主管部门未来可以根据实际情况制定各自领域的公共基础设施综合报告规则，明确相应公共基础设施综合报告的具体内容与方式。

第13章

文物保护目标下文物资源的核报研究

13.1 文物保护目标与文物资源核报

13.1.1 文物保护目标下文物资源核报的必要性

2022年全国文物工作会议确立了"保护第一、加强管理、挖掘价值、有效利用、让文物活起来"的新时代文物工作方针,与1982年《中华人民共和国文物保护法》中"文物工作贯彻保护为主、抢救第一、合理利用、加强管理的方针"相比,体现了我国文物保护事业在过去四十余年中取得的蓬勃发展和文物保护工作持续改善的成果以及文物保护观念深入人心的变化。党的十八大以来,习近平总书记对文物保护工作高度重视,多次就文物保护发表重要论述,强调要"走出一条符合中国国情的文物保护利用之路",对如何系统性保护好、传承好、利用好文物和文化遗产做出深刻的回答。然而,长期以来文物保护工作缺乏资产管理层面的制约,在此背景下,《政府会计准则第11号——文物资源》将于2025年1月1日开始实施,为文物的资产管理提供了基础性的制度支持。

我国大量的文物目前由行政事业单位管理,其中大部分的文物是通过旧藏、考古发掘、接受捐赠等方式获取的。根据2017年《第一次全国可移动文物普查数据公报》,事业单位收藏了超过97%的可移动文物实体,且超过80%的文物取得成本无法可靠计量,由于所有权、管理权和使用权等权属关系的模糊,将文物资源纳入政府资产负债的核报框架中,代表国家管理国有文物资源的行政事业单位在会计上确认计量其管理的文物资源,从而更好地实现会计账与文物总登记账相互对应、财务部门与文物藏品管理部门相互制约,进一步强化行政事业单位文物保护责任的承担。

我国是一个历史悠久的文明古国,现存大量的文物与文化遗产,这些都是全民族的共同财富。作为历史的实物证据,文物与文化遗产在理解和学习中国文化、提升民族的认同感和自豪感的过程中具有重要作用。近年来,随着文旅事业的不断发展,文物保护逐渐成为社会的共识与重要关注点,"博物馆热"持续升温,涌现出一大批受民众喜爱的博物馆和文物藏品单位,文物事业的发展正逐渐成为民众感受中华文明深厚底蕴和展现文化自信的助推力。但我国文物的破坏与流失事件时有发生,部分原因在于我国长期以来只从行政管理的角度进行文物保护,缺乏资产、财务视角的约束与管理,导致文物保护工作中存在着文物权属不清、利用程度不高等问题。为了呼应社会关切与外部监督的需求,将文物纳入政府资产负债的核报框架中,也将更全面地反映政府在文物保护事业中的受托责任。

13.1.2 文物资源相关概念辨析

(1) 文物资源的定义

就企业会计而言,资产定义为由过去的交易或事项产生、由实体所控制,且经济利益很有可能流入或服务潜能有可能实现,成本也能可靠计量。结合文物资源的特殊性质,大部分研究基于文物资源的持有目的和特征来定义该项政府资产。Cenar (2011) 认为文物资源是由政府和地方行政单位控制的经济资源,这些资源有望提供潜在的服务,并且不直接产生现金流,而是具有文化、历史和教育价值。在文物资源是否应该作为政府资产进行确认的问题上,Barton (2000) 认为遗产设施以非交换收入作为资金来源,并以非商业形式提供给社会,应该作为信托资产进行单独报告。张国清 (2008) 建议将文物文化设施与政府运营资产相分离作为信托资产处理。有学者指出文物文化资产会因维护修缮造成现金的流出,因此其更应该被划分为负债 (Mautz, 1988)。也有部分学者认为不应将文物资源纳入会计核算范围,因其核算成本大于资产收益。然而大多数学者认为文物资源应当纳入核算与披露,但对于是否单独计量存在分歧。

(2) 文物资源的特征

由于本章重在研究文物资源作为政府资产的保护与利用,故不再讨论文物在发掘与实物保护中的相关概念。文物资源在政府资产负债体系中的独特地位和核报过程中的特殊要求受到文物资源特殊属性的影响。

首先，文物资源与其他政府资产的区别在于其历史性与时间性，这也是文物的基本属性。从历史性看，文物资源是人类历史活动的产物，每一件文物都承载着一段历史。文物资源的历史性表现为其创造、使用和传承等过程中涉及的社会背景、文化内涵、技术水平和艺术风格等方面，能够为研究人类历史和文化提供直接或间接的证据。文物资源的历史性强调其与过去事件、人物或时期的直接关联性，这使其成为研究历史、了解过去生活方式和社会结构的重要实物证据。从政府资产的角度看，文物资源的历史性强调了政府与人民维护历史遗产、传承文物历史、教育后人和促进文化自信的要求。从时间性上看，文物资源的形成和存在都有明确的时间属性，即每件文物都对应于特定的历史时期。时间性不仅体现在文物的年代鉴定上，还反映在文物本身的材质、制造技术、艺术风格的变迁中。通过研究文物的时间性，可以了解不同历史时期的文化特征、社会发展水平和人类活动的演变过程。文物资源的时间性强调文物本身的年代属性，因为文物是在特定的历史时期制造的，即其产生、存在和变迁都在时间线上有具体位置和意义。从政府资产的角度看，文物资源的时间性强调了对文物资源进行精确的年代划分和时期归类，这有助于确定保护优先级和保护措施的针对性，确保各个历史时期的文化遗产得到适当的保护与利用。

其次，文物资源依托于其自身的物质状态与空间存在，因此物质性也是文物资源作为政府资产的关键特征。文物资源的物质属性包括但不限于文物的材料、结构、技术和保存状态等属性，对于文物的保护、修复、研究和展示都具有重要意义。文物资源的保存状态为研究者提供关于古代保存技术、修复技术乃至历史环境变化的信息；文物结构与设计的研究有助于了解古人的审美观念、社会制度乃至宗教信仰；一旦文物遭到破坏或丢失，随之而去的是无法复原的历史信息和文化价值。文物资源的物质属性与历史时间属性密不可分，不仅反映了古人的生产生活状况和技术能力，也是研究古代科技发展、经济交流和文化交融的重要线索。从政府资产负债的观点看，文物资源物质属性更加要求压实保护和维护这些资源方面的主体责任。

(3) 文物资源的分类

对于文物资源的分类，Dutescu（2011）根据文物文化资产的自然属性将文物文化资产分为文化遗产和自然遗产，文化遗产包括物质文化遗产以及非物质文化遗产，物质文化遗产又根据移动属性分为可移动遗产（博物馆和收藏中的文化资产）和不可移动遗产（历史遗迹）。Botha（2005）认为遗产资产应当分类为仅具有历史文物目的的遗产资产以及用于政府日常运营的多用途遗产资产，两者的主要区别在于多用途遗产资产正在产生经济效益或具有服务潜力。

13.2 我国文物资源核报的制度背景与发展脉络

我国文物保护与开发利用实践中的一部分问题源于长久以来文物资源的保护和利用主要从实物保护与行政管理的角度开展，缺乏资产管理的制约，导致文物资源保护与开发利用的主体责任划分依旧模糊。近年来，国内文物保护乱象频现，文物流失严重，加之民间文物存在着哄抬价格等问题，文物保护界对于开发文物的经济效益一直持谨慎态度，单纯以经济价值来衡量文物保护的贡献与价值诚然是错误的，这是由我国文物资源的国有以及公益性因素所决定的。然而，文物的经济效益不仅包括市场价值与展览收入，还包含文物保护过程中的会计信息对优化成本管理、提升资金效益等决策有用的价值。一些单位通过对文物资源的内在价值和历史文化背景进行深入的挖掘阐释，设计出了广受民众好评的文物开发与利用机制，在全国各地掀起了一股"博物馆热"。研究政府资产负债体系中文物资源的保护与利用问题，核心在于协调文物社会效益与经济效益的关系。本部分将首先梳理文物保护利用的制度性框架，探讨文物资源核报的主体责任观与公共服务观两种观点，为文物资源的核报提供理论基础；然后从文物资源核算与保护的制度框架出发，结合文物实体保护、文物管理机构保护、资金管理和资产核算等多方面的法规制度解读我国文物资源核报的制度基础。

13.2.1 文物资源核报的制度背景

无论是文物的行政管理还是资产管理，都需要相关的制度进行配套，为文物保护工作提供法律依据、管理规范与资金保护上的支撑。我国逐渐形成的文物资源核报与利用开发的法规制度仍然是以行政法为主导，《中华人民共和国文物保护法》为上位法的法规体系。

首先，2017年修订的《中华人民共和国文物保护法》明确了文物的定义、分类、保护原则和管理体制，为文物的保护和利用提供了基本遵循，为加强文物保护工作提供了更加有力的法律保障。其次，以《文物认定管理暂行办法》《博物馆条例》等为代表的文物认定管理以及收藏机构行政管理的法规条文，规范了藏品的征集程序和标准，规定了博物馆藏品的分类、登记、采集和接收等管理要求，文物资源实物端的真实性和完整性，为博物馆藏品的资产核算提供了基础数据，也是文物资源核报进一步实现财务账与实物账相对应中"实物账"的来源。

最后,《文物事业单位财务制度》《国家文物保护专项资金管理办法》等法规条文从行政端的资金管理层面对文物保护的事业进行了规范,例如,详细规定了文保事业财务活动的范围、管理原则、预算编制、收入支出管理、单位资产管理、内部控制等方面的要求,通过规范文物事业单位的财务活动来实现文物资源的保护,尽管未实现文物资源个体的核报,但为文物资源核报提供了财务方面的依据。

随着新时代文物保护工作的新要求以及政府会计改革的进一步深化,我国逐步开始将相关文物资源纳入政府资产负债进行核报并付诸实践,2017年施行的《政府会计准则——基本准则》在对政府资产进行界定时强调了拥有"服务潜力"的文物文化资产也被纳入政府会计核算范围;同年发布的《政府会计制度——行政事业单位会计科目和报表》设置了"文物文化资产"科目用于核算为满足社会公众需求而控制的文物文化资产的成本,在"固定资产"科目下设置了文物和陈列品的明细科目。2018年,《关于进一步做好政府会计准则制度新旧衔接和加强行政事业单位资产核算的通知》提出,对于无法可靠计量成本的文物文化资产,单位应设置备查簿进行登记,待成本能够可靠计量、确认后按照规定及时入账。2021年,财政部、国家文物局印发了《国有文物资源资产管理暂行办法》,对各类各级行政事业单位国有文物资源资产的取得、保管保护、使用、处置、报告等管理活动进行了一定程度的规范。2023年10月20日,财政部制定发布了《政府会计准则第11号——文物资源》及其应用指南,确定了文物资源作为政府资产负债核报范围。上述文件进一步规范了文物资源作为政府资产的确认计量和列报,对于压实行政事业单位主体责任,以及实现文物资源会计账和文物总登记账的相互独立与制约有着重大意义。从"文物文化资产"到"文物资源",体现了我国在不断强化实务部门的主体责任,实现实物管理(见表13-1)。

表13-1 文物资源相关法规文件

法规文件	文号/实施年份
《中华人民共和国文物保护法》	中华人民共和国主席令第81号
《中华人民共和国文物保护法实施条例》	国务院令第377号
《国有馆藏文物退出管理暂行办法》	文物博发〔2018〕9号
《文物认定管理暂行办法》	文化部令第46号
《博物馆条例》	国务院令第659号
《博物馆藏品管理办法》	文物字〔1986〕第70号
《公共图书馆馆藏文献信息处置管理办法》	文旅公共发〔2022〕44号
《国有博物馆藏品征集规程》	文物博发〔2021〕21号

续表

法规文件	文号/实施年份
《文物事业单位财务制度》	财教〔2022〕162 号
《文化事业单位财务制度》	财教〔2022〕160 号
《行政事业性国有资产管理条例》	国务院令第 738 号
《财政部关于编报 2022 年度行政事业性国有资产报告的通知》	财资〔2023〕4 号
《国有文物资源资产管理暂行办法》	财资〔2021〕84 号
《国家文物保护专项资金管理办法》	财文〔2018〕178 号
《央属文物保护利用项目资金管理办法》	财教〔2023〕178 号
《关于推动文化文物单位文化创意产品开发的若干意见》	国办发〔2016〕36 号
《关于进一步推动文化文物单位文化创意产品开发的若干措施》	文旅资源发〔2021〕85 号
《政府会计制度——行政事业单位会计科目和报表》	财会〔2017〕25 号
《政府会计准则——基本准则》	财政部令第 78 号
《政府会计准则第 11 号——文物资源》	财会〔2023〕19 号

13.2.2　文物资源核报的发展脉络

自 1982 年我国首部《文物保护法》出台以来，该法一直都是我国文物保护与利用工作中的重要行政法依据。然而，从政府资产负债体系的角度看，《文物保护法》更注重文物的实物管理与行政管理，未能从资产的视角实现对文物的有效管理，文物资源的核报需要区别于政府资产负债体系中的其他政府资产，如财政资金、公共基础设施等。

从国际经验看，文物资源的核报可以提炼出强调管理责任的"主体责任观"以及强调提供公共服务的"公共服务观"两种。党中央、国务院关于文物保护的文件中屡次提到，我国文物保护工作面临文物丢失、破坏严重，利用程度不高的问题，特别是不可移动文物，这些问题究其原因，是文物的管理、保护制度还不完善，文物保护与利用的资源紧缺。2012 年全国第三次文物普查结果显示，全国共登记不可移动文物超 76 万处，其中新发现的超过 2/3，大多数不可移动文物保存状况堪忧。而推动文物保护工作的首要任务是在地方上压实文物保护的主体责任，具体涉及文物资源所有权、使用权、处置权、收益权等方面的内容，上文提到，《文物保护法》并未从资产管理的角度对文物保护进行规范，仅从保护责任上确认了文物资源的属地管理原则，但对于管理保护责任的主体认定却未明确。因此，我国文物资源保护的重点应首先聚焦于尽快落实主体保护责任上。

将于 2025 年 1 月 1 日起施行的《政府会计准则第 11 号——文物资源》中对文物资源的核算范围定义不再区分文物是否满足于自身开展业务活动或满足社会公共需求，而将所有被认定为文物且按照文物管理规范进行管理的相关藏品均纳入了政府资产中文物资源的核算范围，这体现了我国文物管理现状中进一步压实文物保护管理责任的要求。我国的现行做法未将文物区分为单用途文物与多用途文物，考虑到多用途文物（例如建筑物、场地、设备等），在政府资产的核报中难以分离文物属性与使用属性，并且这类文物往往在政府资产中入账情况较好，权责主体明确，保护工作也较为完善，因此目前暂不需要纳入文物资源的核算范围中。

相应地，以"提供公共服务"为侧重点的文物资源核报，似乎就有理由对于文物资源的市场价值进行核算。例如根据国际公共部门会计准则（IPSAS 47），对于"遗产资产"的定义，并不关注其管理的实体，而是反复强调为公众利益而使用的遗产项目具有公共服务潜力，无论是为了欣赏还是研究，都视作为一项资产。其对于可移动文物的计量属性同样倾向于历史成本，而对于不可移动文物资源的后续计量更倾向于现值，而现值计算的对照依据，便是"能够提供同等公共服务的资产的价值"，即通过购买或复制类似的资产来对其公共服务能力进行评估。上述做法在实践中可能存在较大的困难，因为文物普遍存在不可替代性，无论是实体存在还是社会意义，都几乎不可能被现代工业品所完全替代。即使付出再大的代价也无法替代，这也是准则该部分在征求意见阶段遭到众多国家与机构提出异议的原因。但上述做法体现了文物的使用效益与提供公共服务的导向，公允价值入账能够间接提升文物资源管理的透明度与可比性，但难点在于依赖专业评估人员的评估信息与市场信息的支撑，需要相应的评估机制与流程以保证文物资源公允价值的准确性与可靠性，使其公允价值与"提供同等公共服务的价值"相对应，而非文物流通市场带来的收藏溢价。因此，公允价值的计量属性被用于不可移动文物而非可移动文物。不可移动文物在文物流通市场中很难被确认市场价值，流通性相较于可移动文物低得多，更加凸显文物的资源资产属性与文物保护利用的前瞻性。

13.3　文物资源的核报规则构建

在明确了文物资源作为政府资产的特征及核报理论基础后，需要对文物资源核报的方法与内容做出相应的规范。相较于国外做法与先前的相关要求，我国现行的文物资源核报在文物资源的范围界定、核报主体、初始计量属性、后续计量等方面呈现出与之相匹配的特征要素。

13.3.1 文物资源的核报范围

如上文所述，我国现行准则在文物保护导向下，首先强调主体责任，这体现在现行的核算范围内，将所有被认定为文物及相关藏品均纳入文物资源核报的适用范围，不再区分其开展业务还是满足社会需求。具体而言，文物资源核报的范围包括被认定为文物的有形资产、考古发掘品、未被认定为文物的古籍、尚未入藏的征集物以及非典型意义上的文物但参照文物进行管理的其他藏品等多个层次；将于2025年1月1日起施行的《政府会计准则第11号——文物资源》更加强调文物属性的实物管理，将无形的文化资产暂时排除在核报的范围之外，这是由于具有实物属性的文物资源已有《文物保护法》等一系列管理实施条例等规范性文件的支撑，对于文物认定的流程相对规范。而无形的文化资产较于文物实体在认定上和管理上都未有定论，因此暂未将其纳入文物资源的核报范围中。

在文物资源中特别的一类是文物保护单位的不可移动文物，或具有特殊纪念意义的建筑物等。例如，北京的颐和园是一处景区，属于公园管理系统，其面积的大部分从类别上看属于市政基础设施，但也包含一处不可移动文物，因此界定为文物的部分要按照文物资源来核算。又如南京长江大桥，是南京市文物保护单位，同时承担交通运输枢纽的任务，因此南京长江大桥的修复工作需要经过文物部门的审批通过，而针对道路等的养护工作则需定期向南京市文物部门报告。上述非移动文物，既作为文物提供参观游览服务，也用于单位自身的科学研究。南京长江大桥作为交通基础设施，由于在实务中难以区分多用途建筑物的分类用途，强行分开核算很容易造成低效管理，又因为现阶段文物资源全面核算的目的在于推行文物资源的全面入账，而上述资产原本的入账情况就较为良好，因此依旧参照固定资产核算，但在行政端要接受文物部门的管理，并列报相关修复修缮支出。

13.3.2 文物资源的核报主体

与核报范围相类似，我国文物资源核报呈现出压实主体责任的导向，因此在文物资源的核报主体上，将收藏管理职责作为确认条件，而不多关注文物资源是否满足社会的公共需求。具体而言，据《中国文化文物和旅游统计年鉴

(2022)》，拥有文物资源收藏管理职责的行政事业性单位包括故宫博物院等文物行政部门所属的文物事业单位、中国财税博物馆等其他部门所属的文物事业单位、国家图书馆等文物事业单位以外的其他行政事业单位。上述做法强调了政府会计主体对文物资源承担管理收藏职责的重点，体现了文物核报方面关于压实文物主体责任，实现财务账与实物账相对照的要求。

13.3.3 文物资源的计量属性

出于压实文物主体保护责任的需求，同时在文物资源核报实施的初期，为了平衡成本效益，我国并未采用类似于IPSAS中公允价值计量的方法。在文物资源核报需求导向下，我国引入了名义金额的计量属性，实行了历史成本与名义金额并行的计量方法。具体而言，对于征集购买、调拨接收、指定保管、重分类等取得方式的文物资源，依据情况采用购买价款、派生的以及名义金额计量的计量方法。值得一提的是，对于引入名义金额的做法，出于以下考量：首先，文物资源不得赠与、出租或出售给其他单位和个人，没有评估市场价值的需求；其次，名义价格计量也能从会计角度对每一件文物贴上资产标签，在文物的资产卡片与实物总登记账制度不断完善的背景下，实现财务对实物管理的有效制衡与刚性约束。

在文物资源的后续计量上，需结合文物初始计量的做法与文物修缮修复工作的特点，同时兼顾为决策提供所需财务信息的要求。一方面，为了文物的长久保存，文物资源在核算过程中不应计提折旧；另一方面，关于文物修复修缮的支出应资本化还是费用化的问题，需根据新时代对文物保护工作的要求，进行分别处理。对于文物本体的修复，由于其目标是恢复如旧，而且计入资产成本后较难摊销，因此对于这部分支出应当予以费用化，并通过报表附注披露的方式满足相关信息需求；同时，新时代的文物保护工作要求抢救性与预防性保护并重，体现对文物周边环境的保护，例如，对文物保存库房的设备购置支出应予以资本化。

13.4 文物资源核报助力文物事业发展的实施路向

平衡文物的"经济效益"与"社会效益"之争一直是文物保护的焦点。[①] 以

---

① 《峻峻：核算文物文化资产，如何体现"保护第一"的理念》https://mp.weixin.qq.com/s/JgvbF1JelHT1BZS9FTZFlA。

社会效益为最终目标是毋庸置疑的：一方面，社会各界普遍认为，文物的保护与利用不应以市场经济价值来衡量其效益；另一方面，文物资源的核报打破了文物行政管理的单一管理模式，使文物保护工作不再隔绝经济属性，越来越"小圈子化"，文物在我国的经济社会发展中具有特殊地位，因此，算文物的经济账并不等价于核算、提升文物的市场价值，也包含文物核报中反映的成本效益，同时对文物的经济效益的讨论不应当局限于文物事业内部，而是应当将文物的经济效益与我国高质量发展和宏观社会经济发展结合起来，明晰文物保护与利用事业中的社会价值与经济价值的关系，以更好发挥文物的公益属性，提升文物保护与利用的效益。

13.4.1 压实文物资源管理责任

作为全体人民的共同瑰宝，文物资源的公共服务功能应当得到更好的发挥，上文提到，我国的文物资源面临着利用程度不高的问题，一方面，这可能源于长期以来的文物工作"保护为主"的方针，导致文物的利用处于被轻视的地位；另一方面，间歇性出现的文物损毁和过度商业化等案例，也加剧了在文物资源的保护利用问题上"社会效益"与"经济效益"之间的假性矛盾。在文物资源的核报过程中，政府应履行在文物资源保护上的受托责任，包括依据会计准则对文物资源从获取、保护、利用到最终处置的全过程进行规范管理，实现文物资源的全生命周期管理，以及在财务报表和附注中对文物资源保护情况进行披露，增强财务报告的透明度，有助于公众和相关方更好地了解文物资源的管理和保护状况，体现政府在公共资产管理方面的受托责任。

13.4.2 "活化"文物资源核报的成本信息运用

文物保护界对文物的价值发挥秉持保守态度，一方面是由于对文物资源的管理更多地从行政管理的角度出发，缺乏政府资产制约，导致文物开发过程中乱象频出，另一方面是由于对文物经济价值的评估被单纯的货币化。作为经济效益的体现，文物保护利用成本与资金效益影响着文物保护与利用的重要方面，以文物的实体保护为例，文物的独特性决定了文物的修缮修复工作具有极高的专业性和不可替代性，其成本难以规范化衡量。文物的修缮修复与维护保养缺乏统一的计算方法与规范，反映在文物的资金效益上，文物保护部门难以向财政部门说明相关人员与修复预算的合理性与充足性，财政部门也较难对上报的相关资金预算的规模与效益进行合理的评估。同时，对文物资源的估价也应当更偏向于从文物的使用权转让、损害价值评估等方面展开，上文提到的文物资源管理过程中主要依照行政管理而非资产管理的现状导致文物资源的使用权转让、借调展陈、商业保险过程中对文物的价值评估较为粗放，文物破坏的行政罚款缺乏价值依据，文物破坏的潜在危害很大，因此要进一步借助文物成本与资金效益方面的信息抓手，完善文物保护的全流程体制，进一步推动更精细化的文物修复修缮成本的经济价值评估和成本管理。在本部分的范畴下，对于文物资源实体市场流通价值的评估可能是没有意义的，因为这既不体现文物保护与利用的导向，也不满足成本效益的原则，还有可能助长民间文物的非正常流通。然而，在政府资产负债体系下对文物保护与利用过程中的各类经济成本进行更精细化的计算和管理却有必要性，包括建立财务账与实物账联动的项目管理机制，提升文物保护资金的使用效率，建立长期的文物维护和状态监测机制，防止文物再次损坏，减少未来的修复成本，同时建立文物保护与利用的监督机制，例如，对文物修复修缮的成本进行详细的报告和定期审计，以保证文物的长期保护与合理利用。

13.4.3　强化文物保护的财政资金保障

文物资源的保护与利用离不开财政资金的大力支持，对于未对外开放或免费对外开放的文物管理场所而言，财政资金是文物保护的唯一资金来源。然而在文物保护的实践过程中，财政资金的分配与使用存在着资金缺口较大、分配不及时、文物保护周期与财政周期不匹配等问题。在支持力度上，财政补助的资金大部分源于地方政府，以不可移动文物为例，中央财政专项经费仅对全国重点文物保护单位给予支持，大多数文物保护单位财力仅满足日常人员运转需要，对于文物的维护保养、研究宣传、开发利用需要进一步的财力支持；在支持事项上，文物保护专项资金中，大部分资金被用于文物本体保护，用于文物保护单位开放的资金较少。而从政府资产的角度助力文物保护与利用事业的财政资金支持，将有望改善这一状况：随着财政资金对文物保护与利用事业的更有力支撑，基于文物保护的成本核算和披露信息对预算编制与绩效考核的精准化提升以及财政资金的下达与使用将更加精准高效。

第 14 章

自然资源资产负债核算框架构建研究*

14.1 自然资源资产负债核算框架构建的现实需求

改革开放以来,中国在经济和社会发展方面成绩显著,但环境资源的过度消耗和环境污染的问题日益严重。2023 年中国 GDP 超过 126 万亿元,同比增长 5.2%。与此同时,2023 年二氧化碳排放量达到 126 亿吨,同比增长 4.7%,占全球排放量的 34%[①]。党的十八大报告强调,在面对资源日益紧张、环境污染加剧以及生态系统退化的严峻挑战时,必须确立生态文明的理念,强调对自然的尊重、顺应和保护。党的第十九届中央委员会第四次会议明确提出"生态文明建设"是关乎中华民族长期发展的重大战略,被形容为一项"千年大计"。2021 年 11 月,《中共中央 国务院关于深入打好污染防治攻坚战的意见》提出了以更高标准打好蓝天、碧水、净土保护战,并设立了 2025 年和 2035 年两个阶段污染防治目标。党的二十大报告明确指出,立足我国能源资源禀赋,坚持先立后破,有计划分步骤实施碳达峰行动。2023 年 12 月,《中共中央 国务院关于全面推进美丽中国建设的意见》提出了全面推进美丽中国建设的目标、任务与实现路径,包括加强生态系统多样性稳定性持续性、守牢美丽中国建设安全底线等。在生态文明思想指引下,我国致力于寻找将生态环境优势转化为经济价值的有效途径,并通过实际行动展示其作为大国的责任和承诺。

---

* 本章系国家社会科学基金一般项目"居民碳普惠与企业低碳供应链的协同机制及共治策略研究"(23BGL122)的阶段性研究成果。

① https://www.iea.org/reports/CO_2-emissions-in-2023。

自然资源资产负债核算是生态文明建设的起点，为自然资源资产有偿使用、生态补偿等制度实施提供基础支撑。在绿色低碳发展背景下，加强自然资源价值核算、编制自然资源资产负债表引起了广泛关注。2015年9月，中共中央、国务院印发《生态文明体制改革总体方案》提出，加快构建一种新的核算方法，用于评估水资源、土地资源、森林资源等自然资源的资产和负债；建立实物量核算账户，以便于更准确地追踪和管理这些自然资源；制定清晰的分类标准和统计规范，确保核算过程的一致性和准确性；定期进行自然资源资产的变化评估，以便及时发现问题并采取相应措施。该方案的发布标志着中国正式开启了对自然资源资产负债进行系统核算的工作。2015年11月，国务院印发《编制自然资源资产负债表试点方案》提出，全面加强自然资源统计调查和检测基础工作，逐步建立健全自然资源资产负债表的编制制度。2017年12月，《中共中央关于建立国务院向全国人大常委会报告国有资产管理情况制度的意见》要求，国务院向全国人大常委会报告国有自然资源管理情况，这包括了自然资源资产的规模、结构、质量、分布等情况，以及管理成效和工作安排。2019年4月，中共中央办公厅、国务院办公厅印发《关于统筹推进自然资源资产产权制度改革的指导意见》提出，在开展实物量统计的基础上探索价值量核算。2020年11月，《中共中央关于制定国民经济和社会发展第十四个五年规划和二〇三五年远景目标的建议》提出"推动绿色发展，促进人与自然和谐共生"，对自然资源价值全面认识并合理利用有助于有效地规划资源的保护和恢复工作，从而实现资源的可持续利用和生态平衡。2021年4月，中共中央办公厅、国务院办公厅印发《关于建立健全生态产品价值实现机制的意见》指出，鼓励地方先行开展生态价值核算，探索不同类型生态产品经济价值核算，逐步修正完善核算办法。2022年3月，中共中央办公厅、国务院办公厅印发《全民所有自然资源资产所有权委托代理机制试点方案》要求，摸清自然资源资产家底，开展自然资源资产核算。自然资源资产负债核算是国民经济核算体系的重要组成，科学有效地核算自然资源资产和负债实物量和价值量，首先应深入理解自然资源资产负债核算内在本质和方法论逻辑，解决如何构建自然资源资产负债核算框架问题。本章在吸收借鉴国际先进经验的基础上，结合中国的生态环境资源特点，系统地探讨核算目标、核算主体、核算原则、核算内容等，初步构建中国自然资源资产负债核算框架，旨在为自然资源实现从"绿水青山"到"金山银山"的转变提供理论和实践的参考。

14.2　自然资源资产负债核算的国际经验借鉴

国外自然资源资产核算体系日臻成熟，形成了以联合国制定的国际统计标准为主体框架的环境经济核算体系（System of Environmental – Economic Accounting，SEEA），并衍生和发展出各具特色的实践模式，如荷兰的环境账户国民核算矩阵（NAMEA）、日本的资源环境账户体系理论框架（JSEEA），以及菲律宾的环境与自然资源核算工程（ENARP）等。比较而言，SEEA更加重视自然资源贡献；以欧盟SERIEE、荷兰NAMEA等为代表的环境经济统计体系更加重视对资源环境损耗的统计；以菲律宾ENRAP为代表的核算体系将资源环境生态服务价值作为其重要组成部分。

14.2.1 重视自然资源贡献的环境经济核算体系

伴随着全球环境问题的日益严重，联合国于1993年发布了SEEA1993，初步提出了环境经济核算的基本框架。SEEA是国民经济核算体系（以下简称SNA）中用以估算自然资源耗减、自然资源维护成本的卫星账户。联合国于2003年和2012年又相继发布了SEEA2003、SEEA2012，这对各国环境经济核算的相关理论和实践研究起到了极大的推动作用。其中，SEEA2003设置了实物流量账户、环境保护支出账户、环境资源资产账户和环境调整总账户四类账户。SEEA2012在继承国民经济账户体系的核算概念、规则、原则和结构的基础上，进一步发展了自然资源的分类账户，特别针对矿产、天然气、石油等资源进行了详细的分类。该体系不仅包括了传统的实物量核算，还融入了生态系统价值评估的新方法，实现了实物量与价值量核算的有效结合，主要包括环境经济核算体系中心框架（SEEA CF）和环境经济统计与生态统计体系（试行）（SEEA EEA）。SEEA2012通过引入福利方法等其他近似手段，评估自然环境为生产和消费活动提供服务的价值，以及对自然环境造成的损害，其核心在于评估对环境的长期影响。

为了更直观地体现自然资源对经济和人类的贡献，尤其是以森林、湿地和其他生态系统为代表的自然资本的价值，2021年，联合国统计委员会第52届会议通过了环境经济统计与生态统计体系（SEEA EA）标准，提出设置生态系统范围、生态系统状况、生态系统服务流量（实物）、生态系统服务流量（货币）、生态系统资产货币五个账户。此类核算体系是以SNA框架为基础，在账户设置上与国民经济核算体系相互衔接，通过量化自然资源和环境对经济活动的贡献以及由此产生的消耗进行环境经济核算，最后将核算信息整合进SNA核算体系。从SNA到SEEA CF再到SEEA EEA最终发展到SEEA EA，国民经济核算体系逐步实现了对区域自然资源和环境状况与经济增长之间关系的更全面体现。

14.2.2 重视资源环境损耗的环境经济统计体系

在经济发展中最大限度地降低资源消耗和环境破坏是人类面临的重大挑战。实物量核算的优势在于它既体现了国民经济核算的数据结构，又不受价值量核算和货币化因素的完全限制。欧盟的 SERIEE 设有自然资源使用及管理等账户，且环境保护支出为主要核算内容，倾向于对实物量账户数据的统计，不强调完全以货币化指标核算。加拿大则是依据 SEEA 框架进行自然资源资产核算最完备的国家之一，其 CSERA 体系通过编制多种资源和污染排放的投入产出流量表和环保支出账户，将自然资源存量由实物量核算延伸至价值量核算。美国的 IEESA 卫星账户按照市场化程度高低分级核算自然资源资产和环境资产实物量与价值量，并探索了多种价值评估方法。德国的 GEEA 体系为了服务于环境经济决策分析，将 SEEA 的核算对象纳入国民经济系统，并与生态系统之间形成了"压力—状态—响应"的逻辑关系。荷兰的 NAMEA 通过设置排放物账户、国家环境议题及全球环境议题账户，反映了温室效应、臭氧层破坏、酸化等环境污染所造成的损害。在各国实践中，不断探索资源损害核算的多种评估方法，核算方法逐渐由实物量核算发展为实物量与价值量相结合。

14.2.3 重视资源环境生态服务价值的核算体系

环境资源的无偿使用引发了环境资源的过度消耗和环境质量的恶化，削弱了自然环境的生产潜力。环境质量的下降也降低了自然界未来的自我修复能力，这最终限制经济的高质量和可持续增长。正如人类劳动需要得到补偿一样，自然资源的消耗同样需要得到适当补偿。为了提供与经济决策相关的自然资源消耗的补偿信息，资源和环境的生态服务价值核算正逐渐成为全球各国关注的焦点。核算自然资源和环境的生态服务价值，不仅反映了自然环境服务功能所产生的经济价值，也考虑了环境污染和资源损耗对经济的负面影响。

以菲律宾的 ENRAP 为代表的核算体系，将自然环境比作一个生产部门，其中自然资源提供的休闲娱乐服务所带来的收益被视为该部门的正面产出。相应地，环境污染对人类健康造成的损害以及由此产生的经济损失被归类为环境污染价值，作为生产部门的负面产出。该核算系统着重于对所有经济活动的成本和收益进行全面的核算，从而在传统的国民经济核算框架中对环境资本的服务进行了"扩展"。ENRAP 倾向于通过评估自然资产价值的变化来衡量自然资源的消耗，要求对影响自然资产变化的所有因素进行详尽的核算，包括正面、负面因素以及人为和自然因素。图 14-1 列示了国内外自然资源及环境经济核算的发展及演变。

第14章 自然资源资产负债核算框架构建研究

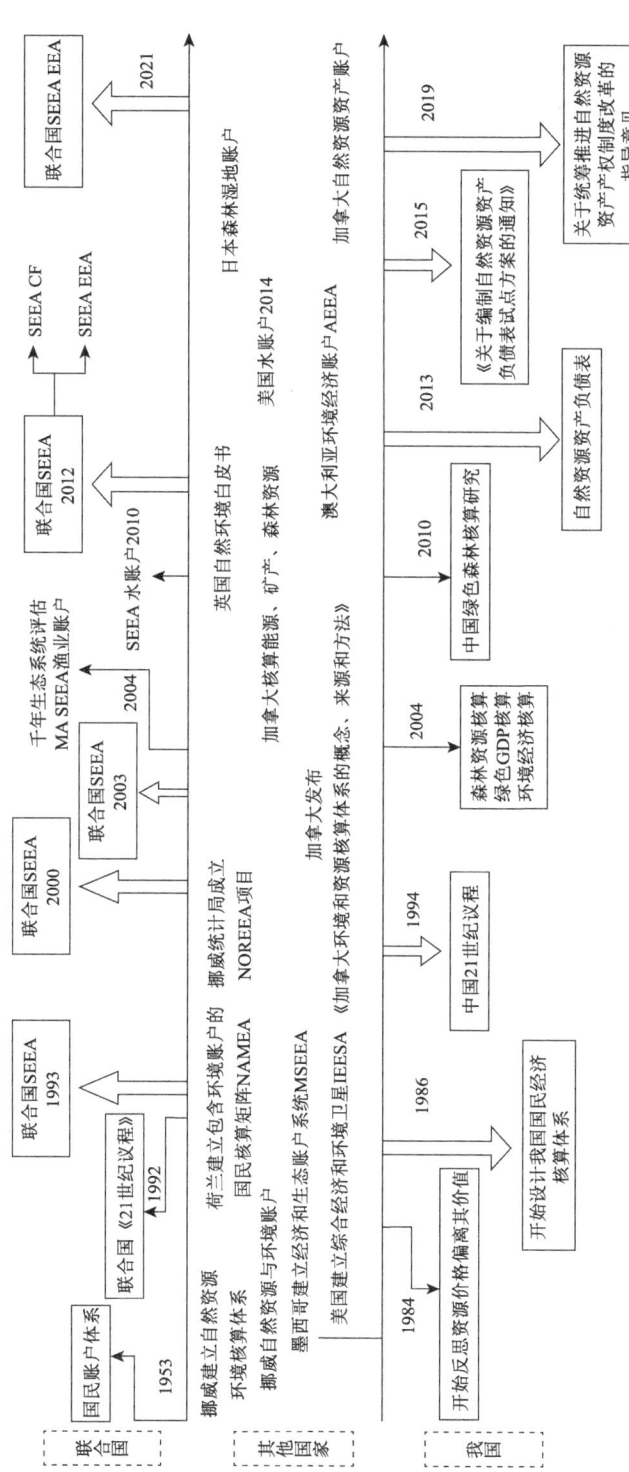

图 14-1 自然资源及环境经济核算的发展及演变

14.3 我国自然资源资产负债核算发展演变

只有从自然资源资产负债表形成与应用的历史演进过程不断认识其发展本质和方法逻辑，才能自觉与主动地将其延伸并应用于对自然资源资产负债的核算。我国环境经济核算起步较晚，大致经历了起步探索、理论研究、政策实践三个阶段。

14.3.1 起步探索阶段

20世纪80年代，以李金昌为代表的学者们翻译了大量国外研究成果并发表相关论文。1981年，于光远、金鉴明和孙仲连等首先提出了资源价格严重背离其真实价值的观点。这些研究成果激发了国内实务界和学术界对环境资源统计核算研究的关注。1988年，国务院发展研究中心联合美国世界资源研究所，开启了"自然资源核算及其纳入国民经济核算体系"的研究项目，随着项目的推进，在环境资源分类、环境资源定价、环境资源折旧以及将自然资源综合核算整合进国民经济核算体系等方面取得了丰富的成果。1989年，国务院技术发展研究中心在伊春举办了国际自然资源核算培训班，向参与人员传授了世界各国在自然资源核算研究方面的理论成果和实际应用经验。自20世纪90年代起，学术界与政府部门日益关注生态环境的保护以及自然资源的合理利用，在理论与实践上均取得了显著的进展。李金昌等人在1991年编写的《资源核算论》中，建立了资源核算的理论体系，绘制了资源核算的流程图，并深入探讨了资源的实物量和价值量核算方法，还对水资源、土地资源、森林资源、草地资源以及矿产资源的核算进行了专门研究。1994年3月，国务院第十六次常务会议审议并通过的《中国21世纪议程——中国21世纪人口、环境与发展白皮书》提出，推动资源和环境保护以及实现资源的可持续使用，加快构建环境与经济综合核算体系。

我国在环境经济核算的探索初期取得了一些进展，但在核算过程中仍然存在诸如自然资源消耗估值和定价方法不统一、自然资源产权界定难等问题。首先，由于不同类型的自然资源具有不同的物理特性和经济价值，导致其估值和定价方法存在差异，如矿产资源和森林资源估值方法的差异，这导致在核算过程中难以形成统一的标准和方法。其次，自然资源的产权往往涉及多方利益主体，包括国家、地方政府、社区以及私人所有者等。产权界定不清晰会增加资源管理的复杂性，并可能导致资源的过度开发或不合理利用。最后，环境资源价值核算需要大量准确和可靠的数据支持,但囿于我国生态系统监测数据缺乏,许多生态服务或产品缺乏成熟的市场机制,难以进行准确的市场化估值,导致核算结果的准确性和可靠性受到影响。

14.3.2 理论研究阶段

环境经济核算实践推动理论发展,学者们开始对自然资源核算的对象、要素、报表形式和方法等关键问题进行了深入研究,这些探索对于构建自然资源资产负债核算的理论体系和推动实际应用具有重要意义(何利,2020)。在框架对象上,陈艳利等(2015)、沈镭等(2018)基于资源科学理论,分类并归纳自然资源特征,测度了自然资源实物量和价值量,为进一步编制自然资源资产负债表提供了可操作性的理论依据。闫慧敏等(2017)和杨艳昭等(2017)分别以湖州和承德为例,结合城市资源禀赋和发展特点,核算了地区自然资源,并编制了具有示范效应的"湖州模式"和"承德模式"报表体系,这意味着将自然资源资产负债表的编制工作由理论延伸到实践中,进一步丰富了理论基础与编制框架。受区域经济发展的不均衡性、资源禀赋差异性、资源物理特性等诸多因素的限制,实际编制自然资源资产负债表仍存在诸多问题。在类别划分上,耿建新等(2014)、范振林(2017)、杨艳昭等(2018)、张志涛等(2018)分别探讨了土地资源、矿产资源、水资源、森林资源等类别的资产负债表编制框架与方法。向书坚和朱贺(2017)、薛智超等(2018)在国家资产负债表和自然资源价值核算的理论基础上,通过对土地资源价值核算体系进行重新设计,界定了土地资源在使用中的过度消耗,以确定合理利用土地资源的标准。在编制方法上,陈玥等(2015)在回顾国内外自然资源核算体系和方法基础上,总结了具有中国特色的自然资源资产负债表编制方法;张卫民等(2018)基于"资产=负债+所有者权益"编制了自然资源资产负债表;张颖和潘静(2016)测度了森林资源资产实物量和价值量,编制出全面反映森林资源资产价值的森林资源资产负债表;刘欣超等(2016)运用大数据建立了草原资源资产负债评估报表系统,该系统包括草原资源资产分类核算子表、资产负债评估总表和资产管理成效评估表三级表格;宋晓谕等(2018)重点分析了水资源资产价值和负债的测度范围,为编制区域水资源的资产负债表提供了依据,保证了水资源的可持续利用。尽管对于核算框架、类别划分和核算方法尚有不同观点,但学者们已经遵循"实物量在先,价值量在后;存量在先,流量在后;分类核算在先,综合核算在后"的原则,推动自然资源资产负债表的编制工作,为明确自然资源的所有权和责任,推动自然资源管理体制的改革，进而提升环境治理体系及其治理能力的现代化水平贡献力量。

14.3.3 政策实践阶段

为贯彻落实党中央和国务院关于生态文明建设的决策部署，2013年5月，国家林业局与国家统计局在借鉴《环境经济核算体系（2012）》的基础上，基于国家森林资源的普查数据以及中国现行的国民经济核算体系，共同开展了包括"林地林木资源核算""森林生态系统服务核算""森林社会与文化价值核算"以及"林业绿色经济评价指标体系"在内的多项研究，并且取得了显著的进展。2015年4月，《中共中央 国务院关于加快推进生态文明建设的指导意见》强调完善自然资源资产的产权制度和用途管制制度，并提出了能源、水资源、矿产资源应实现基于质量的分级和梯级利用的目标。2015年11月，国务院办公厅印发《编制自然资源资产负债表试点方案》提出，将内蒙古自治区呼伦贝尔市、浙江省湖州市、湖南省娄底市、贵州省赤水市和陕西省延安市确定为首批自然资源资产负债表编制的试点城市。北京市怀柔区、天津市蓟县和河北省随后也被列入试点范围。2016年12月，国务院印发的《关于全民所有自然资源资产有偿使用制度改革的指导意见》详细阐述了改革的指导方针、基本原则、主要目标、关键任务以及实施路径。2018年12月，国家统计局结合多个省份在自然资源资产负债表编制试点中积累的经验，先后发布了《自然资源资产负债表编制制度（试行）》的全国性版本和各省的定制版本。这标志着全国范围内广泛开展编制自然资源资产负债表的实践探索。2019年4月，中共中央办公厅、国务院办公厅印发的《关于统筹推进自然资源资产产权制度改革的指导意见》强调要"完善自然资源资产分等定级价格评估制度和资产审核制度"。2019年10月，党的十九届四中全会审议通过的《中共中央关于坚持和完善中国特色社会主义制度、推进国家治理体系和治理能力现代化若干重大问题的决定》再次提出"建立生态文明建设目标评价考核制度，强化环境保护、自然资源管控、节能减排等约束性指标管理，严格落实企业主体责任和政府监管责任。开展领导干部自然资源资产离任审计"。2020年10月，国家统计局《自然资源资产负债表编制制度（试行）》明确，自然资源资产负债表编制研究为资源可持续利用提供信息决策支持，摸清我国自然资源资产"家底"。2021年4月，中共中央办公厅、国务院办公厅印发的《关于建立健全生态产品价值实现机制的意见》指出，鼓励地方先行开展生态价值核算，探索不同类型生态产品经济价值核算，逐步修正完善核算办法。2022

年3月，中共中央办公厅、国务院办公厅印发的《全民所有自然资源资产所有权委托代理机制试点方案》第一项内容就是要求摸清自然资源资产家底，开展资产核算。2023年7月，自然资源部印发《自然资源标准化工作三年行动计划（2023—2025年）》明确了包括自然资源核算在内的自然资源领域标准制定与修订工作。2024年1月，全国自然资源工作会议提出了2024年全国自然资源工作的总体要求，包括优化资源配置、加强差别化政策供给、提升治理能力等方面。不难发现，我国的政策体系和实务工作紧密结合了全民所有自然资源资产管理的实际情况，并在中国特色社会主义建设的实践中自主发展。自然资源资产负债核算从规范核算账户的设置到深入研究全民所有自然资源资产权益的核算方法，实现了不同层级核算的相互连接和延续性。

14.3.4 分析与总结

根据前文分析发现，自然资源资产负债核算的发展受其分类标准不统一、核算方法规范化程度不足以及对质量因素的考虑不充分等主观和客观因素的制约，使其可信度与权威性尚未实现最优化。为了科学推进自然资源资产负债核算，首先必须明确核算要解决什么问题、核算的主要目标和基本原则，从而研究与确定核算的内容与方法，即加快构建自然资源资产负债核算框架，进而更加全面地管理和评估国家的自然资源资产和负债存量和流量。

14.4 全民所有制下自然资源资产负债核算框架体系

自然资源资产负债核算体系不仅扩展了传统的国民经济核算体系，也延续了可持续发展的理念。基于国家资产负债表和自然资源核算的数据，对具有生态与经济价值的自然资源进行有序的分类统计，最终构建出一套完整的自然资源管理体系。在中国，目前主要有两种有代表性的核算体系：一种是依据会计恒等式构建的财务报表模型；另一种则是从SEEA2012衍生出来的资源系统模型。中国实行的是生产资料的公有制，这意味着自然资源资产的所有权属于全体人民。政府以代理人的身份，集中行使对这些全民所有的自然资源资产的所有权。鉴于中国的体制和制度特点，构建一个与国家实际情况相适应的自然资源资产负债核算体系显得尤为重要。本书从核算目标、核算主体、核算原则和核算内容等方面展开分析，初步构建一个具有中国特色的自然资源资产负债核算框架。

14.4.1 核算目标

自然资源资产负债表的编制目标在《编制自然资源资产负债表试点方案》等相关政策性文件中已经明确。一是通过自然资源资产负债表摸清我国自然资源的家底，反映一定时期内自然资源资产的存量与流量、数量与质量的变化状况；二是建立自然资源资产负债表与领导干部离任审计的勾稽关系，作为实施领导干部自然资源资产离任审计和建立生态环境损害责任终身追究制的基础；三是作为绿色国民经济核算体系理论的延伸，能够准确地反映经济发展与资源环境之间的关系，有利于完善和发展国民经济核算体系。已有研究表明，科学的自然资源核算体系，能够促进自然资源的合理利用和保护，准确记录自然资源在特定时间和空间范围内的变化，以及这些变化对生态环境造成的损害（高敏雪，2010）。朱道林等（2019）研究指出，自然资源资产负债核算的目标应包括：其一，促进自然资源的合理利用与保护；其二，明确自然资源资产的产权归属，保障全民所有自然资源所有权的有效实现；其三，为政府和相关部门提供决策支持，从而进行高效的资源配置和管理；其四，对自然资源开发利用和保护情况进行监管，明确领导干部切实履行自然资源资产管理和生态环境保护责任。结合理论与实践，立足于提升社会对自然资源使用和保护的效率，自然资源资产负债核算应满足公众对环境保护及生态文明建设的期望，以实现政府、社会公众以及各利益相关方的需求，推动包括资源型产业在内的利益相关者进行转型和升级，加强政府的治理能力，促进资源、环境与人类社会的和谐共存。本章认为，短期内，自然资源资产负债核算的主要目的是适应环境治理理念的更新，为政府环境审计和官员环境责任审计提供重要依据，同时也为政府绩效考核评价和管理提供参考指标。中期而言，自然资源资产负债核算是推动经济社会可持续发展的关键步骤，有助于实现绿色低碳高质量发展。长期来看，通过自然资源资产负债核算加快生态文明制度的建立，完善资源节约和生态环境保护体系，满足政府、公众和企业等各利益相关方的长期共生共荣需求。

14.4.2 核算原则与方法

自然资源资产负债核算直接关系到经济建设、生态文明建设，同时也是与五大发展理念、"五位一体"发展大局密切相关的基础性制度建设，必将在中国特色社会主义建设中发挥积极的推动作用（李英和刘国强，2019）。基于国民经济核算开展的自然资源资产负债核算，应以国家或者地区为单元，包括自然资源的流量核算和存量核算，反映自然资源在经济社会发展中的投入与产出情况，反映自然资源与国民经济的规模、水平、发展速度、结构、比例、平衡、效益等关系，以利于正确认识国民经济的发展与自然资源开发利用的规律，自觉地调整国民经济发展与自然资源可持续供给的矛盾，协调自然资源与生态环境、经济社会的关系，服务于经济社会发展决策（何利等，2020）。

从核算原则看，自然资产负债核算应遵循以下原则：第一，突出尊重自然、顺应自然、保护自然的意识，从珍惜和保护自然资源出发实现对生态环境的保护。第二，推动自然资源有偿使用、节约使用、高效使用，既最大限度满足经济社会发展对自然资源的依赖，又最大限度适应生态文明建设的需要，实现经济高质量发展、建设美丽中国。第三，明确自然资源存量流量情况、列出危害"五位一体"总体布局的负面清单，有助于科学评价经济社会发展成就、官员政绩以及危害资源环境的责任，落实相关追责机制，从资源环境角度落实国家治理体系和治理能力现代化的要求。第四，通过对自然资源资产负债存量和流量、实物量和货币量进行确认、计量、记录和报告，清晰反映自然资源的时点信息（如数量、质量和价值量），量化自然资源的开发使用与环境保护、生态修复所造成影响，构建可靠可比、系统完整的决策有用信息系统，为国家和社会主体作出最优投资决策、进行宏观微观管理提供基础数据。

从核算方法看，自然资源资产的核算是实施生态保护、履行全民所有自然资源所有者职责、推动可持续发展的关键基础工作。其主要通过实物量和价值量等关键指标来衡量和反映自然资源的"数量和价值"，清晰地描绘出国家的自然资源存量和价值量的详细情况。从实物和价值两个维度进行自然资源资产负债核算，不仅有助于在特定时间和空间范围内对自然资源资产进行详尽的调查、统计和合理估价，还有助于追踪和分析自然资源的总量和结构的变化，进而更全面地管理和评估国家的自然资源资产，确保其可持续性和有效利用（李政等，2022）。

（1）实物量核算

建立全面有效的实物量测度体系是自然资源资产负债核算的基础。通过实物量的测度可以将核算期间的自然资源资产和负债的期初存量、本期的改变量以及期末存量以会计账户的形式来表示，可以真实直观地反映资源过度消耗量和环境损坏量。不同自然资源的实物计量单位是不同的，因此可以采用折合系数法，从静态和动态两个方面对其他自然资源在某时点的存量和流量进行测度。为与国家资产负债表形成有效衔接，应根据对核算主体、编制主体和责任主体的辨析，设计包括分类实物量表和基础表的自然资源资产负债实物量报表体系。

(2) 价值量核算

从统计学角度对自然资源资产负债核算存在的诸如实物计量单位的不一致性，可以通过会计价值量核算程序来解决，构建会计学视角下自然资源资产负债表核算体系，有助于推动自然资源资产负债核算体系的科学化。自然资源资产的价值包含资源性价值、环境性价值、生态性价值、经济性价值和社会性价值。自然资源资产负债核算需要依托会计理论和方法，结合生态系统对自然资源的价值构成进行确定。随着大数据、云计算、移动互联网、人工智能以及其他现代技术的发展和应用，会计工作能够实现实时、动态、高清晰度和全方位的记录。准确捕捉和实时记录人类活动对自然界、社会以及个体造成的影响，正变得越来越容易。在新技术加持下，自然资源资产负债核算所遇到的诸如基础数据的不足、负债和实物资产（包括质量和价值）的计量难题、价值核算标准的多样性、数据标签的不一致性等问题，解决方案正逐渐变得明朗化。利用新技术来核算自然资源资产和负债，不仅拓展了会计方法的应用，而且在经济领域，可以依托现有的会计信息系统快速构建起"经济治理基础数据库"。在政府治理领域，这种方法也能便捷地支持建立和完善利用互联网、大数据、人工智能等技术手段进行行政管理的制度规则。会计学与新技术的融合将有效解决自然资源资产负债表编制过程中遇到的众多问题，甚至有可能促进会计学理论和方法体系的重塑。

14.4.3 核算主体

我国实行公有制为主体的基本经济制度，自然资源归全体人民所有。但由于部分全民所有的自然资源资产的所有权行使主体界定不清晰，导致了责任和权力不匹配的问题（石吉金等，2020）。各级政府是自然资源管理的责任主体，而具体执行工作则由相应主管部门承担，这些部门同样负责自然资源资产负债表的编制和核算工作。由于自然资源的分类多样且覆盖面广，通常需要多个部门共同参与管理，如环保、水利、地矿、林业、海洋管理和农业等部门。这种多部门负责的管理方式可能会影响自然资源的统一管理效率。为了改善这一状况，可以参照国际上的做法，例如，加拿大、德国、澳大利亚和挪威等国家由统计局牵头，与环保部门合作，进行环境调查并统计环境数据，最终形成自然资源资产负债表。在美国，经济分析局负责构建自然资源核算体系，数据收集工作则由农业部、普查局、美国森林服务太平洋西北研究中心等机构承担。菲律宾的环境与经济综合核算体系则主要由环境与自然资源部负责执行。

提升我国自然资源的利用效率并解决当前管理上的不足，关键在于要明确自然资源资产负债核算主体。产权会计学提出，会计核算的主体通常是拥有核算对象全部产权的实体，这被称为"产权主体"。鉴于我国的自然资源属于全民所有，如果仅以产权为基础来确定会计核算的主体，实际操作中会面临缺乏可行性的问题。考虑到自然资源的所有权与实际使用权（即实际控制权）通常是分开的，现代自然资源产权理论提出，确定自然资源产权主体不应仅基于所有权，而应当更关注"谁在使用"。这种产权特性催生了一种新的认识，即以使用权主体作为会计核算主体的依据，进而发展出了包括政府、企业以及自然资源管理机构在内的会计主体观念（曹玉珊，2019）。本章提出一种既客观又具操作性的核算主体认定方法，该方法从所有权与使用权是否分离的角度对主体进行分类。具体来说，对于所有权和使用权未分离的自然资源，会计核算主体应基于所有权来确定，由中央政府在地方设立的自然资源管理机构来代理行使所有权。对于所有权和使用权分离的资源，则可以通过排放主体、受益主体、环境税征收来源主体三个维度来界定核算主体。

14.4.4 核算范围

自然资源是指那些天然存在于自然界、未经人为改变的资源，其固有的自然特征是它们的本质属性。这些资源对于人类的生产活动和日常生活至关重要，它们的经济价值通常通过产权的分配和在市场上的交易来体现，例如，土地和水资源的经济价值就是通过这种方式展现的。同时，自然资源还具有公共属性，它们对生态平衡的调节和环境保护等方面发挥着广泛而深远的影响，产生了积极的公共效益和外部效应。因此，在进行自然资源资产负债核算时，必须全面考虑资源的多重属性：首先是自然属性，包括资源的类型、总量和质量等特征；其次是经济属性，涉及资源在市场中的交换能力和其价值的实现；最后是公共属性，这关乎资源的生态、环境和景观功能。环境经济核算体系（SEEA 2012）将自然资源分为土地、矿产和能源、水、林木和其他生物资源。根据《编制自然资源资产负债表试点方案》，自然资源资产负债应首先核算具有重要生态功能的自然资源，主要涵盖土地资源（包括耕地、林地、草地等）、林木资源（包括天然林、人工林、其他林木）和水资源（包括地表水、地下水），同时可根据当地实际情况探索编制矿产资源资产负债表。依据《宪法》及相关政策，自然资源资产负债表涵盖了国有土地、矿产资源、森林资源、草原资源、湿地资源、水资源、海域资源以及无人居住的海岛等自然资源。本章综合了国际和国内有关自然资源核算范围的划分标准，并结合《中国国民经济核算体系（2016）》《中国自然资源手册》及《中华人民共和国环境保护法》中对自然资源的分类，将实物量核算较为成熟且具有重要生态功能的自然资源类型确定为自然资源资产负债的核算对象。具体而言，包括土地资源、林木资源、水资源和矿产资源。

土地资源。因土地具有"总量不变、结构有变"的特征，土地资源的核算应侧重于地类变化，而不是简单地总量核算。根据土地利用现状分类标准，土地资源被分为12个一级类和73个二级类。在土地核算中，重点关注耕地、园地、林地、草地、公共管理与公共服务土地、水域及水利设施用地以及其他地类。核算的目标是评估土地利用类型变化对土地资源数量和质量的影响，以及人类活动对土地资源功能和价值的影响（薛智超等，2015）。因此，应该重点关注耕地、园地、林地、草地以及湿地这些具有重要生态功能的土地类型，深入分析它们的价值变化和影响因素。

林木资源。在SEEA 2012中，处于自然生长过程的林木资源不被视为存货增长，林木资源的伐取是林木资源进入经济领域或参与经济过程的"临界点"，在此临界点上其产出被记录。依据自然资源资产负债表编制目标，直接套用SEEA 2012框架显然是不可取的。因此，林木资源核算应包括处于生长过程以及参与经济过程的天然林木和人工林木。

水资源。依据中国水利统计年鉴中关于水资源数量的统计口径，结合《试点方案》对水资源资产负债表编制的要求，水资源核算范围包括地下水资源和地表水资源。地下水资源以入渗补给量计算其数量，包括天然补给量和开采补给量；地表水资源指该集水区的降水，包括湖泊、河流、水库的蓄水量。

矿产资源。矿产资源核算应立足编制自身的理论体系来规范资产的确认条件，矿产资源是否可被确认为"资产"或是否可进行价值量化，其前提条件是科学认识矿产资源的自然属性与管理属性，考虑矿产资源的量化形式——储量。自然资源资产负债表中的矿产资源实物量统计要基于现有自然资源部门使用的矿产储量登记标准，利用实物量的数据对价值量进行估算，依据矿产资源的自身特点，能源资源包括煤炭、石油和天然气，金属矿产包括铁矿、锰矿、铜矿等，非金属矿产包括自然硫、磷矿等。

14.4.5 核算内容

（1）自然资源资产

自然资源资产的概念和内涵界定尚未统一。自然资源资产与自然界中存在的物质、自然资源的定义和范畴有所区别。不是所有自然界的物质都可以被称作自然资源,只有当科技进步到一定程度,使得某些自然物质能够被人类所利用时,它们才能转变为自然资源。同样,也并非所有的自然资源都能够成为自然资源资产,只有当自然资源能够被人类长期控制并带来经济效益时,它们才能被认为是已经"资产化"的资源。法律上,自然资源被界定为自然界中未经过人为加工、保持其天然状态并属于国家或集体所有的物质。而在会计准则中,自然资源指的是自然界中存在的、无论是可再生还是不可再生的资源,它们具有稀缺性、实用性和明确的产权属性,可以通过收割、挖掘或提取直接服务于经济体系中的生产、消费或积累活动,或者为经济活动的开展提供必要的空间和条件。当前,对自然资源资产的定义尚未达成共识,但普遍认同的观点包括两个核心要素:一是它们具有天然属性;二是它们能在特定的技术条件和时间框架内被人类开发利用,并创造出价值或经济效益。因此,本章将自然资源资产的特点总结为:①产权明晰性。权益主体对这些资源拥有明确定义的所有权或使用权。②开放性。随着人类对资源的利用程度加深和利用方式的多样化,自然资源资产的范围有望进一步扩大。③有价性。这些资源必须能够在当下或未来增加人类的福祉,为人类带来经济、生态或社会的益处。本部分在现有自然资源资产分类研究成果的基础上,将自然资源资产划分为公益性和经营性两大类别。公益性自然资源资产主要关注生态效益和社会效益,可以进一步细分为由国土空间规划确定的自然保护地、历史文化保护区等具有特定主导功能的资源。而经营性自然资源资产则侧重于经济效益,通过市场机制进行有效配置,分为已供应和未供应两类,涵盖了国土空间规划中确定的开发利用区域的所有自然资源资产。

(2)自然资源负债

适度且合理的自然资源开发与利用是人类生存和发展的根本,通常不会导致自然资源负债的产生。相反,过度和无节制的资源开发会引致资源的耗尽和质量下降,破坏自然资源与环境的可持续性,进而引起负债。大多数学者支持对自然资源负债进行确认,并视其为实现生态系统治理、恢复自然资源原状及可持续发展所需支付的成本(黄溶冰,2015)。在自然资源资产负债表的负债部分,体现了核算主体为获取及消耗资源而产生的、尚未支付的购买成本、环境成本及环境责任权支出(王姝娥和程文琪,2014)。然而,也有观点认为,受限于SNA2008和SEEA2012的规定以及当前的技术水平,对自然资源负债的量化存在较大难度,因此暂时无法对自然资源负债进行确认。目前,关于自然资源负债的核算还没有统一的标准,但普遍接受的观点是,在一定时间和特定区域内,对自然资源的超量使用、环境的破坏以及生态系统的损害都应计入自然资源负债。按照这一理念，自然资源负债的核算主要涵盖三个方面：资源的过度消耗、环境破坏以及生态系统损害，通常不将非人为因素导致的变化纳入考量（刘可和宋传联，2020）。此外，自然资源资产负债核算的基本框架应当基于资源可持续性的自然限制和国家政策的底线来构建。在此框架下，对于林木资源和矿产资源，核算重点在于资源数量减少所引发的负债；相比之下，水资源和土地资源的核算则需同时考虑数量和质量变化对负债的影响。确认自然资源负债至少需要满足以下三个条件：首先，责任的明确性，即自然资源负债的核算以国家作为责任主体，其产生通常源于政府或其他权益主体过去的监管失误或不当决策，导致自然资源被不当地开发和利用。其次，高度可能性，指的是只有当与现实义务相关的损失或成本极有可能需要支付时，才能将其确认为自然资源负债。最后，可量化性，即自然资源负债应当是可以货币化的，这样才能通过征税、处罚等措施来规范和纠正不当行为。

14.4.6 核算框架构建

在明确理论框架和关键概念后，应当着手构建自然资源资产负债核算框架。依据前文分析，在核算目标上，短期目标是适应环境治理理念的更新，为政府环境审计和官员环境责任审计提供重要依据，为政府绩效考核评价和管理提供参考指标；中期目标是推动经济社会可持续发展，实现绿色低碳高质量发展；终极目标是加快生态文明制度的建立，完善资源节约和生态环境保护体系，满足政府、公众和企业等各利益相关方的长期共生共荣需求。在核算原则与方法上，自然资源资产负债核算原则应突出尊重自然、顺应自然、保护自然的意识；推动自然资源有偿使用、节约使用、高效使用；明确自然资源存量流量情况；构建可靠可比、系统完整的决策有用信息系统。自然资源资产负债核算方法是将实物量与价值量相结合，从静态和动态两个方面对其他自然资源在某时点的存量和流量进行测度。在核算主体上，对于所有权和使用权未分离的自然资源，会计核算主体应基于所有权来确定，由中央政府在地方设立的自然资源管理机构来代理行使所有权。对于所有权和使用权分离的资源，则可以通过排放主体、受益主体、环境税征收来源主体这三个维度来界定核算主体。在核算范围上，自然资源资产负债覆盖了国有土地资源、林木资源、水资源和矿产资源等自然资源。在核算内容上，则是满足自然资源资产和负债概念和特征的所有自然资源（见图 14-2）。

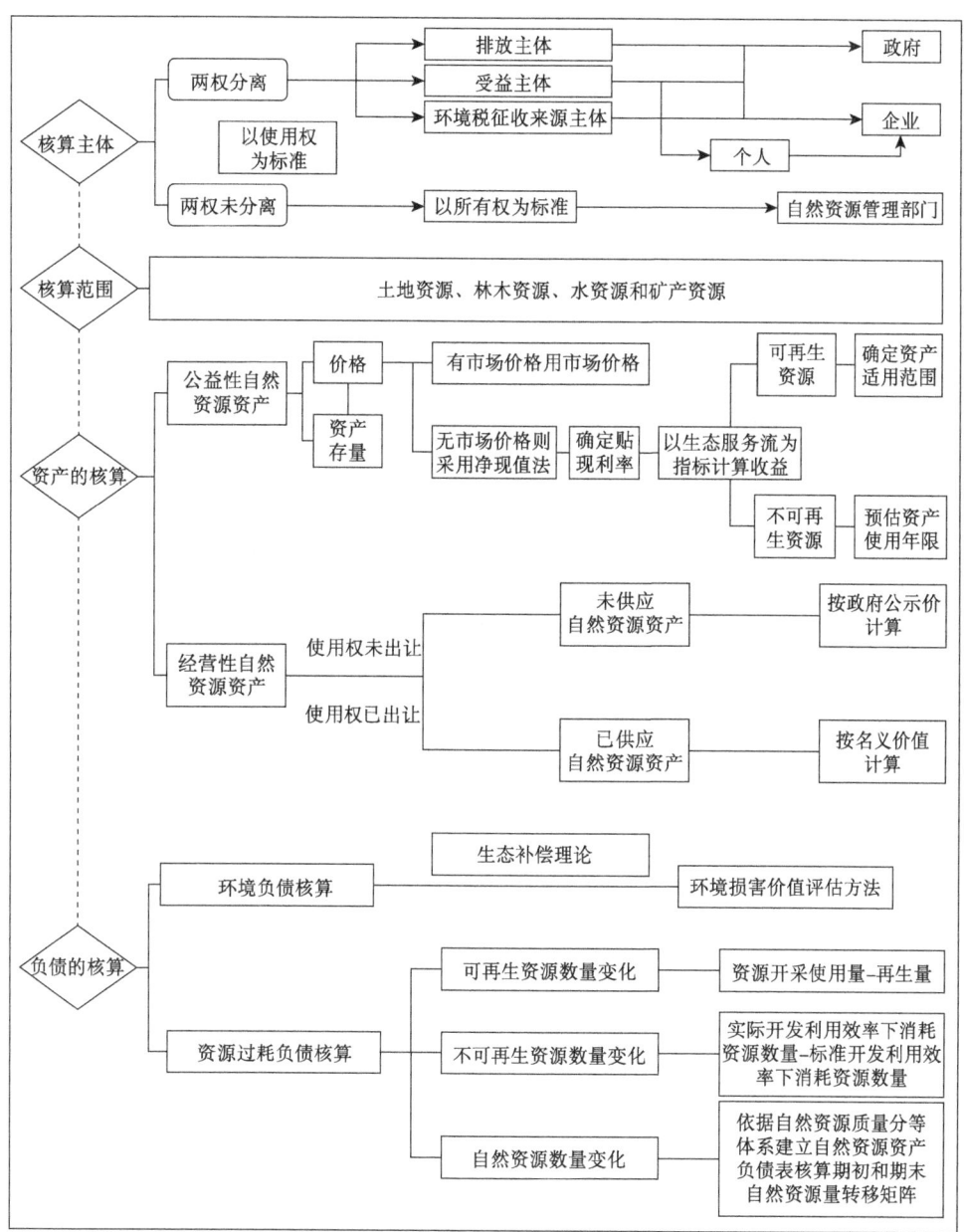

图 14-2 自然资源资产负债核算框架

14.5 自然资源资产负债核算的总结与展望

自然资源资产负债核算是生态文明建设的基石,为自然资源的有偿使用、生态补偿等关键环境政策的实施提供了基础支撑。这一核算过程不仅涉及对自然资源资产和负债的实物量和价值量的科学有效计量,而且需要深入理解其内在本质和方法论逻辑,以构建全面的核算框架。本章在吸收国际先进经验的基础上,结合中国生态环境资源的特点,系统探讨了核算目标、主体、原则和内容,旨在初步构建一个适应中国国情的自然资源资产负债核算框架,从理论和实践层面促进自然资源由"绿水青山"向"金山银山"的转变,实现经济发展与环境保护的双赢局面。已发布的《关于统筹推进自然资源资产产权制度改革的指导意见》等重要文件,强调了自然资源资产管理的重要性,并提出一系列改革措施,这些政策的实施将为核算体系的标准化和规范化提供法律和政策基础。自然资源资产负债核算是实现中国生态文明建设目标的关键步骤,对于保护和合理利用自然资源、推动经济发展方式的转变、构建美丽中国具有重要的长远意义。自然资源资产负债核算体系的持续完善,有助于推动中国生态文明建设的深入发展,可以更有效地监管和优化自然资源的使用和保护,推动绿色金融和生态补偿机制的发展,同时助力中国的环境保护目标和国际承诺的实现。

第15章

政府数据资产核报与价值实现研究*

15.1 政府数据要素价值释放诉求

随着数字化转型的推进,数据已成为推动经济、社会发展的关键生产要素。2019年,党的十九届四中全会确认了数据在数字经济中的核心地位,将其与劳动、资本、土地、知识、技术和管理等传统要素并列,凸显了数据对提高生产效率的重要作用。这标志着数据要素在数字经济时代的重要地位,预示着数据将作为新引擎推动各领域的发展。为响应这一战略定位,2023年12月31日,财政部发布了《关于加强数据资产管理的指导意见》,这也为规范公共数据资产的基础管理工作、探索其应用机制、促进高质量供给,最终有效释放公共数据的价值提供了依据。

政府数据资产的价值与一般资产有所区别,它既包含经济价值,也蕴含社会价值,这意味着在考量政府数据资产的成本效益时,也应重视其普惠性功能的发挥。因此,本章将从微观角度出发,深入探讨政府数据资产的确认、计量与列报策略,旨在挖掘和提升数据资产的内在价值。同时,还将从宏观治理的视角着眼,关注政府数据资产管理的关键节点,使得其价值得到全面而充分的释放。在国家政策的推动下,加快培育数据要素市场,通过政府数据资产的价值释放推进政府数据的共治共享,成为提升政务服务效率、优化营商环境、实现国家治理体

---

* 本章系国家社会科学基金一般项目"政府会计与政府审计协同驱动地方政府债务绩效提升研究"(22BJY077)的阶段性研究成果。

系和治理能力现代化的重要策略。这不仅要求政府在数据资产管理上进行创新和规范，还需要构建一个开放、合作、共享的数据资产生态，以促进数据要素的流通和利用，为数字经济的持续健康发展提供坚实的支撑。

截至 2023 年 8 月，我国已有 226 个省级和城市的地方政府上线了数据开放平台，其中省级平台 22 个（不含直辖市和港澳台），城市平台 204 个（含直辖市、副省级与地级行政区）[①]。我国突出的超大规模市场优势为数据要素价值发挥和国家数据核心竞争力提升提供了诸多便利。第一，将政府数据应用于生产、消费、社会服务与治理等环节有利于解决信息鸿沟和信任鸿沟等问题。政府数据由公共部门产生、收集拥有和控制（向书坚等，2023），其中涵盖了大量关乎国民经济和社会发展的关键数据要素，不同地区、部门之间数据的开放共享打破了数据要素区域壁垒，能够有效缓解区域间的信息不对称问题。第二，政府数据共治能够提升人民群众的数据中国建设参与度，充分激发全体人民的主人翁意识。打破"数据孤岛"、拆除"信息围栏"能够凝聚人民群众力量，发挥人民群众的主体作用，从而集思广益推动数字政府建设。第三，政府数据共享有利于提升全民数字素养，帮助人民共享数字红利。从"只进一扇门"到"一次不用跑"，从"不见面审批"到"免申即享"，从"立等可取"到"秒批秒办"，全国一体化政务服务平台已经实现了让数据代替民众跑腿。数据要素公开共享催化了政府数字化转型与政务电子化变革，"互联网+政务"已然成为电子政务发展的新方向并在持续向人民群众释放数字红利，为人们提供更具柔性、更有温度的政务服务体验。

在《中华人民共和国国民经济和社会发展第十四个五年规划和 2035 年远景目标纲要》中，对加快数字化发展和建设数字中国提出了明确的战略部署。该规划特别强调了打造数字经济新优势、加速数字社会建设、提升数字政府服务水平以及营造健康的数字生态环境。在此背景下，政府数据资产作为数字中国建设的核心要素，其价值的释放和潜能的激活变得尤为关键。然而，当前政府数据资产的管理和价值转化面临一系列挑战。数据资产的全面梳理和分类工作尚未完善；准确性、完整性和时效性等方面问题普遍存在；数据标准统一化程度不足，不同来源和格式的数据难以整合统一操作；共享和开放程度的不足，数据的流动性和可用性受限制；政府数据的应用场景和深度还不够，未能充分发挥其潜在价值。对政府数据资产的价值进行确认、计量、记录和报告，有助于充分释放政府数据价值，打造政府数据共治共享新格局。

---

① 复旦 DMG：2023 中国地方公共数据开放利用报告（城市）。https://www.199it.com/archives/1657151.html。

15.2 政府数据资产的特征内涵与范围界定

15.2.1 政府数据资产的特征内涵

数据是推动我国治理现代化的重要动力。随着数字中国建设的持续推进,数据要素需要以更加系统、理性的视角对数据进行界定与分类,而且用更加科学、条理的策略进行数据管理有助于促进数据要素共治共享。2014年3月,"大数据"首次被写入《政府工作报告》,次年8月,国务院印发《促进大数据发展行动纲要》(国发〔2015〕50号),其中明确提出"数据已成为国家基础性战略资源"。与其他资源要素相比,数据具有虚在性、依附性、运动性、边际收益递增性、价值差异性和外部性的特征。就政府数据而言,虚在性一方面是指其没有实物形态,另一方面也体现在其价值包括可被数字计量的经济价值和难以用数字衡量的普惠价值;依附性指数据要在特定应用场景中才能发挥价值,政府数据将全国政务等信息串联,推动了党政机关数字化服务能力持续提升,其中公共数据开放更是从数据统筹和治理入手,推动了不同地区、不同政务部门间的信息共治、共享和利用;运动性主要体现在数据会随规模扩大呈现指数增长,我国政府治理已进入以一体化政务服务为特征的整体服务阶段,庞大的政府数据将在提升决策水平、赋能政府管理等方面持续发力;边际收益递增性强调数据的价值在于连接,要推动数据的跨层级、跨领域、跨系统融合,政府部门也正积极探索"互联网+政务"模式,实现各类政务服务数据的串并联;价值差异性体现在同一组数据对不同主体而言价值不同,因此要引导数据要素向高价值需求方流动,但对政府数据而言,有一部分能够以公共数据形式对外开放,还有一部分政府内部数据无法对外公开,因此在关注数据价值发挥的同时要兼顾政府数据保密要求;外部性既有正外部性又包括负外部性,上面提到的数据特征主要是正外部性,但数据泄露、数据污染等问题也会破坏数据生态,造成负外部性,因此要对政府数据进行科学管理。

对政府数据进行管理的重要基础在于明晰其定义。目前仍然存在"政务数据"与"公共数据"等概念交叉混用的情况,如图15-1所示,政府数据包括政府内部数据和政府公共数据两类,而公共数据包括政府公共数据和企业公共数据两类。本章的重点探讨对象是政府公共数据,而探讨政府公共数据资产的价值实现要从经济价值和社会价值两方面入手。政府公共数据的管理和利用,根据其服务属性和范围,可以划分为两大主要类别。第一类是服务于公共治理和公益事业的政府数据,这类数据的特点是其公益性和非竞争性,通常应当基于公益目的,允许在一定条件下无偿使用和分享,包括但不限于公民健康、教育、公共安全等领域的数据。另一类则是与社会经济发展紧密相关的政府数据,这类数据具有较高的经济价值和市场潜力,可以用于支持产业发展、行业创新和企业决策,因此可以探索在一定条件下的有偿使用模式。《中共中央 国务院关于构建数据基础制度更好发挥数据要素作用的意见》明确提出,推动用于公共治理、公益事业的政府数据有条件无偿使用,探索用于产业发展、行业发展的政府数据有条件有偿使用,这意味着"有条件无偿使用"的政府数据已达到了市场化的要求,应先行推动授权使用,"有条件有偿使用"的政府数据仍存在核算和报告等问题,亟待解决。

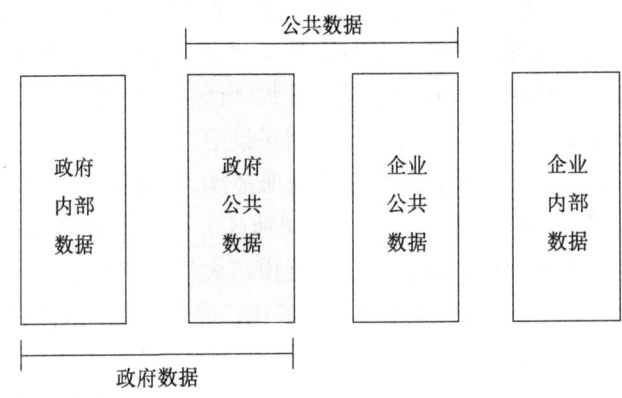

图 15-1 政府数据与公共数据

15.2.2 政府数据资产的范围界定

2024 年 2 月,财政部发布的《关于加强行政事业单位数据资产管理的通知》(财资〔2024〕1 号)将行政事业单位数据资产定义为各级行政事业单位在依法履职或提供公共服务过程中持有或控制的,预期能够产生管理服务潜力或带来经济利益流入的数据资源。这为政府数据资产的界定提供了参考,但其内涵和外延仍不清晰。贵州省作为全国首个出台政府数据资产管理登记办法的省份,在《贵州省政府数据资产管理登记暂行办法》(黔数据领办〔2017〕19 号)中提出政府数据资产是政务服务实施机构建设、管理、使用的各类业务应用系统,以及利用业务应用系统依法依规直接或间接采集、使用、产生、管理的，具有经济、社会等方面价值，权属明晰、可量化、可控制、可交换的非涉密政府数据。企业数据资产价值主要体现在经济层面上，而政府数据资产还兼具社会价值，从社会治理角度来说，政府内部数据显然不属于资产化范畴，因此本章的研究重点聚焦于政府公共数据资产。SNA2008对资产的界定：一是所有权明晰，二是能带来预期收益。政府数据确认为资产还需明确数据所有权并对其价值进行识别。

15.3 政府数据资产的核报体系构建

15.3.1 政府数据资产的确认

根据中国大数据技术标准推进委员会发布的《数据资产管理实践白皮书》，数据资源在经过管理实践、展现出潜在价值后，便转化为数据资产。这些资产由组织（政府机构、企事业单位等）合法拥有或控制，形式多样，包括文本、图像、语音、视频、网页、数据库和传感信号等结构化或非结构化数据，它们具备计量或交易的潜力，能够为组织带来经济或社会效益。依据《政府会计准则——基本准则》的规定，一项资源若要被确认为资产，必须满足两个核心条件：首先，与该资源相关的服务潜力或经济利益很可能实现或流入政府会计主体；其次，该资源的成本或价值能够可靠地计量。这两个条件为政府数据资产的确认提供了明确的标准。

政府数据资产，以数字化载体为依托，包括政府产生或拥有的所有数据资源。其作为政府在履行公共管理与服务职能过程中形成或拥有的数据资源，具有直接或潜在的开发价值，能够为用户带来预期收益（夏义堃和管茜，2022）。尽管数据资产的易复制性和易传播性给其确认带来挑战，但随着技术的进步，政府数据资产的确认已逐渐可行。因此，当政府数据经过实质性的加工处理，达到长期保存或公开的状态时，应确认为政府数据资产。此外，对于政府外购的数据资产，在支付了相应价款或确定了应付款日期并接收到数据和服务时，也应予以确认。这一确认过程对于确保政府数据资产的合法性、价值评估以及后续的管理和利用至关重要，有助于避免资产流失，并推动数据资产的保值增值。

15.3.2 政府数据资产的计量

政府在对数据资产进行评估时需要考虑多种计量方法，以确保其价值得到准确反映。资本市场已经认识到数据资产的重要性,互联网企业的价值往往远超传统行业。然而,现有的会计体系无法充分反映数据资产价值。为了解决这一问题,需要对数据资产的初始确认、后续评估和税务处理进行深入探讨。

根据《政府会计准则——基本准则》的规定,资产的计量可以基于多种属性,包括历史成本、重置成本、现值、公允价值和名义金额。政府会计主体在进行资产评估时,通常首选历史成本作为计量基础。此外,数据资产的计量可以采用历史成本或公允价值两种方法。参考财政部发布的《企业数据资源相关会计处理暂行规定》,政府数据资产可以根据用途被分类为存货或无形资产,并且其中被视为无形资产的一类能够按照数据来源进一步划分为内部开发型和外购型。这种分类有助于更精确地评估数据资产的价值,并确保其在财务报表中得到适当体现。

(1) 政府数据资产的初始计量

政府数据资产的初始计量是一个涉及多种因素的复杂过程,需要综合考虑成本、市场条件、专业评估以及资产的特定属性,有助于更准确地反映数据资产的真实价值,从而为政府的资产管理和决策提供坚实的基础。

①按历史成本法计量。历史成本法是数据资产初始计量的传统方法,对于存货类数据资产,其初始计量应基于数据资产形成时的历史成本(程小可,2023)。换言之,这些资产的价值应当以其在获取或生产时所发生的成本为基础进行计量。对于无形资产类别的数据资产,初始计量同样遵循成本原则,但在具体操作中,外购数据资产的交易成本相对容易确定,因此其入账价值应包括数据集合、处理、分析、传输的费用,以及构建数据库系统所需的软件和人工成本。对于自主研发的数据资产,计量过程则需特别关注研发费用的处理,在研究阶段的支出应当进行费用化处理,而在开发阶段,只有满足资本化条件的费用才能进行资本化处理。鉴于数据资产的特殊性,建议单独设立"数据资产"科目以反映其价值,当数据资产在开发阶段达到预定使用状态时,相关资本化的支出应转入"数据资产"科目,而费用化的部分则应记入"管理费用"科目。

②按公允价值计量。公允价值计量法提供了另一种计量视角,通常涉及三种方法:市价法、类似项目法和估价技术法。市价法适用于那些在市场上有公开透明交易价格的数据资产,它直接采用市场交易价格作为计量基础;类似项目法则适用于那些无法直接从市场获取交易价格的情况,此时可以参照市场上相似项目的历史交易价格来估算数据资产的公允价值;当市价法和类似项目法均不适用时,可以聘请专业评估人员对数据资产进行公允价值评估。

(2) 政府数据资产的后续计量

政府数据资产的后续计量首先需要对存货类数据资产进行定期的减值测试,

以确保其账面价值不高于其可变现净值。对于已经确认为无形资产的数据资产，其后续计量则需要依据资产的预期使用寿命来进行。具体而言，对于具有明确使用寿命的数据资产，应当采用摊销方法，并定期进行减值测试；而对于使用寿命不确定的数据资产，则仅需执行减值测试，无须进行摊销处理。

①数据资产的后续支出及计量模式。数据资产的后续支出可以划分为技术性支出与非技术性支出两大类。技术性支出主要涉及数据资产在收集、处理、分析等环节中的改进与创新，这类支出能够提升数据资产的市场价值和企业的盈利能力，因此应当进行资本化处理。与此相对，非技术性支出则包括数据资产的存储、维护和更新等日常性支出，这类支出虽然必要，但并不直接增加数据资产的价值或显著影响企业的未来现金流，故应将其费用化。

当数据资产的后续计量模式由成本模式转变为公允价值模式时，其会计处理方法应参照投资性房地产的相关准则。在这一转换过程中，应当在会计科目中增设"数据资产"的二级明细科目，并根据具体情况进行相应的会计处理。具体来说，当数据资产能够直接产生经济利益，且其公允价值高于账面价值时，应当借记"数据资产"科目。反之，如果数据资产的价值不高，且其本身并不直接产生经济利益，当其公允价值高于账面价值时，应借记"数据资产——公允价值变动"科目。

②数据资产的摊销。数据资产的摊销策略需依据其预期使用寿命的确定性来定制。对于那些具有明确使用寿命的数据资产，其价值转移至新的研究对象时，宜采取加速摊销法以实现更合理的价值分配。鉴于数据资产的时效性特征，传统的直线摊销法往往无法准确反映其价值变化，因此，加速摊销法成为更合适的选择。该方法在资产的早期使用期间计提较多的摊销费用，而随着时间的推移，摊销费用逐渐减少，从而确保了成本在各个会计期间的均衡分配，具体的加速摊销技术可以采用年数总和法或双倍余额递减法等。另外，对于使用寿命不确定的数据资产，例如通过外购无偿获得的档案类数据或公共数据等，由于其潜在价值可能随时间的流逝而增长，因此通常不采取摊销处理。然而，即便不进行摊销，这些数据资产也需定期接受减值测试，以确保其账面价值与市场价值或使用价值保持一致，避免资产价值的高估。通过这种综合考量，可以更准确地反映数据资产在企业财务状况中的真实位置，同时也为决策者提供更有价值的信息。

③数据资产的减值。在对数据资产进行价值评估的过程中，必须考虑到时间推移、市场需求波动、法律法规更新等外部因素对数据资产价值的潜在影响，这些因素可能导致数据资产价值的显著波动，甚至出现价值下降的现象。因此，当监测到外部环境的显著变化时，应由具有专业资质的技术人员对数据资产的价值进行重新评估。针对那些具有明确使用寿命且存在减值迹象的数据资产，必须执

行减值测试以确保其账面价值不会高于其可收回金额，这种测试应当基于确凿的证据，以判断资产是否遭受了价值损失。此外，对于使用寿命不明确的数据资产，也应实施定期的减值测试。一旦数据资产的评估结果表明其价值已经下降，便需计提相应的减值准备，且根据会计准则，该减值准备通常不允许在后续期间转回，除非是在数据资产被处置的情况下。

④数据资产的处置。数据资产的处置应当明确其涉及的范畴，包括但不限于数据资产的使用权或所有权的转移、变更，以及数据资产性质或用途的调整等情形。在数据资产的出售过程中，相应的会计处理通常涉及"银行存款"等资产类科目的借方记录，以及"数据资产"等科目的贷方记录，以反映资产的流出和相应资金的流入。对于被认定为失去价值、不再能够带来经济利益的数据资产，应当进行报废处理。在这一过程中，该数据资产的账面价值将被终止确认，并在利润表中体现为当期损益，从而确保财务报表的准确性和透明度。

此外，对于那些采用公允价值模式计量的数据资产，在出售时，如果其公允价值高于账面价值，会计处理则涉及"银行存款"等科目的借方记录，以及"数据资产——成本"等科目的贷方记录。

15.3.3 政府数据资产的列报

政府数据资产的列报与披露是确保问责制有效实施与财务信息质量的关键。在政府财务报告中，数据资产的披露应遵循《政府会计准则——基本准则》等相关会计准则，同时考虑到数据资产的特性，分为表内披露和表外披露两大部分。

表内列报涉及将数据资产的价值和相关信息直接纳入财务报表的正式组成部分，包括但不限于数据资产的账面价值、累计摊销、减值准备以及任何可能涉及的相关收益或损失。具体而言，政府数据资产应按照其账面总价值，在资产负债表中的"资产"部分适当分类进行披露。数据资产可以在"非流动资产"下设立专门的"数据资产"项目，以反映其在政府资产负债表中的账面价值。表内披露应详细列出数据资产的计量基础、变动情况，以及对政府财务状况和运营成果的影响。

表外披露则包括对数据资产相关风险、政策、管理和使用策略的描述性信息，以及涉及数据资产的收集、处理、存储和共享过程中的合规性、安全性和隐私保护措施。对于未纳入政府会计核算的数据资产，可以根据现有的统计数据，披露其期初和期末的实物量数据及本期变化。表外披露还应包含数据资产的潜在价值、预期用途和对公共服务或公共管理的潜在贡献。此外，对于数据资产的未来计划、发展战略以及可能对政府财政状况产生重大影响的事项，也应在表外进行充分披露。

对于涉密的数据资产，考虑到国家安全和隐私保护的需要，可以不在附注中披露其详细的数据。同时，对于短期内无法利用或无经济收益的数据资产，可以在附注中仅进行实物量披露，而不进行价值量披露。

综上所述，政府数据资产的披露是一个多维度的过程，应结合其独特性，提供全面、准确的信息，以支持公众的知情权和政府的透明度建设。政府在披露数据资产时，应平衡信息公开与数据安全的需求，确保披露的信息既有助于公众理解，又不危害国家安全和个人隐私。

15.4 政府数据资产价值管理框架

政府数据资产的价值实现不仅是技术问题，更是一个涉及政策、法律、管理和伦理的复杂系统工程。2023年12月，财政部印发的《关于加强数据资产管理的指导意见》从合规管理、权责关系、标准制定、使用管理、开发利用、价值评估、收益分配、销毁处置、过程监测、应急管理、披露报告、风险管控12个角度明确了数据资产管理的具体任务，为数据资产全流程管理提供了政策指导（见图15-2）。与企业数据流通所遵循的"经济逻辑"不同，政府数据资产遵循的主要是"政治逻辑"（王锡锌和王融，2023），其主要原因在于政府数据具有天然的公共属性，政府部门不仅是数据的生产者、开发者、利用者，更是多数据主体共治共享协同模式下的"统筹规划者"，管好、用好政府数据资产对于优化数据要素环境、搭建海量数据与丰富应用场景之间的桥梁、畅通数据资源大循环具有重要意义。

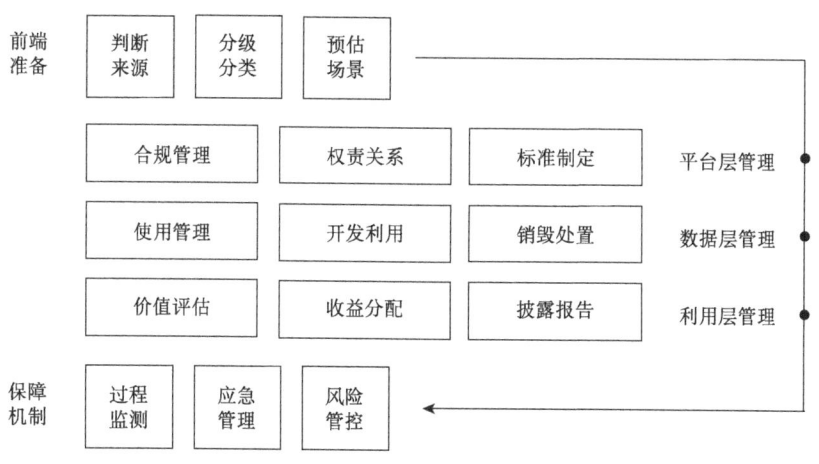

图15-2 数据资产管理框架

15.4.1 前端准备

在政府数据资产价值实现路径的前端准备阶段，政府需采取一系列系统化的措施以确保数据资源能够转化为具有明确经济和社会价值的资产。首先，政府必须对现有数据资源进行全面盘查，识别并记录数据的类型、数量、来源、存储位置和使用权限等关键信息，建立一个详尽的数据目录，为数据的检索、管理和利用提供基础。其次，明确多元利益主体的角色和责任，包括数据的生成者、加工者、保存者和需求者，确保数据资产的管理和利用能够满足各方的期望和需求。

进一步地，政府需对数据进行分级分类，基于数据的敏感性、重要性、风险等级以及属性特征，同时考虑政府业务流程中的关键数据资源，如人口、法人、电子证照、地理信息和宏观经济数据库，以实现对这些关键数据资源的特别管理和保护。此外，政府应分析数据资源的可增值利用现状，评估其对社会运行和政府运转的应用价值，确定数据资产开发的优先级，优先开发那些对社会和政府具有重要价值的数据资产。

法律合规性检查是确保数据资产使用符合规定的关键，政府必须确保所有数据活动遵守隐私保护和数据安全的法律法规，避免违法风险。同时，政府还需要准备必要的技术和设施，建立或升级数据管理平台，加强数据安全设施，并制定数据备份和灾难恢复计划。最后，政府应通过人员培训和文化建设活动，提高工作人员对数据资产价值的认识和管理能力，建立数据驱动决策的文化，从而为数据资产的管理和利用打下坚实的基础。通过这一系列缜密的前端准备活动，政府数据资产将被有序地整合、优化和保护，进入价值实现的下一阶段。

15.4.2 平台层管理

在政府数据资产价值实现路径中，平台层管理的主要任务是构建和维护一个统一的政府数据平台，以实现数据资产的规范化、标准化管理，并确保数据的安全性和合规性。该管理层面要求政府结合国际标准和行业最佳实践，从宏观和微观两个层面完善政策、法规、规范，确立数据全生命周期管理的制度框架。宏观层面上，政府需出台顶层设计的政策法规，为数据资产管理提供法律保障；微观层面上，则需统一数据处理标准，包括元数据管理、数据共建共享等，确保数据的一致性和互操作性。此外，政府数据中心平台的建设成为关键，该平台不仅要集成数据存储、处理、分析和服务等功能，还要采用先进的安全技术和管理措施，以保护数据免受未授权访问和泄露，同时建立数据脱敏机制，保护个人隐私权益。

随着政府数据开放的不断推进，数据资产权属管理变得尤为关键。权属关系的明晰是数据共建共享的前提，对于防止数据侵权和滥用、维护公民数据权利至关重要。政府需明确数据资源持有权、数据加工使用权、数据产品经营权，确立数据拥有者、管理者的权责关系，以及权力运行的边界。政府与外部合作时，应明确数据资产权属，并签订相应的合同和保密协议，以促进政府部门、企事业单位和公民之间的信息流通和协作。

政府数据资产管理是一个多学科融合的领域，需要培养并引进懂技术、懂管理、懂法律的复合型人才。这些人才将参与政府数据治理体系的构建，为数据资产的管理与建设提供专业支持，推动政府数据资产的有效利用和价值实现。同时，政府应建立持续的过程监督和评估机制，对数据标准的遵循情况、数据安全措施的执行情况、数据资产管理的效果等进行定期的检查和评估，以确保平台层管理的规范性和有效性。此外，公众参与和透明度提升也是平台层管理的重要组成部分，政府应通过公开透明的程序，让公众了解数据资产的管理政策、标准和流程，鼓励公众参与数据资产管理的监督和评估，这不仅有助于提升政府数据资产的管理水平，也有助于增强公众对政府数据资产管理的信任。通过这些综合措施，平台层管理将为政府数据资产的规范化、标准化和安全化管理提供坚实的基础，为数据资产的价值实现和政府治理能力的提升提供有力支撑。

15.4.3 数据层管理

（1）政府数据开发利用管理

我国数据要素市场尚处于发展初期，其对经济的潜在贡献尚未得到充分发挥，主要表现为数据供给的不足和分布的不均衡。为了解决这一问题，构建和完善全国一体化的政府数据基础设施与数据资源体系显得尤为迫切，这不仅能够促进数据资源的有效开发和供给，还能加快数据要素的流动，为经济社会发展提供强大的数据支撑。

国家政务大数据平台的建设是实现上述目标的关键。该平台应整合国家机关、公共企事业单位和公共服务运营商的数据资源，实现数据资源的"按需归集、应归尽归"。通过逻辑接入与物理汇聚的方式，实现全国政府数据资源的集中管理，构建起一个"多源统一"的政府数据资源体系。此外，在电子政务、公共卫生、科学技术、教育文化、工业制造、能源交通等关键领域，国家级数据资源库的建设也应同步推进，这些数据资源库将成为数据共享和利用的重要基础,为各领域的决策和创新提供支持。

政府数据资源的开放利用应遵循一系列原则,包括统筹规划、统一标准、需求导向、分类分级、规范应用、安全有序等。基于上述原则,建立一个标准统一、动态管理的全国政府数据资源开放目录,实施清单化管理,以提高数据资源的透明度和可访问性。同时,明确国家机关、公共企事业单位以及公共服务运营等单位的政府数据资源管理职责,强化数据采集、归集、治理、共享、开放和安全保护等关键环节的工作,确保数据资源的高效管理和合规使用。

构建政府数据资源开发开放与流通使用的保障机制,统筹推进数据资源的开发利用,促进数据资源的最大化利用,确保数据安全和合规性,防止数据滥用和泄露风险。此外,数据资源的动态管理和更新也不可忽视。定期评估和更新政府数据资源开放目录,可以确保其数据资源反映最新的数据资源状况和开放政策,提高其可用性和响应市场及社会需求的能力。

(2) 政府数据使用与共享管理

政务数据的共享与管理是推进数字政府建设进程,实现政府决策科学化、服务精准化、治理高效化的关键。政务数据共享主要涵盖政务部门间的信息流通,包括基于职责需求使用其他部门的数据资源,以及为其他部门提供数据资源。国务院发布的《关于加强数字政府建设的指导意见》中,明确提出了加强数据治理、依法依规促进数据高效共享和有序开发利用的目标,旨在充分释放数据要素的价值,确保数据和个人信息的安全。进一步地,《法治政府建设实施纲要(2021－2025年)》提出了五大机制以推动政务数据的有序共享:一是建立健全政务数据共享协调机制,明确各方权利和责任,促进数据共享与业务协同;二是加快推进身份认证、电子印章、电子证照等的统一认定使用,优化政务服务流程;三是加强对大数据的分析、挖掘、处理和应用,提升行政决策的科学性;四是建立运用互联网、大数据、人工智能等技术手段进行行政管理的制度规则;五是在依法保护国家安全、商业秘密、自然人隐私和个人信息的同时,推进政府和公共服务机构数据的开放共享,特别是在民生保障、公共服务、市场监管等关键领域。

为确保政府数据的有序共享,构建综合性的措施体系显得尤为关键。该体系的首要任务是加强数据治理,不仅涉及确保数据的质量与安全,还需要建立一个全面的数据全生命周期管理机制,从而为数据共享打下坚实的基础。在此基础上,政府需推动数据共享平台的建设,为数据的高效利用提供必要的技术支撑,进一步促进数据资源的优化配置。其次,法律框架的完善同样不可或缺,这要求政府部门不仅要加快法律法规建设,明确数据共享中的权责关系,还要通过法律宣传教育,提升公众及政府部门对数据共享法律的认识和理解,从而提高整体的法律意识。最后，建立一套科学的数据共享评价和监督机制，对共享活动进行定期评估是保障共享行为规范有序的关键。通过构建逻辑严密、相互关联的政务数据共享机制，不仅能够提升政府服务效能，还能够促进社会治理现代化，同时确保数据安全和个人隐私得到妥善保护，进而为数字政府的建设和社会的现代化治理提供坚实的数据支撑。

（3）政府数据销毁处置管理

对被认定为失去价值或不再需要的数据资产进行安全销毁是数据资产全生命周期管理的重要环节。《关于加强数据资产管理的指导意见》明确指出，数据资产在销毁前必须经过安全和脱敏处理，严格记录数据资产销毁过程相关操作，以确保敏感信息的安全。公共数据资产销毁处置要严格履行规定的内控流程和审批程序，严禁擅自处置，避免公共数据资产流失或泄露造成法律和安全风险。为此，数据资产管理系统应内嵌"数据历史"模块，详细记录包括销毁原因、时间、方法和执行负责人在内的关键信息。

当政府机构需委托第三方销毁数据资产时，必须签订保密合同，明确双方的安全责任，以防止数据在销毁过程中泄露或被不当使用。此外，政府数据资产的销毁必须遵循组织的内控流程和审批程序，避免未授权的擅自处置，从而规避潜在的法律和安全风险。《关于加强行政事业单位数据资产管理的通知》强调了使用专业技术手段进行数据资产销毁的重要性，确保数据一旦销毁即不可恢复，与数据资产下架（数据不再对外公开，但可追回）有本质区别。

为了进一步完善政府数据资产的销毁与记录流程，首先，应制定详细的数据资产销毁标准和操作指南，确保销毁步骤明确、要求具体。其次，所有数据销毁请求必须通过严格的审批流程，包括法律、安全和业务部门的审查，以确保合规性。此外，实施有效的监督机制，确保销毁活动符合既定流程和标准，销毁完成后，应进行数据不可恢复性的验证，确保销毁效果达标。同时，定期对相关人员进行数据资产管理和销毁流程的培训，提升其数据安全意识。制定应急计划和事故响应机制，以应对可能出现的意外情况，并定期进行数据资产管理的审计和合规性检查，确保销毁流程符合法律法规和组织政策。最后，随着技术的发展，定期更新数据销毁技术，确保其有效性和安全性。

15.4.4 利用层管理

（1）政府数据资产价值评估

政府数据资产的价值评估是一个复杂而多维的过程，需要综合考虑经济和社会等多方面的因素，通过系统化的管理和战略规划，以及持续的监督和评估，来充分发挥数据资产在推动国家治理现代化和经济社会发展中的重要作用。政府数据资产的价值评估目的在于量化并实现数据资产对不同利益相关者的价值。在这一过程中，必须认识到政府数据资产价值的多维性，它不仅包含直接经济利益，还涉及社会治理、公共服务、科学研究等多个领域，对促进政府透明度、提升行政效能、推动社会公平、增强经济活力和丰富文化生活等方面均有积极作用。因此，价值评估应全面考虑数据资产在各方面的作用，并建立一套系统化的价值实现机制，涵盖数据采集、处理、分析、共享和应用等环节，明确每个环节的价值评估标准和方法。

为了量化政府数据资产的价值，需要开发应用量化模型，如通过市场定价、成本节约、收益增加等指标来衡量其经济价值。对于非经济价值，则可以采用问卷调查、专家评估、案例分析等定性方法进行评估。公共数据治理与价值实现之间存在密切的关系，有效的数据治理能够促进数据的开放、共享和创新应用，而风险管理则确保数据安全和隐私保护，避免合法性危机的发生。政府数据资产价值实现需要制定长远的数据资产价值实现战略规划，与国家整体发展战略如"数字中国"战略相协调，明确发展目标、重点任务和实施路径，确保数据资产价值实现与国家发展目标一致。

（2）政府数据资产收益分配

政府数据资产收益分配机制的构建是一个多维度的系统工程，不仅涉及法律、伦理、经济和社会等层面，还需综合性的考量来确保收益分配的公平性、合理性和透明性。政府数据资产收益分配机制的构建，核心目标是创建一个既公平又有序的系统，以满足数据主体的权益需求，并推动大数据产业的持续发展。该系统必须基于公平性原则，确保所有数据主体，无论其规模大小或影响力强弱，都能够平等地分享数据收益。为此，制度方案的制定必须合理反映数据主体的贡献，并确保其获得相应的经济回报。增强数据市场化配置过程的透明度是实现这一目标的关键，这要求所有数据利用主体的开发利用活动都必须公开且公正。

此外，数据要素市场化配置所获得的收益应当重新投入到关键领域，如投入数字基础设施的建设，以及用于提升数字贫困人群的数字生活质量，实现社会效益的最大化，再投资的过程不仅是对大数据产业发展资金需求的补充，也是对数据主体因数据授权而可能遭受的物质损失的补偿，从而维系利益均衡。

为了维护数据主体的合法权益，政府应当出台相应的政策支持，并建立激励机制，鼓励数据主体积极参与数据资产的提供和利用。同时，构建监督与评估体系，定期对收益分配机制的执行情况进行评估，确保其公平性和有效性。在收益分配的整个过程中，必须考虑法律和伦理因素，确保所有活动都在法律框架内进行，并符合社会伦理标准。

15.4.5 保障机制

在政府数据资产的安全管理与保障机制的构建上，确保数据的合法合规使用及其安全性是至关重要的。首先，实施周期性的数据安全风险评估，旨在识别潜在的安全威胁，从而提前制定有效的预防策略。其次，持续完善数据安全管理的技术和制度规范，保证数据从收集、存储到处理、传输直至销毁的每个环节均达到安全标准。鉴于政府数据资产所蕴含的政治敏感性和机密价值，管理过程中必须特别强调保护数据的机密性，特别是对于限制公开的数据，以防止对国家安全构成威胁。最后，提升政府数据管理平台的技术水平是保障数据安全的关键，需采用加密、防病毒等先进技术手段，以抵御外部的病毒侵袭和恶意攻击。

随着政府数据开放程度的提高，必须加强对公民隐私权的保护，这要求政府工作人员在数据开放过程中，增强隐私保护意识，对敏感的个人数据进行识别与管理，并建立数据脱敏机制，以确保个人隐私不被泄露。同时，提升公众的数据安全意识和隐私保护意识也是保障机制中不可或缺的一环。

为了加强数据安全管理，需要建立一套有效的监督与问责制度，以确保所有违反数据安全规定的行为都能得到及时且适当的处理。此外，跨部门之间的通力合作，以及国际间的数据安全合作与交流，将有助于形成更加完善的数据安全防护网络，并提升国家的数据安全管理水平。政府需要与公众和国际社会共同努力，采取综合性措施，以确保数据资产的安全，促进数据的合法利用，实现数据资产的价值开发，同时保护公民的隐私权益，为推动数字政府建设和大数据产业的健康发展提供坚实的基础。

15.5 政府数据资产价值释放的优化策略

在数字经济的背景下，政府数据资产的管理对于促进经济结构的转型升级和创新增长模式具有重要作用。政府数据资产的集聚与应用不仅能够挖掘其内在的生产潜力，还能推动数字经济与公共治理的深度融合，是实现数据资源向生产力转化的关键步骤。尽管我国在政府数据资产的集聚和应用方面取得了一定的优势，但在数据要素的转化与应用、应用模式、管理模式、组织运营机制以及隐私与安全保护等方面，仍面临着一些挑战，需要进一步的探索与完善。

政府数据资产的估值是资产定价和市场发展的基础，但当前估值过程面临产权界定争议、传统估值方法局限、数据分类分级不明确、流通规范缺失以及隐私和安全信任度不足等一系列问题。这一定程度上阻碍了政府数据资产的市场定价和流通效率，限制了数据要素价值的充分发挥。

为了应对这些挑战，需要采取多维度的综合性策略来推动政府数据资产估值体系的完善。首先，应加快政府数据资产的标准制定，规范数据的采集、流通、存储和加工等环节，提高数据的质量，减少交易成本。其次，以市场需求为导向，建立政府数据交易平台的规则和监管细则，鼓励数据聚合企业通过平台进行交易，构建高效的供需对接机制。此外，加强政府数据隐私保护，强化市场主体的全程监管，促进网络安全和隐私保护行业的发展，防止个人隐私数据的无意识泄露。最后，提升政府数据治理水平，完善市场治理制度，规范市场主体的数据使用行为，加强监管执法，确保数据安全、隐私保护和知识产权保护的制度安排得到有效执行。

在推进政府数据资产估值和市场发展的同时，还必须高度重视潜在的风险隐患。政府数据资产的风险不仅包括数据泄露和流失，还涉及个人隐私安全侵犯以及数据开发利用过程中可能产生的连带应用风险。因此，无论是规范管理还是授权运营，都不能采取简化的管理方式，有关主体必须形成共同责任意识，构建政府数据资产安全的管理屏障。同时，坚持高质量发展和高水平安全良性互动，遵循确保安全与合规利用相结合的原则。

政府数据资产估值和市场发展是一项系统工程，需要政府、企业、社会各界的共同努力。通过完善政府数据资产标准制定、加强政府数据隐私保护、提升政府数据治理水平等综合性措施，并强化审计监督，加强内部控制和风险管理，确保政府数据资产管理和授权运营的规范性和透明性，推动政府数据要素市场健康发展，为数字经济的长远发展奠定坚实基础。同时，必须高度重视政府数据资产的风险管理和监督，确保政府数据资产的安全和合规利用，降低运营过程中的潜在风险，实现政府数据资产价值的可持续释放。

第五篇

政府资产负债信息应用与会计治理

第 16 章

政府资产负债结构分析指标构建研究*

16.1 政府资产负债结构分析指标构建的缘由

党的十九大提出要"坚决打好防范化解重大风险的攻坚战",彰显出对防范化解重大风险的忧患意识和底线思维。政府债务具有双向效应,它在促进经济发展的同时也使政府债务规模不断增长甚至出现低效率膨胀问题,如何有效防控由此可能引发的政府债务风险成为防范化解重大风险的题中之义(毛捷和徐军伟,2019)。准确识别政府债务风险,是有效防控政府债务风险的先决条件。然而,当前我国政府债务风险到底处于什么水平?对这一问题的回答可谓众说纷纭,没有形成相对一致的结论。

纵观现有研究,统计学和会计学两个学科都尝试基于资产负债视角探讨政府债务风险问题,但由于学科分工、知识体系与研究视角的差异,统计学侧重于从宏观层面研究国家(或政府)资产负债以及债务风险问题,会计学则侧重于从微观会计主体层面对这一问题展开分析。总体上讲,统计学在该领域的研究较为丰富,学者们主要基于国民经济核算原理以国家(或政府)资产负债表编制与运用为主线来展开研究(马骏等,2012;李扬等,2013;余斌等,2015;杨志勇等,2017;杜金富等,2018;汤林闽和梁志华,2019;王毅等,2019),并形成了一系列具有较高价值的研究成果。然而,统计学对这一问题的研究存在一定缺

---

* 本章系国家社会科学基金一般项目"情境架构下中国政府会计准则实施的影响因素、效果评价与提升策略"(21BJY236)的阶段性研究成果。

陷，主要表现为：由于缺乏明确的政府资产负债确认标准和估计方法，现有研究主要采用估算法、匡算法或推测法等"变通"方式来获取政府资产负债数据，再加之研究者在确定政府资产负债范围时所选择的口径不同，已有研究结果差异较大，在此情境下所生成的政府资产负债信息准确性有待商榷。

相对而言，会计学视角的政府资产负债是可以测度的（刘尚希和石英华，2018），经过会计处理程序所生成的政府资产负债信息可靠性更强，更能够客观揭示政府债务风险的真实状态，这也是会计学研究政府债务风险问题的优势所在。然而，受我国政府会计改革进程的制约，会计学对政府资产负债的研究主要集中在资产负债的确认、计量、披露以及准则制定等方面。虽然部分研究已经认识到政府资产负债信息对于政府债务风险管理的重要性，但这些探讨还只是散见于与政府会计改革相关的文献当中（邢俊英，2007；陈穗红等，2015；李敬涛和陈志斌，2015；陈志斌和周曙光，2017；周曙光和陈志斌，2019），并未形成体系。鉴于此，本章将政府债务风险置于会计学的学科语境中进行探讨，从政府资产与政府负债两个基本面出发，立足于资产应债能力与负债偿付需求之间的资金依存关系，尝试通过构建政府资产负债结构分析指标来识别政府债务风险，旨在促进会计学在政府债务风险防控中的应有作用得以发挥。

16.2 政府资产负债结构分析与政府债务风险识别

16.2.1 政府债务风险的形成机理

政府债务风险是指政府出现资不抵债和无力支付的违约风险（沈沛龙和樊欢，2012），其中，"资不抵债"可以理解为政府资产价值低于政府应偿付的债务总额，"无力支付"可以理解为没有足够现金来偿还到期债务。政府债务风险是政府举债的潜在后果，它不仅受政府债务本身的规模、期限等因素影响，还与可用于偿付债务的资源相关。通常情况下，政府偿还债务的资金主要来源于财政收入和资产变现资金。由于财政收入需要首先满足财政支出，当财政支出规模较大甚至存在财政赤字时，政府就难以用当年的财政收入来偿还到期债务，在这种情况下政府资产就成为偿还债务的重要来源（王芳等，2017）。就政府债务风险形成的机理来看，资产和负债的不匹配是政府债务风险的主要来源（李琪，2014），在本质上体现为政府资产与政府负债未来所产生的现金流量不匹配。具体来说，如果政府资产与政府负债在规模和流动性上缺乏匹配性，则很可能会导致资产和负债未来所产生的现金流入与现金流出存在缺口，进而形成较大的偿债压力、产生债务风险；反之，如果债务到期时可用于偿债的政府资产规模高于政府负债规模，且政府资产的价值能够顺利转换为偿付能力来应对到期负债，债务风险则会被有效控制。因此，政府债务风险是政府资产和政府负债共同作用的结果，识别与衡量政府债务风险应当把政府债务和清偿债务的资源联系起来，即从资产负债的角度来评价政府偿债能力（刘尚希和石英华，2018）。

16.2.2 政府资产是抵御政府债务风险的物质基础

政府资产和负债是政府经济活动的产物（贾佳，2017）。会计学意义上的负债本质上是一种现实承担而在未来履行的义务，它代表一种具有偿付要求的资金来源，而资产则体现为资金的具体运用形式，负债与资产之间的财务关系可以表述为"资金的来龙去脉"。理论上讲，既然负债是资产的形成原因之一、资产是负债所筹集资金的运用结果，那么负债的偿付就必然需要由资产来提供保障。政府资产是一种政府控制的特殊存量资源，它代表了一定时期政府动用资源和筹集资金的能力（陈穗红等，2015）。政府资产可以在当前或者未来转化为政府可支配财力以偿还到期债务，并最终转化为政府应对债务风险的能力，从而构成对政府债务的物质保障。实际上，我国的政府债务具有生产性特征，政府债务投资所积累的大量政府资产，是抵御政府债务风险的物质基础（郭步超和王博，2014）。在制度层面，《国务院办公厅关于印发地方政府性债务风险应急处置预案的通知》（国办函〔2016〕88号）在"Ⅳ级债务风险事件应急响应"中指出："以一般公共预算收入作为偿债来源的一般债务违约的……必要时可以处置政府资产"，这一规定为探讨政府资产的应债能力问题提供了依据。在理论和制度层面，都可以找到支撑"资产是负债的物质保障"这一推论的证据。因此，政府资产是应对债务风险的坚实后盾（杨志勇，2017），将政府负债与政府资产纳入同一框架进行对照分析，能够直观地揭示政府资产与负债之间的资金依存关系以及变化情况，进而有助于从资产对负债的保障角度来识别政府债务风险。

16.2.3 政府资产负债结构分析的基本内涵

结构分析是一种运用较为广泛的分析方法，它侧重于从构成关系角度来分析事物的性质和功能（侯发兵，2013）。本章将政府资产负债结构分析界定为：从资产与负债两个基本面出发，在政府资产负债同一分析框架中考察资产项目与负债项目之间的搭配关系以及变化情况，以直观地揭示政府资产对政府负债的保障程度。依据这一界定，政府资产负债项目的配置模式和排列方式决定着政府资产负债结构，而结构分析就围绕资产项目与负债项目之间的搭配关系及其结构变动展开。在不同时点上，政府资产或负债项目的任何调整均会引起政府资产负债结构的变化，而政府资产负债结构的变化则意味着资产对负债保障程度的变化，又进一步地引起政府债务风险的变化，这也使得政府资产负债结构分析可以作为识别政府债务风险问题的一条主线。

结构分析的基本形式就是通过计算结构指标来反映事物各组成要素之间的比率，以揭示事物内部不同要素之间的依存关系及变化情况。政府资产负债结构分析可以分为总体结构分析和内部结构分析两个层面，其中：总体结构分析是指对资产与负债总体规模的匹配性及其变化情况进行分析，可以判断资产对负债的总体保障程度，识别政府债务风险的总体水平；内部结构分析是指对资产负债各组成项目之间的对称性关系及其变化情况进行分析，可以判断政府资产对流动负债、非流动负债以及特定负债的保障程度，识别政府负债的流动性风险、专项债务风险或局部风险水平。以上两个层次的结构分析各有侧重，分别从总体与部分两个层面构成一个完整的政府资产负债结构分析体系。

16.3 政府资产负债结构分析指标构建的逻辑推导

既然资产负债结构由资产负债项目的类型及其搭配关系决定，那么依据会计学意义上资产负债的特性对政府资产负债项目进行分类，是厘清政府资产负债结构关系的基础，并进一步地影响政府资产负债结构分析指标的构建。基于此，本部分构建政府资产负债结构分析指标的逻辑推导思路是：以资产的应债能力和负债的偿付需求为主线，结合政府资产负债的特性对资产项目、负债项目进行分类；在此基础上，依据政府资产负债之间的结构关系，构建理论化的政府资产负债结构分析指标。

16.3.1 政府资产的分类

（1）按照流动性分类

一般来说，资产分类标准的选择取决于资产预期转化为现金的速度，即资产的流动性。流动性代表了资产转化为现金的可能时间分布（葛家澍和林志军，2011），按照流动性可以将资产划分为流动资产和非流动资产。资产流动性与偿债能力相关，资产流动性越强，对负债的保障程度就越高。然而，政府资产是政府提供公共产品和服务的实物基础（张国清和白澎，2017），处置政府资产要以确保政府提供公共产品和服务的持续性不受影响为前提（赵全厚和王珊珊，2016），显然并不是所有的政府资产都可以自由出售或转让。从这一意义上讲，虽然按流动性对政府资产进行分类，可以从价值转化速度层面反映资产对负债的保障水平，但由于流动性是建立在"资产不受约束、可顺利变现"的假设基础之上，对于所有的政府资产而言这一假设并不必然成立。因此，传统的流动性分类并不能反映政府资产转化为应债能力的真实水平，还有必要结合政府资产的其他特性来确定适当的分类标准。

(2) 按照交易性分类

交易是指买卖双方以货币或服务为媒介完成资产价值的交换，资产转化为应债能力的主要途径是通过交易实现的。某项政府资产是否可以自由交易，受该项政府资产所提供功能的影响。从《政府会计准则——基本准则》对资产的界定来看，预期产生服务潜力或带来经济利益流入是政府资产的特性，其中：产生服务潜力代表资产的服务功能，带来经济利益流入代表资产的经济功能。对于提供服务功能的政府资产，它们是政府履职行权的物质基础，如果出售或变卖该类资产将会削弱政府履行公共受托责任的能力甚至影响政府的运转，在正常情况下该类资产不能随意交易或变现，由于该类资产的现金转化能力受到限制，它们难以产生经济利益流入或者只能产生较少的经济利益流入，基本上不会改变政府的偿债能力，因此可以视为交易受限资产。对于提供经济功能的资产，该类资产可以通过直接交易或价值转化形式带来经济利益流入以应对债务风险，并且即使在必要时处置该类资产也不会影响到政府的正常运转，因此可以视为交易非受限资产。总体而言，交易受限资产主要包括提供服务功能的资产，交易非受限资产主要包括提供经济功能的资产，两类资产的应债能力存在差异，其中：交易受限资产其应债能力受到约束，只有交易非受限资产才可以真正用于抵御债务风险。特别地，对于某项既可能提供服务功能，又具备经济功能的资产而言，如果交易该项资产会影响到政府的正常运转，则该项资产应当视为交易受限资产；否则，应当视为交易非受限资产。实际上，由于某项政府资产的用途或功能可能发生改变，进而导致该项资产的交易性发生变化，很难说某项资产从始至终一定是交易非受限资产或交易受限资产，因此交易非受限资产与交易受限资产之间并不存在严格的界限，这需要政府会计主体根据自身对资产的实际运用情况进行判断。

16.3.2 政府负债的分类

(1) 按照流动性分类

负债因偿付时间先后、数量大小以及债务条款限制等而呈现不同的特征,由此可能产生的负债偿还压力也有所差异。由于负债代表一种在既定期限内必须予以清偿的责任,利益相关者最关注的是负债偿付的时间顺序,因此负债最主要的分类依据就是流动性(葛家澍,2004)。负债的流动性是指偿付现款的速度,负债的偿付时间越短,其流动性就越强。按照偿付时间标准,可以将负债分为流动负债和非流动负债。实际上,流动性本身就隐含着对债务风险的考量,政府负债的流动性越强,其潜在的偿还压力和违约风险就越大。随着流动负债向非流动负债的过渡,负债项目对当前负债风险的影响逐渐减弱,而对未来负债风险的影响则逐渐增强(陈志斌,2017)。

(2) 按照负债的形成原因分类

从负债的形成原因看,政府负债可以分为三类,即:融资活动产生的举借债务、运营活动产生的运营性负债和或有事项产生的预计负债。举借债务是指政府为了弥补资金缺口通过借款、发行政府债券等方式而形成的融资性负债,其偿付方式、偿付时间在融资合同中都有硬性的约束条款,一般不能违约或违约成本较高,该类负债的潜在偿付风险较大;运营性负债是指政府在日常运营活动中延后支付资金或提前收取款项所形成的自发性负债,其在偿付方式、偿付时间上具有较大的弹性,该类负债的偿付风险相对较小;预计负债是指与政府会计主体或有事项相关的且满足负债定义与确认条件的现时义务,预计负债的偿付时间与金额具有不确定性,使得其潜在的偿付风险也较高。总体而言,不同类型负债的偿付需求及其潜在风险具有异质性,其中:举借债务、预计负债属于高风险负债,运营性负债属于低风险负债。

16.3.3 政府资产负债结构分析指标的构建

从理论上讲,我们遵循资产应债能力与负债偿付需求之间的资金依存关系,结合政府资产负债项目的分类,可以推导出政府资产负债结构分析的基础指标。但考虑到部分政府资产负债项目的特殊性,还需要对理论化的基础指标进行修正,由此形成相应的修正指标。因此,政府资产负债结构分析指标可以分为基础指标和修正指标两个层次。

(1) 政府资产负债结构分析的基础指标

①总体结构分析指标。政府资产负债总体结构是指资产负债在总体规模上的匹配性,该分析指标用资产负债率来表示。总体结构分析指标是综合反映政府偿债能力的一项核心指标,它通过负债总额与资产总额的对比,反映资产对负债的总体保障程度,进而揭示政府债务风险的整体水平。一般来说,总体结构分析指标越大,说明资产对负债的保障程度越低,负债到期不能按时偿付的可能性越大,潜在的政府债务风险也就越高。

②内部结构分析指标。由于负债具有不同的期限结构与来源结构,导致不同类型负债在偿付或解除义务时对资产的依赖程度有所差异。为了突出负债的异质性及其对资产的偿付需求,我们以政府负债的分类为主线构建相应的内部结构分析指标。

第一,基于负债流动性的内部结构分析指标。按照流动性对政府资产与政府负债进行匹配分析,能够从期限配置角度反映负债的偿还压力。在流动负债层面,流动资产的变现能力与流动负债的偿还速度基本对称(谢志华,1994),两者在时间维度上形成了资金依存关系,因此可以用流动比率(即流动资产与流动负债的比值)来揭示流动资产抵补流动负债的程度;在非流动负债层面,用于偿付非流动负债的物质基础只能是政府资产抵补流动负债后的余额,由此可以用非流动负债资产率来反映资产对非流动负债的保障程度,相应的分析指标用"非流动负债/(资产-流动负债)"来表示。

第二,基于负债形成原因的内部结构分析指标。鉴于举借债务、运营性负债以及预计负债其潜在的风险存在差异,为了使政府资产负债结构分析更具有针对性,可以分别对不同类型负债的潜在风险进行评价,以单独揭示某一类负债的偿还压力与风险状况。相应的分析指标用各类负债与资产总额的比率表示,具体包括举借债务资产率(举借债务/资产总额)、运营性负债资产率(运营性负债/资产总额)、预计负债资产率(预计负债/资产总额),这些比率越小,代表资产对负债的保障程度越高,潜在的债务风险就越低。特别地,对于在融资合同中约定了特定用途的举借债务而言,在构建分析指标时还应当进一步考虑该项债务所形成的专项资产对特定债务的保障程度,相应的分析指标可以用专项债务资产率(专项负债/专项资产)来表示。

(2) 政府资产负债结构分析的修正指标

值得注意的是,基础指标的设计是建立在"资产可以转化为应债能力,进而形成对负债的偿付保障"这一逻辑之上,但由于政府资产中有一部分属于交易受限资产,其应债能力受到制约,这些资产可能会"夸大"对负债的保障水平,导致在一定程度上低估政府债务风险。为了避免交易受限资产对政府资产负债结构分析所产生"干扰",还需要对上述所构建的基础指标进行修正。在具体操作中,相关结构分析指标的计算公式保持不变,但指标的数据选择口径发生了变化,即对于资产项目而言,需要扣除政府资产中的交易受限资产项目,以便将真正可以用于偿债的资产作为分析政府应债能力的基础;对于负债项目而言,出于谨慎性考量仍以原有数据为计算基础。

16.4 政府资产负债结构分析指标的数据基础

在逻辑上推导出的政府资产负债结构分析指标是否具有现实操作性,依赖于当前政府会计实践能否提供相应的信息支撑。本部分首先以政府会计规则为依据,厘清现有政府会计体系能够提供哪些层面的资产负债信息;其次,探讨如何契合政府资产负债信息的供给状况,来设定政府资产负债结构分析指标的计算口径。

16.4.1 政府资产负债信息的供给状况

(1) 政府资产负债信息生成的制度基础

会计规则是会计信息生成、传递与报告的基准,《政府会计准则——基本准则》《政府财务报告编制办法》等对政府资产负债核算与报告的相关规定,直接决定了政府会计体系所能提供政府资产负债信息的数量和质量,并最终以政府财务报告为载体呈现出来(周曙光和陈志斌,2018)。目前我国已经发布了《政府会计准则——基本准则》《政府会计制度——行政事业单位会计科目和报表》以及多项具体准则与应用指南,初步形成了"基本准则+具体准则+应用指南"的准则体系。随着政府会计准则体系的持续完善,政府会计系统所核算与报告的资产负债内容得以拓展,使政府资产负债状况逐步在政府财务报告中得以反映。根据《政府财务报告编制办法》的规定,资产负债表应当按照资产、负债和净资产分类分项列示。其中,资产应当按照流动性分类分项列示,包括流动资产、非流动资产等;负债应当按照流动性分类分项列示,包括流动负债、非流动负债等。这些列示内容为开展政府资产负债结构分析提供了关键的信息支撑。

根据政府会计准则的规定,纳入政府会计系统的资产负债项目,必须同时符合政府资产负债的定义和计量条件。然而，受政府会计准则的不完备性以及会计确认与计量技术的影响，政府控制的资产或可能承担的负债与实际纳入政府会计系统的资产负债项目仍然存在差距，导致最终在资产负债表表内反映的信息是不完整的，部分资产负债信息只能"退而求其次"借助于表外披露的方式反映出来。例如，《政府会计准则第 8 号——负债》规定：对于政府会计主体因或有事项而形成的潜在义务或不满足负债确认条件的现时义务，它们在未来可能会转化为政府实际承担的负债，因此该准则第三十六条对此提出了表外披露要求。

（2）政府资产负债信息的呈现形式

作为反映政府财务信息的综合性载体，政府财务报告是使用者了解政府资产负债状况的一个主要窗口。从政府财务报告所反映的内容来看，可以将政府资产负债信息分为表内列报和表外披露两种形式：其一，在资产负债表表内反映的资产负债信息，这些内容经过会计确认、计量等技术的处理，并严格按照政府会计准则以及政府财务报告编制规则进行列报，其准确性较高；其二，在资产负债表表外披露的资产负债信息，虽然这些信息由于确认和计量等原因，不具备作为资产负债项目在资产负债表表内列报的"资格"，但按照规定仍需结合政府会计主体的实际情况在相关报表附注中进行披露。表外信息是政府财务报告不可或缺的重要组成部分，甚至一些研究认为：政府财务报告中的介绍性内容以及附注等表外信息，更有助于评价政府财务状况（Kattelus 等，2010）。

16.4.2 政府资产负债结构分析指标的计算口径

由于表内列报与表外披露的口径不同，各自口径下所涵盖的资产负债内容及其信息含量存在差异，而依据不同口径信息所计算的政府资产负债结构分析指标结果也必然不同。鉴于部分重要的信息未能在表内列报，如果完全依赖表内信息来计算政府资产负债结构分析指标，将会导致指标的计算结果与现实情况存在偏差。例如，虽然部分表外披露的"资产"无法在表内列报，但该类"资产"仍属于政府控制的资源，它们具备在未来转化为政府应债能力的潜能（如部分自然资源资产）；表外负债能够为使用者了解政府负债状况提供更加稳健的信息支持（马永义，2019），如果忽略了表外负债将可能会低估政府债务风险。因此，在计算政府资产负债结构分析指标时，我们应当充分挖掘与运用政府财务报告的信息价值，不仅要以表内列报的资产负债信息为基础，同时还需兼顾表外资产负债因素的影响。

以政府财务报告①所反映的信息为基础,综合考量资产项目的应债能力以及负债项目的偿付需求,在计算政府资产负债结构分析指标时有以下数据口径可供选择,具体来说:第一种为基础口径模式,该模式以表内资产负债信息为基础,根据各项指标的内涵来选择具体的资产类、负债类项目,并据此计算各项指标值;第二种为修正口径模式,该模式压缩了数据选择范围,即剔除资产中的交易受限资产、但负债数据选择口径保持不变,这一模式可以提升指标结果的稳健性;第三种为扩展口径模式,该模式扩大了数据选择范围,即将表内信息与表外信息共同作为计算相关指标值的数据基础,这一模式能够使指标所涵盖的信息更加全面。需要强调的是,由于表外资产负债信息并不是实际会计核算的结果,在选取表外信息作为指标计算的数据基础时,要以谨慎性原则为导向,即按照政府资产的最小规模、政府负债的最大规模来估算相关数据。在这一意义上,虽然第三种计算口径更能够完整地体现政府资产负债的全貌,但相对于前两种计算口径而言其准确性却相对较低。

综上所述,本章所构建的政府资产负债结构分析指标及其计算口径,如表16-1所示。

表16-1　　　　　政府资产负债结构分析指标及其计算口径

指标类型		指标名称	计算口径		
			基础口径	修正口径	扩展口径
总体结构		资产负债率	负债总额/资产总额	剔除交易受限资产	表内外资产负债
内部结构	按流动性分类	流动比率	流动资产/流动负债	同上	同上
		非流动负债资产率	非流动负债/(资产-流动负债)	同上	同上

---

① 政府财务报告包括政府部门财务报告和政府综合财务报告。在政府部门财务报告层面,政府资产与政府负债之间具有资金依存关系,因此本书所构建的政府资产负债结构分析指标适合对政府部门层面的债务风险进行分析。然而,由于政府综合财务报告在本质上属于一级政府的"汇总"财务报表,其数据主要来源于政府部门财务报表、财政总会计报表、政府持有股权的国有企业财务会计决算报表等,使得政府综合财务报告中的资产与负债不具有直接对应关系,如果直接运用政府资产负债结构分析指标对一级政府层面的债务风险进行分析,难免会有些牵强。当然,现阶段我国政府财务报告还处于改革过程当中,就目前政府综合财务报告的数据来源以及信息含量而言,运用本书所构建的政府资产负债结构分析指标对一级政府层面的债务风险进行分析,并以此作为衡量一级政府层面债务风险的参考性指标,虽不能做到"尽善尽美",但也不失是一种较为合理的"变通之举"。

续表

指标类型		指标名称	计算口径		
			基础口径	修正口径	扩展口径
内部结构	按负债形成原因分类	举借债务资产率	举借债务/资产总额	同上	同上
		专项债务资产率	专项负债/专项资产	同上	同上
		运营性负债资产率	运营性负债/资产总额	同上	同上
		预计负债资产率	预计负债/资产总额	同上	同上

16.5 政府资产负债结构分析的研究总结与政策建议

16.5.1 简要总结

准确识别政府债务风险状况，是科学防控政府债务风险的先决条件。从资产负债的存量视角看，资产是偿付负债的物质基础，政府债务风险源于资产与负债的不匹配，故而将政府负债与政府资产纳入同一框架进行对照分析，能够从资产对负债的保障角度识别政府债务风险。本书立足于资产应债能力与负债偿付需求之间的资金依存关系，首先界定了政府资产负债结构分析的内涵，并将其分为总体结构分析与内部结构分析两个层面；其次，综合考量会计学视角的资产负债特性与分类以及资产负债之间的结构关系，从逻辑上推导出政府资产负债结构分析的基础指标与修正指标；最后在此基础上，契合政府资产负债信息的供给状况，设定了计算政府资产负债结构分析指标的基础口径、修正口径与扩展口径。

16.5.2 政策建议

(1) 持续推进政府资产负债信息的供给侧改革

我国政府会计改革取得了显著成效，但随着政府会计改革的深入，政府会计准则建设进入攻坚阶段，对于一些特殊的资产类准则、负债类准则还处于探讨过程中，政府资产负债信息供给不足问题尚未完全解决。为了持续提升政府资产负债信息的供给质量，未来在继续推进相关资产类、负债类具体准则建设的基础上，还应当结合不同类型政府资产负债的特征和管理要求，对资产负债信息实施分类列报与披露（例如，对资产按照交易性进行分类，对负债按照风险程度进行分类），逐步完善表内列报内容和规范表外信息披露。在条件成熟的情况下，可以尝试在政府财务报告中引入政府偿债能力表，以充分披露政府需要偿还的债务以及可用于偿还债务的资产状况，满足识别与防控政府债务风险的信息需求。

(2) 充分挖掘政府资产负债信息的应用价值

信息价值得以实现的关键在于应用（周曙光和陈志斌，2017）。在现有制度文本和理论文献中，主要聚焦于政府资产负债信息生成规则的制定与实施，对于如何有效运用政府资产负债信息在认识上还尚未达到应有的高度。《权责发生制政府综合财务报告制度改革方案》将"建立健全政府财务报告分析应用体系"作为主要任务之一，凸显出构建政府财务报告分析应用体系的重要性。当前，我们应当以政府财务报告分析应用体系的构建为契机，充分挖掘政府资产负债信息在资产管理、负债管理以及债务风险防控等领域的应用价值，并尝试将政府资产负债结构分析指标纳入到政府财务报告分析应用体系当中，以引导和促进相关使用主体对政府资产负债信息形成准确认知与有效运用。

(3) 优化政府资产负债结构，抓住防控政府债务风险的主线

防控政府债务风险是当前面临的紧迫任务之一。政府资产负债结构分析在揭示政府债务风险成因及传导机制方面具有明显优势，可以作为防控政府债务风险的主线。既然不同的政府资产负债结构代表不同的政府债务风险水平，那么防控政府债务风险的根本就在于保持合理的政府资产负债结构，并最终落脚于对政府资产负债结构的管理。实际上，政府会计主体对资产项目或负债项目实施调整所引起的政府资产负债结构变化，本身就可以理解为防控政府债务风险的过程。不难看出，从资产和负债两个基本面出发，将资产负债管理有机融合到政府资产负债结构分析框架当中，通过持续优化政府资产负债结构，以实现资产管理和负债管理的统筹协调，是未来防控政府债务风险的一条可行路径。

（本章部分内容发表于《会计与经济研究》2021年第3期）

第 17 章

数字技术赋能政府资产负债信息治理功能演进研究[*]

17.1 政府资产负债信息治理功能

党的十八大以来,党中央全面推进我国预算管理制度、政府财务报告制度和政府会计制度等多个领域的深刻改革。这些改革不仅是对现有制度的优化,更是对整个政府会计体系的一次系统性、革命性的重构。在这一过程中,预算管理制度的改革更加强调了预算编制的科学性、透明性和约束力,通过实行全面预算绩效管理,建立了以结果为导向的预算编制和执行体系,使财政资金的使用效益得到显著提升(张军等,2020);政府财务报告制度的改革实现了从单一财务报告向综合财务报告的转变,要求各级政府定期披露财务信息,建立了政府财务信息公开和审计的长效机制,强化了社会监督和问责机制;政府会计制度的改革则是全面引入了权责发生制,替代了传统的收付实现制,提升了会计信息的准确性和可靠性,为政府决策提供了更加精准的财务数据支持。这些改革措施不仅纠正了过去有关制度运行中的种种弊端,还推动了政府治理体系和治理能力的现代化。

新的政府会计制度采用"双体系",即在会计核算中兼顾财务会计和预算会计。财务会计主要用于反映政府的财务状况、经营成果和现金流量情况,而预算

---

* 本章系国家社会科学基金一般项目"数字赋能平台供应链实现价值共创的机制与路径研究"(23BGL042)的阶段性研究成果。

会计则侧重于反映预算的执行情况和财政资金的使用情况。这样不仅能够全面、准确地反映政府的财务活动，还能够提高政府财务信息的透明度和可比性，为公共决策提供详实和可靠的依据。深化改革后的政府会计制度不仅能够规范高效地管理政府的财务收支活动，还能够全面客观地评价政府资产负债信息的变动情况。这种更为完善的政府资产负债信息系统，使政府能够在履行公共服务职能的过程中，更加透明地向公众交代财务收支情况、更加精准地进行资产负债信息的使用、更好地进行财政资源的配置和使用，从而提高公共服务的质量和效率，增强政府的公信力和透明度。

然而，随着以大数据、人工智能为代表的数字技术在社会各领域的广泛应用，人们的行为方式、工作模式逐渐被重塑，政府的内外部履职环境发生了显著变化（司林波和谭筱波，2023）。党的十九届四中全会以来，中共中央、国务院多次提出以数字技术支撑国家治理现代化的重大战略部署，这不仅是对时代发展的积极回应，更是对提升国家治理体系和治理能力现代化提出的新要求。为全面推进这一战略，2022年6月，国务院印发《关于加强数字政府建设的指导意见》，明确了数字政府建设的目标、任务和路径，指明了未来发展的方向。这一指导意见强调了要充分利用大数据、人工智能、区块链等前沿技术，提升政府管理和服务的智能化、精准化水平。同时，意见还提出要加快构建统一的数字基础设施，推动跨部门、跨层级的数据共享与融合，建立健全数据安全保障体系，以确保数据的高效利用和安全管理。这些举措旨在构建一个高效、透明、廉洁和智能的数字政府，提升政府治理效能，增强公共服务能力，最终实现国家治理体系和治理能力的现代化跃升。

在全面开启建设社会主义现代化国家新征程的关键时期，数字技术的应用在推进数字政府建设和国家治理现代化方面处于关键位置。利用大数据、人工智能等先进数字技术，不仅能够提升政府的管理效率和服务质量，还能够实现治理体系和治理能力的深度变革。数字政府建设旨在通过技术创新，构建一个更加透明、廉洁和高效的政府管理体系，推动跨部门、跨区域的数据共享和协同治理，增强公共服务的精准化和个性化。此外，这一进程中强调的数字基础设施建设和数据安全保障体系的完善，能够确保数据的高效利用和安全管理，进一步提升政府的决策水平和响应能力。因此，在推动国家治理现代化中，数字技术不仅是时代发展的必然要求，更是实现国家治理体系现代化、提升国家综合竞争力的重要支撑。通过这一系列措施，党中央和国务院致力于打造一个智能化、高效能的治理架构，为社会主义现代化国家建设提供强有力的技术保障和制度支持。作为国家治理体系的核心主体，政府的资产负债信息的管理和监督工作在很大程度上依赖于政府会计这一专门的信息系统。政府会计不仅要反映政府的财务收支活动，还要监督政府的资产负债信息的变动情况。随着信息技术的飞速发展和数字化转型的全面加速，数字技术在核算政府资产负债信息中的应用变得愈发广泛和深入，展示出了巨大的赋能潜力。传统的政府资产负债信息的管理方式面临诸多挑战，如数据采集不及时、信息透明度低、分析能力不足等，这些问题使传统方式难以满足现代治理的需求。在此背景下，研究数字技术如何赋能政府资产负债信息治理功能的拓展，成为学术界和实践领域关注的重要课题。

本章旨在探讨数字技术如何赋能政府资产负债信息的治理功能拓展，具有一定的理论和实践意义。在理论意义方面，通过系统梳理和分析数字技术与政府资产负债管理之间的关系，揭示数字技术赋能政府资产负债信息治理功能的内在逻辑和机制。这不仅有助于丰富政府会计和公共管理等学科的理论体系，还为这些领域提供了新的研究视角和理论框架。与此同时，研究数字技术在政府资产负债管理中的应用，促进了会计学、信息技术和公共管理等多学科的交叉融合，推动了相关学科的发展。在实践意义方面，通过深入分析大数据、区块链和人工智能等数字技术在政府资产负债信息管理中的应用案例和效果，总结其成功经验和存在的问题，能够为政府资产负债管理的实际操作提供具体指导和技术支持。同时也有助于政府资产负债管理水平的提升，提高财政资源的配置和使用效率，增强政府治理能力和公信力，促进政府资产负债管理的透明化、科学化和智能化。

17.2　数字技术赋能政府资产负债信息治理功能的逻辑理路

17.2.1　从信息演化史审视数字技术赋能的历史逻辑

随着时间的推移，信息革命的浪潮不断冲击着政府资产负债核算这一古老而又不断演变的领域，使其从最初的简单记录和监督财政活动的工具，逐步转变为全面服务于现代财政和国家治理的综合性制度安排。回顾历史，政府资产负债核算的起源可以追溯至我国西周时期，当时的三公九卿制度奠定了计财组织的基础。随着时间的推移和科技的进步，政府资产负债核算经历了一次次变革。在15世纪，金属活字印刷术的应用极大地促进了信息与文化的传播，为政府资产负债核算工作带来了全新的机遇，使资产负债信息的管理和传播实现了飞跃。然而，技术和材料的限制依然是一个挑战。18世纪中后期的工业革命，使政府资产负债核算处理迎来了新的变革浪潮，资产负债信息的管理迈出了更加坚实的一步。20世纪中叶，随着电子通信和计算机技术的崛起，政府资产负债核算处理进入了信息化时代，极大地提升了数据处理的效率和精确度，使得资产负债核算不仅能够满足财政监督的需求，更能为宏观经济决策提供重要支持。这一历史进程展示了政府资产负债核算从萌芽到成熟的演进过程，反映了其在应对社会经济环境变化和科技进步过程中不断自我革新与发展的轨迹。

当前，大数据、人工智能和区块链等数字技术正如烈火般席卷全球，引领人类社会迈向数字化的新纪元。这些数字技术的广泛应用不仅深刻改变了政府资产负债核算服务主体的运行环境，也在资产负债信息管理方面带来了翻天覆地的变化。政府资产负债核算通过数字化升级，不断拓展资产负债信息的管理功能，逐步实现了治理效应的提升。在数字化时代，政府资产负债核算处理就如同一位精湛的工匠，不断运用着新兴的数字技术，打造更为精密、高效的管理工具。随着大数据的洞察力和人工智能的智慧相互融合，政府资产负债核算发挥信息治理功能的特征也日益凸显。历史的逻辑表明，政府资产负债核算必须与时俱进，顺应当前信息革命浪潮，紧跟数字化发展的步伐，更好地满足现代社会对政府治理效能的需求。

17.2.2 从数字政府建设审视数字技术赋能的现实逻辑

党的十八大以来，党中央和国务院精准把握全球数字化发展的脉搏，从推进国家治理现代化的宏观视角出发，提出迎合经济社会数字化的战略构想，致力于通过数字政府建设推动中国式现代化进程。2022年6月，国务院发布了《关于加强数字政府建设的指导意见》，明确要求全面推进政府履职和政务运行的数字化转型。该指导意见强调，通过强化大数据经济监测、构建新型智慧监管机制、创新数字化治理模式以及推进数字化行政服务，建立一个与国家治理现代化相适应的数字政府体系框架。从现实意义上看，这一举措将数字技术深度融入政府体制改革，促进了政府职能的转型和提升，构建了一个更加智能、透明和高效的现代化政府治理体系。通过数字政府的建设，政府能够有效地进行经济监测和预测，提供更加精准的公共服务，增强社会治理的智能化和科学化水平。这不仅推动了国家治理能力的现代化，还为全球数字化治理提供了"中国方案"，展示了中国在数字化时代下引领未来治理模式的决心与能力。

从现实逻辑的角度来看，政府的数字化转型与当前服务主体的需求高度契合，利用数字技术赋能政府资产负债治理功能的演进，成为推动数字政府建设的必然选择。大数据技术的应用使政府能够处理更庞大且复杂的数据集，实现对资产负债信息的精细化管理。通过大数据分析，政府资产负债信息不仅可以提供更精准的财务分析和预测，还能为政策制定者提供深刻的洞察力，支持更加科学的决策。人工智能技术进一步提升了政府资产负债核算的智能化水平。机器学习和知识图谱等技术的应用，使得政府资产负债信息系统具备自我学习和优化的能力，能够适应不断变化的环境需求。这不仅提高了决策的效率和准确性，还通过智能化的分析和处理，及时发现和应对潜在的财务风险。区块链技术的引入则为政府资产负债信息系统提供了更高的安全性和可信度。区块链的不可篡改性和分布式账本特性确保了财务数据的真实性和完整性，极大地减少了欺诈和数据篡改的风险，从而提升了政府资产负债信息管理的可信度和透明度。此外，计算机视觉、语音识别和自然语言处理等技术的应用，进一步增强了政府资产负债信息系统的用户体验和操作便捷性。这些技术使政府资产负债信息系统能够更智能、高效地处理各种财务数据和报告，显著提升了整体工作效率和服务水平。这些功能的不断拓展和治理效应的逐步实现，构成了数字政府建设过程中的关键环节，从而进一步推动着政府治理能力的现代化进程。

17.2.3 从治理现代化审视数字技术赋能的战略逻辑

随着人民生活水平的提高，群众对美好生活的需求日益多样化和精细化。但同时，我国长期积累的城乡、区域和产业发展之间的不平衡和不充分问题依然突出。在这种严峻形势下，以习近平为核心的党中央审时度势，提出了推进国家治理体系和治理能力现代化的战略目标，旨在通过制度现代化推动国家现代化。实现这一目标要求政府更合理地控制职责范围，更精准地掌握政府资产负债情况，通过政府与社会关系的根本性变革，实现公共管理中权力制衡、互相合作的稳定状态。然而，面对世界百年未有之大变局以及国内日益复杂的社会矛盾，如何更精准地界定政府与社会的职责边界成为一项重大挑战。为了应对这一挑战，政府需要深化对大数据、人工智能等数字技术的应用，通过科技赋能提升治理效能。同时，政府应加强与社会各界的沟通和合作，构建一个多元参与、共建共享的治理格局，确保公共资源配置的公平与效率。

提升国家治理效能不仅是一个宏观目标，更需要在微观层面上实现公共资源供给与公共治理需求之间的高度匹配，以全面提升人民的获得感和满意度。在这一背景下，数字技术赋能政府资产负债信息治理功能成为了提升国家治理效能的重要途径。政府资产负债信息不仅是政府进行经济核算和财务管理的基础，也是实施宏观调控、提供公共服务和进行社会管理的重要支撑。通过精细的政府资产负债核算，政府能够准确掌握财务状况，合理配置公共资源，科学制定和执行财政政策，从而有效推进国家治理体系和治理能力现代化。数字技术的赋能使政府资产负债信息系统变得更加精准和高效，从而构建起现代化的公共财政管理体系，巩固财政在国家治理现代化建设中的核心作用。

17.3 数字技术赋能政府资产负债信息治理功能的作用机制

17.3.1 数字技术赋能政府资产负债信息质量

当今，数字技术已深入到公共领域的方方面面，公共事务的数字化速度持续加快，政府在履行职责时必须紧跟时代步伐，灵活运用数字化工具来适应新的场景和模式。2022年12月，中共中央和国务院发布了《关于构建数据基础制度更好发挥数据要素作用的意见》，为我国的数据基础制度体系确立了基本框架，明确了高效利用数据资源的方向。因此，充分发挥数字技术激活数据的质量，释放其内在价值，在提升政府资产负债信息的价值中具有至关重要的作用。在数字化浪潮中，政府必须积极应对挑战，以数字技术为支撑，不断创新治理方式和工作模式。数字化工具不仅为政府提供了更高效的管理手段，也为公众提供了更便捷的服务体验。通过数字技术，政府能够更加精准地了解公共需求，优化资源配置，提升公共服务的质量和效率。同时，《关于构建数据基础制度更好发挥数据要素作用的意见》的发布，则为政府数字化转型提供了重要指引。该意见着眼于数据的战略地位，提出了一系列政策措施，旨在优化数据基础制度，提升数据资源的整合和利用效率。这有助于政府更好地开展公共事务管理，提高治理效能和服务水平。因此，充分利用数字技术赋能数据的质量，不仅可以提升政府资产负债信息的价值，还可以促进政府治理能力的现代化。

赋能数据的质量可以从两个方面入手：一方面，数字技术能够扩大数据处理的范围。传统的数据采集受限于政府会计准则制度，数据处理也受限于预算会计和财务会计的步骤，导致政府会计的管理和决策功能仅限于关注预算数据、财务数据等结构化数据，而忽略了其他领域和非结构化数据。这种局限性限制了政府全面了解自身运作和社会多维度数据基础的能力。然而，数字技术的应用可以突破这些限制,它能够采集和整合不同来源、结构的数据,并将它们集成到一个统一的数据平台上。这一举措有助于政府更全面地掌握自身运作和社会多维度的数据基础,为进一步挖掘数据之间的潜在关系打下坚实的基础。另一方面,数字技术能够提升数据的精准性。在传统的数据处理中,人为因素和手工操作可能会导致错误,从而影响数据的质量和可靠性。数字技术的应用可以实现数据的自动化采集、清洗和分析,极大地减少人为干预和错误的可能性,提高数据的准确性和可信度。例如,利用数据挖掘和机器学习技术,政府可以更快速、更精确地识别和纠正数据中的异常情况,从而确保数据的质量和准确性。通过提升数据的质量,政府可以更加可靠地运用政府资产负债信息进行决策和管理,为实现国家治理现代化提供更为可靠的数据支撑。

17.3.2 数字技术赋能政府资产负债信息融合

在深化改革过程中,政府会计创新性地构建了"预算会计"与"财务会计"既独立运作又相互衔接的双系统管理模式。尽管这两个系统反映的是同一政府经济活动在不同维度的信息,但由于信息不完全、认知偏差的限制,它们在连续的经济循环中常常存在耦合不足和错位的问题。数字技术的引入能够解决这些问题,并增强预算会计和财务会计之间的统一性和融合性。

数据集成平台的实时同步机制可以极大地提升预算和财务数据的管理效率和信息质量。这意味着,无论是计划中的预算数据,还是实际发生的财务数据,都可以在同一平台上进行实时更新和对比,避免了信息的滞后和断层。通过数据集成平台,政府可以实现对预算和财务数据的全面监控和管理,保证数据的一致性和完整性,为决策提供更为可靠的数据基础。在此基础上,数字技术赋能政府资产负债信息融合,进一步提升了数据的价值和应用效果。通过数字技术的引入,政府可以将预算和财务数据与其他相关数据进行融合,实现全面、多维度的数据分析和应用。例如,政府可以将经济活动的预算数据与实际发生的财务数据以及其他相关数据,如人口统计数据、社会经济发展数据等进行融合分析,从而更加全面地了解经济运行的情况和趋势,为政策制定和决策提供更为科学的参考依据。此外,数字技术的赋能还可以实现对预算会计和财务会计之间信息共享和协同管理的深度融合。通过建立统一的数据平台和信息系统,政府可以实现对预算会计和财务会计信息的无缝对接和共享,避免了"信息孤岛"和重复录入的问题,提高了数据的一致性和可信度。同时,数字技术还能够实现对预算执行和财务核算的实时监控和追踪,及时发现和纠正信息错位和耦合不足的问题,提高了预算会计和财务会计之间的协同效率和管理水平。通过以上数字技术的应用，不仅能够整合和利用预算会计和财务会计的数据，形成高质量的政府资产负债数据资产，还能充分挖掘双系统数据的内在价值，提高管理和决策的科学性和透明度。

17.3.3 数字技术赋能政府资产负债信息管控

数字技术的崛起为政府资产负债信息管理带来了一场深刻的变革，将其功能拓展至整个社会资源的管理，实现了从财政资源管理向社会资源管控的跃迁。这一变革的核心在于数字技术的创新性数据管理和分析特性。数字技术的发展为政府资产负债信息的整合和管理提供了更广阔的空间，使其成为资源管控的重要机制。首先，通过数字化平台的建立，政府可以实现对各类资产和负债的实时监测和管理。例如，政府可以通过物联网技术对公共设施的使用情况进行监测，及时了解资源利用的状况，并采取相应的管理措施，从而提高资源利用的效率。此外，政府还可以利用区块链技术确保政府资产负债信息的安全性和可信度，通过区块链的不可篡改性和分布式账本特性，实现对资产和负债的全程追踪和记录，防止数据篡改和欺诈行为的发生，进一步增强资源管控的可靠性和透明度。其次，数字技术的赋能还可以为政府提供更加智能化和精准化的资源管理手段。通过大数据分析技术，政府可以对各类资源的利用情况进行深入分析，发现资源利用的规律和潜在问题，并及时采取针对性的措施进行调整和优化。例如，政府可以利用人工智能技术对历史数据进行分析，预测未来资源利用的趋势和需求，为资源配置和规划提供科学依据，从而提高资源利用的效率和精准度。此外，数字技术还可以为政府提供智能化的决策支持，通过机器学习算法和数据挖掘技术，为政府提供全面的数据分析和预测，帮助政府更好地制定政策和规划，实现资源管控的科学化和智能化。最后，数字技术的赋能还可以促进政府与社会各界的合作与共享，实现资源的优化配置和共享利用。通过数字化平台，政府可以与企业、社会组织和个人建立起互动式的信息交流和合作机制，实现资源的共享和协同利用。例如，政府可以通过开放数据接口，与企业和社会组织共享政府资产负债信息，为其提供更准确、更及时的数据支持，从而促进资源的优化配置和共享利用，实现资源的最大化价值。此外，区块链技术在政府资产负债信息中的应用也极具潜力。通过区块链技术，政府可以记录和追踪资产和负债的变动，确保数据的透明性和不可篡改性，提高政府资产负债信息的准确性和可信度。综上所述，数字技术的赋能将为政府资产负债信息的资源管控提供更多的可能性和机遇，将为政府的资源管理和决策提供更加有效的支持和保障。

17.3.4 数字技术赋能政府资产负债信息治理

智能化管理政府资产负债信息，是国家治理现代化的重要一环。数字技术的应用不仅提升了财政管理效率，更在国家治理机制中发挥着关键作用。首先，智能算法在资产负债信息的数据管理和分析中具有突出价值。政府资产负债信息跨越多个领域，包括财政收支、项目资金等，而智能算法的自动化数据处理能力大大提高了对这些数据的分析精度和效率。通过深度学习和数据挖掘技术，政府可以更精准地预测财政趋势，及时洞察潜在问题和机遇，为决策提供科学依据，进而提升国家治理的决策能力和准确性。其次，智能算法在预算优化和资源配置方面发挥着重要作用。通过智能化的方法，政府能够在有限资源下作出更加有效的决策，最大程度地优化资源配置效率。例如，借助机器学习算法分析历史数据和当前需求，政府能够提出最佳资源分配方案，确保资金和资源的合理利用。这种智能化的资源配置方式不仅有助于优化财政预算，还能在国家治理中促进公平分配和社会稳定。再次，智能算法的应用可以帮助政府快速识别潜在的财政风险和违规行为。利用机器学习和数据分析技术，政府能够提前发现可能面临的风险，并建立相应的监管机制，以维护财政的稳定和透明。例如，采用区块链技术记录财政交易可以保障数据的安全和不可篡改性，有效遏制欺诈和违规行为，提升国家治理的公信力和稳定性。最后，智能算法能够辅助政府进行决策和政策制定，为国家治理提供科学、客观的指导。通过数据驱动的政策制定，政府可以更加准确地洞察社会形势，更好地满足人民群众的需求，提升国家治理的有效性和公信力。例如，借助大数据分析技术，政府能够深入了解社会民意和舆论趋势，为政策制定提供重要参考，从而更好地实现国家治理的科学化和现代化。总而言之，科学化、智能化管理政府资产负债信息不仅有助于优化财政管理，更能在国家治理中发挥关键作用，提升决策能力和服务水平，从而实现国家治理的现代化。

17.4 数字技术赋能政府资产负债信息治理功能的实践路径

17.4.1 建立政府资产负债数据集成与共享平台

在现代国家治理中，"信息孤岛"是一个常见问题，政府各部门的数据往往独立存在，难以共享和整合。为了更好地管理资产和负债信息，政府需要构建一个统一的资产负债数据集成与共享平台。这个平台汇集了各个部门的各种数据，使所有信息都能在一个地方查到，方便管理和决策。具体而言，第一，设定统一的数据标准和协议。各部门的数据格式应保持一致，确保数据能顺利整合和共享。比如，财政部的数据格式和卫生部门的数据格式要统一，这样在数据整合时不会出现乱码或不兼容的问题。第二，充分利用 API 技术。应用程序接口技术可以把一个系统的数据搬到另一个系统中。通过 API 技术，各部门的系统能够互相通信和交换数据。例如，财政部的系统可以通过 API 直接从交通部的系统中获取相关的交通基础设施支出数据，减少重复输入和手动操作的麻烦。第三，建立数据仓库和数据湖。数据仓库和数据湖是存放和管理大规模数据的地方。这两者结合使用，可以既有条理又灵活地管理和存储数据。第四，嵌入区块链技术。区块链技术是一种确保数据透明和不可篡改的技术。通过区块链，政府可以记录和追踪资产和负债的信息，每一笔交易都可以被清晰地记录下来，并且无法被随意更改。这不仅能够提高数据的准确性和可信度，还可以增强公众对政府财务管理的信任。

通过构建数据集成与共享平台，政府可以全面掌握资产负债情况，提高数据透明度和一致性，支持跨部门的协同管理和决策。这种平台能够消除"信息孤岛"，使各部门的数据可以无缝对接和共享，避免重复收集和输入数据的麻烦，从而减少人为错误。此外，通过统一平台，各部门可以快速获取所需信息，显著减少跨部门沟通和协调的时间成本，不仅有助于内部管理，还能提升公众对政府工作的信任。公众可以通过公开的数据平台，查看政府的资产负债情况，了解公共资金的使用情况，从而更加信任和支持政府的工作。通过整合和共享数据，政府能够更全面地掌握各种信息，进行科学分析和预测，制定更加合理的财政政策。这样的数据平台不仅是提升政府管理能力的工具，更是增进政府与公众之间信任的桥梁。

17.4.2 构建政府资产负债信息智能分析与决策支持系统

在现代政府资产负债信息智能分析与决策支持系统中，数据分析与建模是核心环节。通过人工智能（AI）和机器学习（ML）技术，可以对海量的资产负债数据进行深入分析和预测。这些海量的资产负债数据包含了历史资产负债数据、使用记录、市场经济指标和政策变化等信息。利用 AI 技术，能够挖掘这些数据中的潜在规律和模式，犹如利用显微镜观察到肉眼无法发现的细节。预测分析是数据分析与建模的重要应用之一。通过时间序列分析和回归模型，可以预测未来的资产价值和负债情况。例如，机器学习算法可以根据历史数据预测市场的趋势，帮助政府评估资产的增值或贬值前景。这种预测能力类似于气象预报，能够让政府提前做好应对市场变化的准备。模式识别是另一个关键应用。利用分类和聚类算法，我们可以识别出资产负债数据中的异常模式或潜在风险点。例如，AI 算法可以分析政府各部门的支出数据，发现某些项目的支出异常高，提示可能存在浪费或违规行为。此外，通过聚类分析，可以将类似的资产或负债进行分组管理，优化资源配置，提高管理效率。在优化决策方面，AI 和 ML 技术通过优化算法，可以为政府提供最佳的资产配置和负债管理方案。例如，基于线性规划或遗传算法，AI 系统可以计算出最优的资产投资组合，最大化收益并最小化风险。这种优化决策能力类似于金融领域的投资组合管理，能够帮助政府在复杂多变的环境中作出明智的决策。自然语言处理（NLP）技术在数据分析与建模中也扮演着重要角色。通过 NLP，可以对大量的文本数据进行自动分析和处理，如财务报告、政策文件、新闻报道等。文本分析技术可以从这些文本中提取有价值的信息，例如，提取关键财务指标、分析政策变化对政府资产负债的影响。情感分析则可以帮助政府了解公众和媒体对其资产管理决策的反馈。数据可视化是数据分析与建模的最后一环。通过先进的数据可视化工具，如 Tableau、Power BI 等，可以将复杂的数据分析结果转化为直观的图表和仪表盘，便于决策者快速理解和分析。实时仪表盘可以展示关键的资产负债指标，如资产总值、负债比率、现金流状况等，帮助决策者实时掌握财务健康状况。交互式报告则允许用户自定义查询和分析，深入探究特定资产或负债的详细信息。

在现代政府资产负债信息智能分析与决策支持系统中，决策支持与风险预警系统是关键的防护机制。通过智能决策支持系统，政府能够依托数据分析和 AI 技术作出更加科学、精准的管理决策。例如，该系统可以结合历史数据和市场预测，生成多种情景分析报告，提供最优的预算分配、投资策略和债务管理方案，确保财政资源的合理使用。风险预警系统则是另一重保障，通过实时监控和分析资产负债数据，及时识别潜在的财务风险。基于 ML 模型，这些系统能够预测未来可能出现的偿债压力或资产贬值风险，并自动发出预警通知。通过决策支持与风险预警系统，政府不仅能够优化资源配置和管理效率，还能够预防和化解财务风险，实现更为稳健和可持续的资产负债信息管理。

17.4.3 构造政府资产负债信息全面政策支持体系

为更好地适应数字技术迅猛发展和不断变化的挑战，需要构建一个全面系统的政策体系。这一体系应包括以下几个方面：第一，确立一套完善的政府资产负债信息数字化政策框架。该框架将为政府部门提供明确的目标和操作指南，囊括了数字化目标、原则、指导方针以及数据安全、隐私保护、信息共享、技术标准等方面的内容。政策框架应该具备灵活性和适应性，能够随着技术和需求的变化进行及时调整和更新。第二，建设数字化基础设施，作为实现政府资产负债信息数字化的基础性工作。这包括建立信息系统、数据中心、网络和通信设施等关键设施。信息系统需要具备高效稳定的数据处理和存储能力，以支持大数据分析和云计算等先进技术应用。同时，数据中心和网络设施需要确保数据的安全性和完整性，实现各级政府部门和不同地区之间的数据互联互通。第三，推动数据高度共享和集成政策的实施。应建立政府各部门和不同级别之间的信息共享机制，并制定和实施数据集成和交换标准。通过这些措施，可以有效避免"信息孤岛"现象，实现政府各部门之间数据的无缝连接和互通，从而提高政府资产负债数据的质量和准确性。第四，注重科学的培训和人才发展。政府需要加大对工作人员的数字化能力和技术培训投入，培训内容应涵盖数字化技术应用、数据管理和分析、信息安全等方面的知识和技能。同时，政府应该积极吸引具有数字化背景和专业技能的人才加入政府会计领域，以推动人才队伍的结构优化和更新换代。第五，建立完备的监督和评估机制。这一机制应包括定期的评估和审查程序，以监督数字化政策的执行情况和效果，并及时发现问题和不足。同时，需要建立独立的评估机构或专门部门，负责对政府资产负债信息数字化的进展和成效进行评估和监督。通过这些措施，政府可以及时发现和解决数字化过程中的问题，确保政府资产负债信息数字化跃迁的顺利推进和可持续发展。

17.5 数字技术赋能政府资产负债信息治理功能提升

随着信息革命的浪潮不断推进，数字技术在政府资产负债信息管理领域的应用已经成为不可逆转的趋势。数字技术的兴起为政府资产负债信息管理提供了强大的工具和平台，推动了其功能的优化。为实现国家治理现代化，对政府资产负债信息的应用需要更加注重数据的质量和实时性，以使决策者能够及时、全面地了解国家的财政状况，更好地制定和调整政策，应对复杂多变的社会经济环境。例如，通过大数据分析，政府能够实时监控资产和负债，及时发现问题并采取措施，从而确保财务管理的高效和透明。这种数字化赋能不仅提升了政府的决策效率，还增强了对政府资产负债信息的治理能力，使政府会计更加适应快速变化的时代需求。

　　数字技术赋能政府资产负债信息治理功能的核心机制中，涉及数据质量、系统协调、社会资源和国家治理能力等多层次、多维度领域的影响。这种影响不仅改变了政府资产负债信息的使用方式，也为国家治理带来了全新的机遇和挑战。数字技术在政府资产负债信息治理功能中的应用不仅是技术手段的革新，更是国家治理体系的全面升级。通过激活信息质量、增强系统融合、加强资源管控和引入智慧模式，数字技术使政府资产负债信息实现了治理功能的跃迁。这一趋势将推动建立更加高效、透明和智能的政府资产负债信息系统和国家治理模式，开辟更加广阔的前景。当然，数字技术赋能政府资产负债信息治理功能所面临的挑战同样不容忽视。为了更好地解决这些问题，需要构建一个综合的实践路径，为政府资产负债信息的数字化转型指明清晰的发展方向。通过这种综合性路径推进，政府资产负债信息可以实现更高质量、高效率的数字化治理功能，从而更好地应对现实挑战，提升资产负债信息治理水平，为国家治理现代化注入新动力。

第 18 章

数智化时代地方政府债务的风险与治理研究*

18.1 地方政府债务的形成原因

2008年全球金融危机爆发后，全球经济增速开始同步放缓，许多国家采取了积极的财政政策和货币政策以应对经济衰退和维护社会稳定，从而使得各经济主体如企业、金融机构、公共部门等的负债持续增长。虽然各级政府高度重视地方政府债务问题，但在政府债务治理过程中仍面临着债务资金使用缺乏监管、隐性债务治理难度较大等问题，尤其是随着经济增速的放缓和城镇化进程的推进，地方政府债务存量风险和增量需求间的矛盾日益加剧，地方政府债务已成为影响我国财政金融稳定与经济可持续发展的重要因素。

在概念界定上，地方政府债务存在广义与狭义之分。2014年修订后的《预算法》正式实施后，地方政府与融资平台的边界进一步厘清，发行地方政府债券成为地方政府举债的唯一合法渠道。因此，狭义的地方政府债务主要指公开发行的地方政府债券。而广义的地方政府债务除了纳入预算管理的地方政府债券，还将地方政府担保及负有救助责任的债务、城投债等隐性债务、社保资金缺口以及应对公共风险的支出等涵盖进来。换言之，地方政府在债券市场上发行的地方政

---

* 本章系国家社会科学基金重点项目"人工智能背景下会计职能转变研究"（20AGL014）的研究成果之一。

府债券成为其举借负债获取资金支持的重要来源,也是当前地方政府债务的主要形式。地方政府债券通常可分为地方政府一般债券和专项债券两类。通过地方政府一般债券所筹集的资金往往用于修建市政设施等;而专项债券是指为了筹集资金建设某专项具体工程而发行的债券。

据统计,2023 年全国共发行新增债券 46571 亿元,其中一般债券 7016 亿元、专项债券 39555 亿元。在地方债到期滚动压力及一揽子化债方案实施的背景下,再融资债发行规模及占比均达到历史最高水平,共发行 4.68 万亿元,较上年同期大幅上升,地方政府在滚动偿还旧债务方面的压力显著增大[①]。其中,贵州、天津、云南等省份发行 1.39 万亿元用于偿还存量债务的特殊再融资债,积极助力地方债务风险化解。分区域看,财政持续承压下,贵州、辽宁、云南等西部及东北地区省份再融资债占比及借新还旧比例较高,在财政偿债方面面临严峻挑战。

对于中国政府部门而言,其债务规模的增加在落实"六稳"和"六保"方面发挥了积极作用,但同时也必须反思一些问题:地方政府债务是怎么形成的?哪些因素驱动了地方政府债务的累积?

从时代背景来看,1994 年分税制改革后,中国地方政府以 50% 左右的财政收入承担了近 85% 的财政支出,这给地方政府带来了巨大的财政压力。尤其随着金融危机的冲击和后疫情时代的到来,中国作为全球经济体系中的关键一员,为应对经济挑战并支持基础设施及其他关键领域的发展,举借债务为地方经济发展提供支持成为地方发展的主要模式。

从理论视角分析,地方政府债务的成因是多元化的。本章从央地财税关系、地方政府的角色定位、举债投资项目的性质以及宏观政策和经济环境的影响四个方面分析地方政府债务的成因,以便更有效地识别债务增长的潜在风险并采取相应的风险管理措施。

从央地财税关系来看,1994 年的分税制改革,标志着中国央地财税体系的根本性重构,此举极大提升了中央政府的宏观调控能力。然而,此改革同样导致了地方政府财权与事权的显著不匹配,从而形成地方政府举债的结构性根源。此外,2001 年国务院印发的《所得税收入分享改革方案》进一步减少了地方政府的直接税收资源,将企业所得税和个人所得税转变为与中央共享的税种,实质上削弱了地方政府的财政自主权。该项改革后,中央政府控制的国家预算收入比例显著高于其支出比重,加剧了地方政府在财力与支出责任间的不匹配。为解决财

---

① 袁海霞等:中国地方政府债券发展分析及展望,https://baijiahao.baidu.com/s?id=1792131814829430866。

政收支缺口，地方政府被迫采取举债融资策略。相关研究还显示，地方财政缺口与中央转移支付之间存在明显的阈值效应，在制度环境较差的省份，中央转移支付的缓解作用受限，导致财政缺口的显著增大，进一步加剧了地方政府的举债压力及相关风险。另外，地方政府的财政自主性受到其收入来源的限制性影响，尤其显著的是对土地出让金这一单一收入来源的依赖。由于经济周期的波动和土地资源的有限性，这种依赖使得地方政府在面临财政收入下降时更易于通过增加债务来弥补财政缺口。这不仅暴露了地方政府在财政收入结构上的脆弱性，也指向了财政管理体制中对均衡、多元化收入来源建设的迫切需求。

从地方政府角色来看，在中国的经济发展中，地方政府作为"发展型政府"起到了关键作用，尤其在土地管理和基础设施建设领域，这一角色显著增强了地方政府举债的动机。地方政府依靠出让土地获得财政收入，并将这些收入进一步投资于基础设施建设，以期提升土地价值和吸引投资。这一战略虽然能够促进经济增长，却往往需要大量的初始投入，驱使地方政府通过借贷来满足资金需求。同时，区域间的竞争和对地方政府官员的政绩考核促使地方政府倾向于投资于大型项目以快速推动经济增长和提高土地流转的效率，这无疑会进一步扩大地方政府的债务规模。地方政府官员的考核与晋升机制密切关联其管辖区域的经济表现，这种机制在一定程度上驱动了官员倾向于通过举债投资于快速带动经济增长的项目。这种以经济增长为导向的考核机制虽然在短期内能够实现地区经济的快速发展，但也容易导致投资决策的短视和过度举债，增加长期财政风险。在这一过程中，土地资源的出让、基础设施的建设和房地产开发紧密相连，形成了一个循环体系，其中债务发挥了关键的杠杆作用，并且财政透明度和地方政府的管理能力对于有效控制债务风险至关重要。不透明的财政信息和不足的管理能力可能导致债务风险被低估，使得地方政府在作出举债决策时缺乏足够的风险意识和预判能力。

从举债投资项目来看，基础设施项目的融资方式与其自身特性之间的期限错配和收益成本错配，显著提高了地方政府的偿债负担。地方政府在这类项目上的投资不仅需要巨额的初始资金，还面临长期的建设周期和延后的收益回报期，而项目的直接经济回报却往往较为有限。为了获得间接的经济效益，如通过土地增值获得的出让收入来弥补投资成本，地方政府必须依赖于更长的回报期。但是，地方政府遇到的融资期限普遍偏短，尤其是在2014年新《预算法》施行前后，尽管地方政府债务的发行期限有所增加，但大多数债券的期限仍然集中在3-7年，这与基础设施项目所需的长期资金和延迟回报期存在显著的不匹配，因而加重了地方政府的短期偿债压力。除此之外，地方政府融资平台在金融市场上融资的能力不断增强，这种市场化融资的发展虽然间接提高了地方政府发展资金的可获得性，但同时也使地方政府更容易受到市场波动的影响，增加了地方债务管理的复杂性和风险性。

从政策环境和经济环境来看，地方政府债务风险的上升不仅受内部财政管理和结构性因素的影响，外部政策环境和经济变动也发挥着关键作用。面对全球经济的各项挑战，如减税降费政策、房地产市场的调整等，地方政府的财政平衡承受了巨大压力。为激励经济增长和减轻企业压力，中央和地方政府采取的减税降费措施虽有其正面意义，却同时削弱了地方政府的财政收入来源。同时，房地产市场调控导致的土地出让收入减少，进一步限制了地方政府补足财政缺口的能力，2023年上半年全国政府性基金预算收入同比下降，凸显了地方政府在应对财政挑战方面所面临的困境。并且随着社会经济的发展和居民生活水平的提高，对公共服务和基础设施的需求持续增长。地方政府为了满足这些需求，往往需要大量的资金投入，而在财政收入有限的情况下，举债成为其主要的资金来源之一。这种为了追求社会发展和民众福祉而产生的举债行为，虽然在一定程度上是必要的，但过度负债仍会带来财政持续性的挑战。

18.2 地方政府债务的潜在风险与治理框架

18.2.1 地方政府债务的潜在风险

截至2023年12月末，全国地方政府债务余额407373亿元，其中，一般债务158688亿元，专项债务248685亿元；政府债券405711亿元，非政府债券形式存量政府债务1662亿元[①]。2023年中国各地区债券发行规模如图18-1所示。

地方政府的过度举债不仅危及其信用等级，增加未来的融资成本，而且有可能对整体金融稳定造成负面影响（Demirci等，2019）。虽然在宏观层面我国的地方政府债务风险总体可控，但部分地区面临的偿债压力不容忽视，存在显著的违约风险，尤其是在城投债等隐性债务方面（Croce等，2019）。过度的地方政府负债虽可在短期内刺激经济增长，通过资本投资促进基础设施和公共服务的改善，但长期而言，这种做法会对财政可持续性构成重大负担。高债务水平下的持续偿

---

① 关于2023年中央和地方预算执行情况与2024年中央和地方预算草案的报告 https://www.gov.cn/yaowen/liebiao/202403/content_6939289.htm。

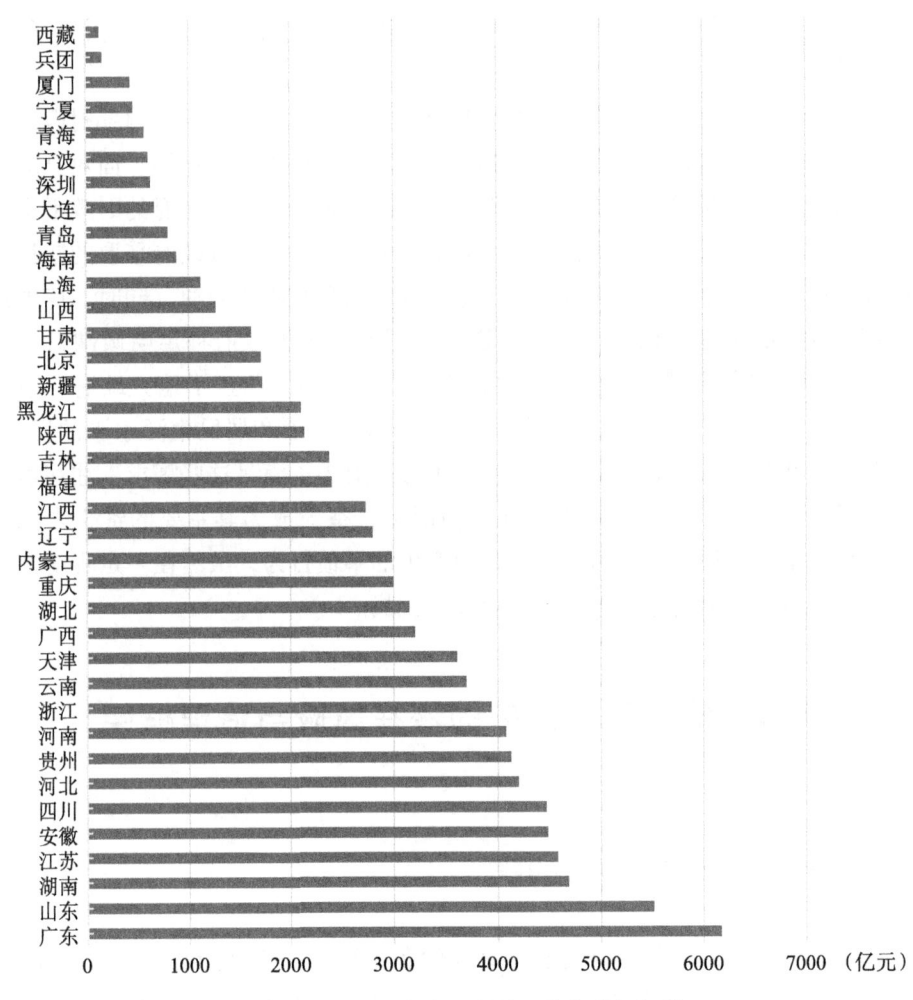

图18-1 2023年中国各地区债券发行规模

债需求，可能导致公共资源的过度消耗，抑制未来的经济发展潜力。尽管预算法明确地方政府不得为任何机构提供担保，但市场对地方政府信用的依赖性，即"刚兑信仰"仍旧存在。这种过度的信任如果遭遇城投债违约或刚性兑付的破灭，将直接损害地方政府的信誉，从而提高其未来融资的难度与成本。此外，地方债务的系统性风险可能通过金融机构的投资链条影响到整个区域的金融系统稳定。

地方政府的高债务率及隐性债务的大量占比，不仅阻碍经济高质量发展，也引致经济波动性加剧。相关研究表明，地方政府债务对经济增长的影响呈现出明显的非线性特征：在债务率较低阶段，债务的增加能促进经济增长；而当地方政府债务率超过某一阈值后，其对经济增长的促进作用明显减弱，甚至转变为抑制作用。地方政府过度举债增加了财政系统的风险，特别是当债务水平超出财政收入承受能力时，偿债能力将下降，甚至可能触发财政危机。此外，债务积累还可能限制地方政府在经济下行期对于经济衰退的应对能力，加剧经济波动的影响。地方政府的高债务负担限制了其在关键领域和创新活动上的投资能力，对民间投资产生了挤出效应，影响资本的有效配置和经济的长期健康发展（Liang 等，2017）。同时，地方政府债务还可能引发房地产市场与公共投资之间的正反馈，进一步放大经济的波动性。

地方政府通过盘活存量资产来化解债务，可能导致公共资源的流失和民生服务质量的下降。为应对还债压力，地方政府可能采取出售或抵押优质资产的措施，这不仅可能损害公共利益，还可能影响到基础公共服务的提供，如教育和医疗保健。在财政压力下，地方政府可能寻求增加土地出让和加强税收征管来增加收入，但这种做法可能会加重企业和居民的负担，恶化营商环境。过度依赖债务融资的地方政府可能面临投资决策失误和资源分配不当的风险。在追求短期经济增长指标的压力下，地方政府可能倾向于投资大型基础设施项目，忽视项目的实际经济效益和社会回报，从而导致投资效率的下降。在极端情况下，一些地方政府可能采取非常规措施，如拍卖公共设施的经营权，这虽能暂时缓解财政压力，但可能对社会信任和公共资源的有效利用产生长期负面影响。

另外，地方政府的过度负债不仅影响财政稳定，还可能对金融体系稳定性构成威胁。特别是当地方政府通过非透明的融资渠道融资时，其潜在的违约风险可能会给金融市场带来不确定性，影响金融机构的稳定和信用体系的健康。随着偿债成本的增加，地方政府在教育、医疗卫生和社会保障等公共服务领域的支出可能会受到挤压，影响到基本公共服务的质量和覆盖面。长期而言，这会损害社会福利，影响民众生活质量。

18.2.2 地方政府债务的治理框架

近年来，地方政府债务增速一直保持较高水平。2023 年地方债新增限额达 4.52 万亿元（见图 18-2）。其中，专项债 3.8 万亿元，较上年小幅增加 0.15 万亿元，但与上年实际发行的 4.03 万亿元相比力度有所收缩①。在发行节奏方面，政策靠前发力，一季度地方债发行规模创历史新高，二季度有所放缓，三季度以

---

① 解读：增发万亿国债 + 提前下达 2024 地方债限额，https：//finance.sina.com.cn/wm/2023 - 10 - 26/doc - imzsktuu6509679.shtml。

来地方债发行提速。发行规模方面,在经济下行压力较大、地方债到期高峰来临以及一揽子化债方案实施的背景下,2023年共发行地方债9.34万亿元,同比增长26.74%,发行规模再创历史新高。截至2023年年末,地方债存量规模已突破40万亿元①。这既凸显了地方政府面临的融资需求,也暴露了潜在偿债压力和财政风险。

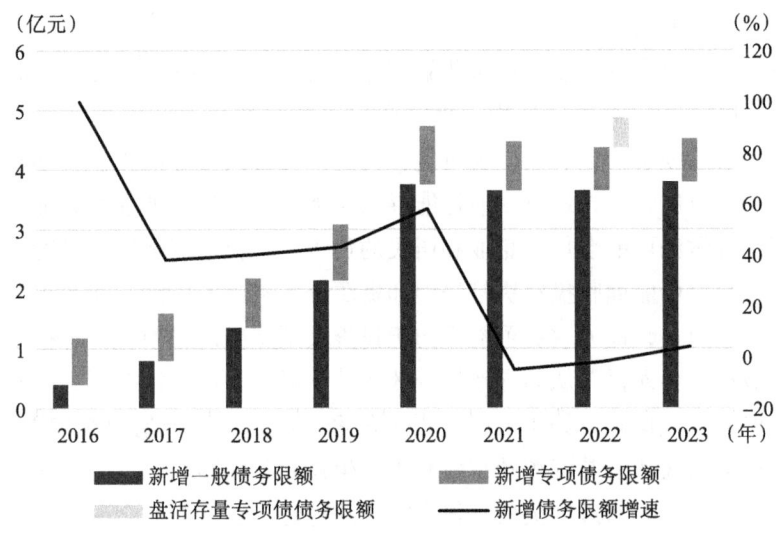

图18-2　2016—2023年我国地方债新增限额

地方政府在推动经济增长和基础设施建设等领域的积极举债行为,虽短期内可能促进地方经济发展,但长期看可能会导致财政负担过重,增加财政风险。此外,地方政府在债务管理上可能存在过度依赖债务融资、缺乏有效风险控制机制等问题,这需要通过加强债务管理和优化债务结构等措施进行解决,以提高财政的可持续性。同时,国家层面的监管和政策引导,如提前发行地方债以平滑财政收支、实施一揽子化债方案等,对于缓解偿债压力、保障经济平稳健康发展至关重要。因此,需要一个科学合理的治理框架以实施更为规范有效的财政管理和债务治理策略,从而应对未来潜在的财政风险。为此,本章从地方政府债务顶层设计与安排、法律法规对地方政府的监管两方面出发,梳理地方政府债务治理的框架。

---

①　稳步扩容规模创新高　需更加注重"质""量"平衡——2023年中国地方政府债券发展分析及展望,https://finance.sina.com.cn/money/bond/market/2024-02-08/doc-inahiiwk4456092.shtml。

(1) 国家顶层设计对地方政府债务的监管与安排

在面对地方政府债务风险时,国家顶层设计起着至关重要的作用,其目标在于通过全面的策略来缓解债务风险并增强地方政府的偿还能力。

首先,国家顶层设计着重于赋予地方政府主导角色,探索包括债券展期和置换在内的多元化债务管理策略,旨在主动预防短期债务违约风险。对于债务负担较重及面临显著偿债压力的地方政府,中央政府坚持"各负其责"的原则,鼓励采取债务展期或置换等方式自行解决债务问题。同时,省级政府在化解隐性债务问题上承担起核心责任,有效防止地方政府债务风险扩散。

其次,为提升地方政府的偿债能力,国家推动地方政府在扩大高效投资的同时削减无效及低效支出。这包括对停滞或低效资产进行激活和转型以增加收入,以及严格控制常规性支出以降低开支。国家特别强调合理利用新增的专项债务资金,促进高效投资,同时通过对在建项目的科学评估和分类管理,优化资源配置,抑制无序借债。

再次,国家顶层设计倡议地方政府角色由传统的发展型向服务型转变。这涉及减少地方政府在经济发展中的直接干预,更多依赖市场机制分配资源,同时加强政府在宏观调控、市场监管和营造良好营商环境等方面的职能。通过调整中央与地方之间的税收分配和支出责任,合理增加地方政府的财政资源并适当调整中央和地方的职责划分,以实现地方政府财政收支责任与其行政职责的均衡。

最后,创新中央对地方政府的监督和绩效考核机制,规范地方政府借债行为。包括开展全面的地方政府债务审计,建立一套量化的债务风险评估指标体系,并加强对地方政府债务资金使用和项目建设情况的实时监管。同时,优化地方政府绩效考核机制,引导形成科学的发展观和正确的政绩观。

(2) 法律法规层面对地方政府债务的监管

在数智化时代的背景下,地方政府债务治理不仅依赖于国家顶层设计和政策引导,更需在法律法规层面得到严格的规范与监督。法律法规的完善构成了地方政府债务监管有效性的基石。

首先,制定地方政府债务管理专项法律,对债务的定义、统计范围及管理职责进行明确。法律中应细化包含直接偿还责任的显性债务以及最终需由政府偿还的隐性债务,确保能全面、精确掌握地方政府的债务总量和具体状况,从而为债务风险评估及控制提供坚实的法律支撑,确保地方政府债务的透明性、合法性和可持续性。例如,预算法和《地方政府债券发行管理办法》等明确了地方政府债务的法定范围、债务限额制度以及债务管理的基本原则。

其次，进一步加强法治建设，细化债务信息披露要求，确保债务的借贷与使用过程受到严格规范。通过法律明确政府债务决策过程中的监督与控制机制，特别是增强地方人大对债务管理的审议与批准职能，确保地方政府的债务增长受到民主监督与法律限制，防止地方政府债务过度增长，降低财政风险，保护国家经济和金融安全，进而建立和完善政府债务信息公开机制。债务信息的透明化是预防和控制地方政府债务风险的关键。立法要求地方政府定期公布债务信息，保障公众对政府债务借贷、使用及偿还情况的知情权和监督权，从而提升债务管理的透明度和公信力。

最后，明确地方政府及其负责人在债务管理上的法律责任，并建立完善的事后问责机制。对于违反债务管理规定的行为，法律应规定明确的责任追究和问责机制，以此作为防范过度举债、规范债务管理行为的有效手段。

18.3 数智化时代地方政府债务风险的治理路径

2021年12月，国务院发布的《"十四五"数字经济发展规划》提出，到2025年，数字经济迈向全面扩展期，数字化创新引领发展能力大幅提升，智能化水平明显增强，数字技术与实体经济融合取得显著成效，数字经济治理体系更加完善。同时，《"十四五"数字经济发展规划》从加强数字经济统计监测、重大问题研判和风险预警、构建数字服务监管体系三个方面规划设计了数字经济能力提升工程，并提出探索大数据、人工智能、区块链等数字技术在监管领域的应用。

强化大数据监测分析、提升政府治理及其经济调节的数字化水平，是中国式政府管理现代化的重要体现，并且各地区利用数智化技术管理财政和债务的实践日渐增多，例如，杭州市利用其"城市大脑"项目，采集并分析来自多个部门和渠道的大量财政数据，对债务结构进行深入分析。通过建立一个综合的数据平台，杭州市能够实时监控其财政状况和债务结构，包括债务的种类、期限、成本和分布等信息。这种大数据分析能够帮助杭州市识别债务集中度过高或成本异常的领域，从而优化其债务组合，降低财政风险，提高资金使用效率。深圳市通过建立财政风险预测模型，集成人工智能算法来分析和预测债务风险。该模型基于历史财政数据、经济指标和市场情况，使用机器学习算法识别债务违约的潜在风险因素，并预测未来的债务风险水平。此外，深圳市还利用AI技术进行动态债务评级，识别债务违约的潜在风险因素，及时调整财政策略和债务结构，预测未来的债务风险水平，有效防范和管理债务风险。广州市探索使用区块链技术来管理地方政府债券的发行和交易，提高财政透明度和效率。通过构建一个基于区块链的债券发行和交易平台，所有交易记录都在区块链上实时记录和验证，确保信息的真实性和不可篡改性。这不仅增加了债券市场的透明度，也减少了交易成本和时间，提高了财政资金的流动性。同时，区块链平台还提供了一个透明的财政监督和审计机制，增强了公众对地方政府财政活动的信任。地方政府债务管理是政府管理的重要组成部分，如图18-3所示。地方政府通过构建集成的债务信息系统、应用数智化技术如区块链等，能够增强透明度和信任、实施绩效管理及促进监管协同，有效优化财政与债务管理，不仅提高了决策效率和风险控制能力，还增强了公共资金的使用价值，推动了财政管理现代化进程。运用数字技术应对地方政府债务管理及其风险防范，是中国式政府管理现代化发展的必然要求，也是防范化解债务风险、推进地方财政金融可持续发展的重要手段。

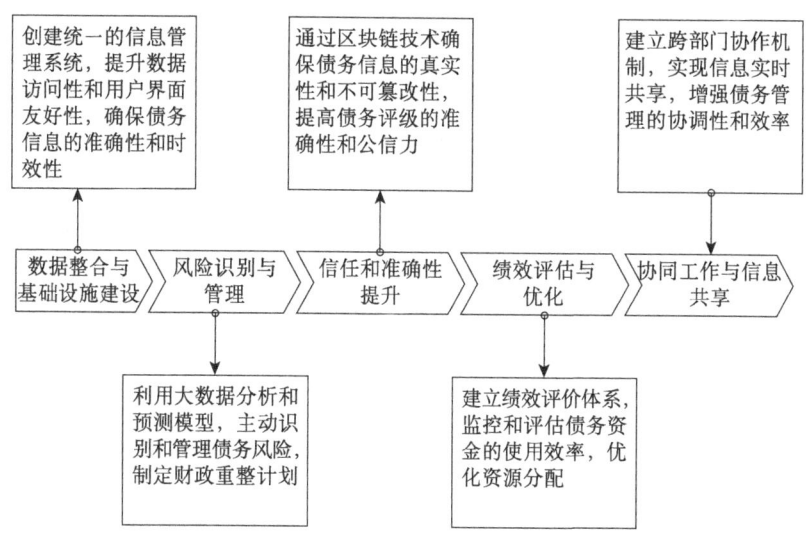

图18-3 数智化技术在地方政府债务中的系统应用

技术革新，尤其是大数据、云计算、区块链等数智化技术的发展，已经为地方政府债务的风险管理和治理开辟了全新的路径。在数智化时代的背景下，如何有效管理地方政府不断增长的债务规模，成为一个亟待解决的重大议题。面对地方政府举债所引发的风险与挑战，数智化技术提供了创新的解决方案，不仅能提高债务管理的效率，还能加强风险的预警与控制能力。本章将系统性地提出数智化时代下地方政府债务治理的有效路径。

18.3.1 基础建设：构建和完善地方政府债务信息一体化系统

构建和完善地方政府债务信息一体化系统旨在通过提高债务管理的全面性和动态性，优化从债务的发行、使用到偿还的整个管理流程。该系统利用大数据、云计算和区块链等前沿技术，确保债务数据的实时更新和高度准确性，实现债务管理的高效性和规范性。这种技术整合不仅提升了债务信息的真实性、完整性和透明度，还为地方政府提供了一个强大的、可靠的债务监控和分析工具。

首先，该一体化系统将包括若干关键模块，包括但不限于法规制度体系、债务信用评级体系、债务发行和使用监控、绩效评价机制、债务偿还及其能力评估、债务监管及效能评估、财政重整计划以及数字安全保护体系。这些模块的综合运用旨在为地方政府打造一个全方位、多维度的债务管理和风险控制平台，助力地方政府在债务管理上作出更加科学和合理的决策。其次，在系统中，债务信息的实时性和透明性成为核心特点，通过与大数据和人工智能技术的融合，能够在系统中实施动态的债务风险评估和预警。这不仅有助于及时发现和应对债务管理中的风险和问题，也为政府提供了决策支持。此外，地方债务信息一体化系统还特别设计了对审计监督和应急处理的支持功能，确保系统内的数据和信息对监管部门和公众开放。这种信息的可访问性和透明度，极大增强了地方政府债务管理的公开性和公众的监督能力，有效提升了地方政府债务管理的质量和公信力。通过这种系统的构建和完善，可以有效地提升地方政府债务管理的效率与透明度，构建更加健康和可持续的财政环境。

18.3.2 风险管理：加强基于数智化的财政重整计划体系建设

面对地方政府债务问题，数智化技术已成为创新且有效的解决方案。利用大数据、云计算、区块链等先进技术，为地方政府债务管理提供了新视角和工具，这些技术的应用构建了一个更高效、透明、可靠的财政重整计划体系，关键在于驱动一个基于人工智能的动态债务管理和预警系统，如图 18 - 4 所示。该系统技术框架包含数据层、分析层、决策支持层和应用层四个关键部分，确保了管理的全面性和高效性。在数据层，通过数据采集系统从财政收支、市场动态到宏观经济各个方面收集多维度数据，而后通过云存储平台进行安全和高效的数据存储。分析层的核心是分析处理引擎，该引擎应用 AI 算法深度挖掘数据中的价值，有效识别财政风险并优化债务结构。决策支持层通过将复杂的数据分析结果转化为直观的决策支持信息，辅助政府决策者作出更加科学和迅速的决策。在应用层，系统通过用户交互界面、监控与报警系统以及系统管理与维护模块，为用户提供友好的操作体验、实时的风险预警和系统的稳定运行保障。从多维度数据的收集、安全存储到 AI 驱动的风险分析和优化，再到实时的决策支持和用户交互，整套框架旨在提供全面的债务管理解决方案，提升财政管理效率和预见性。

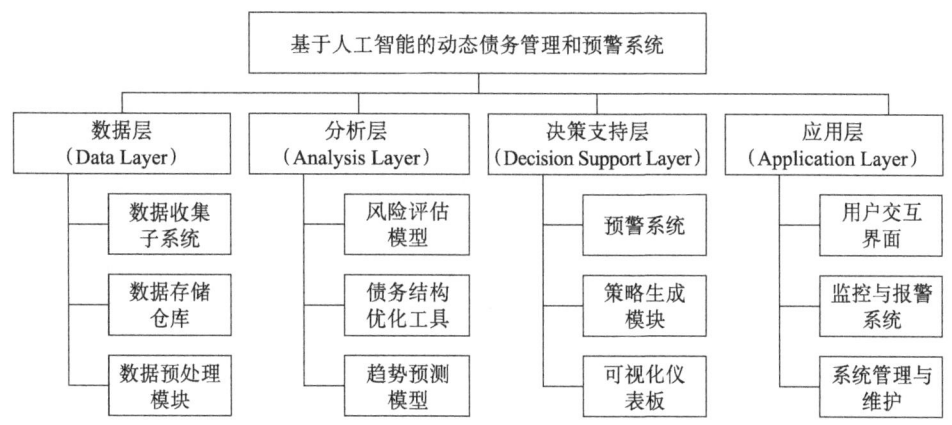

图 18-4　基于人工智能的动态债务管理和预警系统

进一步地，通过数智化技术建立的财政重整计划体系，综合考虑筹资、债权保护和投资效益提升需求。通过财税策略和金融创新工具，如基础设施投资银行，不仅可以筹集偿债资金，同时还可以保障债权人权益，优化投资回报。财政重整计划依托数智化技术如区块链和云计算，优化制定过程，实现计划的高效执行和显著成效，同时强化债务监控和风险预警，构建持续的风险应对机制。有效性体现在"开源"和"节流"的双轨策略，即通过促进经济增长增加收入和优化支出结构减少不必要支出，利用投资驱动经济活力，增强偿债能力。此外，利用数智化技术全面评估地方经济和债务状况，通过区块链技术实现财政重整计划信息的集成管理和透明化，确保债务风险的准确控制和快速责任定位，对不当债务管理行为形成制约。

18.3.3　信任提升：应用区块链技术提升地方政府债务评级准确性

随着金融科技的不断进步，传统的债务管理方式正面临着变革。区块链技术以其独特的去中心化、透明性、不可篡改性等特点，为提升地方政府债务评级的准确性与可靠性提供了新的可能性。

首先，区块链技术的引入为地方政府债务评级流程带来了根本性的变革。作为一个分布式账本技术，区块链通过其独特的时间戳和加密算法确保了数据的不变性和真实性。这种不可篡改性不仅保障了交易记录和债务信息的完整性，也为债务评级过程提供了一个坚实且可信的数据基础，实现了数据透明性和可追溯性的大幅提升。其次，通过区块链技术的应用，可以有效地整合地方政府的税收、融资活动、政府性基金收入及专项收入等关键财政数据，构建一个全方位、透明而安全的债务信息管理系统（史亚荣等，2023）。这种分布式账簿的机制不仅确保了数据的独立性和一致性，而且提高了整体数据管理的效率和安全水平。再次，面对地方政府债务规模的不断扩张以及某些地区偿债能力的潜在挑战，区块链技术的引入显得尤其关键。通过对地方政府的财务状况、债务负担及偿债能力进行深入的分析和评估，区块链提供的透明且不可篡改的数据大幅增强了债务评级的精确度和信赖度。最后，数智化政府会计与审计功能在这一进程中扮演了关键角色。将数智化技术整合到政府会计和审计工作中，不仅极大地提高了债务管理的科学性和实效性，而且通过提供真实和可靠的债务数据，为政策制定者和管理者提供了强有力的决策支持。这不仅有助于优化地方政府的债务结构，还保障了财政的长期健康和经济的稳定增长。

18.3.4 效能增强：实施全面的地方政府债务预算绩效管理

在当今经济环境下，地方政府面临着日益增长的财政压力和债务管理挑战。为了应对这些挑战，提升债务资金使用的效率和透明度成为了关键需求。实施全面的债务预算绩效管理，利用数智化技术优化债务管理过程，不仅可以增强地方政府的财政健康，还能确保公共资源的有效利用。

首先，借助于数智化技术的支撑，地方政府应全面实施债务预算绩效管理，以确保债务资金的高效利用（洪源等，2024）。这一过程包括在预算制定阶段明确设立绩效目标，预算执行过程中对执行进度和绩效进行实时监控，并在债务结算阶段对资金使用效率进行科学评估，确保评估结果能够有效反馈并用于优化管理策略。其次，通过融合先进的数字技术，如大数据分析和云计算，地方政府能够在债务管理的全流程中纳入绩效管理，实现从预算制定、执行监控到决算评估的全链条绩效管理。这不仅显著提升了债务资金的使用效率，而且增强了预算绩效管理的整体性和前瞻性。再次，借助区块链和人工智能等数智化技术，地方政府可以将绩效管理与国家反腐败治理体系相结合，加强对债务管理的监督和审计工作。实时数据监控与分析有助于及时发现并遏制潜在的腐败行为，尤其是在专项债务项目的立项和资金使用环节,有效防范贪污腐败,确保债务资金的规范和透明运用。最后,加强立法和监管机构,包括人民代表大会、财政部门和审计机构在债务预算绩效管理中的作用,确保在法律和政策框架的支持下进行债务管理,从而进一步提升债务资金的使用效率和管理绩效。通过这些措施,可以构建一个全面的现代化政府债务管理体系,为地方政府债务的科学和规范化管理打下坚实基础。

18.3.5 协同提升:促进地方政府债务监管协同与信息共享

随着数字技术的快速发展和广泛应用,地方政府债务管理正处于重要的转型时期。特别是在促进监管协同与信息共享方面,数智化技术展现出巨大的潜力和优势。从跨部门的协作到实时数据共享,再到提升决策效率,数字化手段为地方政府提供了解决长久以来债务管理难题的新路径。

首先,自2016年以来,我国在县级以上的地方政府中成功建立了债务管理领导小组,这一举措在加强地方政府债务管理中发挥了至关重要的作用[①]。通过集合财政、发改、审计等关键部门的力量,这些领导小组成为促进多部门协作、提升债务管理效率和风险应对能力的重要平台。其次,为了进一步提升监管效能并实现债务管理的优化,积极推广先进的数字技术运用,尤其是大数据、云计算和区块链技术,显得尤为关键。这些技术的应用有助于突破传统信息孤岛,实现监管部门间的实时信息共享,从而在债务管理领导小组的统筹下,提供及时、准确的数据支持,为高效决策提供强有力的信息基础。再次,构建一个智能的决策支持系统显得尤为必要。该系统应整合财政、债务和经济发展的相关数据,通过实时分析和建议,辅助政府制定更加合理和高效的债务管理决策。此外,利用数智化技术进行政策模拟,评估不同债务管理策略的长期影响,可以为选择最优的债务管理路径提供科学依据。最后,数智化政府会计与审计功能在优化债务管理过程中发挥了关键作用。通过数智化技术的支持,不仅极大提升了地方政府债务信息管理的透明度和操作效率,还赋能政府审计工作,使其更加精确和有效。这些技术的广泛应用标志着地方政府债务管理向着更开放、透明和高效的现代化治理模式迈进,为实现财政的持续健康和地方经济的稳定发展提供了坚实支撑。通过上述措施的实施,地方政府债务管理将能够实现更高的效率和透

---

① 国务院办公厅关于印发地方政府性债务风险应急处置预案的通知,https://www.gov.cn/gongbao/content/2016/content_5139835.htm?location=35。

明度，为地方经济的稳定增长提供坚实的财政支撑，同时增强公众对政府财政健康的信心。

18.4 数智化时代政府资产负债信息与地方债务风险治理

地方政府债务属于政府会计研究中的一项关键要素，同时也是政府资产负债核算与报告中的一项重要内容。周曙光和陈志斌（2021）、姜宏青和孙西茹（2023）认为，以应计制逻辑完善政府资产预算，可以实现财政预算实施及资源的有效调配，防范化解地方政府债务风险。王汇华（2020）认为，增强财政透明度与政府会计信息披露质量，能够显著促进经济发展，抑制地区经济风险。王芳等（2020）、李子联和刘丹（2022）认为建立政府会计标准体系、制定政府会计信息披露指引、加强政府会计信息披露管制，可以规范地方政府会计信息披露行为，防范地方政府债务风险。因此，政府资产负债的核算与报告能够在一定程度上提升财政透明度、规范当地政府信息披露行为，从而对地方政府的发债行为进行更为有效的监督与管理，实现地方政府债务的治理、化解地方政府债务风险。

在数智化时代，由于人工智能和大数据技术的应用与推广，必然推动政府会计功能的应用维度不断拓展，对于地方政府债务风险的治理也会有更为高效的方式及手段。

首先，数智技术能够应用于各层级地方政府举债流程，通过对各类地方政府债务数据的收集、筛选、监测和诊断，以更为精确的政府资产负债信息影响地方政府公信力以及次生和衍生经济后果。地方政府债务分为显性债务与隐性债务两类。显性债务主要包括新增债券和再融资债券两类，具有正式与明确的发文，数据清晰，易于分类、统计和分析，也易于计量与确认。隐性债务是指地方政府在法定政府举债额度外，承诺以地方政府财政预算资金提供担保等方式额外向出借方举借的债务，主要包括国有企事业单位等替政府举借、由政府提供担保或财政资金支持偿还的债务等。

其次，嵌入数智化的政府会计估值功能能够识别政府各类举债可能产生的风险并依据各层级地方政府所处地理位置、人口与环境因素、经济社会发展状况等设定，或根据特定的举债风险模型对各类地方政府显性债务风险与隐性债务风险进行赋值，科学确立各类地方政府举债风险级次。合理评估和界定各类地方政府举债风险区间与等级，智能模拟出降低风险的策略与方法，并密切对接化解债务风险的路径与债务偿还机制，将已评定或预知的各类债务风险控制在可接受的范围内，切实有效防范各类地方政府债务风险。

最后，积极发挥嵌入数智技术的政府会计契约功能，能够增强对各类政府举债建设的公共项目的管理效能。如在公共基础设施项目建设过程中，智能政府会计契约功能可以将项目资金募集计划与需求、债务归还期限与本息、项目收益与综合收益等因素纳入系统，依据不同类型举债合同与契约，自行区分轻重缓急。利用财政预算拨款和不同公共项目资金收益等综合收入，地方政府可以智能计算与筹划还款资金的来源，自行设计偿还本息的程序与步骤，智能模拟并构造资金募集、债务偿还与综合收益分配模型；针对各类地方政府举债风险，运用不同分散与转移方式，确保如期偿还债务本息。如果地方政府未能精确预期，不能如期举债或偿债，出现举债过度或举债不足的情况，智能政府会计契约功能可以转移和分散地方政府债务风险，避免各层级地方政府信用与信誉受到影响，维护政府公信力。

（本章部分内容发表于《会计与经济研究》2023年第4期）

第 19 章

政府财务信息公开对地方政府债券定价的影响研究[*]

19.1 政府财务信息公开是否影响地方政府债券定价

政府财务信息公开是实现公民知情权的重要举措,是地方政府债券市场化的重要保障。已有研究发现,建立强制性会计信息披露制度能够缓解地方政府与投资者之间的信息不对称,有助于地方政府以更低的成本进行融资、提升债券评级(Cuny,2016;潘俊等,2016),在保护投资者的同时维护市场健康和良性运转,助力债券市场可持续发展。现阶段,政府财务信息公开在政府会计改革不断推进的背景下得到了更多的关注。虽然中央高度重视地方政府债券信息公开,但实际执行过程中还存在多方面问题,不能起到有效传递发行人信用风险信息、指导投资者进行正确投资决策的作用,有待进一步规范和完善。基于此,分析政府财务信息公开影响地方政府债券定价的路径,对于缓解委托代理问题、规范地方政府债券定价以及推动完善政府财务报告审计与公开制度具有一定的理论意义与参考价值。

政府财务信息公开是政府和企业、社会公众等利益相关者之间沟通的桥梁,是公众了解政府财务运行情况的主要途径。作为一种公共物品,政府财务信息是

---

[*] 本章系国家社会科学基金一般项目"政府财务信息披露质量与地方官员晋升激励机制研究"(18BJY020)的研究成果之一。

第 19 章　政府财务信息公开对地方政府债券定价的影响研究

利益相关者实现知情权、履行责任与义务、监督与评价政府受托责任履行的重要信息来源，能够反映政府财务状况、经济运行效率和财政管理情况，对于提高优化政府成本绩效、改善营商环境、指引企业投资等都具有重要的意义。本章从政府财务信息公开角度着手，探讨其对地方政府债券发行定价的影响，并结合我国特色制度情境，研究财政分权程度、市场信息环境等对两者关系的影响，进一步研究承销商这一信息中介在其中发挥的作用，以期对推动政府会计改革、规范地方政府债券定价、加强债券信息公开与监管提供建议。

19.2　政府财务信息公开与地方政府债券定价的制度背景和文献综述

19.2.1　制度背景

2009 年，《国务院关于安排发行 2009 年地方政府债券的报告》拉开了我国地方政府债券发行的帷幕。2014 年，《国务院关于加强地方政府性债务管理的意见》指出，要建立规范的地方政府举债融资机制，强调加强地方政府性债务管理的重要性。2014 年修正的《中华人民共和国预算法》规定，地方政府只能在国务院限额内通过发行地方政府债券的方式举借债务。地方政府债券一般由省级政府（含计划单列市）发行，是指地方政府在履行提供公共产品与服务、进行公共事务管理等责任和职能的过程中，面临资金短缺、财政缺口等难题时，以满足交通、教育、通讯和医疗等公益性项目建设的资金需求，向社会公众及投资机构等定向或非定向发行的一种特殊债券。按照相应资金的用途及偿债资金的来源，可以将其划分为一般债券和专项债券，有纳入政府预算、实现税收减免、安全稳定等特征，节省的利息来自政府信用。此后，地方政府债券开始呈"井喷式"发展，成为债券市场的重要组成部分。地方政府债券定价须与市场紧密结合，财政部明确提出地方财政部门不得在地方政府债券发行中通过"指导投标""商定利率"等方式干预其发行定价①，并要求"其及所属部门不得为任何单位和个人的债务以任何方式提供担保"，做到既要开好前门，也要堵住后门。

---

① 财政部：不得通过指导投标干预地方债发行定价，https://baijiahao.baidu.com/s?id=15999521125259 10323&wfr=spider&for=pc。

截至 2023 年 12 月，以地方政府债券形式存在的地方政府存量债务达到 407373 亿元[①]，在交通基础设施、市政、产业园、土地储备等领域实现了金融资本支持实体经济建设的创造性转化，为地方未来发展打下了坚实的基础设施根基，逐渐成为影响我国财政金融稳定与经济健康发展的重要因素。基于"战略机遇"与"风险挑战"并存的新阶段，党的二十大提出，防范金融风险还须解决许多重大问题。要加快建立同高质量发展相适应的政府债务管理机制，在高质量发展中逐步化解地方债务风险[②]，既要解决债务问题，又要持续发挥债务效应。因此，关注地方政府债券发行定价的影响因素显得尤为重要，对降低地方政府债务融资成本、规范地方政府债券发行定价与防范金融风险具有深远意义。

19.2.2 文献综述

（1）关于地方政府债券定价影响因素的研究

地方政府或其代理机构通过发行债券的方式募集资金、开展基础设施建设是各国的普遍做法，与国债"金边债券"相区别，地方政府债券则称为"银边债券"（高正平，2001；王国刚和杨涛，2012），我国地方债实现了从"代发代还"到"自发自还"的跨越，地方政府发债在遵循市场规则的同时要履行公共责任应对风险，具有公共属性与民事属性（刘尚希和蒋毅，2021）。

由于我国 2015 年以前地方政府举债融资制度体系尚未完善，学术界主要基于地方政府投融资平台的债务视角出发，研究重点以城投债为主，侧重于探讨信息披露（谢璐和韩文龙，2017），财政分权（肖鹏和刘炳辰，2017），政府隐性担保（Chen 和 Wang，2015；汪莉和陈诗一，2015；罗荣华和刘劲劲，2016；王博森和吕元稹，2016），隐性债务（刘晓蕾等，2021），官员晋升压力（曹婧等，2019），"营改增"、新城建设、"文明城市"评选等政策（苏航等，2019；彭冲和陆铭，2019；王磊和王兰兰，2022）因素对城投债信用利差或规模的影响，进一步研究了城投债带来的经济反应，包括影响国债收益率、地方经济增长、地区产能过剩（牛霖琳等，2016；杨云，2019；李富有和王运良，2020）等方面。

2014 年修正的《中华人民共和国预算法》拉开了地方政府债券的序幕，融资平台从政府职能中被剥离并开始市场化转型，我国地方政府债券市场逐步确立和发展完善，我国地方政府债券定价的理论和实证研究开始涌现。结合国外成熟

---

① 财政部：2023 年 12 月地方政府债券发行和债务余额情况，https://yss.mof.gov.cn/zhuantilanmu/dfzgl/sjtj/202401/t20240130_3927707.htm。

② 中国政府网：持续化解地方债务风险，https://www.gov.cn/zhengce/202403/content_6935721.htm。

第 19 章 政府财务信息公开对地方政府债券定价的影响研究

发展的市政债的相关研究，总结现有研究可以发现地方政府债券的影响因素主要可以划分为债券特征、区域异质性、政府信用等方面。

债券特征主要包括债券规模与发行期限（Levi 等，1976；Hopewell 和 Kaufman，1978；Chalmers，1998；王敏和方铸，2018；金洪飞等，2019）、发行方式（Simonsen 和 Robbins，1998；Kriz，2003；刘天保等，2017；刘穷志和刘夏波，2017）、发行机制（宫汝凯和王治国，2019）等与地方政府债券定价的关系。区域经济水平和地区政策改变与定价有直接关联，存在典型的不平衡性，如东中西部区域差异（汪莉和陈诗一，2015）。研究发现，地方经济发展水平（Loviscek 和 Crowley，1990；Cantor 和 Packer，1996；吴洎和俞乔，2017）、消费价格指数（罗荣华和刘劲劲，2016；张汉飞，2013）、股票市场收益率（Goyal 和 Santa - Clara，2003；郑振龙和陈志英，2011）、金融市场化水平（金洪飞等，2019）、土地财政（张曾莲和严秋斯，2018）、货币政策（潘俊等，2019）等反映区域发展的因素，均会影响债券定价。地方政府信用特征也是影响债券定价的重要因素。具体而言，地方政府隐性担保、税收水平、财政收支、政府债务率、财政自给率（Apostolou 等，2014；汪莉和陈诗一，2015；Maher 等，2016；刘穷志和刘夏波，2017；潘俊等，2018；洪源等，2018；潘俊等，2019）等能够反映政府财务状况好坏，直接影响政府信用，作用于政府融资行为与市场信任程度，进而影响地方政府举债成本。更进一步，政府行为所引致的如政府信息披露质量（Green 和 Schürhoff，2010；Schultz，2012；周咏梅，2018；王敏和方铸，2018；靳伟凤等，2022）、银行与地方政府关系（巴曙松等，2019）、政府审计（潘俊等，2019）、政治力量（Guillamon，2010）、官员任期（刘锐和攸频，2022）、是否干预银行（王治国，2018；王剑锋和吴京，2020）等也会影响债券定价。

（2）关于政府财务信息公开的研究

为了保障公民知情权、推动透明化和法治化政府的建设以及提升国家治理能力，需要提升政府信息公开透明的质量，最重要的是做好财政信息的披露与公开（邓淑莲，2016；Cucciniello，2017）。随着政策制度的不断推进，政府财务信息公开已成为最热门的研究主题之一（何玉和王开田，2012；Mcleod 和 Harun，2014），学者们针对财务信息公开质量的概念、信息使用者构成、信息有用性及需求、必要性、指标测度及其驱动因素等方面展开了广泛研究（王雍君，2003；赵西卜等，2010；肖鹏和李燕，2011；邓淑莲，2012；肖鹏和阎川，2013；路军伟，2015），政府财务信息公开要求政府部门通过法定程序，运用公共平台向立法机构、监督机构以及社会公众等信息需求者准确、及时地传递政府财务状况（张曾莲，2015；潘俊等，2018）。研究表明，政府财务信息披露也会带来一定的政治与经济后果（Gore，2004；Naughton 和 Spamann，2015），有助于促进政府财政决策科学化、合理化，更好地维护和改善政府形象及声誉（石英华，2006），促进勤政廉洁、制衡与自律（陈志斌，2014；田五星等，2017），进而实现政府善治的目标（陈志斌和李敬涛，2015；陈志斌和刘子怡，2016）。对企业而言，政府财务信息公开质量的提升经过信息共享来刺激公共服务中的道德意识，从而保证公共资源的合理利用（李建发和张国清，2015），进而提高投资效率，引领区域创新能力的提升（Hassett 和 Metcalf，1999；王少飞等，2011；孙振清和聂文钰，2021），缓解政企之间的信息不对称，抑制企业"脱实向虚"（王少华等，2022）。因此，为了实现国家治理体系和治理能力现代化，有必要通过完善政府财务信息公开机制，实现对信息披露质量的监管，提高政府管理质量，促进经济与社会发展（张琦和郑瑶，2018）。

（3）关于政府财务信息公开与地方政府债券定价的研究

政府财务信息公开对地方政府债券定价影响的研究主要从财政透明度的角度出发，基于国外研究样本发现：可读性较差的政府财务信息披露会带来更高的违约风险、债券评级机构分歧，会影响政府评价（Cuny，2016；Qizam 和 Fong，2019；周咏梅，2018），给发行人带来巨大的成本。更进一步，财政信息披露不充分、不可比也会导致定价存在差异（Wescott，1984；Green 等，2017）。我国关于政府财务信息公开与地方政府债券定价的研究先前大多以城投债作为研究对象（潘俊等，2016；何志刚等，2016；Chen 等，2016；谢璐和韩文龙，2017），研究其对城投债定价或评级的影响。随着地方政府债券规模增长，将研究重点逐步转为地方政府债券。由于我国信息披露不充分的原因，实证研究发现财政透明度对债券定价的影响呈现不相关（刘天保等，2017；王敏和方铸，2018）或与预期相反的正相关关系（刘乐峥和蒋晓婉，2019），政府财务信息公开制度的不断建设与完善能够减缓债券利率的"异象"（吴京等，2021）。

地方政府债券是地方政府债务的重要组成部分，部分研究以债券为研究视角探讨其与地方政府债务的关系。研究发现，财政透明度的提升与债务规模呈正相关关系（徐红和汪峰，2019），另外，也有实证检验发现财政透明度会降低债务水平、缩小债务规模（Montes 等，2019；汪崇金和崔凤，2020），或存在异质性影响（肖鹏和樊蓉，2019）。根据信号传递理论，在债券市场中信息优势方通过传递信号的方式彰显自身特色（周咏梅，2018），降低由于信息不对称造成的不确定性，减少风险。以权责发生制为基础的政府财务报告通过公开政府财务状况与运营情况等信息，提升透明度（李建发和张国清，2015），进一步减少与公众之间的信息鸿沟。

19.3 政府财务信息公开影响地方政府债券定价的作用机理分析

19.3.1 政府财务信息公开与地方政府债券发行定价

政府财务信息公开是实现公民知情权的重要举措，是债券市场化的主要推动力量，可以帮助投资者更好地认知发行主体能力，辅佐其进行风险提前判别、推动投资稳步前进。不仅能够缓解公众与政府间的信息不对称问题，增强政府公信力和公众问责能力（Zhang 和 Chan，2013；潘俊等，2017；唐大鹏和常雨萱，2018），抑制政府腐败行为的发生（Olaya 和 Boehm，2006），也有利于提高投资效率，引领区域创新能力的提升（Hassett 和 Metcalf，1999；王少飞等，2011；孙振清和聂文钰，2021），缓解政企之间的信息不对称，抑制企业"脱实向虚"（王少华等，2022）。

当地方政府在决定是否进行财务信息披露时，会对信息披露的成本和收益进行衡量。当信息公开导致成本高于收益时，地方政府将会降低财务信息公开质量的水平，选择尽可能地减少信息披露。债券市场的投资者同样也会意识到这一问题，并通过要求更高的风险溢价来保障自己的收益，从而导致债券融资成本提高，地方政府发行债券利差增大。更进一步，地方政府与企业一样具有不可遏制的投机行为，希望通过较低的资金成本进行债券市场融资来增加自身价值。当政府财务信息公开质量较高时，无疑也是地方政府经济与财政能力的体现，向内外部传导其自身财政实力雄厚、信用评级良好可靠、地方政府债券品质高的信息，越能获得投资者的信任，更能够吸引投资者投资，也是政企合作的重要基础，存在经济互惠效应。

由于地方政府作为债券发行者比起市场投资者更加了解自身状况以及项目经营情况，当地方政府不及时披露相关财务信息时，处于信息劣势的投资者就容易受到市场情绪和自身判断能力等内外部因素的影响，无法作出恰当的投资决策，影响投资活跃度且不利于债券市场的长期发展。当地方政府主动公开财务信息，能够给予债券市场投资者有利于投资的信号时，充分且及时的信息公开能降低投资者的风险判断（刘子怡，2015；谢璐和韩文龙，2017），降低投资风险。与此同时，政府财务信息公开质量的提升可以更好地引导社会公众等外部监督，形成政府自治与社会共治的良性循环，提升政府综合治理能力，更能够抵御风险，降低地方政府的融资成本。基于此，本章提出以下假设：

假设H1：政府财务信息公开质量越高，地方政府债券发行定价越低。

19.3.2 政府财务信息公开、财政分权与地方政府债券发行定价

财政分权决定了中央与地方政府间的权责分配，能够保证经济稳定增长（林毅夫和刘志强，2000），傅勇和张晏（2007）认为财政和政治激励是我国分权治理的核心，已有研究发现财政分权会导致地区竞争（张维迎和栗树和，1988），促进地方政府举债行为发生，加剧债务风险（杨兴龙和杨晶，2014；陈菁和李建发，2015；贾俊雪等，2017；张晖和金利娟，2019；潘俊等，2019）。当地方政府财政状况、综合能力加强时，财政分权程度提高，地方政府关于中央对自身行为"不兜底"的预期提升，会更为注重自身财政实力的保持与增强。因此，财政分权能够提高财政能力与资金效率（贺仁龙等，2021），更好地防范与应对债务风险。

财政分权赋予政府一定的经济发展权利，从环境保护视角出发，财政分权能够缓解雾霾污染，提供最优环境质量（Oates和Schwab，1988；汪克亮等，2021）；从政府引领创新与经济发展角度而言，虽然政府不参与区域创新，但其可以通过分配财政资源激发与引导企业积极创新，增强企业自身的"软""硬"实力，提升绿色创新发展、区域创新效率（李政等，2018；陈斌和李拓，2020；杨志安和邱国庆，2021），推动经济稳定增长，在提升地方综合实力的同时激发地方政府的积极性，进而形成良性循环与经济互惠效应。

当财政分权程度较高时，地方财政自主性较强，表明其经济和财政实力较强，并不过度依赖中央政府的转移支付，实力较强且存在极大主观能动性降低融资成本。此时，政府财务信息公开程度与质量较好，不同主体间的信息沟通更为有效与畅通，资源配置与决策效率提升，这意味着政府对市场活动进行干预的动机较弱，这有利于缓解地方政府债券发行中的信息不对称问题，降低地方政府债务融资成本，那么政府财务信息公开质量提升对地方政府债券定价的作用减弱。相比财政紧张时，地方政府财政良好、经济发展迅速，政府财务信息公开对地方政府债券发行定价的边际治理作用并不明显。相反，在财政分权程度较低时，地方政府财政经济运行相对较差、综合治理能力较弱，政府财务信息公开能够显著降低地方政府债券融资成本。因此，当地方政府财政分权程度较低，地方财政经济实力、综合治理能力较弱时，政府财务信息公开作用更为关键，对地方政府债券发行定价的影响效果则更为明显。基于上述分析，本章提出以下假设：

假设 H2：财政分权程度较低时，政府财务信息公开对地方政府债券发行定价的负向作用更为显著。

19.3.3　政府财务信息公开、市场信息效率与地方政府债券发行定价

区域发展不平衡与改革推进力度不同导致了我国区域市场化程度存在差异（夏立军和陈信元，2007；张文君和李弘雯，2022）。在市场化程度更高的地区，现代媒体利用率高、人们利用媒体的意识强（孙彤等，2020），公众能够通过更丰富的方式对政府的受托责任履行情况进行监督（管治华和李英豪，2022），因此，市场化程度更高的地区，信息获取渠道更丰富，信息传递效率更高。此外，已有研究表明，市场化程度更高的地区金融摩擦更小，区域系统性风险更低，地方债券发行成本越低（金洪飞等，2019；朱沛华和李军林，2019）。

一方面，政府财务信息公开很大程度上是由外部压力驱动，市场化程度高的地区，信息传递效率更高，地方政府将面临更强的外部约束，信息公开质量更好，财政透明度更高（魏涛等，2023）。基于信号传递理论，财政透明度高可以被视为地方政府债券质量高的信号传递给投资者，债券风险下降导致债券风险溢价降低，从而有助于降低地方政府债券融资成本，降低地方债券定价。另一方面，市场化程度高地区的人们利用媒体的意识更强，更能通过政府公开财务信息对政府财务状况和政府活动的成本收益进行识别，并通过以上信息对地方债券质量进行判断。较高的财政透明度能够带来较低的地方政府债券融资成本（周咏梅，2018；武恒光等，2019；靳伟凤等，2022），降低地方债券发行定价。

更进一步，政府财务信息公开带来的信息效应与市场信息效应一定程度上存在互补效应。具体而言，在市场化程度较低的地区，政府的政策干预通常也较多，市场自主竞争环境较差、信息利用效率较低（胡公瑾，2021）。政府财务信息公开通过完善市场信息弥补了市场化程度的不足，降低了投资者风险，最终降低了地方政府债券融资成本。当所处环境信息传播效率较低时，媒体信息的传播作用可能更加显著（梁上坤，2017）。对于市场化程度较低的地区而言，政府与公众之间的信息不对称现象更加突出，通过披露政府财务信息，对缺失信息进行补充，如实阐述财政财务状况、预算执行情况等信息，缓解了政府与市场的信息不对称，在提升信息传递效率的同时，实现了地方债券市场信息环境的改善。与市场化程度较高的地区相比，政府财务信息披露更为有效地避免了信息不对称所带来的逆向选择问题，降低地方债券风险溢价，帮助投资者作出正确的投资判断，降低地方债券融资成本。综上所述，本章提出以下竞争性假设：

假设 H3a：当外部市场市场化程度较高时，政府财务信息公开对地方政府债券的作用更显著。

假设 H3b：当外部市场市场化程度较低时，政府财务信息公开对地方政府债券的作用更显著。

19.4　政府财务信息公开影响地方政府债券定价的经验证据

19.4.1　研究设计

（1）数据来源

本章相关债券数据源自 CSMAR 与 WIND 数据库，同时根据中国债券信息网的相关数据进行核对与补充，以确保数据准确、完整与可比。相关省级经济、财政和债务等数据来源于 CSMAR 数据库和各省级财政部门官网。政府财务信息公开质量来源于清华大学公共管理学院公共经济、金融与治理研究中心公布的《中国市级政府财政透明度研究报告》。本章采用 Excel2019 和 Stata15.1 等软件进行初步的数据筛选、整理，以及后续的计量结果分析。

（2）变量定义

①解释变量。解释变量为政府财务信息公开质量（$Gfid$），构建政府财务信息公开质量框架体系、逐一赋分存在较强的主观性且难度较大，故选用现有指标体系进行度量。目前较为成熟的衡量政府财务信息披露质量的指标体系主要有：上海财经大学公共政策研究中心公布的《中国财政透明度报告》和清华大学公共管理学院公共经济、金融与治理研究中心公布的《中国市级政府财政透明度研究报告》。由于上海财经大学公共政策研究中心公布的《中国财政透明度报告》仅公布至2018 年，为了进一步验证政府财务信息公开与地方政府债券发行定价的关系，采用清华大学公共管理学院公共经济、金融与治理研究中心公布的《中国市级政府财政透明度研究报告》，计算各个市级加权平均数进而得出省级政府财务信息公开质量（$Gfid$），深入研究政府财务信息公开对地方政府债券定价的影响机理与作用机制。

②被解释变量。参考已有研究（Wang 等，2008；Schwert，2017；潘俊等，2019；靳伟凤等，2022）等，地方政府债券发行利差（$Spread$）定义为地方政府债券发行利率与同期限同年度的国债利率之差，对于缺失的同期国债的到期收益

率，则采用插值法计算得出。在平减掉无风险国债利率之后，发行利差能够更好地反映债券市场参与者关于债券风险溢价的决策判断。

③控制变量。为了准确考量政府财务信息公开对地方政府债券发行定价的影响，参考周咏梅（2018）、王敏和方铸（2018）、巴曙松等（2019）、潘俊等（2019）、吴京等（2021）、刘锐和攸频（2022）等现有研究成果，从债券特征、宏观经济、政府信用因素等方面控制其他干扰元素可能会对地方政府债券定价产生的影响，具体而言：债券特征包括债券发行规模（$Scale$）、债券发行期限（$Maturity$）、债券类别（$Category$）、发行方式（$Distribution$），由于我国地方政府债券信用评级均为 AAA 级别，故在债券特征中不控制债券信用评级；宏观经济因素包括人均地区生产总值（$PerGDP$）、产业结构（IS）、地区进出口情况（$Trade$）；政府信用因素包括财政自给率（FSR）、地方政府负债率（$Debt$），变量定义如表 19-1 所示。

表 19-1　　　　　　　　　　变量定义

变量类型	变量名称	变量符号	变量定义
被解释变量	发行利差	$Spread$	地方政府债券发行利率与同期限同年度国债利率之差
解释变量	政府财务信息公开质量	$Gfid$	省级数据，取各市级数据的平均值
调节变量	财政分权	FD	人均地方财政支出与人均中央财政支出的比值
调节变量	市场信息环境	$Market$	来源于王小鲁等《中国分省份市场化指数报告》中市场化程度指数，扣除政府与市场关系部分
控制变量	债券发行规模	$Scale$	地方政府债券的发行额度+1，并取对数
控制变量	债券发行期限	$Maturity$	地方政府债券的发行期限
控制变量	债券类别	$Category$	若为一般债券，则为1，否则为0
控制变量	发行方式	$Distribution$	若为公开发行，则为1，否则为0
控制变量	人均地区生产总值	$PerGDP$	人均地区生产总值取对数
控制变量	产业结构	IS	地区第三产业的产值占地区生产总值的比值
控制变量	地区进出口情况	$Trade$	进出口总额占地区生产总值的比值
控制变量	财政自给率	FSR	地方政府一般预算收入与一般预算支出的比值
控制变量	地方政府负债率	$Debt$	地区政府债务余额占地区生产总值的比值
控制变量	省份	$Province$	虚拟变量省份
控制变量	年份	$Year$	虚拟变量年份，样本区间为 2015—2022 年

(3) 模型设定

根据上文的研究假设和变量选取，本章参考周咏梅（2018）、刘天保等（2017）、王敏和方铸（2018）、巴曙松等（2019）、潘俊等（2019）的研究，将地方政府债券发行利差作为被解释变量、信息公开质量作为解释变量，进行线性回归分析。构建如下模型（见模型19-1）以检验本章的假设：

$$Spread_{i,t} = \beta_0 + \beta_1 Gfid_{i,t} + \sum DebtControl_{i,t} + \sum Control + \sum Province + \sum Year + \varepsilon$$

(19-1)

19.4.2 实证结果分析

(1) 描述性统计

本章主要变量的描述性结果如表19-2所示。发行利差 $Spread$ 的均值为0.256，这反映出不同地方政府债券与同期限同年度国债利率均值相差较大，但根据25分位数和75分位数可看出发行利差的分布较为平均，没有出现明显失衡，表明不同发债主体的能力能够被债券市场有效识别。财政自给率 FSR 的平均值为0.488、25分位数为0.376、75分位数为0.622，分布均匀，标准差为0.172，表明各地区地方政府财政自给率大部分样本差异不大，但少部分地区间差异明显；地方政府负债率 $Debt$ 平均值0.280，其余控制变量分布均在合理范围内。

表19-2　　　　　　　　　描述性统计

变量名称	观测数	平均值	标准差	25分位	50分位	75分位
$Spread$	11143	0.256	0.139	0.163	0.245	0.317
$Gfid$	11143	52.215	14.991	41.964	51.143	62.175
$Scale$	11143	3.010	1.243	2.079	3.067	3.991
$Maturity$	11143	10.361	7.117	5.000	10.000	15.000
$Category$	11143	0.314	0.464	0.000	0.000	1.000
$Distribution$	11143	0.888	0.316	1.000	1.000	1.000
$PerGDP$	11143	11.111	0.377	10.836	11.102	11.367
IS	11143	0.513	0.073	0.472	0.511	0.530
$Trade$	11143	0.258	0.222	0.107	0.147	0.371
FSR	11143	0.488	0.172	0.376	0.444	0.622
$Debt$	11143	0.280	0.136	0.178	0.246	0.338

第19章 政府财务信息公开对地方政府债券定价的影响研究

（2）回归分析

政府财务信息公开与地方政府债券发行定价的回归结果如表19-3所示。第（1）列中仅针对地方政府信息公开质量与地方政府债券发行定价进行回归分析，可以得知政府财务信息公开与地方政府债券发行定价呈负相关关系，初步验证了假设H1；第（2）列中控制省份和年份的同时进一步加入地方政府债券特征变量，其回归结果显示，政府财务信息公开质量会降低地方政府债券发行利差，其系数为-0.0008且在1%水平上显著负相关。第（3）列在第（2）列的基础上进一步控制了宏观经济与政府信用因素，其结果为-0.0010且仍在1%水平上显著负相关，提供了相同的结果，进一步验证了本章的假设H1，说明政府财务信息公开质量越高，地方政府债务融资风险降低，债券发行成本越低，地方政府债券发行利差越小。

表19-3　政府财务信息公开与地方政府债券发行定价回归分析

变量名称	(1) Spread	(2) Spread	(3) Spread
Gfid	-0.0005**	-0.0008***	-0.0010***
	(-2.20)	(-4.67)	(-5.20)
Scale		0.0024***	0.0023***
		(3.29)	(3.11)
Maturity		0.0002**	0.0002**
		(2.20)	(2.45)
Category		-0.0102***	-0.0101***
		(-4.67)	(-4.63)
Distribution		-0.2464***	-0.2460***
		(-67.90)	(-67.62)
PerGDP			0.0368**
			(2.40)
IS			-0.2839***
			(-5.05)
Trade			-0.1054***
			(-3.59)
FSR			-0.0660*
			(-1.77)
Debt			0.0712***
			(2.97)

续表

变量名称	(1) Spread	(2) Spread	(3) Spread
截距项	0.2179***	0.3928***	0.3110
	(11.42)	(25.68)	(1.63)
地区固定效应	控制	控制	控制
年份固定效应	控制	控制	控制
N	11143	11143	11143
Adjusted R^2	0.370	0.605	0.607

注：***、**、* 分别表示在1%、5%和10%的显著性水平上显著，括号内为t值。

表19-4列示了政府财务信息公开、财政分权与地方政府债券发行定价的实证结果。根据结果可知，在财政分权较低组，政府财务信息公开质量（Gfid）的回归系数为-0.0024且在1%水平上呈现显著负相关，在财政分权较高组，回归结果不显著，原因在于地方政府财政分权越高，政府财政与经济实力越强，政府财务信息公开质量对地方政府债券发行定价的作用机制关键性减弱；相反，在地方政府财政分权程度较低时，政府财务信息公开能够减缓发行人与投资者之间的信息不对称，降低投资风险，从而减少地方政府融资成本，假设H2得到验证。市场化程度较高组具有更强的显著性，也间接验证了假设H2。因此，在政府综合治理能力较强的地区，政府财务信息公开程度与质量较好，各主体沟通顺畅且信息获取完全，能够缩小信息差距，减少风险发生概率与可能性，降低地方政府债务融资成本，此时政府财务信息公开的关键性减弱。

表19-4 政府财务信息公开、财政分权与地方政府债券发行定价的实证结果

变量名称	(1) 财政分权低 Spread	(2) 财政分权高 Spread	(3) 市场化程度高 Spread	(4) 市场化程度低 Spread
Gfid	-0.0024***	0.0002	-0.0016***	-0.0006**
	(-7.38)	(0.78)	(-5.19)	(-2.55)
Scale	0.0017	0.0010	0.0014*	0.0008
	(1.59)	(1.00)	(1.81)	(0.61)
Maturity	0.0003*	0.0003**	0.0001	0.0005***
	(1.91)	(2.17)	(1.27)	(3.22)

续表

变量名称	(1) 财政分权低 Spread	(2) 财政分权高 Spread	(3) 市场化程度高 Spread	(4) 市场化程度低 Spread
Category	-0.0127***	-0.0083***	-0.0062**	-0.0123***
	(-3.89)	(-2.98)	(-2.30)	(-3.79)
Distribution	-0.2403***	-0.2511***	-0.2945***	-0.2204***
	(-47.52)	(-46.67)	(-56.55)	(-46.29)
PerGDP	-0.0234	0.1868***	0.0694**	0.2236***
	(-0.98)	(7.36)	(2.08)	(8.88)
IS	0.1044	0.3384***	-0.1613	0.1599**
	(0.95)	(3.97)	(-0.95)	(2.05)
Trade	-0.1342**	-0.0737**	0.0352	-0.2655***
	(-2.35)	(-1.97)	(1.05)	(-3.15)
FSR	-0.0728	-0.0582	-0.1485***	0.2219***
	(-0.72)	(-1.35)	(-3.15)	(2.95)
Debt	-0.0796	0.0830**	-0.0663	0.2981***
	(-0.97)	(2.57)	(-1.45)	(8.63)
截距项	0.7999***	-1.9696***	-0.1063	-2.1326***
	(3.03)	(-6.13)	(-0.24)	(-7.37)
地区固定效应	控制	控制	控制	控制
年份固定效应	控制	控制	控制	控制
N	5564	5579	5566	5577
Adjusted R²	0.610	0.627	0.641	0.570
组间差异	(1) - (2)	-0.0026*** (p=0.000)	(3) - (4)	-0.0010*** (p=0.000)

注：***、**、*分别表示在1%、5%和10%的显著性水平上显著，括号内为t值。

(3) 稳健性分析

①指标敏感性检验。前文考察的发行利差为地方政府债券发行利率与同期限国债到期收益率之差，为了检验前文实证结果的稳健性，本章直接采用地方政府债券发行利率（Issuerate）作为被解释变量的代理变量代入模型进行回归分析；借鉴朱松（2013）、周咏梅（2018）的研究，采用各省份每年发行的地方政府债券利率的中位数（Spread_med）和均值（Spread_mean）作为被解释变量地方政府债券发行利差（Spread）的替代变量，实证结果如表19-5所示。表19-5中，其回归系数依次为-0.0012、-0.0013、-0.0007且回归结果均在1%的水平上显著，表明本章的结论比较稳健。

表 19-5　　　　　　　　　　　指标敏感性检验

变量名称	(1) Issuerate	(2) Spread_med	(3) Spread_mean
Gfid	-0.0012***	-0.0013***	-0.0007***
	(-3.63)	(-11.94)	(-9.27)
Scale	0.0061***	0.0010**	0.0008***
	(3.77)	(2.27)	(2.71)
Maturity	0.0330***	0.0001	-0.0000
	(107.76)	(0.82)	(-0.07)
Category	-0.0331***	0.0013	0.0005
	(-7.38)	(0.92)	(0.56)
Distribution	-0.2253***	-0.0265***	-0.0196***
	(-29.29)	(-9.82)	(-11.37)
PerGDP	0.0476	0.0857***	0.0778***
	(1.57)	(9.38)	(12.88)
IS	-0.3817***	-0.4078***	-0.2883***
	(-3.49)	(-10.82)	(-10.11)
Trade	-0.0031	-0.1466***	-0.0841***
	(-0.05)	(-8.71)	(-7.28)
FSR	-0.1620*	0.0509*	-0.0690***
	(-1.95)	(1.91)	(-4.12)
Debt	-0.1312***	0.1062***	0.0976***
	(-2.71)	(6.75)	(9.10)
截距项	3.2138***	-0.3604***	-0.3431***
	(8.27)	(-3.10)	(-4.51)
地区固定效应	控制	控制	控制
年份固定效应	控制	控制	控制
N	11143	11143	11143
Adjusted R^2	0.813	0.736	0.838

注：***、**、*分别表示在1%、5%和10%的显著性水平上显著，括号内为t值。

②倾向得分匹配法检验。当地方政府财政运行情况良好时，其面临的地方政府债务风险较小，相比财政运行情况较差的地区，其政府融资成本较低，从而造成两者之间存在的内生性问题。基于此，为缓解内生性问题，采用倾向得分匹配

法 (Rosenbaum 和 Rubin, 1983) 进行检验,通过筛选地方政府财政相同的情况,从而排除"筛选效应";将政府财务信息公开 (Gfid) 质量排名前20%的省份设为1,否则为0进行分组,并在此基础上进行回归。表19-6报告了倾向得分匹配法在1∶1、1∶2最近邻匹配后的回归结果,可知政府财务信息公开质量 (Gfid) 与地方政府债券发行利差 (Spread) 的回归系数为 -0.0006、-0.0005,且分别在5%水平上显著,与前文的研究结论保持一致。

表 19-6 倾向得分匹配法

变量名称	(1) 1∶1 Spread	(2) 1∶2 Spread
Gfid	-0.0006**	-0.0005**
	(-2.39)	(-2.10)
Scale	0.0012	0.0012
	(1.50)	(1.63)
Maturity	0.0001	0.0001
	(0.68)	(0.90)
Category	-0.0077***	-0.0063***
	(-3.09)	(-2.66)
Distribution	-0.2509***	-0.2486***
	(-54.07)	(-56.86)
PerGDP	-0.0401*	-0.0160
	(-1.73)	(-0.79)
IS	-0.2730***	-0.2655***
	(-2.84)	(-3.32)
Trade	-0.0577*	-0.0660**
	(-1.76)	(-2.11)
FSR	-0.1015**	-0.0933**
	(-2.29)	(-2.25)
Debt	-0.0614*	-0.0204
	(-1.76)	(-0.65)
截距项	1.1920***	0.8841***
	(4.09)	(3.46)
地区固定效应	控制	控制
年份固定效应	控制	控制
N	7627	8604
Adjusted R^2	0.613	0.611

注:***、**、*分别表示在1%、5%和10%的显著性水平上显著,括号内为t值。

19.4.3 进一步分析：承销商的信息传递作用

中共中央办公厅、国务院办公厅印发的《关于做好地方政府专项债券发行及项目配套融资工作的通知》，强调承销商在地方政府债券发行定价过程中起到了信息公开与持续监管的作用。在资本市场中，相关研究发现承销商的信息效应能够降低 IPO 折价现象，与债券定价、扮演何种角色、本地化属性都有着相关关系。在地方政府债券信息市场中，《地方政府债券发行管理办法》（财库〔2020〕43 号）明确指出承销商应当协同地方财政部门、信用评级机构及其他相关主体"强化市场意识，按照市场化、规范化原则做好地方政府债券发行相关工作"，"促进发行利率合理反映地区差异和项目差异"。基于信息效应与担保效应，承销商作为市场信息中介，其信息挖掘能力能够降低发行人与投资者之间的信息不对称，从而减小信息不对称对债券定价的负面影响。在市场化机制下，当供给一定时，承销商的需求决定了中标价格（张琦和杨悦，2023），与此同时，承销商通过地方政府债券承销行为担保往往体现了一种担保效应，从而提高地方政府债券发行定价；另外，由于现行地方政府债券发行主要采用公开招标的形式，各个承销商之间的有效竞争会降低地方政府债券的发行定价。因此，当政府财务信息公开质量提升后，承销商数量越多，信息渠道较广，信息传递的效果越好，在一定程度上可减少投资者与发行人之间的信息不对称，进而降低地方政府融资成本。基于此，从承销商角度对政府财务信息公开影响地方政府债券发行定价的作用机制进行检验。建立模型（19-2）进行分析：

$$Underwriter = \beta_0 + \beta_1 Gfid + \sum Control + \sum Province + \sum Year + \varepsilon \tag{19-2}$$

表 19-7 报告了模型（19-2）的多元回归结果，主要检验了承销商数量在政府财务信息公开质量与地方政府债券发行利差关系中的作用，反映了承销商数量（$Underwriter$）与解释变量政府财务信息公开质量（$Gfid$）之间的相关关系，系数为 0.0183，在 1% 水平上显著为正，表明政府财务信息公开质量越高，会吸引更多的承销商承销。结果反映出承销商数量（$Underwriter$）是政府财务信息公开质量（$Gfid$）与地方政府债券发行利差（$Spread$）之间的重要机制。结合上述分析与回归结果可知，承销商作为投资者与地方政府的信息中介，获取投资者"信任"作为非正式制度效力作用于债券定价，即承销商数量是政府财务信息公开质量降低地方政府融资成本的重要渠道。

表 19-7　政府财务信息公开与地方政府债券定价——影响渠道检验①

变量名称	(1) Underwriter
Gfid	0.0183***
	(3.32)
Scale	-0.0504**
	(-2.43)
Maturity	0.0075**
	(2.27)
Category	-0.0256
	(-0.37)
Distribution	6.3731***
	(33.23)
PerGDP	-3.7223***
	(-6.57)
IS	2.4042
	(1.27)
Trade	-12.3855***
	(-11.69)
FSR	-1.6750
	(-1.53)
Debt	-6.1594***
	(-4.05)
截距项	53.4009***
	(7.39)
地区固定效应	控制
年份固定效应	控制
N	7908
Adjusted R^2	0.780

注：***、**、*分别表示在1%、5%和10%的显著性水平上显著，括号内为t值。

---

① 在计算承销商数量的过程中部分样本存在数据缺失，本章为保证结论的稳健性再次对数据缺失样本予以剔除，因此样本总数与其他检验不一致。

19.5 研究结论与政策建议

19.5.1 研究结论

本章基于信用利差、信号传递等理论，选取 2015—2022 年省级地方政府债券发行数据，分析了政府财务信息公开影响地方政府债券定价的路径，探讨了财政分权、市场信息环境影响政府财务信息公开与地方政府债券定价之间的作用机制。实证检验发现：①政府财务信息公开越全面，是自身财政状况良好的表现，能够作为地方政府债券品质高的信号传递给投资者，越有助于其作出投资判断，降低投资风险，会降低地方政府债券发行成本；②当财政分权程度较低、市场信息环境更好时，政府财务信息公开质量越高，地方政府债券发行定价越低；③承销商在两者作用关系的路径中发挥信息中介作用。本章的结论拓展了政府财务信息公开的经济后果研究，补充了地方政府债券发行定价的影响因素，为推动政府会计准则制度建设与实施、降低地方政府债券违约风险、规范与健全债券市场提供了经验与启示。

19.5.2 政策建议

制度规范的存在可以指引政府财务信息的披露，同时也可以在实际披露过程中起到监督作用，更好地发挥政府财务信息公开对地方政府债券定价的影响。基于上述研究结论，为实现地方政府债券定价的科学化与市场化，应当建立健全政府财务信息披露的制度规范，优化完善地方政府债券的制度管理。建立健全政府财务信息披露的制度规范是完善地方政府债券管理的基础，可以从政府财务信息公开角度和地方政府债券管理角度采取优化措施予以完善。为有效发挥政府财务信息公开对地方政府债券发行定价的作用，推动政府会计改革落地落实，推进政府财务信息公开以缓解经济不确定性，政府应当从信息内容、评价标准与信息应用三大层面进行优化。除此以外，政府还应提高财政透明度，降低地方债券融资成本、完善制度顶层设计，优化地方政府债券管理、健全信用评级制度，促进地方债券市场健康发展。

第 20 章

"有为政府"与"有效市场":政府财报制度改革对企业投资效率的影响研究[*]

20.1 政府财报制度改革是否影响企业投资效率

政府财务报告制度对于实现国家治理体系和治理能力现代化具有重要的信息支持与决策支撑作用。一方面,政府财务报告体系全面地反映了政府预算收支、资产负债、收入成本等信息,为推进财政现代化建设提供了详实准确的数据信息;另一方面,不断完善的政府财务报告制度体系保障了财政绩效评价的客观性和公正性,为财政现代化建设提供了强有力的决策支撑。然而,已有研究侧重于规范性地探讨政府财务报告制度改革实施成效,认为编制和披露政府财务报告有利于提升财政透明度和完善制度环境,进而推进国家治理体系建设(Cuadrado 和 Bisogno,2020;刘子怡等,2020;周卫华等,2021)。也有研究检验了政府信息公开的经济治理效应,提出政府信息公开有助于抑制经济风险、提升财政透明度,进而抑制企业投资偏误(邓淑莲和朱颖,2017)。总的来说,已有研究尚未对政府财务报告制度改革效果进行系统性的探讨和充分的验证。根据制度外部性理论,政府财务报告制度改革作为深化我国财税体制改革的一项重要制度安排,能够影响到其范围内所有经济主体的行为决策,探讨政府财务报告制度改革对企

---

[*] 本章系国家自然科学基金青年项目"政府质量、媒体监督与政府会计准则执行效果:理论与实证"(71702075)的研究成果之一。

业投资行为的影响及作用机制，对于推动"有为政府"与"有效市场"相结合，促进政府宏观经济治理能力提升具有重要意义。为此，本章拟在财政部推行的政府财务报告试编试点的准自然场景中，聚焦于以下两个问题：①政府财务报告制度改革是否影响企业投资效率？②政府财务报告制度改革是否通过政府投资效率进而影响企业投资效率？与既有文献相比，文章可能的贡献主要体现在：①构建城市、时间层面的多时点双重差分模型，考察政府财务报告制度改革的经济治理效应，为政府财务报告制度改革实施成效研究拓展思路。②实证检验政府财务报告制度改革对企业投资效率的影响及作用机制，为揭示政府财务报告在实现国家治理体系和治理能力现代化方面发挥功能作用提供经验证据。

20.2 政府财报制度改革与企业投资效率的制度背景和文献综述

20.2.1 制度背景

2013年11月，党的十八届三中全会《中共中央关于全面深化改革若干重大问题的决定》提出"建立权责发生制的政府综合财务报告制度"。2014年底，国务院批转财政部《权责发生制政府综合财务报告制度改革方案》，明确了改革的总体目标、主要任务、具体内容及配套措施，确定了改革的时间表和路线图，这标志着政府财务报告制度改革正式启动。按照《权责发生制政府综合财务报告制度改革方案》要求，2016年财政部确定原国土资源部、原国家林业局2个中央部门和山西省、黑龙江省、上海市、浙江省、广东省、海南省和重庆市7个地方作为首批试点单位，于2017年着手编制上一年度政府财务报告。2018年，试点范围扩大到20个中央部门和20个地方，并选择4个地方试点编制上下级合并的行政区政府综合财务报告。2019年，试点范围进一步扩大到40个中央部门和36个地方，并选择12个地方试点编制上下级合并的行政区政府综合财务报告。2020年，编制政府财务报告的中央部门达到108个，地方政府实现全覆盖。研究表明，政府会计作为反映政府经济活动的信息系统，耦合了经济治理"稳增长、防风险"的主旨（王汇华，2020）。新发展阶段下，政府财务报告改革应立足于现代财政体制改革的基本取向，衔接财政体制运行需求（黄志雄和袁峰华，2022），充分发挥其宏观治理功能作用。我国政府财务报告制度改革实施进展如图 20 – 1 所示。

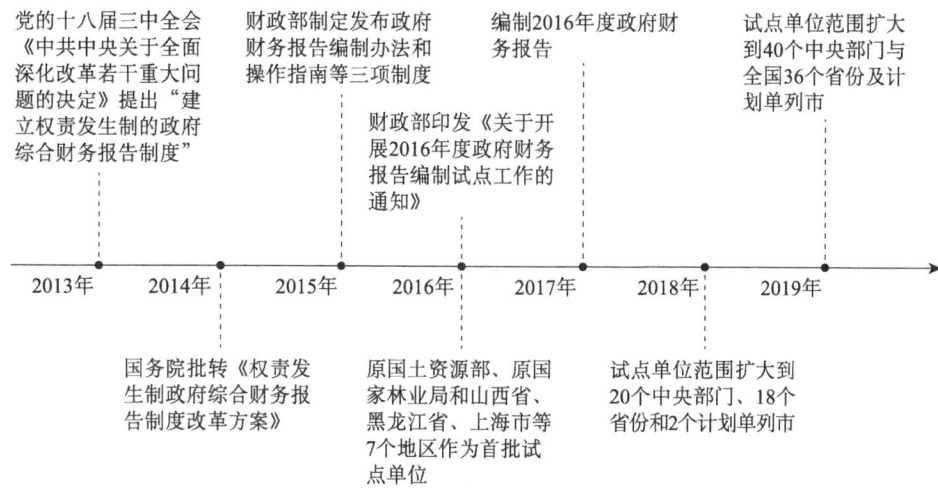

图 20 – 1　中国政府财务报告制度改革实施进展

20.2.2　文献综述

(1) 政府财务报告制度改革的实施效果

从信息工具角度看，政府财务报告是反映政府部门财政能力、运营绩效和风险的重要工具（黄志雄和琚悦琦，2019），有助于实现政府部门管理的高效和透明（Lande 和 Rocher，2011），并进一步提升政府公共服务效率（黄志雄和袁峰华，2022）。以权责发生制为基础的政府财务报告，能够提供更加完整准确的政府财务信息，有助于增强政府财政透明度（Mcleod 和 Harun，2014）和政府决策水平（孙琳和桑宁，2018），提升政府治理效率并逐步达到政府善治与良治目标（Cuadrado 和 Bisogno，2020；吕冰洋，2018）。从履行公共受托责任角度看，政府财务报告制度是中国特色政府治理框架下政府承担受托责任的制度支撑和监督工具。权责发生制政府财务报告所提供的政府财务信息是公众评价政府财政受托责任履行情况的重要依据（姜宏青和张璐璐，2022）。政府财务报告将所有政府活动及运作项目的情况都通过财务数据反映在账面上，有效地减少了处于监察盲区的地带，大大降低政府官员的寻租概率（武辉和王竹泉，2019）。从政府与市场关系角度看，政府财务报告制度改革还可以产生经济效应（周曙光和陈志斌，2017）。政府财务报告的编制为政府处理好与资本市场的关系奠定了良好的基础。Sedmihradská 和 Haas (2013) 认为，财政透明度的提高，有助于减少纳税人的财政幻觉，削弱政府与市场的信息不对称程度。高质量的政府会计信息可以通过信号传递机制明确财政治理方向与重点，从而更好发挥其对私人投资的引导作用，提升微观主体对经济的预判能力（储德银和姜春娜，2022），进而实现政府宏观调控的"稳预期"目标（邵磊和唐盟，2019）。另外，高质量的政府会计信息可以通过增加企业对外部环境的理性预期以及降低政府对企业的过度干预而抑制企业产生投资偏误，从而缓解企业产能过剩的情况（邓淑莲和朱颖，2017）。

（2）企业投资效率的影响因素

根据"理性政府"假设，政府官员具有封闭信息、制造政府和市场之间的信息不对称，以获取信息租金的动机（Stiglitz，2002），而信息不对称是导致宏观经济环境不确定性的根本原因，并且信息不对称性使微观企业处于一种模糊不确定、预期性差的经营环境中，具体表现为：企业面临的信息噪音更大，获取信息的成本更高，对投资机会的甄别难度加大，从而对企业投资决策产生一系列的负面影响（胡刘芬，2022；王雄元和徐晶，2022）。有研究发现，政府财务报告制度改革可以降低政府和市场间的信息不对称，改善资源错配，提高资源配置效率。首先，政府财务报告制度改革有助于提升政府财务信息披露质量（孙琳和桑宁，2018），避免政府财政资源的浪费以及由于盲目扩大投资引致的债务风险（文宗瑜等，2023）。其次，政府财务报告所提供的财务状况、财务绩效、投资回报等信息是地方政府投资项目绩效评价的依据（黄志雄和袁峰华，2022），政府财务报告所提供的信息对公共行政权力运行具有信誉导向、评价反馈和监督制约作用（王汇华，2020），能够确保财政资源配置趋于均衡水平（章贵桥，2017）。最后，政府财务报告制度改革产生的合法性信息实现了外部利益主体对政府行政的知情权，促使政府行政行为趋向透明化、法治化和民主化（章贵桥，2017），帮助政府清晰地认识权力运行的"越位"与"缺位"，为政府自我检讨与自我修正提供依据（武辉和王竹泉，2019），从而减少由于资源错配导致的市场效率损失问题（Arbatli和Escolano，2015；黄海杰等，2016）。因此，政府财务报告制度改革为改善宏观经济环境提供确定性制度安排，这不仅对企业投资效率具有显著促进作用，还能正向调节信息透明度、治理结构对企业投资效率的负向影响（于文超和梁平汉，2019）。

此外，考察政府财务报告制度改革对企业投资行为的影响还需要进一步结合不同的制度与行为因素进行分析。正如汪敏达和陈志斌（2017）所指出，政府会计改革能否真正发挥效能，有赖于中国纵向层级制条件下不同层级政府之间的博弈。邓淑莲和刘潋滟（2019）将地方政府行为动机和对应的政府主体进行分类：包括单一地方政府、地方政府与地方政府以及地方政府与中央政府。从单一政府看，在 GDP 增长压力下，地方政府干预辖区企业进行过度投资的动机强烈。从地方政府间竞争看，地方政府间的竞争越发激烈，地方政府行为越可能发生扭曲。从地方政府与中央政府博弈看，中央政府"预算软约束"的存在会降低其对地方政府"不救助"信号的可信度，从而扭曲地方政府行为。

20.3 政府财报制度改革影响企业投资效率的作用机理分析

20.3.1 政府财务报告制度改革与企业投资效率

信息不对称是导致宏观经济环境不确定性的根本原因。从政府与市场关系看，政府财务报告制度作为市场运行和经济社会发展的确定性制度安排，能够有效降低政府与市场间的信息不对称，为企业投资提供确定性的经营环境。政府财务报告信息有助于明确政府财政治理方向与重点，为微观主体投资兴业塑造稳定可预期的制度环境，从而更好发挥政府财政对私人投资的引导作用，提升微观主体对经济环境的预判能力（储德银和姜春娜，2022），有效降低由于不确定性造成的资源错配和效率损失问题。一方面，政府财务报告所提供的公共部门账目、财政政策乃至财政预测等信息，能够加强企业对宏观经济政策的理解和把握，及时预判和应对外部环境政策不确定性风险，从而根据外部环境变化及时调整投资策略，提升企业投资效率。另一方面，政府财务报告所提供的信息对公共行政权力运行具有信誉导向、评价反馈和监督制约作用（王汇华，2020），能够控制政府部门的异化机会主义行为，减少由于政府权力"越位"和"缺位"所引致的市场资源错配问题（武辉和王竹泉，2019），进而有助于市场主体投资效率的提升。根据以上分析，本章提出假设 H1：

假设 H1：政府财务报告制度改革可以显著提升企业投资效率。

20.3.2 政府财务报告制度改革、政府投资与企业投资效率

全面提升政府宏观经济治理能力，充分发挥政府引导投资对社会投资的撬动作用，是"有为政府"与"有效市场"有机结合的重要突破口。政府投资是公共资源配置能力的集中体现，也是连接政府治理能力与市场投资效率的桥梁。投

资效率的提升是资源配置优化的结果，信息是影响资源配置的重要因素。政府财务报告制度改革通过信息效应和决策治理效应影响政府投资效率。在信息效应方面，政府财务报告能够将所有政府活动及运作项目的情况都通过财务数据反映在账面上，通过披露完整、全面的资产负债和成本费用信息，为政府投资项目决策提供准确完备的数据信息。而且披露政府财务报告信息，有助于增强政府财政透明度，促使政府机构行政行为趋向透明化、法治化、民主化，从而抑制地方政府的自利性投资偏好（吴延兵，2017）。在决策治理效应方面，政府财务报告全面地反映地方政府投资项目的建设成本、运营费用和投资收益，有助于全过程地评价和监督政府投资项目的建设和运营情况，从而提升政府投资项目的管理运营水平。并且政府财务报告制度改革通过声誉引导效应，政府能够清晰地认识权力运行的"越位"与"缺位"，从而为政府自我检讨与自我修正提供依据，进而提升政府资源配置水平，减少无效率投资行为。

政府投资效率的提升有助于切实发挥政府投资的信号传递和资源配置作用，引导民间资本顺应经济发展和产业趋势，进而影响企业投资行为。一方面，政府投资是政府参与市场活动的重要方式，也是政府职能转变和更好发挥政府作用的重要抓手。政府投资的方向能在一定程度上体现国家未来的宏观经济发展战略和产业发展规划，能够为市场主体提供可预期的投资兴业环境，使企业能够根据投资环境的变动及时调整自身的投资策略，实现自身资源的最优化配置，提升企业投资效率。另一方面，政府投资效率的提升进一步减少了政府部门对社会资源的无效占用，从而缓解政府无效投资对私人部门投资的挤出效应，为企业投资拓宽融资渠道，从而提升企业投资效率。

根据以上分析，本章提出假设H2：

假设H2：政府财务报告制度改革可以通过提升政府投资效率进而提升企业投资效率。

20.4　政府财报制度改革影响企业投资效率的经验证据

20.4.1　研究设计

（1）样本选择与数据来源

本章以2013—2020年沪深上市公司作为原始样本，通过以下标准来对初始样本进行筛选：①剔除金融、保险类样本；②剔除相关数据不完整的样本；③剔除ST、*ST类样本；④剔除只发行B股的样本；⑤为消除异常值的影响，对主要变量做1%水平的缩尾处理。经过上述程序的筛选和处理，最终得到3109家上市公司共计19977个样本观测值。本章所使用的数据主要分为上市公司财务数据和宏观治理环境数据两部分。其中，上市公司财务数据来源于CSMAR数据库。宏观治理数据来自清华大学公共管理学院经济、金融与治理研究中心发布的《中国市级财政透明度研究报告》，以及《中国分省份市场化指数报告（2021）》（王小鲁等，2021）以及《中国城市统计年鉴》、各地级市政府《政府工作报告》。

（2）模型构建与变量设定

①模型构建。为检验政府财务报告制度改革对企业投资效率的影响及作用机制，本章构建模型（20-1）。

$$Eff_{i,t} = \beta_0 + \beta_1 Reform_{i,t} + \beta_2 X_{i,t} + \lambda_i + \mu_t + \varepsilon_{i,t} \tag{20-1}$$

其中，i 表示企业，t 表示时间，Eff 代表企业投资效率，$Reform = Treat \times Period$，表示实验组与政策时点的交互项，当 $Treat$ 取1时，表示样本中企业所在地是在财政部政府财务报告试点编制的城市，否则取0。当 $Period$ 取1时表示样本处于政策发生之后的时点，否则取0；X 表示一系列控制变量，具体定义如表20-1所示；λ 和 μ 依次表示个体和年份固定效应；ε 表示残差项。

②被解释变量。本章的研究对象是企业投资行为。企业的投资行为可具体分为投资规模和投资效率两种。由于调整投资规模的最终目的是提升企业投资效率，因此本章主要考察政府财务报告制度改革对企业投资效率的影响，并选取企业投资效率作为被解释变量。本章采用公司资本投资支出模型来构建投资效率测度模型（Richardson，2006），如模型（20-2）所示。

$$Invest_{i,t} = \beta_0 + \beta_1 TobinQ_{i,t-1} + \beta_2 Size_{i,t-1} + \beta_3 Cash_{i,t-1} + \beta_4 Lev_{i,t-1} + \beta_5 Age_{i,t-1} + \beta_6 Roa_{i,t-1} + \beta_7 Invest_{i,t-1} + \sum Industry + \sum Year + \varepsilon \tag{20-2}$$

模型（20-2）中，$Invest$ 为被解释变量，代表公司 i 在 t 年度投资支出与期初资产之比。数值等于（构建固定资产、无形资产和其他长期资产的支出—销售固定资产、无形资产和其他长期资产的收益）/总资产。由于公司本期的投资支出主要由公司上一期的整体运营情况决定，因此该模型的解释变量均为滞后一期的变量。另外，$TobinQ$ 衡量了企业的投资机会，$Cash$ 为期末现金持有量，采用期末现金持有量除以总资产表示；$Size$ 为资产规模，采用总资产的自然对数表示；Lev 为资本结构，采用资产负债率表示；Age 为上市年龄；Roa 为总资产收益率。本章选用模型（20-2）回归残差的绝对值对企业投资效率 Eff 进行测度，该指标为反向指标，Eff 越接近 0，代表企业投资效率越高，Eff 越大，则说明投资效率越低。

③核心解释变量。本章手工收集财政部发布《关于开展 2017 年度政府财务报告编制试点工作的通知》和《关于开展 2018 年度政府财务报告编制试点工作的通知》等文件中的试点地区，整理所在试点地区企业作为实验组，其余地区企业为对照组，以 2017 年政策实施前后为依据进行进一步划分。将财务报告改革试点城市设置为实验组，对 $Treat$ 赋值为 1，非试点城市设置为对照组，对 $Treat$ 赋值为 0，$Period$ 表示多时点双重差分模型中衡量外生冲击的时间虚拟变量，在政策施行之前取值为 0，之后取值为 1。构建多时点双重差分解释变量 $Reform = Treat \times Period$，若该地区在当前年度编制政府财务报告，$Reform$ 取值为 1，否则为 0。

④中介变量。根据前文的分析，政府财务报告制度改革对企业投资效率的影响可能通过提升政府投资效率来实现。因此，本章尝试构建中介效应模型来实证检验其中的影响机制。本章采用数据包络分析法测度政府投资效率，参考崔雯雯和黄琳琳（2021）将政府投资效率分为经济效率和社会效率两方面。在经济效率方面，以政府投资占全社会固定资产比重作为投入指标，人均 GDP、人均消费支出和人均可支配收入作为产出指标；在社会效率方面，选取科技支出、医疗支出、教育支出、环境保护支出、社区服务支出作为投入指标，普通高等学校数量、普通高等学校在校人数、卫生床位覆盖率、医疗保险参保人数、创新产品开发项目数量、发明专利授权数量、建成区绿化覆盖率、空气污染指数、城乡居民养老保险覆盖率、失业保险金待遇领取人数作为产出指标，具体指标如表 20 - 1 所示。

表 20 - 1　　　　　　　政府投资效率评价体系

名称	分类	一级指标	二级指标	三级指标
政府投资效率	经济效率	经济性投入	政府投资占全社会固定资产比重	
		经济性产出	人均 GDP	
			人均消费支出	
			人均可支配收入	
	社会效率	社会性投入	科技	科技支出
			医疗	医疗支出
			教育	教育支出
			环境保护	环境保护支出
			社区服务	社区服务支出

续表

名称	分类	一级指标	二级指标	三级指标
政府投资效率	社会效率	社会性产出	科技	创新产品开发项目数量
				发明专利授权数量
			医疗	卫生床位覆盖率
				医疗保险参保人数
			教育	普通高等学校数量
				普通高等学校在校人数
			环境保护	建成区绿化覆盖率
				空气污染指数
			社区服务	城乡居民养老保险覆盖率
				失业保险金待遇领取人数

⑤控制变量。参考已有做法（于文超和梁平汉，2019），选取企业规模（Size）、资产负债率（Lev）、总资产收益率（Roa）、总资产周转率（Ato）、应收账款占比（Rec）、存货占比（Inv）、固定资产占比（Fix）、营业收入增长率（Growth）、独立董事占比（Indep）、股权集中度（Top10）、股权制衡度（Balance）、账面市值比（BM）、公司成立年限（Age）、管理层持股比例（Mshare）作为控制变量引入模型进行回归。各变量的定义如表20-2所示。

表20-2　　　　　　　　　　变量定义表

变量名称		变量符号	变量定义
被解释变量	企业投资效率	Eff	Richardson（2006）预期投资模型回归残差的绝对值，为负向指标，数值越大，代表企业投资效率越低
解释变量	政府财务报告制度改革	Reform	多时点双重差分解释变量，其中，若企业注册地在该年度为政府财务报告改革试点地区，则取值为1，否则，取值为0
中介变量	政府投资效率	Geff	使用数据包络分析法测算得出，具体指标选取见表20-1
控制变量	企业规模	Size	ln（总资产）
	资产负债率	Lev	总负债/总资产
	总资产收益率	Roa	净利润/总资产
	总资产周转率	Ato	销售收入总额/总资产

续表

	变量名称	变量符号	变量定义
控制变量	应收账款占比	Rec	应收账款/营业收入
	存货占比	Inv	存货余额/总资产
	固定资产占比	Fix	固定资产余额/总资产
	营业收入增长率	Growth	本年营业收入增加额/上年营业收入总额
	独立股东占比	Indep	董事会中独立董事的比例
	股权集中度	Top10	前十大股东持股量占该公司总股数的百分比
	股权制衡度	Balance	（前十大股东股权占比 – 第一大股东股权占比）/第一大股东股权占比
	账面市值比	BM	股东权益/公司市值
	公司成立年限	Age	ln（当前年度 – 公司成立年度）
	管理层持股比例	Mshare	管理层持股量占该公司总股数的百分比

20.4.2 实证结果分析

(1) 描述性统计

表20–3列示了主要变量的描述性统计结果。从表20–3中可以发现，投资效率（Eff）的均值为0.028，最小值为0.001，最大值为0.156，这说明不同企业的投资效率存在较大差异；多时点双重差分解释变量（$Reform$）的离散系数显著大于1，表明政府财务报告制度改革对不同企业的影响存在显著差异；营商环境测度指标各指标最小值和最大值之间的差异化程度较大，进一步说明了企业外部营商环境发展不平衡。此外，企业层面的控制变量间的差异化程度也较大，说明不同类型的企业的特征也存在一定差异。

表20–3 主要变量的描述性统计分析

变量名称	观测数	平均值	标准差	最小值	最大值
Eff	19977	0.028	0.024	0.001	0.156
$Reform$	19977	0.460	0.498	0.000	1.000
$Geff$	19977	0.939	0.125	0.300	1.000
$Size$	19977	22.226	1.287	19.525	26.398
Lev	19977	0.415	0.202	0.046	0.925
Roa	19977	0.043	0.066	–0.398	0.244

续表

变量名称	观测数	平均值	标准差	最小值	最大值
Ato	19977	0.641	0.420	0.053	2.777
Rec	19977	0.128	0.106	0.000	0.507
Inv	19977	0.141	0.131	0.000	0.772
Fix	19977	0.207	0.157	0.002	0.719
$Growth$	19977	0.161	0.413	-0.660	4.330
$Indep$	19977	0.376	0.053	0.308	0.600
$Top10$	19977	0.590	0.149	0.212	0.910
$Balance$	19977	0.368	0.286	0.007	1.000
BM	19977	1.012	1.194	0.051	10.142
Age	19977	2.911	0.310	1.792	3.555
$Mshare$	19977	0.145	0.200	0.000	0.697

(2) 基准回归

根据前文的分析,政府财务报告制度改革通过明确政府财政治理方向与重点,更好地发挥其对私人投资的引导作用,提升微观主体对经济环境的预判能力,有效降低政府与市场间的信息不对称,为市场运行和经济社会发展提供了确定性的制度安排。企业能够结合外部环境变动趋势与自身发展战略,及时调整投资决策,提升投资效率,从而避免投资过度造成的资源浪费以及因投资不足错失发展机会。表20-4展示了政府财务报告制度改革对企业投资效率影响的基准回归检验结果。其中,第(1)列报告了企业投资效率对单一核心解释变量的普通最小二乘回归结果,核心解释变量前的系数小于0,且通过1%水平的显著性检验。第(2)列报告了加入企业层面的控制变量后,政府财务报告制度改革对企业投资效率的影响,此时核心解释变量前的系数仍显著为负。由此概括得知,不论是只考虑单一解释变量还是包括一系列控制变量,均显示政府财务报告制度改革有助于提升企业投资效率,假设H1得以验证。

表20-4　　　　　　　　　　基准回归结果

变量名称	企业投资效率（Eff）	
	(1)	(2)
$Reform$	-0.0019***	-0.0020***
	(-2.81)	(-2.98)
$Size$		0.0007
		(1.15)

续表

变量名称	企业投资效率（Eff）	
	(1)	(2)
Lev		0.0108***
		(4.66)
Roa		0.0104***
		(2.91)
Ato		-0.0020*
		(-1.90)
Rec		-0.0230***
		(-6.46)
Inv		-0.0200***
		(-6.65)
Fix		-0.0206***
		(-5.17)
Growth		0.0006
		(1.31)
Indep		0.0109**
		(2.08)
Top10		0.0025
		(0.79)
Balance		-0.0032**
		(-2.41)
BM		-0.0012***
		(-4.24)
Age		-0.0105**
		(-2.29)
Mshare		0.0057*
		(1.87)
截距项	0.0288***	0.0462**
	(82.45)	(2.45)
企业固定效应	控制	控制
年份固定效应	控制	控制
N	19750	19750
R^2	0.3431	0.3503

注：*、**、***分别表示10%、5%和1%的显著性水平，系数下括号内为相应的t值，下文中各表均相同。

(3) 平行趋势检验

使用多时点双重差分模型进行因果推断的一个基本前提是实验组和控制组在政策实施之前应该具有平行趋势。为验证本章的基准回归结果是因为政府财务报告制度改革的影响，而不是纯粹的时间效应，采用事件研究法来检验实验组和控制组的平行趋势假设。具体而言，用样本期间内不包含政策实施前一年的各独立年份与 Treat 的交乘项作为自变量，替换基准回归模型中的交乘项进行回归，以政策实施前一年为基准，比较政策前后各年度的效应。检验结果如表 20-5 所示。由表 20-5 可以看出，在政策实施之前系数并未显著小于零，而在政策实施后的年份，系数均显著小于零，满足平行趋势的假设。

表 20-5　　　　　　　　　　平行趋势检验

变量名称	企业投资效率（Eff）
Pre4	0.0004
	(0.61)
Pre3	-0.0008
	(-1.23)
Pre2	-0.0001
	(-0.17)
Current	-0.0023***
	(-3.15)
Post1	-0.0019*
	(-1.80)
Post2	-0.0025*
	(-1.82)
Post3	-0.0029*
	(-1.67)
Size	0.0007
	(1.14)
Lev	0.0109***
	(4.68)
Roa	0.0105***
	(2.94)
Ato	-0.0021*
	(-1.93)

续表

变量名称	企业投资效率（Eff）
Rec	-0.0230***
	(-6.45)
Inv	-0.0200***
	(-6.65)
Fix	-0.0206***
	(-5.17)
Growth	0.0006
	(1.26)
Indep	0.0108**
	(2.06)
Top10	0.0024
	(0.76)
Balance	-0.0033**
	(-2.41)
BM	-0.0012***
	(-4.23)
Age	-0.0106**
	(-2.30)
Mshare	0.0057*
	(1.88)
截距项	0.0466**
	(2.47)
企业固定效应	控制
年份固定效应	控制
N	19750
R^2	0.3505

(4) 稳健性检验

①倾向得分匹配。本章采用倾向得分匹配法修正样本间的差异性问题。参考戴美虹（2022）的匹配方式，以控制变量为协变量，有放回地分别进行1∶1，1∶2，1∶3，1∶4逐年近邻匹配，回归结果如表20-6所示。在采用倾向得分匹配法后的多时点双重差分估计结果中，核心解释变量系数的估计结果显著为

负，与基准回归结果保持一致。这在一定程度上说明了基准回归结果的稳健性。

表20-6　　　　　　　　　　倾向得分匹配后的回归结果

变量名称	企业投资效率（Eff）			
	(1)	(2)	(3)	(4)
	1∶1	1∶2	1∶3	1∶4
Reform	-0.0025**	-0.0027***	-0.0024***	-0.0025***
	(-2.41)	(-3.29)	(-3.07)	(-3.43)
Size	0.0012	0.0016*	0.0012	0.0008
	(1.15)	(1.92)	(1.60)	(1.18)
Lev	0.0110***	0.0116***	0.0112***	0.0115***
	(2.78)	(3.80)	(4.15)	(4.56)
Roa	0.0065	0.0064	0.0074*	0.0072*
	(1.19)	(1.49)	(1.85)	(1.88)
Ato	-0.0018	-0.0020	-0.0023*	-0.0022*
	(-1.11)	(-1.44)	(-1.80)	(-1.85)
Rec	-0.0192***	-0.0209***	-0.0209***	-0.0220***
	(-3.27)	(-4.47)	(-5.07)	(-5.68)
Inv	-0.0197***	-0.0194***	-0.0191***	-0.0191***
	(-3.09)	(-4.45)	(-4.94)	(-5.48)
Fix	-0.0293***	-0.0285***	-0.0261***	-0.0257***
	(-4.20)	(-5.51)	(-5.54)	(-5.86)
Growth	0.0010	0.0010	0.0014**	0.0016***
	(1.35)	(1.64)	(2.34)	(2.86)
Indep	0.0089	0.0063	0.0116*	0.0118**
	(1.02)	(0.95)	(1.94)	(2.08)
Top10	-0.0017	0.0017	0.0022	0.0025
	(-0.32)	(0.41)	(0.60)	(0.72)
Balance	-0.0013	-0.0027	-0.0042***	-0.0045***
	(-0.57)	(-1.56)	(-2.67)	(-3.08)
BM	-0.0015***	-0.0017***	-0.0014***	-0.0014***
	(-2.61)	(-3.97)	(-3.71)	(-3.88)
Age	-0.0064	-0.0109	-0.0093	-0.0103*
	(-0.71)	(-1.64)	(-1.57)	(-1.80)

续表

变量名称	企业投资效率（Eff）			
	(1)	(2)	(3)	(4)
	1∶1	1∶2	1∶3	1∶4
Mshare	0.0069	0.0042	0.0054	0.0051
	(1.53)	(1.16)	(1.60)	(1.57)
截距项	0.0263	0.0311	0.0334	0.0444**
	(0.75)	(1.19)	(1.44)	(2.01)
企业固定效应	控制	控制	控制	控制
年份固定效应	控制	控制	控制	控制
N	9023	13505	15729	16967
R^2	0.4578	0.4093	0.3835	0.3699

②安慰剂检验。本章对基准回归结果进行安慰剂检验，具体思路为：将政府财务报告制度改革政策实施前三年、前两年和前一年作为虚拟政策实施时间进行安慰剂检验。回归结果如表 20-7 所示。可以看出，无论是将政策提前三年、两年还是一年，核心解释变量前的回归系数均不显著，这在一定程度上说明了政府财务报告制度改革的外生性以及基准回归结果的稳健性。

表 20-7　　　　　　　　安慰剂检验

变量名称	企业投资效率（Eff）		
	政策提前三年	政策提前两年	政策提前一年
	(1)	(2)	(3)
Reform	-0.0006	0.0012	0.0002
	(-0.70)	(1.60)	(0.26)
Size	0.0007	0.0007	0.0007
	(1.10)	(1.14)	(1.11)
Lev	0.0108***	0.0108***	0.0108***
	(4.63)	(4.64)	(4.63)
Roa	0.0103***	0.0103***	0.0103***
	(2.89)	(2.88)	(2.88)
Ato	-0.0020*	-0.0018*	-0.0021*
	(-1.94)	(-1.96)	(-1.95)
Rec	-0.0228***	-0.0228***	-0.0228***
	(-6.41)	(-6.40)	(-6.41)

续表

变量名称	企业投资效率（Eff）		
	政策提前三年 (1)	政策提前两年 (2)	政策提前一年 (3)
Inv	-0.0199***	-0.0200***	-0.0200***
	(-6.61)	(-6.64)	(-6.63)
Fix	-0.0205***	-0.0205***	-0.0205***
	(-5.15)	(-5.13)	(-5.14)
Growth	0.0006	0.0006	0.0006
	(1.38)	(1.32)	(1.38)
Indep	0.0110**	0.0110**	0.0110**
	(2.09)	(2.09)	(2.09)
Top10	0.0026	0.0026	0.0026
	(0.80)	(0.81)	(0.81)
Balance	-0.0032**	-0.0033**	-0.0032**
	(-2.40)	(-2.41)	(-2.40)
BM	-0.0012***	-0.0012***	-0.0012***
	(-4.27)	(-4.29)	(-4.28)
Age	-0.0105**	-0.0105**	-0.0105**
	(-2.28)	(-2.28)	(-2.28)
Mshare	0.0057*	0.0057*	0.0057*
	(1.87)	(1.86)	(1.86)
截距项	0.0462**	0.0445**	0.0455**
	(2.45)	(2.36)	(2.41)
企业固定效应	控制	控制	控制
年份固定效应	控制	控制	控制
N	19750	19750	19750
R^2	0.3500	0.3500	0.3499

③缩短回归期间。考虑到新冠疫情可能影响经济发展和企业生产经营以及2020年政府财务报告制度实现全覆盖可能对准自然实验回归结果有所影响，从而影响实证结果的稳健性。因此本章在稳健性检验中剔除2020年的数据重新进行回归分析，回归结果如表20-8第（1）列所示。可以看出，核心解释变量前的系数仍显著为负，与基准回归结果保持一致，这表明排除新冠疫情的影响后，政府财务报告制度改革对企业投资效率的影响仍然显著。

④控制行业趋势和宏观经济因素。行业因素和宏观因素也可能会导致企业

投资效率发生变动,为穷尽所有行业与宏观影响因素,本章引入行业与时间趋势以及行业与城市的交互固定效应控制行业趋势与宏观因素,回归结果如表20-8第(2)列所示,结果与基准回归保持一致,进一步表明了研究结论的稳健性。

表20-8 稳健性检验

变量名称	企业投资效率（Eff）	
	缩短样本期间	考虑宏观因素
	(1)	(2)
Reform	-0.0022***	-0.0022***
	(-3.11)	(-3.20)
Size	0.0005	-0.0000
	(0.66)	(-0.08)
Lev	0.0112***	0.0119***
	(4.18)	(5.02)
Roa	0.0112***	0.0091**
	(2.71)	(2.47)
Ato	-0.0017	-0.0030***
	(-1.39)	(-2.74)
Rec	-0.0255***	-0.0217***
	(-5.87)	(-5.75)
Inv	-0.0222***	-0.0194***
	(-5.87)	(-5.92)
Fix	-0.0199***	-0.0218***
	(-4.40)	(-5.42)
Growth	0.0004	0.0004
	(0.80)	(0.86)
Indep	0.0093	0.0101*
	(1.61)	(1.92)
Top10	0.0030	0.0020
	(0.81)	(0.60)
Balance	-0.0022	-0.0029**
	(-1.37)	(-2.11)

续表

变量名称	企业投资效率（Eff）	
	缩短样本期间	考虑宏观因素
	(1)	(2)
BM	-0.0014***	-0.0011***
	(-4.04)	(-3.44)
Age	-0.0084	-0.0087*
	(-1.55)	(-1.85)
Mshare	0.0048	0.0054*
	(1.34)	(1.78)
截距项	0.0455**	0.0585***
	(2.08)	(3.01)
企业固定效应	控制	控制
年份固定效应	控制	控制
行业—年份固定效应	不控制	控制
行业—城市固定效应	不控制	控制
N	16722	19719
R^2	0.3676	0.3778

20.4.3 机制检验

根据假设 H2，政府财务报告制度改革能够发挥信息效应和社会治理效应提升政府投资效率，进而充分发挥政府投资的信号传递和资源配置作用，引导民间资本顺应经济发展和产业趋势，提升企业投资效率。因此，本章构建中介效应模型检验政府财务报告制度改革影响企业投资效率的机制，引入政府投资效率中介变量检验政府财务报告制度改革影响企业投资效率的作用机制，回归结果如表20-9 所示。可以看出，无论是否考虑控制变量，政府投资效率的回归系数均大于 0，且通过 1% 水平的显著性检验。回归结果表明，政府财务报告制度改革可以通过优化政府投资进而提升企业投资效率。进一步地，本章使用 Bootstrap 方法进行中介机制检验，结果显示间接效应的置信区间不包含 0（LLCI = 0.0000，ULCI = 0.0002），表明间接效应显著，这也表明政府财务报告制度改革对企业投资效率的影响可以通过提升政府投资效率来实现，假设 H2 得以验证。

表 20-9　　　　　　　　　中介机制检验结果

变量名称	政府投资效率	
	(1)	(2)
Reform	0.0202***	0.0204***
	(12.81)	(12.90)
Size		-0.0066***
		(-3.90)
Lev		-0.0161**
		(-2.37)
Roa		0.0345***
		(3.57)
Ato		0.0019
		(0.62)
Rec		0.0002
		(0.02)
Inv		0.0023
		(0.26)
Fix		0.0166**
		(1.97)
Growth		-0.0002
		(-0.14)
Indep		-0.0278*
		(-1.66)
Top10		0.0342***
		(3.86)
Balance		-0.0038
		(-0.95)
BM		0.0014
		(1.44)
Age		-0.0298***
		(-2.64)
Mshare		0.0069
		(1.03)

续表

变量名称	政府投资效率	
	(1)	(2)
截距项	0.9300 ***	1.1539 ***
	(1310.31)	(23.30)
	中介变量：政府投资效率（G_{eff}）	
Bootstrap 方法	0.0300 **	
间接效应检验	(LLCI = 0.0000，ULCI = 0.0002)	
	机制有效—正向传导	
企业固定效应	控制	控制
年份固定效应	控制	控制
N	19750	19750
R^2	0.8106	0.8119

20.4.4 进一步分析

根据前文的分析，考察政府财务报告制度改革对企业投资行为的影响有必要进一步结合不同的制度与行为因素进行分析。从单一政府看，地方政府会面临着较大的 GDP 增长压力，在 GDP 增长压力下，地方政府为获取辖区的经济优势，往往会运用行政权力过度干预市场，超越或者偏离政府职能，对于政府会计信息披露存在机会主义，出现策略性执行行为；从地方政府间竞争看，对经济和财力等相对稀缺性资源的竞争造成了地方政府之间的竞争性。地方政府间的竞争导致了地方官员的短视行为，重点关注政绩表现而降低了政府会计信息披露质量；从地方政府与中央政府博弈看，中央政府"预算软约束"的存在降低了其对地方政府"不救助"信号的可信度，弱化了自上而下的制度约束机制，其结果是地方政府在执行中央下达的政策时，行为效用函数目标发生严重偏离。由此，本章主要从 GDP 增长压力、政府间竞争水平和预算软约束程度三个方面，根据模型（20-3）检验制度与行为因素对于政府财务报告制度改革与企业投资效率关系的影响。

$$Eff_{i,t} = \beta_0 + \beta_1 Reform_{i,t} + \beta_2 IBF_{i,t} + \beta_3 Reform_{i,t} \times IBF_{i,t} + \beta_4 X_{i,t} + \lambda_1 + \mu_t + \varepsilon_{i,t}$$

(20-3)

其中，IBF 代表一系列制度与行为因素，根据政府主体的不同主要分为 GDP 增长压力（GC）、政府间竞争（GP）和预算软约束（SBC）三个类别。其中，

GDP 增长压力（*GP*）使用地方政府工作报告中 GDP 目标值与上年度实际 GDP 增速的差值进行测度，若差值大于 0，则 *GP* 值取 1，反之则取 0；政府间竞争（*GC*）使用环境绩效指标表示，采用政府工作报告中出现的与环境保护相关的词频来进行测度，以环境词频的 75 分位数为界，若大于该值，则视为地方竞争压力较大，*GC* 取值为 1，反之，*GC* 取值为 0；预算软约束（*SBC*）参照已有的做法，采用 BFI 指数衡量中国财政预算软约束（陈志勇和陈思霞，2014），根据 BFI 指数的 75 分位数，将样本分为预算软约束大和预算软约束小两组，预算软约束大的组别 *SBC* 值为 1，反之为 0。

表 20-10 第（1）列报告了 GDP 增长压力的调节作用，从中可以发现，尽管 GDP 增长压力的系数显著为负，但交乘项的系数显著大于 0 且大于政府财务报告制度改革解释变量系数的绝对值，这说明 GDP 增长压力能够扭转政府财务报告制度改革对于企业投资效率的促进作用。回归结果表明，在 GDP 增长压力之下，地方政府干预辖区内市场配置的动机强烈，因此在信息披露选择中存在机会主义行为，从而使政府财务报告制度改革执行结果有所偏差，削弱甚至扭转其对企业投资效率的促进作用。由此可以得出，GDP 增长压力的大小在一定程度上可以扭曲政府财务报告制度改革的执行行为，并最终影响企业的投资效率。表 20-10 第（2）列报告了政府间竞争对政府财务报告制度改革影响企业投资效率的调节作用，政府竞争解释变量的系数显著小于 0，说明政府竞争本身对于企业投资效率具有促进作用，但交乘项的系数显著为正，其绝对值小于政府财务报告制度改革解释变量系数的绝对值，表明政府间竞争水平显著削弱了政府财务报告制度改革对于企业投资效率的促进作用。回归结果表明，地方政府间的竞争可以影响地方政府行为决策，地方政府对政府财务报告制度改革的执行策略存在"竞低"的情况，由此而导致政策目标的偏离。表 20-10 第（3）列报告了预算软约束的调节作用。其中，预算软约束的系数不显著，交乘项的系数显著为正。原因可能在于预算软约束极大地强化了政治上的晋升激励和经济上的财政利益激励，弱化了自上而下的制度约束机制，其结果是地方政府在执行中央下达的政策时，行为效用函数目标发生严重偏离。结果表明，预算软约束程度对政府财务报告制度改革影响企业投资行为的作用效果具有反向的调节作用。

加入制度与行为因素交乘项的回归结果表明，GDP 增长压力、政府间竞争水平和预算软约束程度等因素对政府财务报告制度改革对企业投资行为的影响具有负向的调节作用。GDP 增长压力甚至能够扭转政府财务报告制度改革对企业投资效率的促进作用。

第20章 "有为政府"与"有效市场":政府财报制度改革对企业投资效率的影响研究

表20-10　　调节机制检验结果

变量名称	制度与行为因素的调节效应检验		
	(1)	(2)	(3)
	Eff	Eff	Eff
$Reform$	-0.0021***	-0.0025***	-0.0028***
	(-3.09)	(-3.51)	(-3.84)
GP	-0.0177***		
	(-2.74)		
$Reform \times GP$	0.0175***		
	(2.77)		
GC		-0.0009*	
		(-1.70)	
$Reform \times GC$		0.0019**	
		(2.35)	
SBC			-0.0004
			(-0.66)
$Reform \times SBC$			0.0021**
			(2.53)
$Size$	0.0007	0.0007	0.0007
	(1.14)	(1.13)	(1.12)
Lev	0.0107***	0.0109***	0.0107***
	(4.61)	(4.68)	(4.62)
Roa	0.0102***	0.0104***	0.0104***
	(2.86)	(2.93)	(2.92)
Ato	-0.0020*	-0.0020*	-0.0020*
	(-1.85)	(-1.89)	(-1.90)
Rec	-0.0228***	-0.0232***	-0.0231***
	(-6.40)	(-6.51)	(-6.47)
Inv	-0.0200***	-0.0200***	-0.0201***
	(-6.65)	(-6.63)	(-6.65)
Fix	-0.0207***	-0.0206***	-0.0207***
	(-5.20)	(-5.17)	(-5.18)
$Growth$	0.0006	0.0006	0.0006
	(1.29)	(1.28)	(1.33)

续表

变量名称	制度与行为因素的调节效应检验		
	(1)	(2)	(3)
	Eff	Eff	Eff
Indep	0.0113**	0.0109**	0.0110**
	(2.16)	(2.08)	(2.10)
Top10	0.0026	0.0025	0.0024
	(0.82)	(0.80)	(0.76)
Balance	-0.0032**	-0.0033**	-0.0032**
	(-2.37)	(-2.42)	(-2.38)
BM	-0.0011***	-0.0012***	-0.0012***
	(-4.18)	(-4.26)	(-4.22)
Age	-0.0104**	-0.0107**	-0.0104**
	(-2.25)	(-2.32)	(-2.26)
Mshare	0.0056*	0.0057*	0.0056*
	(1.85)	(1.86)	(1.84)
截距项	0.0456**	0.0471**	0.0464**
	(2.42)	(2.50)	(2.46)
企业固定效应	控制	控制	控制
年份固定效应	控制	控制	控制
N	19750	19750	19750
R^2	0.3507	0.3505	0.3506

20.4.5 异质性检验

(1) 企业层面

由于产权属性的差异,制度因素对国有企业和非国有企业投资效率的影响各不相同。政府财务报告制度改革对产权性质不同的企业可能会存在异质性影响。表20-11第(1)列和第(2)列分别报告了政府财务报告制度改革对国有企业和非国有企业的异质性影响,从表20-11中可以看出,政府财务报告制度改革对国有企业的影响更为突出。原因可能在于,在我国转轨经济的制度背景中,政府有可能通过将经济发展、环境保护和社会责任等目标施加于国有企业,因此相较于非国有企业,国有企业受到的政府干预较多且承担着大量"政策性负担",从而会存在无效率投资行为。政府财务报告制度改革一定程度上增加了地方政府干预企业行为的成本,促进了国有企业投资效率的提升。

(2) 行业层面

企业数字化转型能有效降低信息不对称程度,增强市场积极预期。政府财务报告制度改革对数字化程度不同的企业可能会存在异质性影响。本章借鉴吴非等(2022)的研究,根据企业年报中有关企业数字化的关键词的词频来对企业的数字化程度进行测度,以词频的 75 分位数为界将样本划分为数字化程度高和数字化程度低两组,进行分组回归。回归结果如表 20-11 第(3)列和第(4)列所示,结果显示,政府财务报告制度改革对企业投资效率的影响在数字化程度较高的企业中更为显著。原因可能在于,数字化程度高的企业信息分析和决策能力更强,为政府财务报告制度改革促进企业投资效率提供了有利条件。

(3) 地区层面

由于中国经济社会发展的不平衡,大多数企业会选择在经济较为发达的地区注册,经济发达地区的经济活力和韧性更强,政府财务报告制度改革动力更足,成效也更显著,因此政府财务报告制度改革对经济发达地区的企业投资效率的影响可能更为显著。回归结果如表 20-11 第(5)列和第(6)列所示。回归结果表明,处于经济发达地区的企业回归系数显著,而该系数在经济欠发达地区不显著,回归结果验证了前文的分析。

表 20-11　　　　　　　　　　异质性检验结果

变量名称	企业投资效率(Eff)					
	区分企业所有权性质		区分企业数字化程度		区分区域经济发展水平	
	(1)	(2)	(3)	(4)	(5)	(6)
	国有企业	非国有企业	数字化程度低	数字化程度高	经济发达地区	经济欠发达地区
$Reform$	-0.0025**	-0.0017*	-0.0024	-0.0017**	-0.0027***	-0.0007
	(-2.27)	(-1.96)	(1.42)	(-2.07)	(-3.28)	(-0.50)
$Size$	0.0022**	0.0003	0.0005	0.0003	0.0006	0.0013
	(2.03)	(0.44)	(0.38)	(0.26)	(0.80)	(1.20)
Lev	0.0064	0.0135***	0.0030	0.0111***	0.0124***	0.0078*
	(1.41)	(4.84)	(0.64)	(3.10)	(4.45)	(1.83)
Roa	0.0138*	0.0089**	0.0289***	0.0020	0.0087**	0.0136*
	(1.65)	(2.18)	(2.88)	(0.48)	(2.12)	(1.88)
Ato	-0.0021	-0.0020	0.0005	-0.0032**	-0.0014	-0.0033
	(-1.25)	(-1.41)	(0.24)	(-2.01)	(-1.22)	(-1.45)

续表

变量名称	企业投资效率（Eff）					
	区分企业所有权性质		区分企业数字化程度		区分区域经济发展水平	
	(1)	(2)	(3)	(4)	(5)	(6)
	国有企业	非国有企业	数字化程度低	数字化程度高	经济发达地区	经济欠发达地区
Rec	-0.0136**	-0.0268***	-0.0403***	-0.0144***	-0.0214***	-0.0250***
	(-2.10)	(-6.04)	(-4.76)	(-2.85)	(-4.96)	(-3.84)
Inv	-0.0183***	-0.0215***	-0.0236***	-0.0147***	-0.0203***	-0.0194***
	(-3.82)	(-5.30)	(-3.43)	(-3.11)	(-5.80)	(-3.28)
Fix	-0.0222***	-0.0211***	-0.0213***	-0.0234***	-0.0292***	-0.0064
	(-3.17)	(-4.15)	(-2.71)	(-3.75)	(-5.71)	(-1.00)
$Growth$	0.0004	0.0005	0.0004	0.0018**	-0.0005	0.0023***
	(0.61)	(0.89)	(-0.65)	(2.42)	(-0.96)	(3.06)
$Indep$	-0.0067	0.0210***	0.0079	0.0222***	0.0175***	-0.0036
	(-0.91)	(2.84)	(0.81)	(2.87)	(2.65)	(-0.43)
$Top10$	-0.0070	0.0066	0.0002	0.0093*	0.0078**	-0.0076
	(-1.19)	(1.60)	(0.04)	(1.72)	(2.04)	(-1.32)
$Balance$	-0.0007	-0.0052***	-0.0028	-0.0064***	-0.0036**	-0.0031
	(-0.28)	(-2.99)	(-1.11)	(-2.95)	(-2.17)	(-1.34)
BM	0.0012***	-0.0012***	-0.0006	-0.0009**	-0.0009***	-0.0016***
	(-3.27)	(-2.80)	(-0.85)	(-2.47)	(-3.06)	(-2.92)
Age	-0.0011	-0.0133**	-0.0205**	-0.0085	-0.0102*	-0.0119
	(-0.12)	(-2.37)	(-2.09)	(-0.82)	(-1.92)	(-1.30)
$Mshare$	-0.0066	0.0048	0.0041	0.0053	0.0051	0.0070
	(-0.55)	(1.47)	(0.78)	(1.06)	(1.46)	(1.14)
截距项	-0.0041	0.0573**	0.0834**	0.0432	0.0430*	0.0461
	(-0.12)	(2.44)	(2.15)	(1.17)	(1.92)	(1.29)
企业固定效应	控制	控制	控制	控制	控制	控制
年份固定效应	控制	控制	控制	控制	控制	控制
N	6493	13189	7658	11752	13641	6109
R^2	0.3989	0.3286	0.4346	0.4645	0.3456	0.3650
Chow 检验 P 值	0.863		0.073		0.052	
费舍尔检验 P 值	0.081		0.226		0.071	

第20章　"有为政府"与"有效市场"：政府财报制度改革对企业投资效率的影响研究

20.5　研究结论与政策建议

识别和检验政府财务报告制度改革的经济治理效应，对于推动"有为政府"与"有效市场"相结合，促进政府宏观经济治理能力提升具有重要意义。本章在我国逐步推行的政府财务报告制度改革准自然实验场景中，实证检验政府财务报告制度改革对企业投资效率的影响，并得到以下结论：第一，政府财务报告制度改革有助于明确政府财政治理方向与重点，有效降低政府与市场间的信息不对称，为企业投资兴业提供了稳定可预期的制度安排。企业能够结合外部环境变动趋势与自身发展战略，优化投资决策，提升投资效率。第二，政府财务报告制度改革具有信息效应和社会治理效应，有助于发挥政府投资的信号传递和资源配置作用，引导民间资本顺应经济发展和产业趋势，进而提升企业投资效率。第三，政府财务报告制度改革对企业投资效率的影响会受到制度与行为因素的作用，具体而言，GDP增速压力、政府间竞争水平以及中央政府预算软约束等制度与行为因素能够扭曲地方政府的政策执行水平，进而削弱政府财务报告对企业投资效率的影响，GDP增速压力甚至能够扭转政府财务报告对企业投资效率的促进作用。第四，异质性分析显示，政府财务报告制度改革对企业投资效率的影响在国有企业、处于经济发达地区的企业以及数字化程度较高的企业中更加显著。但也存在一定的不足和局限：识别和揭示政府财务报告制度改革对企业投资的影响效应仍是一个持续而深入探索的过程，未来还需要结合更多的实践经验和相关案例进行更加全面的分析和讨论。

本章的政策建议在于：第一，加强政府财务报告制度体系建设，不断凸显政府财务报告制度改革的功能效应。权责发生制政府财务报告制度体系建设不应局限于方法工具的改变，而应该将其置于经济与财政制度连贯渐进的变革中，充分发挥其宏观治理效应。第二，充分运用政府财务报告制度改革这一制度工具，推动"有为政府"和"有效市场"相结合。高质量的政府财务报告是"有为政府"的重要体现，能够有效约束地方政府的自利性投资偏好，提升政府投资效率，进而引导社会资本实现最优化配置，促进"有效市场"的形成。第三，强化相关制度间合力作用。切实发挥政府财务报告对于"有为政府"的数据支持和"有效市场"的制度支撑作用，依赖于政府财务报告审计制度、政府财务报告公开制度、现代预算制度等制度之间的合力，从而助力政府财务报告制度改革在各级政府部门和市场的有序推进。

参考文献

[1] 财政部：《关于发布〈事业单位会计准则（试行）〉的通知》（财预字〔1997〕286号），1997.

[2] 财政部：《关于贯彻落实〈中共中央 国务院关于全面实施预算绩效管理的意见〉的通知》（财预〔2018〕167号），2018.

[3] 财政部：《关于贯彻实施〈事业单位会计准则〉〈事业单位会计制度〉的通知》（财会函〔2013〕1号），2013.

[4] 财政部：《关于加强行政事业单位数据资产管理的通知》（财资〔2024〕1号），2024.

[5] 财政部：《关于进一步加强公路水路公共基础设施政府会计核算的通知》（财会〔2020〕23号），2020.

[6] 财政部：《关于进一步加强和改进行政事业单位国有资产管理工作的通知》（财资〔2018〕108号），2019.

[7] 财政部：《关于进一步加强市政基础设施政府会计核算的通知》（财会〔2022〕38号），2022.

[8] 财政部：《关于进一步加强水利基础设施政府会计核算的通知》（财会〔2021〕29号），2021.

[9] 财政部：《关于进一步做好政府会计准则制度新旧衔接和加强行政事业单位资产核算的通知》（财会〔2018〕34号），2018.

[10] 财政部：《关于开展2017年度政府财务报告编制试点工作的通知》（财库〔2018〕34号），2018.

[11] 财政部：《关于开展2018年度政府财务报告编制试点工作的通知》（财库〔2019〕25号），2018.

[12] 财政部：《关于修订印发〈政府部门财务报告编制操作指南〉的通知》

（财库〔2023〕22号），2023.

［13］财政部：《关于修订印发〈政府财务报告编制办法（试行）〉的通知》（财库〔2019〕56号），2019.

［14］财政部：《关于修订印发〈政府财务报告编制办法〉的通知》（财库〔2023〕21号），2023.

［15］财政部：《关于修订印发〈政府综合财务报告编制操作指南〉的通知》（财库〔2023〕23号），2023.

［16］财政部：《关于修改〈事业单位国有资产管理暂行办法〉的决定》（中华人民共和国财政部令第100号），2019.

［17］财政部：《关于印发〈财政总会计制度〉的通知》（财库〔2022〕41号），2022.

［18］财政部：《关于印发〈财政总预算会计制度〉的通知》（财库〔2015〕192号），2015.

［19］财政部：《关于印发〈地方政府债券发行管理办法〉的通知》（财库〔2020〕43号），2020.

［20］财政部：《关于印发〈关于加强数据资产管理的指导意见〉的通知》（财资〔2023〕141号），2023.

［21］财政部：《关于印发〈企业数据资源相关会计处理暂行规定〉的通知》（财会〔2023〕11号），2023.

［22］财政部：《关于印发〈事业单位会计制度〉的通知》（财会〔2012〕22号），2012.

［23］财政部：《关于印发〈行政单位会计制度〉的通知》（财库〔2013〕218号），2013.

［24］财政部：《关于印发〈政府财务报告编制办法〉的通知》（财库〔2023〕21号），2023.

［25］财政部：《关于印发〈政府会计制度——行政事业单位会计科目和报表〉的通知》（财会〔2017〕25号），2017.

［26］财政部：《关于印发〈政府会计准则第1号——存货〉等4项具体准则的通知》（财会〔2016〕12号），2016.

［27］财政部：《关于印发〈政府会计准则第3号——固定资产〉应用指南的通知》（财会〔2023〕4号），2017.

［28］财政部：《关于印发〈政府会计准则第5号——公共基础设施〉的通知》（财会〔2017〕11号），2017.

[29] 财政部：《关于印发〈政府会计准则第 8 号——负债〉的通知》（财会〔2018〕31 号），2018.

[30] 财政部：《关于印发〈政府会计准则第 9 号——财务报表编制和列报〉的通知》（财会〔2018〕37 号），2018.

[31] 财政部：《关于印发〈政府会计准则第 11 号——文物资源〉及其应用指南的通知》（财会〔2023〕19 号），2023.

[32] 财政部：《关于印发〈政府会计准则制度解释第 6 号〉的通知》（财会〔2023〕18 号），2023.

[33] 财政部：《关于印发〈中央行政事业单位国有资产处置管理办法〉的通知》（财资〔2021〕127 号），2021.

[34] 财政部：《关于做好 2016 年度政府资产报告试点工作的通知》（财资〔2016〕92 号），2016.

[35] 财政部：《事业单位会计准则》（中华人民共和国财政部令第 72 号），2012.

[36] 财政部：《政府会计准则——基本准则》（中华人民共和国财政部令第 78 号），2015.

[37] 财政部 文化和旅游部：《关于印发〈文化事业单位财务制度〉的通知》（财教〔2022〕160 号），2022.

[38] 财政部 文物局：《关于印发〈国家文物保护专项资金管理办法〉的通知》（财文〔2018〕178 号），2018.

[39] 财政部 文物局：《关于印发〈国有文物资源资产管理暂行办法〉的通知》（财资〔2021〕84 号），2021.

[40] 财政部 文物局：《关于印发〈文物事业单位财务制度〉的通知》（财教〔2022〕162 号），2022.

[41] 贵州省人民政府办公厅：《贵州省政府数据资产管理登记暂行办法》（黔数据领办〔2017〕19 号），2017.

[42] 国家统计局：《自然资源资产负债表编制制度（试行）》，2018.

[43] 国务院：《博物馆条例》（中华人民共和国国务院令第 659 号），2015.

[44] 国务院：《国务院关于 2022 年度国有资产管理情况的综合报告》，2022.

[45] 国务院：《国务院关于加强地方政府性债务管理的意见》（国发〔2014〕43 号），2014.

[46] 国务院：《国务院关于加强数字政府建设的指导意见》（国发〔2022〕

14号），2022.

［47］国务院：《国务院关于批转财政部权责发生制政府综合财务报告制度改革方案的通知》（国发〔2014〕63号），2014.

［48］国务院：《国务院关于全民所有自然资源资产有偿使用制度改革的指导意见》（国发〔2016〕82号），2016.

［49］国务院：《国务院关于印发"十四五"数字经济发展规划的通知》（国发〔2021〕29号），2021.

［50］国务院：《国务院关于印发促进大数据发展行动纲要的通知》（国发〔2015〕50号），2015.

［51］国务院：《国务院关于印发所得税收入分享改革方案的通知》（国发〔2001〕37号），2001.

［52］国务院：《国务院关于中国国民经济核算体系（2016）的批复》（国函〔2017〕91号），2017.

［53］国务院：《行政事业性国有资产管理条例》（中华人民共和国国务院令第738号），2021.

［54］国务院：《中华人民共和国政府采购法》（中华人民共和国国务院令第658号），2023.

［55］国务院：《中华人民共和国国民经济和社会发展第十一个五年规划纲要》，2006.

［56］国务院：《中华人民共和国国民经济和社会发展第十三个五年规划纲要》，2016.

［57］国务院办公厅：《国务院办公厅关于印发编制自然资源资产负债表试点方案的通知》（国办发〔2015〕82号），2015.

［58］国务院办公厅：《国务院办公厅关于印发地方政府性债务风险应急处置预案的通知》（国办函〔2016〕88号），2016.

［59］全国人民代表大会常务委员会：《全国人民代表大会常务委员会关于修改〈中华人民共和国审计法〉的决定》（中华人民共和国主席令第一〇〇号），2021.

［60］全国人民代表大会常务委员会：《全国人民代表大会常务委员会关于修改〈中华人民共和国预算法〉的决定》（中华人民共和国主席令第十二号），2014.

［61］文化部：《文物认定管理暂行办法》（中华人民共和国文化部令第46号），2009.

[62] 中共中央：《中共中央关于坚持和完善中国特色社会主义制度、推进国家治理体系和治理能力现代化若干重大问题的决定》，2019.

[63] 中共中央：《中共中央关于建立国务院向全国人大常委会报告国有资产管理情况制度的意见》，2019.

[64] 中共中央：《中共中央关于全面深化改革若干重大问题的决定》，2013.

[65] 中共中央：《中共中央关于深化党和国家机构改革的决定》，2018.

[66] 中共中央：《中共中央关于制定国民经济和社会发展第十四个五年规划和二〇三五年远景目标的建议》，2020.

[67] 中共中央 国务院：《中共中央 国务院关于构建更加完善的要素市场化配置体制机制的意见》，2020.

[68] 中共中央 国务院：《中共中央 国务院关于构建数据基础制度更好发挥数据要素作用的意见》，2023.

[69] 中共中央 国务院：《中共中央 国务院关于全面实施预算绩效管理的意见》，2018.

[70] 中共中央 国务院：《中共中央 国务院关于完善产权保护制度依法保护产权的意见》，2016.

[71] 中共中央 国务院：《中共中央 国务院关于印发〈生态文明体制改革总体方案〉的通知》，2015.

[72] 中共中央 国务院：《中共中央 国务院印发〈法治政府建设实施纲要（2021—2025年）〉》，2021.

[73] 中共中央办公厅 国务院办公厅：《全民所有自然资源资产所有权委托代理机制试点方案》，2022.

[74] 中共中央办公厅 国务院办公厅：《中共中央办公厅 国务院办公厅印发〈关于加强国有企业资产负债约束的指导意见〉》，2018.

[75] 中共中央办公厅 国务院办公厅：《中共中央办公厅 国务院办公厅印发〈关于建立健全生态产品价值实现机制的意见〉》，2021.

[76] 中共中央办公厅 国务院办公厅：《中共中央办公厅 国务院办公厅印发〈关于统筹推进自然资源资产产权制度改革的指导意见〉》，2019.

[77] 中共中央办公厅 国务院办公厅：《中共中央办公厅 国务院办公厅印发〈关于做好地方政府专项债券发行及项目配套融资工作的通知〉》，2019.

[78] 自然资源部办公厅：《关于印发〈自然资源标准化工作三年行动计划（2023—2025年）〉的通知》（自然资办发〔2023〕29号），2023.

[79] 巴曙松，李羽翔，张博. 地方政府债券发行定价影响因素研究——基

于银政关系的视角 [J]. 国际金融研究, 2019 (07): 76-86.

[80] 巴泽尔. 产权的经济分析 [M]. 费方域, 段毅才, 译. 上海: 格致出版社, 2011.

[81] 卜君, 孙光国. 会计准则运行主体及其互动机制研究 [J]. 会计研究, 2017 (08): 3-11.

[82] 蔡利, 段康. 政府审计对地方政府债务治理的效应研究 [J]. 审计研究, 2022 (02): 31-42.

[83] 曹婧, 毛捷, 薛熠. 城投债为何持续增长: 基于新口径的实证分析 [J]. 财贸经济, 2019, 40 (05): 5-22.

[84] 曹静韬. 规划预算下的政府资产管理探析 [J]. 中国行政管理, 2019 (09): 16-21.

[85] 曹伟. 如何构建我国会计要素 [J]. 会计研究, 1996 (01): 25-28.

[86] 曹玉珊, 马儒慧. 自然资源会计核算主体的认定及其功能设计——基于生态文明制度建设视角 [J]. 财会月刊, 2019 (17): 65-74.

[87] 曹越, 伍中信. 产权保护、公允价值与会计改革 [J]. 会计研究, 2009 (02): 28-33.

[88] 常丽. 论我国政府财务报告的改进 [M]. 大连: 东北财经出版社, 2007.

[89] 常丽. 全景式政府财务信息披露研究 [M]. 北京: 人民出版社, 2014.

[90] 常丽. 新公共治理、政府绩效评价与我国政府财务报告的改进 [J]. 会计研究, 2008 (04): 19-24.

[91] 常丽. 政府资产负债要素的界定及披露问题研究 [J]. 东北财经大学学报, 2011 (01): 55-59.

[92] 陈斌, 李拓. 财政分权和环境规制促进了中国绿色技术创新吗? [J]. 统计研究, 2020, 37 (06): 27-39.

[93] 陈朝琳, 叶丰滢. 借鉴 IASB 概念框架, 完善我国企业会计基本准则 [J]. 会计研究, 2019 (09): 21-27.

[94] 陈菁, 李建发. 财政分权、晋升激励与地方政府债务融资行为——基于城投债视角的省级面板经验证据 [J]. 会计研究, 2015 (01): 61-67.

[95] 陈静. 基于四维功能的政府负债会计改革研究 [J]. 经济体制改革, 2013 (02): 150-153.

[96] 陈均平. 中国政府会计问题研究——基于地方政府债务管理视角 [D]. 财政部财政科学研究所博士学位论文, 2010.

［97］陈璐璐. 自然资源资产负债研究综述及展望［J］. 新会计，2022（10）：18-22.

［98］陈世忠，吴津钰. 公共基础设施会计核算的难点与对策——以公益性公路为例［J］. 财会通讯，2023（03）：172-176.

［99］陈穗红. 三问权责发生制政府综合财务报告制度改革［J］. 财务与会计，2015（04）：62-63.

［100］陈穗红，石英华，韩晓明. 权责发生制政府综合财务报告信息应用初探［J］. 地方财政研究，2015（09）：15-21.

［101］陈文川，袁璐，李建发. 政府会计改革与行政事业单位运营管理绩效［J］. 会计与经济研究，2023（05）：63-86.

［102］陈艳利，弓锐，赵红云. 自然资源资产负债表编制：理论基础、关键概念、框架设计［J］. 会计研究，2015（09）：18-26.

［103］陈玥，杨艳昭，闫慧敏，封志明. 自然资源核算进展及其对自然资源资产负债表编制的启示［J］. 资源科学，2015（09）：1716-1724.

［104］陈志斌. 公共受托责任：政治效应、经济效率与有效的政府会计［J］. 会计研究，2003（06）：36-39.

［105］陈志斌. 公路资产核算与报告规则研究［M］. 南京：东南大学出版社，2017.

［106］陈志斌. 基于衍生职能界定的政府会计角色定位研究［J］. 会计研究，2014（01）：28-34.

［107］陈志斌. 政府会计概念框架结构研究［J］. 会计研究，2011（01）：17-23.

［108］陈志斌，董瑶. 政府会计信息对政府绩效评价的影响机理研究［J］. 商业会计，2015（03）：6-10.

［109］陈志斌，李敬涛. 政府善治目标的实现与政府会计治理效应［J］. 会计研究，2015（05）：13-19.

［110］陈志斌，刘子怡. 政府会计准则执行的驱动研究［J］. 会计研究，2016（06）：8-14.

［111］陈志斌，吴敏. 政府会计信息对行政权力运行的影响路径研究［J］. 会计研究，2018（10）：44-49.

［112］陈志斌，周曙光. 政府会计国家治理功能的界定研究［J］. 会计研究，2017（11）：31-37.

［113］陈志勇，陈思霞. 制度环境、地方政府投资冲动与财政预算软约束

[J]. 经济研究, 2014 (03): 76-86.

[114] 程小可. 数据资产入表问题探讨: 基于国际财务报告概念框架的分析 [J]. 科学决策, 2023 (11): 67-75.

[115] 储德银, 姜春娜. 财政透明与经济高质量发展 [J]. 中国软科学, 2022 (04): 11-22.

[116] 崔强, 崔彧焕. 公共基础设施会计核算的思考与建议 [J]. 预算管理与会计, 2016 (06): 34-36.

[117] 崔雯雯, 黄琳琳. 国家审计能改进政府公共投资效率吗? [J]. 会计与经济研究, 2021, 35 (04): 23-41.

[118] 戴美虹. 金融地理结构、银行竞争与营商环境——来自银行分支机构数量和企业失信的经验证据 [J]. 财贸经济, 2022, 43 (05): 66-81.

[119] 邓峰. 论经济法上的责任——公共责任与财务责任的融合 [J]. 中国人民大学学报, 2003 (03): 146-153.

[120] 邓海平, 吕焰. 政府在灾害救助中的道德责任 [J]. 伦理学研究, 2013 (06): 69-73.

[121] 邓军, 李艳. 新时代加强政府资产监管的措施探索 [J]. 行政事业资产与财务, 2020 (13): 5-6.

[122] 邓淑莲. 部门预算透明度: 指标、问题与建议 [J]. 中国行政管理, 2012 (09): 38-42.

[123] 邓淑莲. 财政公开透明: 制度障碍及破阻之策——基于对我国省级财政透明度的7年调查和评估 [J]. 探索, 2016 (03): 62-68.

[124] 邓淑莲, 刘潋滟. 财政透明度对地方政府债务风险的影响研究——基于政府间博弈视角 [J]. 财经研究, 2019, 45 (12): 4-17.

[125] 邓淑莲, 朱颖. 财政透明度对企业产能过剩的影响研究——基于"主观"与"被动"投资偏误的视角 [J]. 财经研究, 2017, 43 (05): 4-17.

[126] 刁伟涛, 任占尚, 朱军. 顶层设计、公众参与和地方政府债务信息公开 [J]. 上海财经大学学报, 2020, 22 (02): 20-34.

[127] 丁鑫, 荆新. 我国政府会计目标的定位 [J]. 财务与会计, 2010 (10): 57-59.

[128] 董南雁, 张俊瑞, 郭慧婷. 面向数智时代的会计范式探索与高端人才培养 [J]. 会计研究, 2023 (01): 179-189.

[129] 窦丽蓉. 行政事业单位国有资产管理的问题及对策 [J]. 行政事业资产与财务, 2019 (06): 5-6.

[130] 杜金富,王毅,阮健弘. 中国政府资产负债表编制研究[M]. 北京：中国金融出版社,2018.

[131] 范振林. 矿产资源资产负债表编制技术与框架探讨[J]. 国土资源情报,2017(02)：32-38.

[132] 方文彬,李佰慧. 文物文化资产的确认、计量及信息披露探析[J]. 财务与会计,2020(02)：65-68.

[133] 傅勇,张晏. 中国式分权与财政支出结构偏向：为增长而竞争的代价[J]. 管理世界,2007(03)：4-12.

[134] 傅元略. 智慧会计：财务机器人与会计变革[J]. 辽宁大学学报（哲学社会科学版）,2019(01)：68-78.

[135] 高敏雪. 国民经济核算：国家的会计[J]. 中国统计,2010(12)：37-38.

[136] 高正平. "银边债券"：关于城市公债的理性思考与现实选择[J]. 中央财经大学学报,2001(04)：1-6.

[137] 葛家澍. 建立中国财务会计概念框架的总体构想[J]. 会计研究,2004(01)：9-19.

[138] 葛家澍,林志军. 现代西方会计理论（第三版）[M]. 厦门：厦门大学出版社,2011.

[139] 葛守中. 国际货币基金组织2001版政府财政统计再研究[J]. 统计研究,2011,28(04)：67-75.

[140] 葛守中,卞祖武. GFS与SNA的比较研究[J]. 财经研究,2000(11)：23-27.

[141] 耿建新,王晓琪. 自然资源资产负债表下土地账户编制探索——基于领导干部离任审计的角度[J]. 审计研究,2014(05)：20-25.

[142] 宫汝凯,王治国. 为发展而融资：地方政府债券的发行机制设计[J]. 经济学（季刊）,2019,18(04)：1489-1508.

[143] 管治华,李英豪. 地方政府专项债券发行定价的影响因素测度[J]. 技术经济,2022,41(08)：104-115.

[144] 郭步超,王博. 政府债务与经济增长：基于资本回报率的门槛效应分析[J]. 世界经济,2014(09)：95-118.

[145] 郭贯成,崔久富,李学增. 全民所有自然资源资产"三权分置"产权体系研究——基于委托代理理论的视角[J]. 自然资源学报,2021,36(10)：2684-2693.

［146］韩星佳. 基于政府综合财务报告的地方债信息披露问题研究［J］. 地方财政研究，2022（12）：32-40.

［147］何利，沈镭，张卫民，陶建格，范振林. 我国自然资源核算的实践进展与理论体系构建［J］. 自然资源学报，2020（12）：2968-2979.

［148］何文佳. 浅析文物文化资产政府会计核算问题［J］. 山西财税，2023（03）：33-35.

［149］何玉，王开田. 政府财务信息网络披露：评估模型与影响因素［J］. 财经理论与实践，2012，33（01）：38-43.

［150］何志刚，周泉，陆奕雯. 金融认证对债券融资成本的影响分析——以我国城投债为例［J］. 证券市场导报，2016（02）：63-71.

［151］贺仁龙，钟榴，芮明杰. 金融发展、收入分权与地方政府债务［J］. 科学决策，2021（04）：1-18.

［152］亨廷顿. 第三波——20世纪后期民主化浪潮［M］. 刘军宁，译. 上海：三联书店，1998.

［153］洪源，万里，秦玉奇，单昱. 政府债务预算硬约束与地方财政可持续性提升［J］. 中国软科学，2024（01）：201-213.

［154］洪源，张玉灶，王群群. 财政压力、转移支付与地方政府债务风险——基于央地财政关系的视角［J］. 中国软科学，2018（09）：173-184.

［155］侯发兵. 论民族问题的结构分析与过程分析［J］. 西北民族大学学报（哲学社会科学版），2013（03）：69-74.

［156］胡公瑾. 市场化进程、信息环境与企业社会责任［J］. 哈尔滨商业大学学报（社会科学版），2021（04）：74-87.

［157］胡刘芬. 企业投资为何会"随波逐流"？——基于宏观经济政策不确定性影响的视角［J］. 南开管理评论，2022（01）：1-30.

［158］黄海杰，吕长江，EdwardLee. "四万亿投资"政策对企业投资效率的影响［J］. 会计研究，2016（02）：51-57.

［159］黄溶冰，赵谦. 自然资源核算——从账户到资产负债表：演进与启示［J］. 财经理论与实践，2015（01）：74-77.

［160］黄惟勤. 政府职责的概念、特征及分类［J］. 法学论坛，2010，25（03）：45-49.

［161］黄志雄，琚悦琦. 权责发生制政府财务报告制度改革国际经验比较：认识误区与实践偏差［J］. 财经理论与实践，2019（01）：78-86.

［162］黄志雄，袁峰华. "双轨制"政府财务报告制度改革提高了公共部门

管理绩效吗？——基于随机边界模型的经验证据［J］．会计与经济研究，2022，36（05）：19－31．

［163］贾佳．财政绩效：从传统流量观到资产负债存量观［J］．地方财政研究，2017（09）：20－27．

［164］贾俊雪，张晓颖，宁静．多维晋升激励对地方政府举债行为的影响［J］．中国工业经济，2017（07）：5－23．

［165］姜宏青，陈中天，王安．我国行政事业性资产价值管理体系研究［J］．中国行政管理，2020（04）：13－20．

［166］姜宏青，金玉雪．政府文物资产的价值分析与计量策略［J］．国有资产管理，2023（02）：70－80．

［167］姜宏青，宋晓晴．以责任为核心的政府资产分类与会计政策变革展望［J］．中国行政管理，2018（08）：93－100．

［168］姜宏青，孙西茹．以需求为导向的政府资产预算的应计逻辑［J］．会计与经济研究，2023，37（03）：21－37．

［169］姜宏青，王安．我国政府资产价值计量研究：目标定位与计量模式选择［J］．会计研究，2020（11）：3－15．

［170］姜宏青，王翔．政府绩效评估：文献述评与研究展望［J］．中国海洋大学学报（社会科学版），2020（04）：108－120．

［171］姜宏青，张璐璐．我国政府全要素预算的理论逻辑与组成体系［J］．会计研究，2022（01）：84－95．

［172］姜宏青，郑晓慧．我国政府资产负债表重构的理论研究［J］．会计研究，2024（02）：87－98．

［173］姜竹，何雨莹．全面预算绩效管理：理论渊源、技术要求及信息披露［J］．经济研究参考，2019（12）：97－103．

［174］蒋银华，陈湘林．国家治理体系现代化视域下的政府责任论［J］．学术研究，2022（01）：71－78．

［175］金东日．政府责任及其实现途径的研究视角探析［J］．上海行政学院学报，2016，17（04）：26－34．

［176］金洪飞，葛璐澜，程小庆．地方政府债券发行利差的影响因素研究［J］．上海大学学报（社会科学版），2019，36（03）：126－140．

［177］靳伟凤，杨国莉，赵秋梅，蒋琳．财政透明度对地方政府债券定价影响研究——基于动态面板模型的经验实证［J］．贵州财经大学学报，2022（01）：58－65．

［178］荆新，何淼. 政府公共基础设施会计计量与报告研究［J］. 会计与经济研究，2015，29（04）：10-17.

［179］李富有，王运良. 城投债对地区产能过剩的影响：促进还是抑制［J］. 经济理论与经济管理，2020（12）：43-55.

［180］李红霞，刘航伊. 全面实施预算绩效管理：瓶颈分析与路径选择［J］. 财政监督，2022（07）：29-35.

［181］李建发. 论改进我国政府会计与财务报告［J］. 会计研究，2001（06）：9-16.

［182］李建发，包璐璐，张国清. 公共产权视角下政府资产治理问题研究［J］. 厦门大学学报（哲学社会科学版），2022（01）：23-35.

［183］李建发，张国清. 国家治理情境下政府财务报告制度改革问题研究［J］. 会计研究，2015（06）：8-17.

［184］李敬涛，陈志斌. 公共品短缺、政府问责与政府负债信息披露［J］. 中南财经政法大学学报，2015（02）：64-71.

［185］李明辉. 论财务会计信息在公司治理中的作用［J］. 审计研究，2008（04）：74-81.

［186］李宁，陈利根，龙开胜. 农村宅基地产权制度研究——不完全产权与主体行为关系的分析视角［J］. 公共管理学报，2014，11（01）：39-54.

［187］李琪. 中国地方政府债务风险及其控制——基于政府资产负债结构的分析［D］. 上海社会科学院硕士学位论文，2014.

［188］李蕊. 论我国公有产权的双向度配置［J］. 法商研究，2019，36（03）：103-114.

［189］李伟，陈珂，胡玉可. 对自然资源资产负债表的若干思考［J］. 农村经济，2015（06）：29-33.

［190］李雅雄，倪杉. 数据资产的会计确认与计量研究［J］. 湖南财政经济学院学报，2017，33（04）：82-90.

［191］李扬. 中国国家资产负债表2013——理论、方法与风险评估［M］. 北京：中国社会科学出版社，2013.

［192］李英，刘国强. 新中国自然资源核算的新突破——十八届三中全会提出编制自然资源资产负债表［J］. 会计研究，2019（12）：12-21.

［193］李政，王孝德，范振林，马泽忠，肖禾，何伟. 全民所有自然资源资产核算框架与方法研究［J］. 中国国土资源经济，2022（10）：30-38.

［194］李政，杨思莹. 财政分权、政府创新偏好与区域创新效率［J］. 管

理世界, 2018, 34 (12): 29-42.

[195] 李志平. 地方政府责任伦理研究 [M]. 长沙: 湖南大学出版社, 2010.

[196] 李子联, 刘丹. 农村信贷、城乡结构与经济高质量发展 [J]. 会计与经济研究, 2022 (02): 112-128.

[197] 梁上坤. 媒体关注、信息环境与公司费用粘性 [J]. 中国工业经济, 2017 (02): 154-173.

[198] 林晓琳. 文物文化资产会计处理初探 [J]. 财会学习, 2019 (18): 143-144.

[199] 林毅夫, 刘志强. 中国的财政分权与经济增长 [J]. 北京大学学报 (哲学社会科学版), 2000 (04): 5-17.

[200] 刘光忠. 关于推进我国政府会计改革的若干建议 [J]. 会计研究, 2010 (12): 12-15.

[201] 刘乐峥, 蒋晓婉. 信息准确度会影响地方债发行利率和流动性吗?——基于专项债券创新试点政策的分析 [J]. 财经论丛, 2019 (10): 33-43.

[202] 刘梅玲, 黄虎, 佟成生, 刘凯. 智能财务的基本框架与建设思路研究 [J]. 会计研究, 2020 (03): 179-192.

[203] 刘明辉, 刘雅芳. 会计越发展政治越文明——论会计审计的政治环境及其在政治文明建设中的作用 [J]. 会计研究, 2014 (07): 3-11.

[204] 刘勤, 杨寅. 改革开放 40 年的中国会计信息化: 回顾与展望 [J]. 会计研究, 2019 (02): 26-34.

[205] 刘穷志, 刘夏波. 经济结构、政府债务与地方政府债券发行成本——来自1589只地方政府债券的证据 [J]. 经济理论与经济管理, 2017 (11): 85-97.

[206] 刘锐, 攸频. 行政干预、官员任期与地方政府债券发行定价 [J]. 财经论丛, 2022 (04): 15-24.

[207] 刘瑞杰. 关于政府资产管理的几个理论问题 [J]. 财政科学, 2018 (04): 67-70.

[208] 刘尚希. 财政风险: 一个分析框架 [J]. 经济研究, 2003 (05): 23-31.

[209] 刘尚希. 公共产权制度变革核心 [J]. 人民论坛, 2013 (30): 5.

[210] 刘尚希. 宏观经济、资产负债表与会计计量 [J]. 会计研究, 2016 (11): 3-5.

[211] 刘尚希, 樊轶侠. 规范公共资源收益预算管理制度建设 [J]. 经济

研究参考，2015（36）：18.

[212] 刘尚希，蒋毅. 地方政府债券风险管理——基于区域差异性的分析[J]. 财政研究，2021（11）：12-22.

[213] 刘尚希，石英华. 公共债务与财政风险[M]. 北京：经济科学出版社，2018.

[214] 刘天保，王涛，徐小天. 我国地方政府债券定价机制研究——以发行利率影响因素为视角[J]. 财经问题研究，2017（12）：76-82.

[215] 刘晓蕾，吕元稹，余凡. 地方政府隐性债务与城投债定价[J]. 金融研究，2021（12）：170-188.

[216] 刘欣超，翟琇，赛希雅拉，刘亚红，孙海莲，刘雪华. 草原自然资源资产负债评估方法的建立研究[J]. 生态经济，2016（04）：28-36.

[217] 刘玉. 浅论大数据资产的确认与计量[J]. 商业会计，2014（18）：3-4.

[218] 刘召. 政府承诺的合意与兑现——"最多跑一次"改革的一个解释视角[J]. 行政管理改革，2022（02）：69-78.

[219] 刘子怡. 政府效率与地方政府融资平台举债——基于31个省级政府财务披露信息的实证分析[J]. 现代财经（天津财经大学学报），2015，35（02）：37-48.

[220] 刘子怡，陈丛笑，邵君利. 政府质量、预算软约束与政府会计准则制度执行效果——基于预算执行审计和财政透明度的双重视角[J]. 审计与经济研究，2020，35（04）：58-68.

[221] 刘子怡，凌华，刘静. 政府会计准则实施的非预期效应的分析框架构建[J]. 会计研究，2019（11）：92-97.

[222] 路军伟. 我国政府会计改革取向定位与改革路径设计——基于多重理论视角[J]. 会计研究，2010（08）：62-68.

[223] 路军伟. 政府财务报告使用者及其需求的国际比较与分析——兼论我国政府财务报告使用者构成[J]. 会计与经济研究，2015，29（01）：14-23.

[224] 路军伟，李建发. 政府会计改革的公共受托责任视角解析[J]. 会计研究，2006（12）：14-19.

[225] 路军伟，殷红. 政府会计改革的动力机制与分析模型——基于制度变迁的理论视角[J]. 会计研究，2012（02）：57-64.

[226] 栾甫贵. 试论会计制度中的确认技术[J]. 中国农业会计，2004（10）：22-24.

[227] 罗福凯,于国洋. 互联网对公司财务及其研究的影响与学术批判——兼评"互联网金融"命题 [J]. 会计之友,2015(23):34-38.

[228] 罗荣华,刘劲劲. 地方政府的隐性担保真的有效吗?——基于城投债发行定价的检验 [J]. 金融研究,2016(04):83-98.

[229] 吕冰洋. "国家治理财政论":从公共物品到公共秩序 [J]. 财贸经济,2018,39(06):14-29.

[230] 吕冰洋,曾傅雯,涂海洋,李戎. 中国财政可持续性分析:研究框架与综合判断 [J]. 管理世界,2024,40(01):1-20.

[231] 吕冰洋,陈怡心,詹静楠. 政府预算管理、征税行为与企业经营效率 [J]. 经济研究,2022,57(08):58-77.

[232] 马蔡琛,黄少含. 新时代政府预算绩效管理的现实与前瞻 [J]. 财政监督,2024(01):24-28.

[233] 马蔡琛,赵青. 预算绩效标准设置及应用:国际经验与中国现实 [J]. 甘肃行政学院学报,2020(01):4-12.

[234] 马慧,靳庆鲁,王欣. 大数据与会计功能——新的分析框架和思考方向 [J]. 管理科学学报,2021,24(09):1-17.

[235] 马俊驹. 论我国国家公共财产权制度体系的建构——从"主观权利"理论和域外立法实践中得到的启示 [J]. 法学评论,2023,41(01):22-43.

[236] 马骏,张晓蓉,李治国. 中国国家资产负债表研究 [M]. 北京:社会科学文献出版社,2012.

[237] 马永义. 纵论负债要素确认与计量规则的历史演进 [J]. 会计之友,2019(16):136-139.

[238] 毛捷,徐军伟. 中国地方政府债务问题研究的现实基础——制度变迁、统计方法与重要事实 [J]. 财政研究,2019(01):3-23.

[239] 梅元清,孙乙侨,耿冯烁. 美国联邦政府财务报告简析——基于2011—2015财年联邦政府财务报告 [J]. 对外经贸,2017(12):154-156.

[240] 牛霖琳,洪智武,陈国进. 地方政府债务隐忧及其风险传导——基于国债收益率与城投债利差的分析 [J]. 经济研究,2016,51(11):83-95.

[241] 潘俊,王禹,景雪峰,余一品. 政府审计与地方政府债券发行定价 [J]. 审计研究,2019(03):44-50.

[242] 潘俊,王禹,王亮亮,王博森. 城投债与地方政府债券发行定价差异及其机理研究 [J]. 会计研究,2018(09):31-38.

[243] 潘俊,徐颖,窦笑晨. 政府财务信息披露质量评价研究:基于环境起

点论的分析［J］．会计与经济研究，2017，31（06）：25-35．

［244］潘俊，杨兴龙，王亚星．财政分权、财政透明度与地方政府债务融资［J］．山西财经大学学报，2016，38（12）：52-63．

［245］潘俊，余一品，王亮亮，景雪峰．货币政策、发行主体差异与地方政府债券定价［J］．会计研究，2019（12）：72-77．

［246］潘琰，蔡高锐．完善与发展我国政府财务报告体系的思考——基于政府财务报告与GFS、SNA比较的新视角［J］．财政研究，2016（06）：66-77．

［247］彭冲，陆铭．从新城看治理：增长目标短期化下的建城热潮及后果［J］．管理世界，2019，35（08）：44-57．

［248］彭韶兵，周兵．公共权力的委托代理与政府目标经济责任审计［J］．会计研究，2009（06）：18-22．

［249］齐守印．以公共经济视角全要素全维度深化国有资产管理体制改革［J］．财政科学，2019（04）：25-41．

［250］齐守印，苑雪芳．关于我国建立政府财务报告制度若干问题的理论思考［J］．财政研究，2015（03）：58-64．

［251］钱红，秦义林，姜凤翼．新政府会计准则下交通公共基础设施资产核算研究［J］．财务与会计，2019（09）：55-58．

［252］邵磊，唐盟．政府财政透明"稳预期"了吗？［J］．财政研究，2019（08）：37-48．

［253］邵瑞庆．《公共基础设施准则》实施中的若干问题探讨［J］．财务与会计，2018（01）：77-79．

［254］沈镭，钟帅，何利，陶建格．复式记账下的自然资源核算与资产负债表编制框架研究［J］．自然资源学报，2018（10）：1675-1685．

［255］沈沛龙，樊欢．基于可流动资产负债表的我国政府债务风险研究［J］．经济研究，2012（02）：93-105．

［256］石英华．政府财务信息披露研究［M］．北京：中国财政经济出版社，2006．

［257］史亚荣，张茗，赵爱清．区块链抑制地方政府隐性债务扩张了吗？［J］．北京工商大学学报（社会科学版），2023，38（04）：115-126．

［258］司林波，谭筱波．人工智能赋能政府治理转型的逻辑、边界与路径——从数字治理到智慧治理的场景转换［J］．中共天津市委党校学报，2023，25（05）：54-65．

［259］宋晓谕，陈玥，闫慧敏，杨艳昭，封志明．水资源资产负债表表式结

构初探 [J]. 资源科学, 2018 (05): 899 - 907.

[260] 苏航, 魏修建, 张美莎. "营改增"政策对城投债发行规模的影响 [J]. 中南财经政法大学学报, 2019 (05): 96 - 104.

[261] 孙健, 刘梅玲. 智能财务的理念、技术与应用——第十七届全国会计信息化学术年会主要观点综述 [J]. 会计研究, 2019 (01): 93 - 95.

[262] 孙琳, 桑宁. 中期预算、权责发生制与政府债务控制——基于跨国面板数据的分析 [J]. 财贸经济, 2018, 39 (11): 36 - 52.

[263] 孙琳, 周欣, 王弟海, 高司民. 财政分权、政府会计制度和政府债务风险:基于跨国面板数据的研究 [J]. 财贸经济, 2021 (10): 52 - 69.

[264] 孙彤, 薛爽, 徐佳怡. 非正式信息传递机制能降低公司权益融资成本吗?——基于企业家微博的实证检验 [J]. 财经研究, 2020, 46 (11): 154 - 168.

[265] 孙振清, 聂文钰. 碳中和目标下财政信息透明度对区域绿色创新能力的影响——基于空间溢出效应与门槛效应双重视角 [J]. 科技进步与对策, 2021, 38 (24): 58 - 66.

[266] 谭艳艳, 邹梦琪. 有限政府责任下的债务风险研究——基于政府或有事项的视角 [J]. 会计研究, 2019 (03): 3 - 9.

[267] 汤林闽, 梁志华. 中国政府资产负债表2019 [J]. 财经智库, 2019 (09): 19 - 53.

[268] 汤云为, 钱逢胜. 现金流量表的理论和实务——兼评其他资金概念 [J]. 财会通讯, 1996 (01): 3 - 6.

[269] 唐大鹏, 常语萱. 政府内部控制、政府财务信息与政府公信力 [J]. 财政研究, 2018 (01): 112 - 123.

[270] 唐国平. 财务会计对象要素研究 [M]. 大连:东北财经大学出版社, 2003.

[271] 唐国平. 负债与所有者权益的本质:不同责任观 [J]. 财会通讯, 2003 (03): 5 - 8.

[272] 田五星, 李建发, 张国清. 国家善治导向的政府综合财务报告改革——印尼的经验与借鉴 [J]. 厦门大学学报(哲学社会科学版), 2017 (03): 57 - 66.

[273] 汪崇金, 崔凤. 信息公开能抑制地方政府的举债行为吗?——基于中国地市级面板数据的实证分析 [J]. 山东财经大学学报, 2020, 32 (01): 97 - 108.

[274] 汪克亮, 赵斌, 丁黎黎, 吴戈. 财政分权、政府创新偏好与雾霾污染 [J]. 中国人口·资源与环境, 2021, 31 (05): 97 - 108.

[275] 汪莉, 陈诗一. 政府隐性担保、债务违约与利率决定 [J]. 金融研

究，2015（09）：66-81.

［276］王博森，吕元稹. 隐性还是显性？——地方政府在城投债定价中的角色研究［J］. 会计与经济研究，2016，30（04）：43-60.

［277］王芳，沈彦杰，高女杰. 我国债券市场政府会计信息披露研究——以省级政府信用评级报告为例［J］. 北京工商大学学报（社会科学版），2020（02）：58-68.

［278］王芳，谭艳艳，严丽娜. 中国政府负债信息披露：现状、问题与体系构建［J］. 会计研究，2017（02）：14-23.

［279］王国刚，杨涛. 地方政府自行发债的金融机制［J］. 中国金融，2012（04）：33-35.

［280］王汇华. 政府会计、财政透明度与经济治理——基于中国省级面板数据的经验研究［J］. 中国软科学，2020（03）：161-170.

［281］王积慧，周素琼，杨姗姗. 交通类公共基础设施会计核算问题与对策［J］. 会计之友，2020（14）：21-24.

［282］王剑锋，吴京. 地方债搭售合约与发行利率异象［J］. 财贸经济，2020，41（06）：51-64.

［283］王菁菁. 政府负债信息披露研究［D］. 财政部财政科学研究所硕士学位论文，2015.

［284］王静. 宏观经济核算体系逻辑起点探析——以 SNA 为例［J］. 统计教育，2008（04）：7-8.

［285］王磊，王兰兰. "文明城市"评选与地方城投债规模的扩张：一个基于评比表彰机制的分析［J］. 中央财经大学学报，2022（01）：74-88.

［286］王敏，方铸. 我国地方政府债券发行成本的影响因素分析——基于 2015—2017 年 3194 只债券的实证证据［J］. 财政研究，2018（12）：35-47.

［287］王少飞，周国良，孙铮. 政府公共治理、财政透明与企业投资效率［J］. 审计研究，2011（04）：58-67.

［288］王少华，张宇茹，陈宋生. 财政透明能助力企业"脱虚向实"吗？——基于稳预期和政企合作的视角［J］. 上海财经大学学报，2022，24（02）：45-60.

［289］王淑霞. 公共基础设施资产价值管理与会计核算探析——以厦门市为例［J］. 财务与会计，2020（18）：65-68.

［290］王锡锌，王融. 公共数据概念的扩张及其检讨［J］. 华东政法大学学报，2023，26（04）：17-27.

[291] 王翔, 郑磊. "公共的" 数据治理: 公共数据治理的范围、目标与内容框架 [J]. 电子政务, 2024 (01): 2-9.

[292] 王小鲁, 胡李鹏, 樊纲. 中国分省份市场化指数报告 [M]. 北京: 社会科学文献出版社, 2021.

[293] 王毅, 郑桂环, 宋光磊. 中国政府资产负债核算的理论与实践问题 [J]. 财贸经济, 2019 (01): 5-19.

[294] 王英奇. 基于政府会计准则的预计负债确认与计量研究 [J]. 财会通讯, 2023 (05): 159-162.

[295] 王莹, 苏旭. 公共基础设施准则实施过程中存在的问题及建议研究 [J]. 财务与会计, 2020 (22): 44-46.

[296] 王雍君. 绩效导向的政府资产管理: 分析框架与制度安排 [J]. 中国行政管理, 2019 (09): 6-15.

[297] 王雍君. 近期发达国家的公共财政管理改革: 启示与借鉴 [J]. 经济管理, 2003 (21): 21-24.

[298] 王治国. 政府干预与地方政府债券发行中的 "利率倒挂" [J]. 管理世界, 2018, 34 (11): 25-35.

[299] 魏涛, 李成, 胡凯. 审计独立、威慑效应与财政信息公开 [J]. 审计与经济研究, 2023, 38 (04): 32-43.

[300] 文宗瑜. 基于政府资产负债表或国家资产负债表弥补的国有资本价值预算实施 [J]. 财政研究, 2023 (02): 43-52.

[301] 文宗瑜, 谭静, 李尚, 范亚辰. 加强财政资源统筹切实提高政府投资效率 [J]. 郑州大学学报 (哲学社会科学版), 2023, 56 (01): 35-40.

[302] 吴非, 常曦, 任晓怡. 政府驱动型创新: 财政科技支出与企业数字化转型 [J]. 财政研究, 2021 (01): 102-115.

[303] 吴京, 王剑锋, 陈司博. 提升信息披露质量会缓解地方债发行利率异象吗? ——基于搭售合约的实证分析 [J]. 证券市场导报, 2021 (10): 52-60.

[304] 吴洵, 俞乔. 地方政府债务风险溢价研究 [J]. 财政研究, 2017 (01): 89-102.

[305] 吴延兵. 中国式分权下的偏向性投资 [J]. 经济研究, 2017, 52 (06): 137-152.

[306] 伍中信, 黄嘉怡, 祝子丽, 李雅雄. 产权中国进程中的会计与财务使命 [J]. 会计研究, 2019 (12): 3-11.

[307] 武恒光, 王良玉, 李学岚. 债券市场参与者关注国家审计的治理效应

吗——来自地方债信用评级和发行定价的证据 [J]. 宏观经济研究, 2019 (02): 46-68.

[308] 武辉, 王竹泉. 国家治理框架下善治导向的会计监督体系重构 [J]. 会计研究, 2019 (04): 3-10.

[309] 夏立军, 陈信元. 市场化进程、国企改革策略与公司治理结构的内生决定——以中国地方政府控制的上市公司为例 [C] // 中国会计学会. 中国会计学会2007年学术年会论文集（下册）. 上海财经大学会计与财务研究院, 2007: 20.

[310] 夏荣坡. 国民经济账户间的内在逻辑关系 [J]. 西安财经学院学报, 2008 (06): 15-18.

[311] 夏义堃, 管茜. 政府数据资产管理的内涵、要素框架与运行模式 [J]. 电子政务, 2022 (01): 2-13.

[312] 向书坚, 梁燕, 朱贺. 政府数据资产核算若干理论问题研究 [J]. 统计研究, 2023, 40 (08): 18-31.

[313] 向书坚, 罗胜. 政府资产负债表中的资产范围问题研究 [J]. 统计与信息论坛, 2017, 32 (06): 3-10.

[314] 向书坚, 朱贺. 政府资产负债中土地资源核算问题研究 [J]. 财政研究, 2017 (02): 25-37.

[315] 肖鹏. 预算透明: 机制与提升路径 [J]. 财政研究, 2010 (12): 48-50.

[316] 肖鹏, 樊蓉. 债务控制视角下的地方财政透明度研究——基于2009—2015年30个省级政府的实证分析 [J]. 财政研究, 2019 (07): 60-70.

[317] 肖鹏, 李燕. 预算透明: 环境基础、动力机制与提升路径 [J]. 财贸经济, 2011 (01): 21-25.

[318] 肖鹏, 刘炳辰. 财政分权促进了城投债规模扩张吗？——来自中国的省级面板证据 [J]. 江淮论坛, 2017 (01): 64-72.

[319] 肖鹏, 阎川. 中国财政透明度提升的驱动因素与路径选择研究——基于28个省份面版数据的实证分析 [J]. 经济社会体制比较, 2013 (04): 199-206.

[320] 谢波峰, 朱扬勇. 数据财政框架和实现路径探索 [J]. 财政研究, 2020 (07): 14-23.

[321] 谢璐, 韩文龙. 信息披露会降低城投债的信用风险吗？——基于城投债发行定价的检验 [J]. 西南民族大学学报（人文社科版）, 2017, 38 (12): 141-147.

[322] 谢志华. 会计报表结构分析 [M]. 北京：经济管理出版社，1994.

[323] 谢志华，何玉润，张宏亮. 政府"良治"目标与政府会计的治理功能 [J]. 财政研究，2010 (04)：41-45.

[324] 邢俊英. 基于政府负债风险控制的中国政府会计改革研究 [M]. 北京：中国财政经济出版社，2007.

[325] 邢秀英. 公共受托责任视角下的政府会计改革目标定位及路径选择 [J]. 财会月刊，2015 (16)：6-13.

[326] 徐红，汪峰. 财政分权背景下的财政透明度建设与城投债扩张 [J]. 经济科学，2019 (05)：5-17.

[327] 徐经长，何乐伟. 以政府会计改革助推全面绩效管理 [J]. 中国行政管理，2018 (06)：157-158.

[328] 薛智超，闫慧敏，杜文鹏，杨艳昭. 自然资源资产负债表编制中土地资源过耗负债的核算方法研究 [J]. 资源科学，2018 (05)：919-928.

[329] 闫慧敏，封志明，杨艳昭，潘韬，江东，宋晓谕，马国霞，刘文新. 湖州/安吉：全国首张市/县自然资源资产负债表编制 [J]. 资源科学，2017 (09)：1634-1645.

[330] 杨馥萌. 网络信息内容生态治理中的政府责任研究 [D]. 东北师范大学博士学位论文，2023.

[331] 杨兴龙，杨晶. "大会计"与地方政府性债务治理：作用机理与分析框架 [J]. 会计与经济研究，2014，28 (06)：27-35.

[332] 杨艳昭，陈玥，宋晓谕，闫慧敏，封志明. 湖州市水资源资产负债表编制实践 [J]. 资源科学，2018，40 (05)：908-918.

[333] 杨艳昭，封志明，闫慧敏，潘韬，江东，宋晓谕，马国霞，刘文新. 自然资源资产负债表编制的"承德模式" [J]. 资源科学，2017 (09)：1646-1657.

[334] 杨云. 城投债影响经济增长——规模与资金用途结构的作用 [J]. 经济科学，2019 (02)：27-39.

[335] 杨云龙，郭中梅，张亮，孙亮. 数据资产价值化实施路径分析 [J]. 信息通信技术与政策，2024，50 (04)：24-33.

[336] 杨志安，邱国庆. 区域创新激励——来自财政分权的解释 [J]. 软科学，2021，35 (08)：51-56.

[337] 杨志勇，张斌，汤林闽. 中国政府资产负债表（2017）[M]. 北京：社会科学文献出版社，2017.

[338] 杨志勇. 中国债务风险总体可控——结合中国政府资产负债表的分析 [J]. 中国发展观察, 2017 (17): 18-20.

[339] 叶龙, 冯兆大. 我国政府会计模式构建过程中主体界定问题初探 [J]. 会计研究, 2006 (09): 69-75.

[340] 易明, 冯翠翠, 莫富传, 段尧清. 政府数据资产的价值发现: 概念模型和实施路径 [J]. 电子政务, 2022 (01): 27-39.

[341] 于冰. 从文物到文物资源和文物资产——身份转换与制度升维 [J]. 自然与文化遗产研究, 2022, 7 (01): 57-66.

[342] 于文超, 梁平汉. 不确定性、营商环境与民营企业经营活力 [J]. 中国工业经济, 2019 (11): 136-154.

[343] 余斌, 魏加宁, 张维宁. 国家 (政府) 资产负债表问题研究 [M]. 北京: 中国发展出版社, 2015.

[344] 余明桂, 马林, 王空. 商业银行数字化转型与劳动力需求: 创造还是破坏? [J]. 管理世界, 2022, 38 (10): 212-230.

[345] 张曾莲. 政府网络财务信息披露质量、影响因素与经济后果研究 [J]. 电子政务, 2015 (09): 78-87.

[346] 张曾莲, 白宇婷. 财政分权, 省级官员特征与地方政府债务规模——基于2010—2014年省级政府数据的实证分析 [J]. 科学决策, 2017 (05): 19-39.

[347] 张曾莲, 严秋斯. 土地财政、预算软约束与地方政府债务规模 [J]. 中国土地科学, 2018, 32 (05): 45-53.

[348] 张富强. 国际金融危机下现代责任政府的构建 [J]. 广东社会科学, 2012 (05): 244-250.

[349] 张国清. 公共部门资产: 基于产权理论的会计认识 [J]. 财会月刊, 2008 (01): 55-56.

[350] 张国清, 白澎. 公共产权导向的政府资产分类管理与财务报告问题研究 [J]. 会计与经济研究, 2017, 31 (02): 26-40.

[351] 张汉飞. 我国国债利率期限结构的影响因素 [J]. 财政研究, 2013 (12): 39-42.

[352] 张晖, 金利娟. 财政分权是影响地方政府债务风险的主要致因吗?——基于KMV和空间面板杜宾模型的实证研究 [J]. 会计与经济研究, 2019, 33 (01): 116-128.

[353] 张璟华. 浅议公共基础设施管理与核算 [J]. 新会计, 2016 (03): 61-62.

[354] 张军, 刘波, 陈文川, 崔强. 现代财政制度构建中政府会计功能作用机制研究 [J]. 会计研究, 2020 (09): 178-192.

[355] 张连江, 吕炜. 论政府会计的记账主体与报告主体 [J]. 四川会计, 2003 (07): 9-11.

[356] 张琦. 公共受托责任、政府会计边界与政府财务报告的理论定位 [J]. 会计研究, 2007 (12): 29-34.

[357] 张琦. 也谈我国的政府会计主体 [J]. 预算管理与会计, 2009 (06): 12-14.

[358] 张琦, 杨悦. 政府财务报告审计内容：国别比较与理论架构 [J]. 审计研究, 2023 (05): 29-38.

[359] 张琦, 郑瑶. 媒体报道能影响政府决算披露质量吗？[J]. 会计研究, 2018 (01): 39-45.

[360] 张思锋, 雍岚, 王立剑. 社会保障制度演进规律及其在中国的体现 [J]. 西安交通大学学报（社会科学版）, 2012, 32 (04): 69-74.

[361] 张卫民, 王会, 郭静静. 自然资源资产负债表编制目标及核算框架 [J]. 环境保护, 2018 (11): 39-42.

[362] 张文君, 李弘雯. 区域市场化程度与地方政府债务规模：抑制还是促进 [J]. 西安财经大学学报, 2022, 35 (05): 76-85.

[363] 张新民, 陈德球. 移动互联网时代企业商业模式、价值共创与治理风险——基于瑞幸咖啡财务造假的案例分析 [J]. 管理世界, 2020 (05): 74-86.

[364] 张颖, 潘静. 中国森林资源资产核算及负债表编制研究——基于森林资源清查数据 [J]. 中国地质大学学报（社会科学版）, 2016 (06): 46-53.

[365] 张志涛, 戴广翠, 蒋立, 张欣晔, 郭晔. 森林资源资产负债表编制的关键问题研究 [J]. 林业经济, 2018 (01): 31-35.

[366] 章贵桥. 政府会计功能、国家善治与政治信任 [J]. 会计研究, 2017 (12): 19-23.

[367] 章贵桥. 政府会计职能拓展与行政成本均衡管理 [J]. 甘肃社会科学, 2015 (04): 248-251.

[368] 章贵桥, 陈志斌, 徐宗宇. 人工智能发展、政府会计功能拓展与数字政府治理体制的完善 [J]. 中国行政管理, 2022 (01): 48-54.

[369] 章贵桥, 李增泉. 财政预算软约束、棘轮效应与政府会计治理效能 [J]. 会计研究, 2018 (12): 41-47.

[370] 章贵桥, 刘唯真, 季伟伟. 政府会计功能演进与地方政府债务风险治

理[J]. 会计与经济研究, 2023, 37 (04): 17-34.

[371] 章贵桥, 杨媛媛, 颜恩点. 数智化时代、政府会计功能跃迁与财政预算绩效治理[J]. 会计研究, 2021 (10): 17-27.

[372] 赵青. 浅析《政府会计准则第5号——公共基础设施》[J]. 财会通讯, 2017 (31): 108-109.

[373] 赵全厚, 王珊珊. 美国地方政府债务危机与债务重组[J]. 财政科学, 2016 (03): 5-13.

[374] 赵西卜, 邵贞棋. 政府资产的边界、分类与管理框架[J]. 中国行政管理, 2019 (11): 31-37.

[375] 赵西卜, 王建英, 王彦, 曹越. 政府会计信息有用性及需求情况调查报告[J]. 会计研究, 2010 (09): 9-16.

[376] 赵西卜. 政府会计建设研究[M]. 北京: 中国人民大学出版社, 2012.

[377] 赵云辉, 张哲, 冯泰文, 陶克涛. 大数据发展、制度环境与政府治理效率[J]. 管理世界, 2019 (11): 119-132.

[378] 赵治纲. 我国地方政府债务管理框架的重构与风险防范——基于政府会计和债务管理融合的视角[J]. 求索, 2021 (02): 141-150.

[379] 郑英豪. 大数据资产管理体系初探[J]. 新会计, 2015 (11): 34-37.

[380] 郑振龙, 陈志英. 中国股票市场和债券市场收益率动态相关性分析[J]. 当代财经, 2011 (02): 45-53.

[381] 周曙光, 陈志斌. 会计学视角下政府资产负债结构分析指标构建[J]. 会计与经济研究, 2021 (03): 23-34.

[382] 周曙光, 陈志斌. 基于国家治理主体视角的政府财务报告运用研究[J]. 财务研究, 2019 (04): 29-34.

[383] 周曙光, 陈志斌. 实施政府会计准则的预期效应研究[J]. 财政研究, 2017 (09): 40-46.

[384] 周曙光, 陈志斌. 政府会计准则执行的行为分析、能力需求与培养路径[J]. 会计与经济研究, 2018 (04): 3-11.

[385] 周卫华, 杨周南, 赵金光. 基于公共价值视角政府会计管理体系研究——兼论政府会计管理活动论[J]. 会计研究, 2021 (02): 3-15.

[386] 周咏梅. 财政透明度、信用评级与地方政府债券融资成本[J]. 江西财经大学学报, 2018 (01): 41-49.

[387] 朱道林, 张晖, 段文技, 杜挺. 自然资源资产核算的逻辑规则与土地

资源资产核算方法探讨[J]. 中国土地科学, 2019, 33 (11): 1-7.

[388] 朱沛华, 李军林. 市场化进程、经济波动与地方金融风险[J]. 改革, 2019 (06): 63-72.

[389] 朱松. 债券市场参与者关注会计信息质量吗?[J]. 南开管理评论, 2013, 16 (03): 16-25.

[390] 朱文蔚, 陈勇. 地方政府性债务与区域经济增长[J]. 财贸研究, 2014 (04): 114-121.

[391] Alchian A A. Some economics of property rights [J]. Il Politico, 1965, 30 (04): 816-829.

[392] Alchian A A, Demsetz H. The property right paradigm [J]. The Journal of Economic History, 1973, 33 (01): 16-27.

[393] Apostolou B, Apostolou N G, Dorminey J W. The association of departures from spending rate equilibrium to municipal borrowing cost [J]. Advances in Accounting, 2014, 30 (01): 1-8.

[394] Arbatli E, Escolano J. Fiscal transparency, fiscal performance and credit ratings [J]. Fiscal Studies, 2015, 36 (02): 237-270.

[395] Barton A D. Accounting for public heritage facilities—assets or liabilities of the government? [J]. Accounting, Auditing & Accountability Journal, 2000, 13 (02): 219-236.

[396] Boehm F, Olaya J. Corruption in public contracting auctions: The role of transparency in bidding processes [J]. Annals of Public and Cooperative Economics, 2006, 77 (04): 431-452.

[397] Botha A. Discussion paper on heritage assests and intangible assets: Invitation to comment [J]. IMFO: Official Journal of the Institute of Municipal Finance Officers, 2005, 6 (01): 44-46.

[398] Brixi H P. Contingent government liabilities: A hidden risk for fiscal stability [M]. World Bank, 1998.

[399] Cantor R, Packer F. Determinants and impact of sovereign credit ratings [J]. Economic Policy Review, 1996, 2 (02): 37-53.

[400] Cenar I. Heritage assets in the accounting of public institutions [C] // Annals of DAAAM for 2011 & Proceedings of the 22nd International DAAAM Symposium. 2011, 22 (01): 993-995.

[401] Chalmers J M R. Default risk cannot explain the muni puzzle: Evidence

from municipal bonds that are secured by US Treasury obligations [J]. The Review of Financial Studies, 1998, 11 (02): 281 - 308.

[402] Chen S, Wang L. Will political connections be accounted for in the interest rates of Chinese urban development investment bonds? [J]. Emerging Markets Finance and Trade, 2015, 51 (01): 108 - 129.

[403] Chen Z, Pan J, Wang L, Shen X. Disclosure of government financial information and the cost of local government's debt financing—Empirical evidence from provincial investment bonds for urban construction [J]. China Journal of Accounting Research, 2016, 9 (03): 191 - 206.

[404] Crawford M A, Loyd D S. Governmental GAAP guide [M]. CCH, 2008.

[405] Croce M M, Nguyen T T, Raymond S, Schmid L. Government debt and the returns to innovation [J]. Journal of Financial Economics, 2019, 132 (03): 205 - 225.

[406] Cuadrado - Ballesteros B, Bisogno M. Public sector accounting reforms and the quality of governance [J]. Public Money & Management, 2021, 41 (02): 107 - 117.

[407] Cucciniello M, Porumbescu G A, Grimmelikhuijsen S. 25 years of transparency research: Evidence and future directions [J]. Public Administration Review, 2017, 77 (01): 32 - 44.

[408] Cuny C. Voluntary disclosure incentives: Evidence from the municipal bond market [J]. Journal of Accounting and Economics, 2016, 62 (01): 87 - 102.

[409] de Pádua Ribeiro L M, Pereira J R, de Benedicto G C. The role of accounting in public governance process [J]. African Journal of Business Management, 2013, 7 (29): 2905.

[410] Demirci I, Huang J, Sialm C. Government debt and corporate leverage: International evidence [J]. Journal of Financial Economics, 2019, 133 (02): 337 - 356.

[411] Detter D. Public commercial assets: The hidden goldmine [J]. The Governance Brief, 2020 (40): 1 - 12.

[412] Gore A K. The effects of GAAP regulation and bond market interaction on local government disclosure [J]. Journal of Accounting and Public Policy, 2004, 23 (01): 23 - 52.

[413] Goyal A, Santa - Clara P. Idiosyncratic risk matters! [J]. The Journal of Finance, 2003, 58 (03): 975 - 1007.

[414] Green R C, Hollifield B, Schürhoff N. Dealer intermediation and price behavior in the aftermarket for new bond issues [J]. Journal of Financial Economics, 2007, 86 (03): 643-682.

[415] Green R C, Li D, Schürhoff N. Price discovery in illiquid markets: Do financial asset prices rise faster than they fall? [J]. The Journal of Finance, 2010, 65 (05): 1669-1702.

[416] Grossi G, Steccolini I. Guest editorial: Accounting for public governance [J]. Qualitative Research in Accounting & Management, 2014, 11 (02): 86-91.

[417] Guillamon B. Innovative partnerships for export: Latin America's rise in the global partnerships arena [J]. Foreign Policy, 2010 (181): B16-B17.

[418] Hassett K A, Metcalf G E. Investment with uncertain tax policy: Does random tax policy discourage investment [J]. The Economic Journal, 1999, 109 (457): 372-393.

[419] Hopewell M H, Kaufman G G. The incidence of excess interest costs paid by municipalities in the competitive sale of bonds [J]. Journal of Monetary Economics, 1978, 4 (02): 281-296.

[420] Ingram R W, Copeland R M. Municipal accounting information and voting behavior [J]. The Accounting Review, 1981, 56 (04): 830-843.

[421] Kido N, Petacchi R, Weber J. The influence of elections on the accounting choices of governmental entities [J]. Journal of Accounting Research, 2012, 50 (02): 443-476.

[422] Kluza K. Risk assessment of the local government sector based on the ratio analysis and the DEA method. Evidence from Poland [J]. Eurasian Economic Review, 2017 (07): 329-351.

[423] Kriz K A. Comparative costs of negotiated versus competitive bond sales: New evidence from state general obligation bonds [J]. The Quarterly Review of Economics and Finance, 2003, 43 (02): 191-211.

[424] Lande E, Rocher S. Prerequisites for applying accrual accounting in the public sector [J]. Public Money & Management, 2011, 31 (03): 219-222.

[425] Lee E, Walker M, Zeng C. Do Chinese government subsidies affect firm value? [J]. Accounting, Organizations and Society, 2014, 39 (03): 149-169.

[426] Levi D W, Tanner W C, Ross M C, Wegman R F, Bodnar M J. Effect of surface exposure time on bonds to aluminum [J]. Journal of Applied Polymer Science,

1976, 20 (06): 1475 -1482.

[427] Liang Y, Shi K, Wang L, Xu J. Local government debt and firm leverage: Evidence from China [J]. Asian Economic Policy Review, 2017, 12 (02): 210 -232.

[428] Liu T, Liu Y, Ullah B, Wei Z, Xu L C. The dark side of transparency in developing countries: The link between financial reporting practices and corruption [J]. Journal of Corporate Finance, 2021, 66, 101829.

[429] Loviscek A L, Crowley F D. What is in a municipal bond rating? [J]. Financial Review, 1990, 25 (01): 25 -53.

[430] Maher C S, Deller S C, Stallmann J I, Park S. The impact of tax and expenditure limits on municipal credit ratings [J]. The American Review of Public Administration, 2016, 46 (05): 592 -613.

[431] Mautz R K. Public accounting: Which kind of professionalism? [J]. Accounting Horizons, 1988, 2 (03): 121 -125.

[432] McLeod R H, Harun H. Public sector accounting reform at local government level in Indonesia [J]. Financial Accountability & Management, 2014, 30 (02): 238 -258.

[433] Montes G C, Bastos J C A, de Oliveira A J. Fiscal transparency, government effectiveness and government spending efficiency: Some international evidence based on panel data approach [J]. Economic Modelling, 2019 (79): 211 -225.

[434] Naughton J, Spamann H. Fixing public sector finances: The accounting and reporting lever [J]. UCLA Law Review, 2015, 62 (03): 572 -620.

[435] Oates W E, Schwab R M. Economic competition among jurisdictions: Efficiency enhancing or distortion inducing? [J]. Journal of Public Economics, 1988, 35 (03): 333 -354.

[436] OMB. Fiscal year 2007 financial report of the United States government [R]. http://www.gao.gov, 2008: 82 -85.

[437] Pallot J. Elements of a theoretical framework for public sector accounting [J]. Accounting, Auditing & Accountability Journal, 1992, 5 (01): 38 -59.

[438] Pallot J. The nature of public assets: A response to Mautz [J]. Accounting Horizons, 1990, 4 (02): 79 -85.

[439] Qizam I, Fong M. Developing financial disclosure quality in sukuk and bond market: Evidence from Indonesia, Malaysia, and Australia [J]. Borsa Istanbul Review, 2019, 19 (03): 228 -248.

[440] Cheng R H, Harris J E. External reporting of capital assets: A sources and uses model [J]. Comparative Issues in Local Government Accounting, 2000: 191 - 209.

[441] Rosenbaum P R, Rubin D B. The central role of the propensity score in observational studies for causal effects [J]. Biometrika, 1983, 70 (01): 41 - 55.

[442] Sari E N. Accounting practices effectiveness and good governance: Mediating effects of accounting information quality in municipal office of Medan City, Indonesia [J]. Research Journal of Finance and Accounting, 2015, 6 (02): 1 - 20.

[443] Schultz P. The market for new issues of municipal bonds: The roles of transparency and limited access to retail investors [J]. Journal of Financial Economics, 2012, 106 (03): 492 - 512.

[444] Schwert M. Municipal bond liquidity and default risk [J]. The Journal of Finance, 2017, 72 (04): 1683 - 1722.

[445] Sedmihradská L, Haas J. Budget transparency and fiscal performance: Do open budgets matter? [J]. Economic Studies & Analyses, 2013 (02): 109 - 122.

[446] Simonsen W, Robbins M D. Does it make any difference anymore? Competitive versus negotiated municipal bond issuance [J]. Public Administration Review, 1996, 56 (01): 57 - 64.

[447] Walder A G. Local governments as industrial firms: An organizational analysis of China's transitional economy [J]. American Journal of Sociology, 1995, 101 (02): 263 - 301.

[448] Wang J, Wu C, Zhang F X. Liquidity, default, taxes, and yields on municipal bonds [J]. Journal of Banking & Finance, 2008, 32 (06): 1133 - 1149.

[449] Wescott S H. Accounting numbers and socioeconomic variables as predictors of municipal general obligation bond ratings [J]. Journal of Accounting Research, 1984, 22 (01): 412 - 423.

[450] Kattelus S C, Wilson E R, Reck J L. Accounting for governmental and nonprofit entities [J]. Issues in Accounting Education, 2010, 25 (01): 176 - 177.

[451] Yamamura E, Kondoh H. Government transparency and expenditure in the rent - seeking industry: The case of Japan for 1998 - 2004 [J]. Contemporary Economic Policy, 2013, 31 (03): 635 - 647.

[452] Zhang Q, Chan J L. New development: Fiscal transparency in China - government policy and the role of social media [J]. Public Money & Management, 2013, 33 (01): 71 - 75.

后　　记

马克思、恩格斯指出:"一切划时代的体系的真正内容都是由于产生这些体系的那个时期的需要而形成起来的"。当今世界正经历百年未有之大变局,我们面临着难得的历史机遇,也面临着一系列重大风险考验,国家治理需要更大智慧来应对这一变局。习近平总书记结合当前国内国际形势,站在统筹中华民族伟大复兴战略全局和世界百年未有之大变局的高度,对我国哲学社会科学建设作出"建构中国自主的知识体系"的科学判断,为推进国家治理体系与治理能力现代化提供了有力的思想和智力支持。

在此背景下,建构中国自主的政府会计理论与方法体系极为迫切。本书立足于中国国情,结合我国政府会计改革发展经验,根据国家治理体系和治理能力现代化的需要,构建具有中国特色的政府资产负债核算和报告体系,论证政府资产负债信息的治理功能,拓展政府会计的适用领域,以期为中国自主政府会计知识体系的建构添砖加瓦。

"力学如力耕,勤惰尔自知。但使书种多,会由岁稔时。"立足当下,我们将不断深入政府会计视角下资产负债核算和报告相关问题实质,脚踏实地,以积极进取的朝气、独立审慎的态度,不断探索具有中国特色的政府会计改革发展之路,为国家治理体系和治理能力现代化建设贡献微薄力量。

作　者

2024 年 5 月